本书第一版荣获

首届中国大学出版社图书奖优秀教材一等奖
第四届全国教育科学研究优秀成果三等奖

普通高等教育国家级规划教材

教育管理学
——理论与范畴

孙绵涛　康翠萍　著

人民教育出版社
·北京·

图书在版编目（CIP）数据

教育管理学：理论与范畴/孙绵涛，康翠萍著. —北京：人民教育出版社，2021.7
普通高等教育国家级规划教材
ISBN 978-7-107-35939-2

Ⅰ.①教…　Ⅱ.①孙…②康…　Ⅲ.①教育管理学—高等学校—教材　Ⅳ.①G40-058

中国版本图书馆 CIP 数据核字（2021）第 131856 号

教育管理学——理论与范畴

出版发行	人民教育出版社
	（北京市海淀区中关村南大街 17 号院 1 号楼　邮编：100081）
网　　址	http://www.pep.com.cn
经　　销	全国新华书店
印　　刷	人民教育出版社印刷厂
版　　次	2021 年 7 月第 1 版
印　　次	2021 年 7 月第 1 次印刷
开　　本	787 毫米×1092 毫米　1/16
印　　张	31
字　　数	457 千字
印　　数	0 001~2 000 册
定　　价	54.50 元

版权所有·未经许可不得采用任何方式擅自复制或使用本产品任何部分·违者必究
如发现内容质量问题、印装质量问题，请与本社联系。电话：400-810-5788

修订版前言

普通高等教育"十五"国家级规划教材《教育管理学》2006年由人民教育出版社出版发行以来，不少高校将它作为本科生和研究生的教材，获得了较高的赞誉。有些读者买到这本书后在网上留言，称这本教育管理学"理论性很强，对以往那种实务性的教育管理学教材是一种超越"，"逻辑性很强，是教育管理学的经典之作"。"这本书对教育管理学的理论范畴和理论逻辑进行了新的探索，对提高教育管理学的理论品位和改善教育管理学的知识状况，以及对改变教育管理学的学科形象进行了一次尝试性的探讨。"也有些教师和学生以"教育管理学理论范畴和理论逻辑的新探索""中国主体教育管理学理论学派的探索与创新""教育管理学的创新之作""构建中国教育管理学体系的新探索""教育管理学发展史上的里程碑之作""教育管理学的问鼎之作""构建教育管理学理论体系的新贡献"等为题写了一些书评，对本书进行了较高的评价。由于在理论范畴和理论逻辑上进行了创新，本书于2009年荣获首届中国大学出版社图书奖优秀教材一等奖，2011年获第四届全国教育科学研究优秀成果奖三等奖。

本书从初版到现在已经15个年头了，这些年，笔者对教育管理的理论研究又有了一些新的成果，教育管理理论界对教育管理的研究也有一些新的进展，特别是我国教育的改革实践出现了新的形势和新的问题，党和国家为适应教育改革发展的需要也出台了一些新的教育改革政策，这些都需要在这本教育管理学中得到体现。为了更好地反映这些新的理论成果和新的教育改革形势和政策，笔者与这本书的原责任编辑和人民教育出版社教育室的负责同志商议，着手对第一版的内容进行修订。

这次重点修订了如下几个方面的内容。

一是对有关理论部分进行了修订。如在学科论部分，对学科论的基本范畴和逻辑进行了重新论定。教育管理学的产生与发展部分和教育管理学研究的趋势部分，补充了我国近年来出版的教育管理学新著作和新教材的有关信息，不仅将这些著作和教材的书名按时间和分类列在了相关部分，而且将这些书中的有关理论内容增补在教育管理学研究的趋势这一部分之中。又如在现代教育管理的发展趋势这部分中，增加了第四次工业革命，特别是人工智能对教育管理的影响。再如关于教育管理活动与人的发展部分，增加了笔者近年来关于人本质的相对自由的理论研究的成果，提出了教育管理促进人的自由发展实际上是促进人的相对自由发展的理论观点。还有，笔者近些年来对教育体制改革与教育机制创新的关系又进行了深入的研究，对二者关系的关联性，提出了教育体制与教育机制在产生的过程上是相联系的理论观点，表现在：教育机制先于教育体制，教育体制与教育机制同时产生和教育机制后于教育体制，二者在结构上是相融的，在功能上是互补的，在范围上教育机制大于教育体制。我们在教育体制理论的相关部分增加了这些内容。

二是在教育方针、教育政策和教育法规部分，增加了近年来党和国家出台的有关这些方面的新内容。如在教育方针部分，增加了习近平在2018年9月10日召开的全国教育大会上的讲话中提出的把受教育者培养成为德、智、体、美、劳全面发展的社会主义建设者和接班人的内容，补充了新修订的《中华人民共和国教育法》对教育方针的最新表述；在教育政策部分，增加了学前教育政策、义务教育政策、高中教育政策、高等教育政策和职业技术教育政策，以及教师政策、教育投入政策等新内容；在教育法规部分，增加了国家为适应教育改革发展形势的需要，近几年提出的有关立法和修法的新内容。

三是在教育体制改革部分，结合中共中央、国务院2010年印发的《国家中长期教育改革和发展规划纲要（2010—2020年）》，以及中共中央办公厅、国务院办公厅2017年印发的《关于深化教育体制机制改革的意见》等政策文件，对学校教育体制改革中的学前教育体制、义务教育体制、高中教育体制、职业技术教育体制、高等教育体制、继续教育体制、民族教育体制和特殊教育体制改革的内容进行了修订；对教育办学体制、教育管理体制中的宏观教育管理体制改革的内容也进行了修订。

另外,这次修订对第一版中的一些过时的政策文献、提法、数字和一些错字、漏字及标点符号等,也一一进行了订正;也补充了一些新的参考文献。

这次修订,基本上保留了教育管理学科论、教育管理活动论、教育体制论、教育机制论、教育观念论和教育管理人论等六大基本理论范畴及其理论逻辑。笔者之所以有这种考虑,是因为这六大理论范畴和理论逻辑,是这本《教育管理学》第一版的理论创新之所在,得到了学术界的充分肯定,这些理论范畴和理论逻辑,具有较强的普适意义,对当代的教育改革发展仍有重要的参考价值。

这次修订,将原书名《教育管理学》改为《教育管理学——理论与范畴》,笔者认为这一改动更符合本书的内容。因为本书确实不同于一般的教育管理学教材,它是在教育管理学的理论范畴和理论逻辑上进行了创新的一种教育管理学教材,对书名进行这样的修改,可以更加凸显本书的特色。另,这次修订,将康翠萍教授作为本书的作者之一,是因为本书的一些理论观点是我们共同劳动的结晶;这次修订,从材料的收集到文字的修改,康教授都做了许多细致的、具体的工作。

本书的修订,得到了人民教育出版社总编辑郭戈研究员、原社长助理邹海燕编审(本书第一版责编)和文化教育编辑室原主任刘立德编审等人的大力支持和具体指导;诸惠芳编审、胡兰江副编审和特约责编冯益萍女士提出了宝贵的修改意见;我的硕士研究生梅娜、徐艳雯、刘雨等为本书的校核付出了不少劳动,在此一并致以深深的感谢。希望本书的修订版能继续得到广大读者的厚爱。由于我们手头工作太多,本书的修订并非一气呵成,加之笔者水平所限,书中一定还存在这样或那样的不足,诚望读者提出宝贵的意见和建议。

孙绵涛　康翠萍
2021 年 6 月 1 日
谨识于沈阳师范大学教育经济与管理研究所 516 室

初版前言

本书是作者积二十多年教育管理学的教学和研究之所得而撰写的一本著作式的教材，对教育管理学的理论范畴及理论逻辑进行了新的探索，对提高教育管理学的理论品位和改善教育管理学的知识状况，以及对改变教育管理学的学科形象进行了一次尝试性的探讨。

一门学科的理论范畴及理论逻辑，一般来说与这门学科的研究对象有关。研究对象不同，学科的理论范畴及理论逻辑也不同，教育管理学也不例外。当今教育管理学的理论范畴及理论逻辑见仁见智，主要是对教育管理学研究对象的认识不同所致。然而需要指出的是，对教育管理学的研究对象，学者们虽有诸多不同的看法，如教育管理活动说、教育管理过程说、教育管理问题说和教育管理现象说，等等，但现行大多数教育管理学的著作或教材实际上并没有完全按这些研究对象的范畴及逻辑展开，而是按一般管理理论和教育管理工作的范畴和逻辑，或者是将这二者的范畴和逻辑结合起来建构教育管理学的理论体系的。本书不仅认为教育管理学的研究对象就其主导方面来说是教育管理现象，而且还是按这一社会现象的范畴和逻辑来探究教育管理学的理论体系的。笔者在研究中发现，教育管理现象是由教育管理活动、教育管理体制、教育管理机制和教育管理观念这四个有内在逻辑联系的递进范畴所组成，而这四个范畴又都离不开人这个范畴，人这一范畴处于这四个范畴的轴心地位。本书就是基于这种认识而对这些理论范畴及其逻辑进行探讨而形成的。

这样，除导论外，本书将教育管理学分成教育管理学科论、教育管理活动论、教育体制论、教育机制论、教育管理观念论和教育管理人论六个理论范畴，分别对一些理论及实际问题进行了比较系统和深入的探讨，包括本书为什么、怎样对教育管理学的理论范畴和理论逻辑进行新的探索；学科的基本理论，教育管理学的学科理论；活动的基本理论，教育管理活动的理论及教育管理活动的改革；教育体制的理论，中国的教育体制改革；机制及教育机制的理论，中国教育机制的改革；教育观念及教育管理观念的理论，中国教育观念及教育管理观念的改革；人性的理论，人性与教育管理的观念、目标及措施等。本书将教育管理学科论作为教育管理学的第一个理论范畴，是因为学科论一般是某一学科理论论述的基础；没有直接论述教育管理体制论和教育管理机制论，而是论述教育体制论和教育机制论，只要稍加思考就会发现，这样做并没有影响教育管理活动、教育管理体制、教育管理机制以及教育管理观念这几个范畴之间的内在逻辑，其详细理由在导论中已做了具体的说明。

如果对上述六论的理论范畴加以简要概括的话，就形成了学科论、活动论、体制论、机制论、观念论和人论这些带有普遍意义的理论范畴及其逻辑。这些理论范畴及其逻辑虽然是在教育管理学的研究中对教育管理现象分析的基础上提出来的，对教育管理学的理论建设以及对有关教育和教育管理改革可能会产生一些作用，然而笔者觉得这些理论范畴及其逻辑，就是对分析教育现象（事实上教育体制及教育机制这两个范畴就是对有关教育现象的分析）和管理现象及一般社会现象，对教育学、管理学和其他有关人文社会学科的理论建设以及教育改革、管理改革和社会改革，似乎也具有一定的参考价值，因为教育现象、管理现象和一般社会现象，也可以从教育活动（管理活动和社会活动）、教育体制（管理体制和社会体制）、教育机制（管理机制和社会机制）、教育观念（管理观念和社会观念）以及教育与人（管理与人和社会与人）这样一些有内在逻辑联系的范畴对其进行分析，从而不仅在理论上可以形成教育学、管理学及其他有关社会学科的学科论、活动论、体制论、机制论、观念论和人论的理论范畴及其逻辑，而且在实践上也可以按活动、体制、机制、观念和人这些范畴及其相互关系所体现的思路来对教育现象、管理现象乃至整个社会现象进行改革。

有关本书的写作背景、目的、过程及表示感激的话，在导论和后记中都已做了交代。以上只是就书的有关内容及其意义做了一些简要说明，以利于读者对本书的阅读、理解和使用。

本书是一本著作式的教材，笔者对将著作写成教材还缺乏经验，加之学力不足而又想对教育管理学的理论范畴和理论逻辑提出自己的见解，不当之处恐难避免，恳切希望得到同人们的指导和帮助，以使本书在形式和内容上渐臻完善。

孙绵涛

2006 年 5 月

目 录

导论 教育管理学理论范畴及理论逻辑的新探索 1

一、本书为什么要对教育管理学的理论范畴及理论逻辑进行新的探索 2
 （一）当今创新时代继承和发展教育管理学优秀研究成果的需要 2
 （二）提升我国教育管理学理论水平，改善我国教育管理学知识状况
   和改变我国教育管理学学科形象的需要 3
 （三）尽快缩小我国教育管理学科与西方发达国家教育管理学科发展
   水平差距的需要 4
 （四）我国教育改革发展的需要 6
 （五）对创建教育管理学理论范畴及理论逻辑新体系不同观点的分析 7

二、本书是怎样探索教育管理学理论范畴及理论逻辑新体系的 11
 （一）本书理论体系简介 11
 （二）与同类教材相比，本书在理论范畴上进行了创新，建构了
   一个新的教育管理学的理论范畴体系 14
 （三）与同类教材相比，本书在理论逻辑上进行了创新，建构了
   一个新的教育管理学的理论逻辑体系 24

三、本书理论范畴及理论逻辑所表达的知识体系的专业性分析 26
 （一）本书所表达的知识体系是教育管理专业所需要的知识体系 26
 （二）对本书所表达的知识体系不同观点的分析 27

第一论　教育管理学科论 ········· 31

第一章　学科论概论 ········· 32

第一节　什么是学科论 ········· 32

一、学科论的内涵 ········· 32
（一）学科论的概念 ········· 32
（二）学科论概念的内涵 ········· 32

二、学科论的外延 ········· 33
（一）从学科论外延是什么的角度来研究学科论的外延 ········· 33
（二）从与学科论相近的概念看学科论的外延 ········· 33

第二节　学科论的基本范畴 ········· 36

一、学科本质与价值论 ········· 36
（一）学科的本质 ········· 36
（二）学科的价值 ········· 42

二、学科形成发展论 ········· 43
（一）影响学科产生与发展的因素 ········· 43
（二）学科的分化过程 ········· 46

三、学科组成要素论 ········· 47
（一）科学的基本要素 ········· 47
（二）学科的基本要素 ········· 48

思考题 ········· 49

第二章　关于教育管理学科论的若干问题 ········· 50

第一节　教育管理学的研究对象 ········· 51

一、关于教育管理学研究对象的不同观点及其分析 ········· 51
（一）关于教育管理学研究对象的不同观点 ········· 51

  （二）对教育管理学研究对象不同观点的分析 …………………… 52

二、关于教育管理现象 ……………………………………………………… 52

  （一）认识教育管理现象的方法论问题 ………………………………… 52

  （二）教育管理现象各范畴之间的逻辑关系 …………………………… 53

  （三）教育管理活动范畴 ………………………………………………… 55

  （四）教育管理体制范畴 ………………………………………………… 55

  （五）教育管理机制范畴 ………………………………………………… 56

  （六）教育管理观念范畴 ………………………………………………… 57

  （七）对教育管理学的研究对象不是教育管理活动、过程和问题的原因分析 … 58

  （八）对教育管理现象范畴几种不同观点的评析 ……………………… 59

  （九）对教育管理现象范畴认识的意义 ………………………………… 63

三、关于教育管理规律 ……………………………………………………… 63

  （一）本质与规律的关系 ………………………………………………… 63

  （二）教育管理学也要研究教育管理规律 ……………………………… 65

  （三）教育管理的基本规律和特殊规律 ………………………………… 67

  （四）对教育管理规律不同观点的评析 ………………………………… 68

  （五）认识教育管理规律的意义 ………………………………………… 73

第二节　教育管理学的研究方法 …………………………………………… 74

一、研究方法的哲学基础 …………………………………………………… 75

  （一）研究方法的哲学本体论、认识论和价值论基础 ………………… 75

  （二）研究方法的认识论基础 …………………………………………… 76

二、研究范式 ………………………………………………………………… 78

  （一）现象学范式 ………………………………………………………… 78

  （二）解释学范式 ………………………………………………………… 79

  （三）批判理论范式 ……………………………………………………… 79

  （四）建构主义范式 ……………………………………………………… 80

  （五）符号互动范式 ……………………………………………………… 81

三、研究方法 ·· 82
    （一）从具体上升到抽象的研究方法和从抽象上升到具体的研究方法 ········ 82
    （二）收集资料的方法和分析资料的方法 ································ 82
    （三）各种研究方法之间的关系 ······································ 84
四、研究方法的哲学基础、研究范式和研究方法之间的关系 ················ 85
    （一）研究方法的哲学基础与研究范式之间的关系 ······················ 85
    （二）研究范式与研究方法之间的关系 ································ 86

第三节 教育管理学的学科体系 ···································· 87
  一、教育管理学的著作体系 ·· 88
    （一）作为一门学科的教育管理学的著作体系 ·························· 88
    （二）作为一个学科群的教育管理学的著作体系 ························ 89
  二、教育管理学的教材体系 ·· 93
    （一）作为一门学科的教育管理学的教材体系 ·························· 93
    （二）作为一个学科群的教育管理学的教材体系 ························ 94

第四节 教育管理学的产生与发展 ·································· 97
  一、关于西方教育管理学的产生与发展 ································ 97
    （一）西方教育管理学产生的标志及原因 ······························ 97
    （二）西方教育管理学的主要理论流派 ································ 99
  二、我国教育管理学的产生与发展 ···································· 113
  三、当代教育管理学的发展趋势 ······································ 124
    （一）教育管理研究理论基础的发展趋势 ······························ 124
    （二）教育管理研究内容的发展趋势 ·································· 125
    （三）教育管理研究思潮、教育管理研究方法及手段的发展趋势 ············ 125
    （四）教育管理研究理论层次的发展趋势 ······························ 126

思考题 ·· 127

第二论　教育管理活动论 129

第三章　教育管理活动概述 130

第一节　教育管理概说 130

一、什么是管理 130

（一）管理的含义 130

（二）管理的属性 131

（三）管理的特点 131

二、什么是教育管理 132

（一）教育管理的含义 132

（二）教育管理的产生 133

（三）教育管理的特点 134

（四）教育管理的发展趋势 135

第二节　教育管理活动概说 140

一、关于活动 140

（一）活动的含义 140

（二）活动的特性 140

（三）活动与动作、运动和实践的关系 141

（四）活动与人的发展关系 141

二、关于教育管理活动 142

（一）教育管理活动的含义与性质 142

（二）教育管理活动的要素 144

（三）教育管理活动与人的发展 145

思考题 146

第四章　教育管理活动的事实要素 148

第一节　教育管理活动的主体与客体 …… 148
一、什么是教育管理活动的主客体 …… 148
（一）教育管理活动的主体 …… 148
（二）教育管理活动的客体 …… 151
二、教育管理活动中主体与客体的关系 …… 153
（一）教育管理活动主客体的状态及其相互关系 …… 153
（二）教育管理活动主客体的作用及其相互关系 …… 155

第二节　教育管理活动的资源及管理 …… 159
一、人力资源的开发与管理 …… 159
（一）人力资源开发与管理的一般要求 …… 159
（二）教育管理人员资源的开发与管理 …… 160
（三）教师与学生资源的开发与管理 …… 160
二、财力资源的开发与管理 …… 161
（一）什么是财力 …… 161
（二）财力资源开发与管理的一般要求 …… 161
三、物力资源的开发与管理 …… 161
（一）什么是物力 …… 161
（二）物力资源开发与管理的一般要求 …… 162
四、信息资源的开发与管理 …… 162
（一）什么是信息资源 …… 162
（二）信息资源的开发与管理的一般要求 …… 163
五、时空资源的开发与管理 …… 163
（一）时间资源的开发与管理 …… 163
（二）空间资源的开发与管理 …… 163

第三节　教育管理活动的过程及环境 …… 164
一、教育管理活动的过程 …… 164
（一）教育管理活动过程的实质 …… 164

（二）教育管理活动过程的内容··166
　　（三）教育管理活动过程的形式··167
　二、教育管理活动的环境···169
　　（一）宏观教育管理活动的环境··170
　　（二）微观教育管理活动的环境··172

第四节　教育管理活动的方法与艺术··173
　一、教育管理活动的方法···173
　　（一）教育管理方法的含义···173
　　（二）教育管理方法的特点···173
　　（三）我国教育管理活动的基本方法··174
　二、教育管理活动的艺术···181
　　（一）教育管理活动的艺术的含义及特征··181
　　（二）教育管理活动的艺术的基本内容···182

思考题···186

第五章　教育管理活动的价值要素···187

第一节　教育管理活动的原理与原则··187
　一、教育管理活动的原理···187
　　（一）教育管理活动原理的含义··187
　　（二）教育管理活动原理的主要特征··187
　　（三）教育管理活动的基本原理··188
　二、教育管理活动的原则···191
　　（一）教育管理活动原则的含义及意义···191
　　（二）教育管理活动原则与教育管理活动原理的关系························192
　　（三）我国教育管理活动的基本原则··192

第二节　教育管理活动的职能与效能··198
　一、教育管理活动职能··198

　　　　（一）教育管理活动职能的含义 ·· 198
　　　　（二）教育管理活动职能的类型 ·· 199
　　二、教育管理活动的效能 ·· 201
　　　　（一）教育管理活动效率 ··· 201
　　　　（二）教育管理活动效益 ··· 206
　　　　（三）教育管理活动效能 ··· 208
　第三节　教育管理活动与人的发展关系 ·· 209
　　一、教育管理活动与人的发展关系的一般分析 ·· 209
　　　　（一）人的相对自由发展 ··· 209
　　　　（二）教育管理活动与人的自由发展关系的一般分析 ····························· 210
　　二、教育管理活动与人的发展关系的具体分析 ·· 212
　　　　（一）管理者没有异化，被管理者一部分没有异化而一部分异化的
　　　　　　　管理关系分析 ·· 212
　　　　（二）管理者异化，被管理者一部分异化而一部分没有异化的管理
　　　　　　　关系分析 ·· 212
　　　　（三）教育管理活动本质的回归与人的自由发展关系分析 ····················· 212
　思考题 ·· 213

第三论　教育体制论 ··· 215

第六章　教育体制理论 ·· 216

　第一节　教育体制理论的基本内容 ··· 216
　　一、教育体制理论的文字表述和图解说明 ·· 217
　　　　（一）教育体制理论的文字表述 ·· 217
　　　　（二）教育体制理论的图解说明 ·· 218
　　二、教育体制理论的逻辑分析 ··· 219

（一）教育体制基本要素和子体制系统的关系分析 ·········· 219
　　（二）教育体制中两个基本要素的关系分析 ················ 220
　　（三）教育体制中两个子体制系统的关系分析 ·············· 220
第二节　教育体制理论的论证 ······································ 221
　一、教育体制理论的理论论证 ···································· 222
　　（一）关于机构理论的论证 ······························· 222
　　（二）机构现实的建构理论论证 ··························· 224
　二、教育体制理论的实证分析 ···································· 226
　　（一）学校教育体制的实证分析 ··························· 226
　　（二）教育管理体制的实证分析 ··························· 226
第三节　教育体制理论的意义 ······································ 227
　一、教育体制理论的理论意义 ···································· 227
　　（一）对教育学科理论建设的价值 ························ 227
　　（二）对其他相关学科理论建设的价值 ···················· 231
　二、教育体制理论的实践意义 ···································· 232
　　（一）两个基本要素的改革 ······························· 233
　　（二）两个子体制的改革 ································· 234
　　（三）两个基本要素改革与两个子体制改革的关系 ·········· 234
思考题 ·· 235

第七章　教育体制改革 ·· 236

第一节　教育体制两个基本要素的改革 ···························· 236
　一、教育机构的改革 ·· 236
　　（一）学校教育机构的改革 ······························· 236
　　（二）教育管理机构的改革 ······························· 241
　二、教育规范的改革 ·· 244
　　（一）教育规范概述 ····································· 244

（二）宏观教育规范的改革 …………………………………………… 246
　　（三）微观教育规范的改革 …………………………………………… 266
　三、两个基本要素改革的关系 …………………………………………… 267

第二节　教育体制两个子体制的改革 …………………………………………… 268
　一、学校教育体制改革 …………………………………………………… 268
　　（一）加强学前教育 …………………………………………………… 268
　　（二）推进义务教育 …………………………………………………… 269
　　（三）加快发展高中教育 ……………………………………………… 271
　　（四）大力发展职业技术教育 ………………………………………… 271
　　（五）稳步发展高等教育 ……………………………………………… 273
　　（六）积极发展继续教育 ……………………………………………… 274
　　（七）重视发展民族教育 ……………………………………………… 275
　　（八）关心支持特殊教育 ……………………………………………… 276
　二、教育管理体制改革 …………………………………………………… 277
　　（一）教育行政体制改革 ……………………………………………… 277
　　（二）学校管理体制改革 ……………………………………………… 282
　三、学校教育体制改革与教育管理体制改革的关系 …………………… 285
　　（一）学校教育体制改革与教育管理体制改革应配套进行 ………… 285
　　（二）教育行政体制改革与学校管理体制改革应配套进行 ………… 286
　四、两个基本要素改革与两个子体制改革的关系 ……………………… 286
思考题 …………………………………………………………………………… 286

第四论　教育机制论 ……………………………………………………… 289

第八章　教育机制理论 …………………………………………………… 290

第一节　机制理论概述 …………………………………………………………… 290

一、机制的含义 ·· 290
      （一）机制的本义与引申义 ·································· 290
      （二）机制含义的分析 ······································ 291
   二、机制与体制、制度和规律之间的关系 ························ 293
      （一）机制与体制的关系 ···································· 293
      （二）机制与制度的关系 ···································· 295
      （三）机制与规律的关系 ···································· 296
   三、认识机制含义的意义 ·· 297
      （一）理论意义 ·· 297
      （二）实践意义 ·· 298

  第二节 教育机制及其类型 ·· 299
   一、什么是教育机制 ·· 299
      （一）教育机制的含义 ······································ 299
      （二）教育机制含义的分析 ·································· 299
   二、教育机制的类型 ·· 301
      （一）教育机制类型划分的方法论分析 ···················· 301
      （二）教育机制的三种类型 ·································· 305
      （三）教育机制类型的逻辑分析 ····························311

  思考题 ·· 315

第九章 教育机制改革 ·· 316

  第一节 教育机制改革概论 ·· 316
   一、什么是教育机制改革 ·· 316
      （一）探索发现新的教育机制 ······························ 316
      （二）修正和转换错误的教育机制 ························ 317
      （三）调整和完善已有的教育机制 ························ 317
   二、教育机制改革的基本规律 ···································· 319

（一）教育机制改革的内部规律 ································· 319
　　（二）教育机制改革的外部规律 ································· 320

第二节　三大教育机制的改革 ·· 322
　一、教育层次机制改革 ·· 322
　　（一）教育层次机制改革的目标及内容 ························· 322
　　（二）教育层次机制改革的依据及要求 ························· 323
　二、教育形式机制改革 ·· 328
　　（一）教育形式机制改革的目标及内容 ························· 328
　　（二）教育形式机制改革的依据及要求 ························· 329
　三、教育功能机制改革 ·· 332
　　（一）教育功能机制改革的目标及内容 ························· 332
　　（二）教育功能机制改革的依据及要求 ························· 333

思考题 ·· 338

第五论　教育管理观念论 ·· 339

第十章　教育观概论 ··· 340

第一节　教育观的体系及其逻辑 ····································· 340
　一、教育观体系 ·· 340
　　（一）广义的教育观体系 ······································· 340
　　（二）狭义的教育观体系 ······································· 341
　　（三）综合的教育观体系 ······································· 342
　　（四）狭义的教育观体系的优势分析 ··························· 344
　二、教育观体系的逻辑分析 ······································· 345
　　（一）教育观体系的应然逻辑 ································· 345
　　（二）教育观体系的实然逻辑 ································· 345

（三）教育观体系两种逻辑之间的关系 ·· 346

　　　（四）认识教育观逻辑的意义 ·· 348

　第二节　教育观逻辑的实证分析 ··· 349

　　一、传统教育观的逻辑及实证分析 ·· 349

　　　（一）教育本质的社会上层建筑说或生产力说的教育观的

　　　　　　逻辑及实证分析 ··· 349

　　　（二）教育本质的培养人的活动说的教育观的逻辑及实证分析 ·················· 350

　　　（三）两种传统教育观逻辑弊端的原因分析 ··· 350

　　二、现代教育观的逻辑及实证分析 ·· 351

　　　（一）现代教育观的逻辑 ·· 351

　　　（二）现代教育观逻辑的实证分析 ··· 352

　　三、传统教育观逻辑与现代教育观逻辑的对比分析 ······································ 353

　思考题 ·· 354

第十一章　关于教育管理观　355

　第一节　教育管理观概论 ··· 355

　　一、关于教育管理观的体系 ·· 355

　　　（一）教育管理观的体系及其逻辑分析 ·· 355

　　　（二）探讨教育管理观体系及其逻辑的方法论问题 ································ 359

　　　（三）研究教育管理观的体系及其逻辑的意义 ······································· 362

　　二、教育管理观在整个教育观中的地位和作用 ·· 362

　　　（一）教育管理观在整个教育观中的地位 ··· 362

　　　（二）教育管理观在整个教育观中的作用 ··· 363

　　三、研究教育管理观的意义和方法 ·· 364

　　　（一）研究教育管理观的意义 ··· 364

　　　（二）研究教育管理观的方法 ··· 365

　第二节　教育管理观内容的逻辑分析 ·· 366

- 一、教育管理观内容的对应逻辑分析 ... 366
  - （一）从属教育管理观 ... 366
  - （二）主体教育管理观 ... 367
- 二、教育管理观内容的递进逻辑分析 ... 370
  - （一）关于教育管理本质观 ... 370
  - （二）关于教育管理价值观 ... 377
  - （三）关于教育管理实践观 ... 382
  - （四）关于教育管理质量观 ... 392

思考题 ... 396

第六论　教育管理人论 ... 397

第十二章　教育管理人性理论概论 ... 398

第一节　什么是教育管理人性理论 ... 398

- 一、教育管理人性理论的研究内容 ... 398
  - （一）研究教育管理中的人性 ... 398
  - （二）研究基于人性的基础上所采取的管理措施 ... 400
- 二、教育管理人性理论研究的意义 ... 401
  - （一）教育管理人性理论研究的理论意义 ... 401
  - （二）教育管理人性理论研究的实践意义 ... 402

第二节　中外主要人性理论概说 ... 403

- 一、西方思想家的人性理论 ... 403
  - （一）柏拉图的人性理论 ... 404
  - （二）基督教的人性理论 ... 404
  - （三）马克思的人性理论 ... 404
  - （四）弗洛伊德的人性理论 ... 405

（五）萨特、斯金纳和洛伦兹的人性理论 ……………………………………… 405
　二、西方近现代企业管理的人性理论 …………………………………………… 406
　　　（一）麦格雷戈的 X 理论—Y 理论 ……………………………………………… 406
　　　（二）沙因的复杂人假设理论 …………………………………………………… 407
　　　（三）莫尔斯和洛希的超 Y 理论 ………………………………………………… 408
　　　（四）大内的 Z 理论 ……………………………………………………………… 408
　三、中国传统文化中的人性理论 ………………………………………………… 408
　　　（一）性善论 ……………………………………………………………………… 409
　　　（二）性恶论 ……………………………………………………………………… 410
　　　（三）其他与善恶有关的人性论 ………………………………………………… 410
第三节　中外人性理论研究方法论及研究内容的启示 …………………………… 411
　一、中外人性理论研究的方法论启示 …………………………………………… 412
　　　（一）采用思辨的方法和经验的方法来研究人性 ……………………………… 412
　　　（二）多角度地研究人性问题 …………………………………………………… 412
　　　（三）与人或人格交织在一起研究人性 ………………………………………… 413
　二、中外人性理论研究内容的启示 ……………………………………………… 413
　　　（一）人性起源论 ………………………………………………………………… 414
　　　（二）人性结构论 ………………………………………………………………… 414
　　　（三）人性价值论 ………………………………………………………………… 415
　　　（四）人性属性论 ………………………………………………………………… 415
　　　（五）人性发展论 ………………………………………………………………… 416
思考题 ………………………………………………………………………………… 417

第十三章　人的本性与教育管理 ……………………………………………… 419

第一节　求生存、求发展的人之本性的分析 ……………………………………… 419
　一、人的求生存、求发展本性的人性理论研究的方法论分析 ………………… 419
　　　（一）以思辨为主的研究方法和多角度研究的结果 …………………………… 419

（二）"智慧人格"——求生存和求发展的人性观的人格诉求 …………… 420

　二、人的求生存、求发展本性的人性理论内容分析 …………………………… 426

　　（一）求生存、求发展的人性的起源观和结构观分析 …………………… 426

　　（二）求生存、求发展的人性的价值观分析 …………………………… 427

　　（三）求生存、求发展的人性的属性观和发展观分析 …………………… 428

第二节　求生存、求发展的人性观与教育管理 …………………………………… 429

　一、求生存、求发展的人性观与教育管理观 …………………………………… 429

　　（一）求生存、求发展的人性观与主体教育管理观 …………………… 429

　　（二）求生存、求发展的人性观与当代西方主要教育管理观 ………… 430

　二、求生存、求发展的人性观与教育管理的目标与措施 ……………………… 431

　　（一）求生存、求发展的人性观与教育管理的目标 …………………… 431

　　（二）求生存、求发展的人性观与教育管理措施 ……………………… 432

思考题 …………………………………………………………………………… 433

参考文献 ……………………………………………………………………… 434

第一版后记 …………………………………………………………………… 451

导论
教育管理学理论范畴及理论逻辑的新探索

《教育管理学》这本书被教育部列为普通高等教育"十五"国家级规划教材。与同类教育管理学的教材相比，这本教材的最大特点是在前人研究的基础上，在追求较高理论层次的主旨下对教育管理学的理论范畴和理论逻辑进行了新探索。

一、本书为什么要对教育管理学的理论范畴及理论逻辑进行新的探索

作者对这本书的这种追求并为之付出努力主要基于如下几方面的原因。

（一）当今创新时代继承和发展教育管理学优秀研究成果的需要

当今的时代是一个创新时代，创新是我们这个时代的主旋律。在学科研究和学科建设上，只有进行学科体系和内容的创新，才能使我们的学科建设跟上创新时代的步伐，从而使我们的学科充满活力，充分发挥学科在人才培养、科学研究和社会服务方面的积极作用和先导作用。然而，这种学科创新不是盲目地创新，而是在继承已有学科优秀成果基础上的创新。中国的教育管理学如果从成书于战国时期的《礼记·学记》中有关教育管理理论研究的萌芽开始，至今已有两千两百多年的历史；如果从19世纪末20世纪初教育管理学作为独立形态的学科，以翻译介绍外国教育管理方面的论著和将教育管理学科作为独立课程在师范学校开设为特征开始，至今已有百余年的历史。[①] 在教育管理学发展的历史长河中，学者们对教育管理学及教育管理理论的研究不乏真知灼见，教育管理学由零散的理论研究已经发展成为一个初具规模的学科群体系。特别是改革开放以来，出版了一批有影响的教育管理学的论著，这些论著对教育管理学的体系和内容做了十分有益的探讨。由于西方国别众多，教育管理理论研究的资料查找相当困难，所以西方究竟是由哪一个国家、从何时最先开始研究教育管理理论，目前还无法考证。但从已经掌握的最新资料来看，如果从教育管理学的独立形态来考证西方教育管理学，即以霍尔（Hall, S. R.）分别于1829年和1832年出版两本教育管理学方面的书为标志，西方作为独立形态的教育管理学的产生至今已有近两百年的

---

① 孙绵涛主编：《教育管理原理》，广东高等教育出版社1999年版，第24—25页。

历史。① 在这段历史中，西方教育管理学学派林立，观点纷呈，在众多教育管理学著述中，不乏世界影响力的时尚论著和传世之作。面对这些已有的丰厚的教育管理学的研究成果，时至 21 世纪初的创新时代来编写教育管理学的教材，我们没有理由躺在这些已有的研究成果上停滞不前，我们的责任和义务只能是把这些成果推向一个更新更高的水平，而不是低水平地重复这些成果，采用剪刀加浆糊或玩文字游戏的方式来"编写"教育管理学。这种方式对于推动教育管理学的理论发展不仅无济于事，而且还会有碍于教育管理学理论的发展。如果这样，我们将有愧于为教育管理学的发展贡献了巨大智慧的诸多圣哲先贤。而唯有在继承的基础上进行理论创新，才能把现有的教育管理学的理论不断地向前推进，才能不辜负这个时代所赋予我们的神圣而光荣的历史使命。这种在继承基础之上的创新，是指要认真梳理中外已有的教育管理理论，看看它们有哪些理论和研究方法论值得我们参考。可以说，这本教育管理学，就是在比较系统地清理中外教育管理学理论并对这些理论的优劣短长进行比较的基础上，充分地吸取了这些理论的长处，从而在体系和内容上加以创新而撰写成的。

（二）提升我国教育管理学理论水平，改善我国教育管理学知识状况和改变我国教育管理学学科形象的需要

改革开放以来，我国的教育管理研究工作者在提高教育管理的理论水平上

---

① 若干年前，笔者在查阅了 Culbertson, J. A., A Century's Quest for a Knowledge Base [In Boyan, N. J. (Ed.), *Handbook of Research on Educational Administration*, New York: Longman, 1988] 后发现，美国学者佩恩（Payne, W. H.）在 1875 年撰写的《学校管理》一书，比我国学者在著述中所提的最早的学校管理学著作还要早，因此笔者在 1998 年由华中师范大学出版社出版的《教育行政学》第 22 页和 1999 年由广东高等教育出版社出版的《教育管理原理》第 19 页中分别指出，如果以单独论述教育管理学的论著为标志，教育管理学最早产生于美国，以佩恩的这本书为标志。最近笔者在组织译校美国的唐纳德·J. 威洛克和帕里克·B. 弗斯的《教育管理学简史》时，发现作者虽然在正文中提到佩恩的书在教育管理学史上是第一本专门论述学校管理的专著，但在注释中说："Mason (1986) cites two works in educational administration by Samuel R. Hall published in 1829 and 1832, well before Payne's 1875 book." 因此，笔者在这里将沙默尔的两本书作为西方最早的教育管理学著作。作者的注释见 Willower, D. J. and Patrick, B. F., A brief History of scholarship on Educational Administration, In Murphy, J. and Loius, K. S., *Handbook of Research on Educational Administration, A Project of the American Educational Research Association*, Second Ed., San Francisco: Jessey-Bass Publisher, 1999, p.20. 曼森（Mason）的书见 Mason, R., From idea to ideology: School Administration Texts 1820-1914, In T. E. Glass (Ed.), *An analysis of texts of school administration 1820-1985* (pp.1-21). Danville, II: Interstare, 1986.

做了很大的努力，使教育管理研究的理论水准有了较大的提高。但就总的情况来看，教育管理研究的理论品位并不令人满意，较高理论水平的成果还不是很多。教育管理学知识老化、观念陈旧、老生常谈的现象依然存在，教育管理理论水平低下的状况还没有得到根本改变。在常人眼里，教育管理学仍然是一个没有多少理论的学科。在教育学科里，教育管理学常常是被人瞧不起的"小儿科"。有人说，在大学所有学科里，最好教和最好学的是教育学；在教育学科里，最容易教和最容易学的是教育管理学。教育管理学一看就懂，不学便会。难怪什么人都可以在教育管理学领域里发表高论，没有学过和研究过教育管理学的人也可以上台讲授教育管理学，甚至还可以堂而皇之地带起教育管理专业的研究生；也难怪每年报考研究生时，教育管理专业可谓门庭若市、热闹异常，绝大多数报考者为非教育或非教育管理专业的。这些并不是教育管理学的荣耀，而是教育管理学的悲哀！教育管理学的这种悲哀，就在于到目前为止，用时髦的话来说，还没形成别的学科不能取代的属于它自己所独有的话语体系；用行话来讲，就是没有像哲学、经济学、法学、文学等比较成熟的学科一样，有一套体现着深刻教育管理思想的用范畴逻辑或语言逻辑所表达的理论体系。我们知道，教育学还有像赫尔巴特的《普通教育学》那样用教学、普通教育、教育等范畴逻辑所表达的传统教育思想的理论体系，也有像卢梭用语言所塑造的爱弥儿这一形象所表达的自然主义教育思想的理论体系。而在教育管理学领域里，我国当前用范畴逻辑所表达的教育管理思想的理论体系可谓凤毛麟角，更不要说用语言塑造的形象来表达教育管理思想的理论体系了。因而有人觉得跟教育学相比，教育管理学容易教和容易学就不足为怪了。为此，我们必须付出极大的努力去改变教育管理学的这种状况。我们认为，现在应是提高我国教育管理研究的理论水平、加强教育管理学学科自身建设、改善我国教育管理学知识状况、构建我国教育管理学新的理论体系、讨回教育管理学的学科地位和尊严的时候了。

（三）尽快缩小我国教育管理学科与西方发达国家教育管理学科发展水平差距的需要

如前所述，作为独立形态的教育管理学的产生，我国要比西方国家晚将近一百年。新中国成立以来，特别是改革开放以来，我国的教育管理学研究工作者为改变这种落后局面付出了艰苦的劳动,教育管理学的理论水平有了很大提高,甚至在有些领域创立了不亚于西方学者的教育管理理论。然而从总体上来说,我国教育管理学的理论水平与西方国家特别是与美国相比,还有一定的差距。美国是当今教育管理学理论研究最发达的国家之一。当今世界上一流的教育管理学的学者,绝大多数来自美国;当前教育管理学领域里最抢手的著作,绝大多数出自美国学者之手;当今西方教育管理学中的科学主义(scientism)、人文主义(humanism)和整合主义(coherentism)这三大流派①的中坚力量,大多数是美国的学者。其实,美国的教育管理学在产生之初,理论水平并不高。当时在大学里讲授的教育管理学无非是一些校长和督学人员的经验之谈。②美国的教育管理学在世界上处于领先地位,得益于20世纪40年代末至80年代,由在大学从事教育管理学教学和研究的教授因为对当时美国教育管理理论水平低下不满而发动和参与的,以实证主义和逻辑实证主义为哲学基础的,旨在使美国的教育管理学走上"科学主义"大道的一场"理论运动"。③可以说,正是这场"理论运动",造就了美国现当代教育管理学。当今美国教育管理学界的许多重量级人物和学术观点,无论是哲学观点还是具体的观点,都或多或少、直接或间接地与这场运动有关。不仅如此,这场运动还推动了其他国家教育管理学的发展。世界上其他国家的学者也参与了由这场运动所引发的论争,像著名的人文主义学派的代表——加

---

① 关于西方科学主义、人文主义和整合主义流派产生的历史背景、主要内容及其评价,参见孙绵涛、康翠萍:《关于西方科学主义与人文主义教育管理观的探讨》,载《教育理论与实践》2003年第11期。

② Owens, R. G., *Organizational Behavior in Education,* Boston-London-Toronto-Tokyo-Singapore: Allyn and Baccon, 1998, pp.2-3.

③ Hilpin A. W., Administration Theory: The Fumbled Torch, In Kroll, A. M. *Issues in American Education*, New York: Oxford. 1970, pp.156-183, p.161.
Hilpin, R. G., *Administration Theory in Education,* Chicago: Midwest Administration Center, University of Chicago, 1958.
Culbertson, J. A., Theory in Educational Administration: Echoes from Critical Thinkers, *Educational Research,* 1983, 12. 10: pp.15-22.
国内也有学者对美国的这场运动进行研究。陈如平:《美国教育管理理论运动及其研究述评》;张新平:《教育组织范式论》,江苏教育出版社2001年版,第217—282、359—360页;《外国教育管理学理论发展50年》,载《华东师范大学学报(教育科学版)》2003年第4期;黄崴:《20世纪西方教育管理理论及其模式的发展》,载《华东师范大学学报(教育科学版)》2001年第1期;孟卫青:《20世纪西方教育管理理论运动的回顾与反思》,载《教育导刊》2002年第2期;蔡怡:《西方教育管理理论运动述评》,载《江苏高教》2003年第4期。

拿大的格林菲尔德（T. Greenfield）和著名的自然连贯主义流派的代表——澳大利亚的伊维斯（C. W. Evers）就是典型的代表。①美国教育管理科学的经验证明，提高教育管理研究的理论品位是提高教育管理学学科水平、创建教育管理新理论的必经之路。看来，要追赶西方教育管理学，使中国的教育管理学达到较高的理论水准，也要像美国当初改造低水平的教育管理学一样，实实在在地来一场教育管理研究的"理论运动"。撰写这本教育管理学教材，可视为笔者所倡导的教育管理学理论运动中的一个具体的行动。

（四）我国教育改革发展的需要

改革需要科学的理论来指导，因为科学理论的作用是巨大的。理论之所以有巨大的力量，一方面是因为理论是思想的体现，而思想就是力量。毛泽东曾经说过："代表先进阶级的思想一旦被广大人民群众所掌握，就会变成改造社会和改造世界的巨大的物质力量。"②另一方面还在于理论所表达的思想体系实际上就是知识体系，培根（Francis Bacon）说过，"知识就是力量"③。就教育领域而言，教育

---

① 格林菲尔德从 20 世纪 70 年代开始，对以实证主义为基础的"理论运动"及其科学主义思潮进行了猛烈的批判，形成了自己鲜明的主观主义（人文主义）教育管理思想。其代表作为 T. Greenfield and P. Ribbins, *Greenfield on Educational Administration: Towards a Human Science,* London and New York:Routledge, 1993.

伊维斯从 20 世纪 80 年代末开始，就与澳大利亚的另一位学者拉柯姆斯基（Lakomski, G.）一起，用后实证主义的观点对以实证主义为基础的科学主义管理理论进行批判，主张教育管理学理论应建立在脑神经科学和认识科学的基础上，形成了后实证主义的教育管理理论，他们自己称为自然整合主义（naturalistic coherentism）。主要代表作为：Evers, C. W., Lakomski, G., *Knowing Educational Administration: Contemporary Methodological Controversies in Educational Administraion Research,* Oxford etc.: Pergamon Press, 1991.

Evers, C. W., Lakomski, G., *Exploring Educational Administration: Coherentist Applications and Critical Debates*, Oxford etc.: Pergamon, 1996.

Evers, C. W., Lakomski, G., *Doing Educational Administration: A Thoery of Administrative Practice,* Oxford etc.: Pergamon, 2000.

② 毛泽东：《人的正确思想是从哪里来的》，载《毛泽东文集》第 8 卷，人民出版社 1999 年版，第 320 页。

③ 不少著述都提到了培根的"知识就是力量"这一命题，但培根到底在哪一部著作中提到这一命题却一概暂付阙如。为了查找这一命题的出处，笔者上网输入"知识就是力量"时，查到了邢贲思的文章《培根和"知识就是力量"》，才知道美国学者威尔·杜兰（Will Durant）在《世界文明史》中提到，在《学术的进展》《新工具》《新大西岛》等培根的现存著作中确实没有这个命题，但在他的《沉思录》（*Meditations Sacrae*）的片段中却留下了这一句话，它的拉丁文是："ipsa scientia protestas est"，并说这本书没有公开出版。笔者没有查到中文版的《沉思录》。但当笔者输入英文"Knowledge is power"后（网站为 www.quotationspage.com），出现了"Sir Francis Bacon, *Mediations Sacrae. De Haeresibus.* (1597)"。这说明"知识就是力量"这个命题出自培根 1597 年在 De Haeresibus 出版社出版的《沉思录》中。

改革需要教育理论特别是教育管理理论的指导。这是因为教育管理理论是体现了某种教育管理思想的知识体系，所以它有巨大的作用。我们强调提高教育管理研究的理论品位，创建教育管理理论的新体系，就是以教育管理理论在教育管理的实践活动中所具有的这种巨大作用为依据而提出的。然而，科学的教育管理理论不是空穴来风，而是在教育管理的研究中生长出来的。我国当前教育管理理论研究与发展状况和教育改革的形势不相适应，还需要我们在提高教育管理研究的理论水平上花更大的力气，对我国教育改革和教育管理改革实践中的经验进行理论升华，构建出具有中国特色的教育管理的理论体系，并用这些理论去指导我国的教育和教育管理改革的实践。这本教育管理学教材就是希图通过总结我国教育改革和教育管理改革的经验，把这些经验上升到一定的理论层次，并希望这些理论能对我国的教育改革和教育管理改革做出贡献。

（五）对创建教育管理学理论范畴及理论逻辑新体系不同观点的分析

有人担心，强调提高教育管理学的理论层次会不会使教育管理理论脱离实际。我们认为这种担心是多余的。第一，我们强调提高教育管理学的理论层次，并不是离开教育管理实际去构建教育管理的理论体系，恰恰相反，教育管理的理论层次正是从教育管理的实践中提升的。读者会发现，这本教育管理学教材中的理论正是从研究教育管理中的实际问题而得来的。第二，我们强调教育管理的理论，并不是将所研究的理论束之高阁，而是要用这种理论来为教育管理实践服务。本书中论述的每一种理论，可以说都是针对教育或教育管理中实际问题而阐发的。然而这里需要指出的是，我们不能借理论联系实际的口号来贬低理论的意义。所谓理论联系实际是应该先承认有理论的存在，否则用什么去联系实际呢？教育管理研究的主要任务是研究理论，至于教育管理理论能不能联系实际和怎样联系实际，这不仅是一个理论研究的问题，还是一个实际操作的问题。如果在理论上对理论如何联系实际认识得比较清楚，而在操作上不落实，理论联系实际还是一句空话。理论是否能联系实际、解决实际问题，在宏观层面上，要看当权者能否采纳理论，并将理论转化为理论联系实际的中介——政策，而且即使政策制定出来后，还有一个政策执行的问题；在微观层面上，要看研究者能否将自己研究的理论自觉地运用到学校教育教学和管理的实践中，当然这也要看学校愿不愿意接受这种理论并在教育和教育管理中进行改革和实验。这里面有一个研究者与教育实践工作者如何配合和配合得好坏的问题。与此同时，我们强调教育管理理论也是符合中国学校教育的实际情况的。当前我国在学校改革中出现的这样和那样的问题迫切需要我们做出理论上的说明，校长们最缺乏的不是学校如何做的操作问题，而是学校为什么要这样做而不能那样做的理论问题。近几年，我们在参与基础教育改革过程中了解到，绝大多数学校的领导和教师除了自己开展理论研究来促进学校的教育、教学和管理改革外，非常欢迎专业研究人员带着理论到学校中去和他们一起研究、改革。可见，我们不能带着只要一强调理论就担心理论不联系实际的思维定势去审视当前的教育管理理论以及理论联系实际的问题；我们也不能把理论联系实际中出现的问题都归咎于理论自身，都算在理论的账上，这对理论来说是不公平的。同时我们更不能认为学校现在不需要理论，中国的学校改革最急切需要的还是理论，而不是别的。

有人认为，教育管理学是应用学科，应用学科没有什么理论可言，因此，不可能把这种没有多少理论的应用学科写成一种有较高理论水准的理论学科。我们认为这种观点是很值得商榷的。首先，我们认为把教育管理学科划为应用学科是值得讨论的。在学科分类上，从横向来说，将学科按照研究对象的不同划分为不同性质的学科；从纵向来说，按照研究对象的范围不同划分为一级学科和二级学科，甚至三级学科是有道理的。但硬要给学科规定不同的任务，将有的学科划分为理论学科而将有的学科划分为应用学科着实令人难以接受。我们认为这是"学科霸权"的一种体现。在我们看来，只要是学科，不管是什么性质和层级的学科，都有研究自身基础理论及其应用的任务，只不过是因为各个学科研究内容、性质及范围的不同而对其基础理论及其应用研究有所不同而已。如管理学、教育学和教育管理学都有各自的基础理论及其应用的研究，然而由于教育管理学是教育学和管理学的二级学科，它在基础理论研究方面没有教育学和管理学那么广。相对于教育学和管理学而言，教育管理学的基础理论只是管理学和教育学在教育管理学中的体现。其次，即便承认教育管理学是应用学科，也不能说应用学科没有理论。应用学科有应用学科的理论。表面看来，操作性强的学科好像没有什么理论，其实这是一种误解。越是应用性强的学科，越具有深厚的理论根基。教育管理学是一门应用性学科，是由教育管理所具有的应用性决定的。教育管理的这种应用性，是由教育管理的本质和价值决定的。这样，当我们追问教育管理为什么会具有这样的应用性时，教育管理的本质和价值等基本理论问题就会立刻凸现出来。可见，不是应用学科没有理论，而是我们如何自觉地、有意识地去研究应用学科的理论问题。还有，有人觉得教育管理学的一级学科教育学和管理学的理论水平也不高，在这种情况下要想提高教育管理学的理论水平是徒劳的。教育管理学理论水平的提高的确有赖于教育学和管理学理论水平的提高，但我们不能坐等教育学和管理学的理论水平提高以后再来谈提高教育管理学的理论水平问题。况且一级学科的水平提高以后，二级学科的水平不是自然而然就提高了的。与其坐等一级学科水平的提高，倒不如先加强二级学科的理论建设。因为二级学科理论水平的提高也有助于一级学科水平的提高。不少高水平的一级学科都是因为有了高水平的二级学科以后，其理论水平才得以显现的。在本书的撰写过程中，笔者就是抱着上述想法来探讨教育管理学的理论的。

还有人说，把教育管理学的理论写得太深，恐怕大学本科的学生学不懂，教师教起来也会有困难。对于担心大学本科学生学不懂的问题，我们的看法是，如果一部大学的教材，大学生一看就懂，那么这本教材的层次可能是有问题的。教材对于学生来说总是有一定难度的，教材撰写的这种难度，是要在教师的教和学生的努力下才可以克服的。如果教材写得学生都能看懂，那就没有必要去编写这个教材了。而当前我国教育管理学教材的实际状况是，虽然有些教材有较高的理论层次，然而教育管理学教材的有些内容，不但大学本科生一看就懂，即使中学生一看也能明白，有些甚至是学生不看也知道的内容。若问学生对学习教育管理学后有何收获时，"学教育管理学原来竟这么容易和如此简单，交钱在大学里学这样的东西太不划算了"的说法还时有所闻。如果有那么一天，教育管理学真的像那些比较成熟的学科那样，有那么一套由范畴逻辑或语言逻辑所表达的深刻教育管理思想的理论体系，我们相信，学生绝不会觉得这种知识能够轻而易举地学会而学不到真正的知识。从教育管理专业所培养的学生的情况来看，虽然不乏在理论思维上的优秀学生，但从总体来看，教育管理专业毕业学生的理论思维水平比学习教育专业毕业的学生要低。从对培养学生起基础作用的教材来说，这种情况不能不说与我们的教育管理学教材的体系和内容在理论层次上有所欠缺有关。有人说，教育管理专业是培养应用型人才的，教育管理专业的学生毕业后只会做就行了。其实这是对教育管理专业人才培养规格的一种误解。教育管理专业毕业的学生不仅要会做，而且更要会想，这就需要较扎实的理论基础和较高的理论思维能力。而且教育管理专业的培养目标也是这样规定的。只不过当前教育管理专业的学科结构比较偏重于应用性的学科，而对理论学科如教育管理哲学、教育管理史和教育管理心理学等有所忽视罢了。教育管理学是教育管理专业学科中的基础性的学科，加强这门学科的理论建设，对于提高这个专业其他学科的理论水平，保证这个专业学生的培养规格的实现更具有基础性的意义。我们认为，为了切实保障教育管理专业人才培养的规格，现在是到了加强教育管理专业理论学科的建设、提高教育管理学学科理论水平的时候了。由上分析，我们认为，撰写一本有理论层次的教育管理学教材，正是使学生能通过自己的努力学有所获和提高学生培养质量的需要。

另外，当前教育管理专业改革的趋势表明，提高教育管理学教材的理论水准是十分必要的。当前有些高等学校的校长认为，管理专业不宜设置本科层次的专业，只能设置研究生层次的专业。也不宜从本科生中直接招收研究生，而要从大学本科毕业后有几年实践经验的人员中招收研究生。因为管理专业没有一定的实践经验是学不好的，学生毕业后也难派上用场。笔者的教学经验也证实了这一点。这本书的内容，笔者曾跟不同层次、不同类型的学生讲过多次，学生反映无论是在理论上还是在思维方式上都很有收获，特别是那些有实践经验的学生，他们的反响更为强烈。因为这本书中讲的活动、体制、机制、观念和人的理论，正是他们在工作中想弄清而又没有弄清的问题，他们感到这些理论与他们的工作很对路，很解渴，学了回去后就可以直接用。正因为如此，现在有些高校正在对管理专业包括教育管理专业的招生制度进行改革。这种对教育管理专业学生的要求进行调整、对教育管理专业的招生制度进行改革的趋势，对教育管理专业教材的编写也提出了新的更高的要求。也就是说，教育管理专业教材的理论水准不仅是要达到本科层次，而且要超过本科层次而达到研究生层次。可以说，这本教材所强调的理论水准，也正是适应教育管理专业的设置及专业课程改革的需要。

对于担心教师教学会有困难的问题，笔者认为这种担心是没有必要的。因为中国大学教师的学位一般是博士和硕士，驾驭这样的教育管理学教材应该是胜任愉快的。即使是大学本科毕业的教师，由于他们已从事教育管理学的教学多年，已经有相当的知识积累和经验积累，使用这样的教材也应该是没有问题的，我们估计这样的教材也会受到广大从事教育管理学教学的教师的欢迎。因为在我和一些从事教育管理学教学的教师接触中，常常听到他们抱怨现在的教育管理学的理论水平不高。我们认为使用这本教材可以改变他们以往对教育管理学教材的看法而享受从事教育管理学教学所应有的乐趣。当然，对一些长期使用现行教育管理学教材的教师，由于他们已经适应了这些教材的体系和内容，在开始使用这本教材时可能有些不适应，我们认为这是正常的。经过一段时间，我们相信他们会尝到使用这本教材的甜头而会乐于使用这本教材。客观地说，对于那些只有一些教育管理的实际经验，没有学习过和研究过教育管理学，又缺乏哲学、管理学、行政学、法学、社会学和教育学等相关学科的知识背景的人来说，运用这本教材来从事教育管理学的教学，可能会存在一定困难。在我国的某些高校中，出现什么人都可以讲教育管理学的现象，除了制度上对教师上讲台把关不严和这些人的胆子比较大以外，恐怕与教育管理学自身的理论层次不高也有关系。像哲学、经济学、法学等有较高理论层次的学科，即便是胆子再大的人，如果他没有学过或研究过这些学科，他也是不可能上讲台去教这些学科的。可见，提高教育管理学的理论层次，有助于提高教育管理学教师队伍的专业化水平。这本教材，或许会对提高教育管理学教师队伍的专业化水平有所帮助。

二、本书是怎样探索教育管理学理论范畴及理论逻辑新体系的

本书既然围绕提升理论层次在教育管理学的理论范畴和理论体系上进行了新的探索，它的理论范畴和理论逻辑又是什么呢？与以前的教育管理学教材相比，它在理论范畴和理论逻辑上进行了哪些创新呢？

（一）本书理论体系简介

本书包括教育管理学科论、教育管理活动论、教育体制论、教育机制论、教育管理观念论和教育管理人论，共六论十三章。第一论包括学科论概论和教

育管理学科的若干问题两章。第一章主要阐述了什么是学科论、学科理论的类型、学科论与学科绪论、学科论与学科哲学，以及学科的本质和价值、学科的产生与发展、学科的基本要素等问题；第二章主要研究了教育管理学的研究对象、教育管理学的研究方法、教育管理学的学科体系以及教育管理学的产生与发展。

  第二论包括教育管理活动论概述、教育管理活动的事实要素和教育管理活动的价值要素三章。第一章主要阐明了管理的含义、属性及特点，研究了教育管理的含义、产生、特点及发展趋势，研究了活动的含义、特性、活动与动作、运动和实践的关系，研究了教育管理活动的含义与性质、教育管理活动要素的种类，以及教育管理活动与人的发展关系。第二章主要研究了什么是教育管理活动的主体和客体、教育管理活动中主体与客体的状态及其相互关系、教育管理活动中主体与客体的相互作用及其关系；研究了什么是教育人力资源的开发与管理、物力资源的开发与管理、财力资源的开发与管理、信息资源的开发与管理以及时空资源的开发与管理；研究了教育管理活动过程的实质、内容及形式，宏观教育管理环境和微观教育管理环境；研究了教育管理活动的方法的含义、特点及我国教育管理活动的基本方法，教育管理活动艺术的含义及主要内容。第三章主要研究了教育管理活动原理的含义、特征及我国教育管理活动的基本原理，教育管理活动原则的含义及我国主要的教育管理原则等；研究了教育管理活动职能的含义及类型、教育管理活动的效率、效益和效能；研究了教育管理活动与人的发展、人的相对自由发展，对教育管理活动中管理者异化与被管理者没有异化的管理方式与人的发展关系进行了分析，对教育管理活动中管理者没有异化与一部分被管理者异化和一部分没有异化的管理方式，以及教育管理活动中管理者异化与一部分没被管理者异化和一部分异化的管理方式进行了分析，并在此基础上，对教育管理活动本质的回归与人的发展关系进行了分析。

  第三论包括教育体制理论和教育体制改革两章。第一章主要包括教育体制理论的文字表述和构图分析，教育体制中两个基本要素与两个子体制系统之间的关系，教育体制中两个基本要素之间的关系，以及教育体制中两个子体制系统之间的关系；从理论上运用机构理论和机构现实的建构理论对教育体制理论进行了论证，运用实际材料从学校教育体制和教育管理体制两个方面对教育体制理论进行了论证；研究了教育体制理论的理论意义，包括对教育学科理论建设的意义，对其他相关学科理论建设的意义，从两个基本要素改革与两大子体制改革的关系的角度研究了教育体制理论的实践意义；第二章讨论了教育体制包括学校教育机构与教育管理机构的改革、教育规范包括宏观教育规范与微观教育规范的改革，讨论了各级各类学校教育体制的改革和教育行政体制的改革与学校管理体制的改革，以及学校教育体制改革与教育管理体制改革的关系、教育行政体制改革与学校管理体制改革的关系。

第四论包括教育机制理论与教育机制改革两章。第一章主要研究了机制的本意与引申义，机制与体制、制度和规律的关系，机制理论的理论意义和实践意义；研究了什么是教育机制，对教育机制分类的方法论问题进行了探讨，提出了教育机制包括教育的层次机制、教育的形式机制与教育的功能机制三种类型。第二章首先从探索发现新的教育机制，修正和转换错的教育机制与调整和完善已有的教育机制三个方面对教育机制改革的内容进行了分析，然后论述了教育机制改革的内部规律和教育机制改革的外部规律，并从教育机制改革的目标和内容，以及教育机制改革的依据和要求两个方面，分别对教育层次机制的改革、教育形式机制的改革和教育功能机制的改革进行了分析。

第五论包括教育观概论和关于教育管理观两章。第一章主要从广义的教育观、狭义的教育观和综合的教育观，以及狭义教育观的优势等方面对教育观的体系进行了分析，从教育观的应然逻辑、教育观的实然逻辑、教育观两种逻辑之间的关系，以及研究教育观逻辑的意义等几个方面对教育观体系的逻辑进行了探讨；对传统的教育观的逻辑和现代教育观的逻辑，从实证的角度进行了研究。第二章从教育管理观的体系及逻辑分析，探讨教育管理观体系及其逻辑的方法论分析，研究教育管理观体系及其逻辑的意义三个方面，对教育管理观的体系进行了探讨；并研究了教育管理观在整个教育观中的地位和作用，以及教育管理观研究的意义与方法；从从属教育管理观和主体教育管理观两个方面分析了教育管理观内容的对应逻辑，并从教育管理本质观、教育管理价值观、教育管理实践观和教育管理质量观四个方面分析了教育管理观内容的递进逻辑。

第六论包括教育人性理论概论与人的本性与教育管理两章。第一章首先从研究教育管理中的人性与研究教育管理中基于人性基础上所采取的管理措施两个方面对教育管理人性理论研究的内容进行了分析，研究了探讨教育管理人性理论的理论意义和实践意义，然后对中外主要的人性理论进行了概述，并对中外人性理论研究的方法论启示和研究内容的启示进行了分析。在中外人性理论概述中，对柏拉图、基督教、马克思、弗洛伊德、萨特、斯金纳和洛伦兹的人性理论，对西方近现代企业管理中的人性理论，如麦格雷戈的 X 理论—Y 理论、沙因的复杂人假设理论、莫尔斯和洛希的超 Y 理论以及大内的 Z 理论，对中国传统文化中的性善论、性恶论以及其他与善恶有关的人性论进行了简述；在这些理论的方法论和研究内容的启示中，在方法论上可以采用思辨为主的方法和以经验为主的研究方法，可以多角度，并与人格交织在一起对人性进行研究，在研究内容上应从人性起源论、人性结构论、人性价值论、人性属性论和人性发展论等几个范畴对人性进行研究。第二章主要研究了人的求生存和求发展的本性与教育管理之间的关系。首先从求生存和求发展的人的本性与西方主要教育管理观，求生存和求发展与主体教育管理观两个方面论述了人的这种本性与教育管理观念之间的关系，然后从理想和现实的教育管理目标两个方面研究了求生存和求发展的人性观所需要的教育管理目标，从教育管理观念、教育管理体制、教育管理机制和教育管理活动等几个方面研究了这种人性观所应采取的主要管理措施。

通过上面的介绍，对教育管理学比较熟悉的读者就会发现，这本教育管理学与现行的教育管理学在理论范畴和理论逻辑上是不同的。在本书中，作者建构了一个新的教育管理学的理论范畴和理论逻辑体系。

（二）与同类教材相比，本书在理论范畴上进行了创新，建构了一个新的教育管理学的理论范畴体系

从语言的角度来说，思想理论可以用语言所组成的范畴加以表达，也可以用语言叙事的方式加以表达。前者如马克思的《资本论》中用商品、价值、剩余价值、利润、资本等语言范畴的经济哲学的思想理论体系；后者如鲁迅的《阿Q正传》《孔乙己》等用语言文字描述一个形象、叙述一个故事，来表达的思想理论体系。目前所见到的教育管理学基本上都是用语言范畴所表达的思想理论体系。①

1. 同类教材的范畴体系分析

从国外来看，日本没有统一的教育管理学学科，日本的学者一般是将教育管理学分为教育行政学和学校经营学两个学科来分别加以阐述的，所以这里不宜以教育管理学科之名来分析它所使用的基本范畴。美国当前比较流行的教育管理学教材是由霍伊（Wayne K. Hoy）及米斯格（Ceci G. Miskel）编写的《教育管理学：理论、实践和研究》（*Educational Administration: Theory, Research and Practice*）。这本教材由社会系统的学校、学习与教学、学校中的个体、学校氛围与文化、学校权力与政治、学校外部环境、学校质量与效能、学校决策和学校交流等几个范畴组成。②

新中国成立前以教育管理学命名的教育管理学科也较为少见。教育行政学一般既论述国家宏观的教育管理问题，也论述微观的学校管理问题，所以我们也可以把那时的教育行政学视为教育管理学。这种教育管理学的基本范畴有两个，一个是教育行政，另一个是学校行政，即我们现在所说的学校管理。教育行政包括教育行政概论、学制系统、各级教育行政机构、教育人员、教育经费和教育视导等几个子范畴；学校行政包括行政组织、教务、训育、事务和庶务等几个子范畴。③

20世纪80年代以后，我国出版了几本高校使用的教育管理学教材。这些教材有的是教育部颁布的全国高校和全国高等教育自学考试及教师进修用的教材，有的是作者和各高校选用的教材。下面按出版时间的先后顺序，对这些教材中所使用的范畴逐一分析。

安文铸撰写的《现代教育管理学引论》将教育管理学分为基本理论篇和职能理论篇两个基本范畴。在基本理论篇下有导论、教育管理学的教育科学基础、教

---

① 关于理论形态的探讨参见孙绵涛：《提高教育管理研究的理论品位，创建教育管理理论新体系》，载《教育管理研究》2005年第1期。

② Wayne K. Hoy and Celil G. Miskel, *Educational Administration: Theory, Research, and Practice*, 6th Edition, McGraw-Hill Higher Education, 2001.

③ 罗廷光著：《教育行政》（上、下卷），商务印书馆1942年版（上卷）、1944年版（下卷）。

育管理学的管理科学基础、教育管理学的哲学基础、教育管理学的系统科学基础等几个子范畴；在职能理论篇下有教育管理的职能体系和过程理论、教育管理的决策和计划理论、教育管理的组织理论、教育管理的激励理论和教育管理的控制理论等几个子范畴。①

陈孝彬主编的《教育管理学》（修订版）将教育管理学分为教育管理理论基础、教育行政和学校管理三个基本范畴。教育管理理论基础包括教育管理学的性质和特点、现代教育管理的基本概念、现代教育管理的理论基础及流派、面向21世纪的教育管理等几个子范畴；教育行政有教育行政体制、教育行政组织及教育行政机关工作人员、教育法、教育计划、教育督导、教育财政、教育课程行政、教育人事行政等几个子范畴；学校管理包括学校效能与学校管理、学校管理过程、学校质量管理、学校组织管理、学校人力资源开发与管理、学校公共关系和学校领导等几个子范畴。②

孙绵涛主编的《教育管理原理》由总论、宏观教育管理论、微观教育管理论和教育领导与效能论四个基本范畴组成。总论包括教育管理学概述、教育管理的原理与职能、教育管理的一般原则与方法等几个子范畴；宏观教育管理论包括教育政策与教育法规、教育预测与教育规划、教育体制、教育人事行政、教育财务行政、教育行政信息及其管理、教育督导与教育评价等几个子范畴；微观教育管理理论包括学校管理目标、学校管理内容和学校管理过程三个子范畴；教育领导与效能论包括教育领导与教育效能两个子范畴。③

吴志宏、冯大鸣和周嘉方编写的《新编教育管理学》由总论、教育管理体制和机构、教育政策和法律、教育人员和教育对象管理、教育实务管理几个基本范畴组成。教育管理学总论包括管理、教育管理和教育管理学、教育管理实践和思想和历史轨迹等几个子范畴；教育管理体制和机构包括教育管理体制、教育组织机构两个范畴；教育政策和法律包括教育政策和教育管理、教育法律与教育管理两个范畴；教育人员和教育对象管理包括教育领导者及其管理、教师管理、学生

---

① 安文铸著：《现代教育管理学引论》，北京师范大学出版社1994年版。
② 陈孝彬主编：《教育管理学》，北京师范大学出版社1999年版。
③ 孙绵涛主编：《教育管理原理》，广东高等教育出版社1999年版。

管理等几个子范畴；教育实务管理包括教学管理、德育管理、体育卫生管理、教育科研管理、教育经费管理、教育设施管理、社会工作管理等几个子范畴。①

黄志成和程晋宽著的《教育管理论》由教育管理概述、教育管理的发展过程、教育管理职能论、教育管理系统论、教育管理组织论、教育管理领导论、教育管理决策论、教育管理激励论、教育沟通论、教育管理控制论和教育管理理论的最新趋势等几个范畴组成。②

杨迺虹著的《现代教育管理原理》由概论、教育管理的产生与发展、教育管理学的学科基础、教育管理和系统分析、教育管理模式、教育管理过程、教育管理的决策与计划理论、教育管理的组织理论、教育管理的控制理论和教育管理的激励理论等几个范畴组成。③

杨颖秀著的《教育管理学》由教育管理学概述、教育体制、教育管理组织结构、教育法治、教育计划、教育决策、教育督导、教育人事管理、教育财务管理、学校建筑管理、教学管理等几个范畴组成。④

黄崴著的《教育管理学——概念与原理》由教育管理学基础、教育管理理论发展、教育组织管理、教育人事管理和教育管理过程等几个范畴组成。⑤

张新平、褚宏启主编的《教育管理学通论》由教育管理学的基本理论、教育管理的历史演进、教育行政的理论与实践、学校管理的理论与实践几个范畴组成。⑥

褚宏启、张新平主编的《教育管理学教程》由教育管理与教育管理学、教育管理的历史沿革、教育管理的理论演进、教育行政管理体制、学校组织机构与管理制度、教育领导、教育计划、教育决策、教育管理中的沟通、教育管理中的激励、课程与教学管理、学生管理、教育人力资源管理、教育资源配置与管理、教

---

① 吴志宏、冯大鸣、周嘉方主编：《新编教育管理学》，华东师范大学出版社2000年版。
② 黄志成、程晋宽著：《教育管理论》，上海教育出版社2001年版。
③ 杨迺虹著：《现代教育管理原理》，中国人事出版社2001年版。
④ 杨颖秀著：《教育管理学》，东北师范大学出版社2002年版。
⑤ 黄崴著：《教育管理学：概念与原理》，广东高等教育出版社2002年版。
⑥ 张新平、褚宏启主编：《教育管理学通论》，高等教育出版社2012年版。

育评价等范畴组成。①

如果对上述教材的范畴进行分析，我们不难发现，这些教材所使用范畴有以下特点。首先，从提出教育管理学范畴的学理上来分析，在理论基础上，这些教材要么是偏重从教育理论的角度，要么是偏重从管理理论的角度来建构教育管理学的理论范畴。在具体做法上，有些教材是以教育管理工作为基础来划分教育管理学的范畴的，也就是说，将教育管理工作作为教育管理学的范畴，然后按照这些范畴在教育管理过程中的地位或顺序将这些范畴加以排列，从而构成教育管理学的范畴体系。如罗廷光、陈孝彬、孙绵涛、吴志宏、冯大鸣、周嘉方和杨颖秀等所提出的范畴体系主要属于这一类型；有的教材是将一般的管理理论与教育管理要素或教育管理工作结合起来，然后根据这些理论的内在逻辑，并结合教育管理的要素或工作过程来构建教育管理学的范畴，如安文铸、黄志成、程晋宽、杨迺虹和黄崴所提出的范畴主要属于这一范围。其次，从教育管理学范畴的结构上来分析，有的教材是先以"总论""概论""基础"等形式说明教育管理学或管理学理论的一些范畴，然后再对教育管理工作的各个范畴来加以说明，如陈孝彬、孙绵涛、吴志宏、冯大鸣、周嘉方和杨颖秀等所提出的范畴体系主要属于这一范围；有的是直接对教育管理工作的各个范畴来加以说明，如罗廷光所提出的范畴主要属于这一范围；而有的是在各个范畴中既对管理理论范畴，也对教育管理工作的范畴加以说明，如安文铸、黄志成、程晋宽、杨迺虹、黄崴、张新平和褚宏启所提出的范畴主要属于这一范围。再次，从教育管理学范畴的层次来说，有的教材的范畴抽象的层次较高，有的范畴抽象的层次则较低。这里所谓抽象层次高，一是指对教育管理工作这个范畴内的层次的抽象。有的教材从教育行政和学校管理两个基本范畴出发，然后再去分析这两个范畴下的子范畴，如陈孝彬主编的《教育管理学》、孙绵涛主编的《教育管理原理》就是这样来处理教育管理学这些范畴之间的关系的。二是指先将一般的理论包括教育理论和管理理论抽象出较高的范畴，然后再在这些范畴下阐述一般的理论范畴里的问题，如安文铸就是这样处理的。所谓抽象的层次低是指没有将教育管理工作先抽象为教育行政和学

---

① 褚宏启、张新平主编：《教育管理学教程》，北京师范大学出版社2013年版。

校管理，而是直接分析教育行政和学校管理中的工作范畴，只不过有的是将这两个范畴的子范畴合起来一起加以说明，如吴志宏、冯大鸣、周嘉方、杨颖秀编写的教育管理学著作就属于这一类；有的是先说明教育行政的子范畴，再说明学校管理的子范畴，如罗廷光的《教育行政》就属于这一类；有的教育管理学著作并没有先对有关理论进行抽象，而是直接以一些相关理论为基础，结合教育管理工作来形成一些范畴，如黄志成、程晋宽、杨迺虹和黄崴的教育管理学著作基本上属于这种类型。最后，从这些教材的理论范畴的适用范围来看，由于有的范畴只是从教育管理工作中抽象出来的，所以这些范畴仅适用于教育管理或一般的管理，因为教育管理是管理中的一种，适用于教育管理的范畴，一般也适用于一般的管理；而有些教材中的范畴，由于是从管理理论的角度提出来的，所以这些范畴是适用于一般管理的，由于教育管理是一般管理中的一种，所以这些范畴也适用于教育管理，而且这些作者所希望的，也是要在运用一般管理理论的基础上来建构教育管理的理论范畴。总之，无论是从教育管理工作的角度，还是从一般管理理论的角度提出的理论范畴，它们的适用范围只能是教育管理或管理。

2. 本书的范畴体系分析

本书所提出的教育管理学的范畴与上述教材中的这些范畴有哪些不同呢？首先，从学理上来说，范畴建构的学理基础及具体建构的方法是有区别的。我们主张教育管理学范畴的建构不是要么从教育理论的视角，要么从管理理论的视角来建构，而是要从教育管理这个综合的视角来建构。从教育管理这个综合的角度来建构教育管理学的理论范畴，不是说在建构教育管理学的理论范畴时既有教育理论又有管理理论就行了，而是要把这两种理论有机地结合起来。在建构教育管理学的理论范畴时如何实现这两种理论的有机结合呢？我们说只有运用马克思主义哲学的观念和方法才能做到这一点。我们所建构的教育管理学的理论范畴，虽然也涉及教育理论（如在教育机制论和教育观念论中主要涉及的是教育理论），也涉及管理理论（如在教育管理活动论和教育管理人论中主要涉及的是管理理论），还有的既涉及教育理论，又涉及管理理论（如教育管理学科论和教育管理体制论中既涉及教育理论，又涉及管理理论），但这些范畴并不是在教育理论、管理理论或教育理论和管理理论简单相加的基础上产生的，而主要是运用马克思主义中哲学的有关理论来统领这些理论进行建构的。我们是怎样运用马克思主义哲学的有关理论来统领教育理论和管理理论，从而建构教育管理学的理论范畴体系的呢？简单地说，我们是运用马克思主义哲学中历史唯物主义的观点来分析教育管理现象，从而提出这些理论范畴的。运用历史唯物主义的观点，我们发现，教育管理现象由教育管理活动、教育管理体制、教育管理机制和教育管理观念四个范畴所组成。这是因为，根据马克思主义哲学中物质为第一性的观点，人们首先从事的是教育管理活动，而人们要有序地开展教育管理活动，就要建立组织机构和制定教育管理规范，这就形成了与教育管理活动有关，同时又居于教育管理活动之上的教育管理体制；在一定教育管理体制下开展教育管理活动，就会形成一定的运行方式，这就形成了居于教育管理活动和教育管理体制之中，同时又不同于教育管理活动和教育管理体制的教育管理机制；而在教育管理活动的开展、教育管理体制的构建和教育管理机制的运行过程中，要产生一定的观念并依赖于一定的观念，这样就有了一个与教育管理活动、教育管理体制和教育管理机制紧密相连，同时又有别于这三个范畴的教育管理观念。可见这种教育管理现象，就是由教育管理活动、教育管理体制、教育管理机制和教育管理观念这四个范畴所组成的完整的统一体。对这四个范畴加以研究，就形成了这四个范畴的理论。我们说用马克思主义哲学中历史唯物主义的观点分析教育管理现象而产生的这四个理论范畴是整合了教育理论和管理理论来建构的教育管理学的理论范畴，是因为这种观点所分析的教育管理现象，是既包含教育又包含管理的综合现象，这样，历史唯物主义的观点就能把涉及教育现象的教育理论和涉及管理现象的管理理论综合起来而不至于把这两种理论分开而在各自独立的基础上去构建教育管理学的理论范畴。有人说，如此研究的教育管理现象应属于教育现象的范畴，其理论基础也是从教育理论的角度来建构教育管理学的理论范畴。我们认为教育管理现象既可看作教育现象，也可看作管理现象，不能把教育管理现象孤立地看成教育现象。即使把教育管理现象孤立地看作是教育的角度，我们的具体操作方式也是不同的。我们不只是从教育管理工作的角度来建构教育管理学的范畴，而且是从整个教育管理现象的角度，通过对教育管理现象的分析来建构教育管理学的范畴体系。因为教育管理工作只是教育管理现象的一个部分，只在分析教育管理工作这种教育管理一部分现象的基础上来建构教育管理学的范畴，难免会出现所建构的范畴不系统和不全面的问题。

既然教育管理现象包括上述四个范畴，那么教育管理学的范畴体系应由这四个范畴所组成，为什么在我们的教育管理学中还有教育管理学科论和教育管理人论这两个范畴呢？这是因为，教育管理学既然是研究教育管理学科理论的，就应该在开始便有专论来对这一学科的理论进行研究，而且教育管理学科论是研究教育管理活动论、教育体制论、教育机制论、教育管理观念论和教育管理人论的基础或前提。这几论是在研究教育管理学科论的基础上产生的。确切地说，后四论是在教育管理学科论中研究教育管理学的研究对象而得出的。我们认为教育管理学的研究对象就是研究教育管理现象，揭示教育管理规律。当研究教育管理现象时，我们发现教育管理现象又由教育管理活动、教育管理体制、教育管理机制和教育管理观念四个范畴所组成，这样把教育管理学科论作为教育管理学的首论就是很自然的了。要研究教育管理人论，是因为教育管理现象是一种社会现象，社会现象是由历史的活动着的人所创造的，所以研究社会现象之一的教育管理现象中的任何一个范畴，都离不开对教育管理现象中的人进行研究而形成的教育管理人论这一理论范畴。可以说，教育管理人论，又是上述教育管理几个理论范畴的轴心。研究教育管理的基本理论范畴，不能不把教育管理人论作为所有教育管理基本理论范畴的核心范畴来对待。

有人可能会问，教育管理现象中的范畴是教育管理体制和教育管理机制，为什么在教育管理学范畴中研究的是教育体制和教育机制，而不是教育管理体制和教育管理机制呢？首先，这是因为，从根本上说，教育管理的理论与教育理论有密切的联系，教育管理理论是教育理论的一部分，要真正把教育管理的理论搞清楚，就得首先搞清楚相关的教育理论。在我从事教育管理体制、教育管理机制研究的时候，我发现，教育体制、教育机制等几个范畴本身是模糊不清的。在这种状况下，我怎么可能去弄清楚它们的下位范畴——教育管理体制、教育管理机制呢？于是在研究教育管理体制、教育管理机制时，我首先就要搞清教育体制、教育机制等教育理论的相关范畴。当我把教育体制和教育机制搞清楚以后，教育管理体制和教育管理机制就自然清楚了。所以在建构教育管理学的范畴体系时，我就是抱着这种想法来把教育管理体制和教育管理机制这两个范畴放到教育体制和教育机制这两个范畴当中来讨论的。有人可能会问，其他几论与教育学科论、教育活动论、教育观念论和教育人论也有联系，为什么教育管理学科论、教育管理活动论、教育管理观念论和教育管理人论这几论又没有放到教育学科论、教育活动论、教育观念论和教育人论中来讨论呢？这是因为教育管理的重要内容和目的之一就是要建构科学的教育体制和适宜的教育机制，教育体制和教育机制的内容应是教育管理学研究的重要内容，而教育学科、教育活动、教育观念和教育人论虽然与教育管理有联系，但教育学科、教育活动、教育观念和教育人论并不是教育管理研究和教育管理的内容和目的，所以在教育管理学的范畴体系中，就不宜以教育学科论、教育活动论、教育观念论和教育人论来代替教育管理学科论、教育管理活动论、教育管理观念论和教育管理人论。然而，正因为考虑到教育管理这些理论范畴与相应的教育范畴理论之间的联系，所以在这些教育管理范畴中，本书也运用了科学哲学理论、主客体对象化的理论、现实的社会建构理论、逻辑学的理论、人性理论等一般的哲学理论特别是马克思主义哲学有关这方面的理论，在相应的章节中对一般学科论、活动论、观念论和人论的内容进行了探讨，以增强教育管理学科论、教育管理活动论、教育管理观念论和教育管理人论与教育理论，以及与管理理论的联系。

其次，从范畴的结构上来看，我们所提出的教育管理学的理论范畴与上述教材中的范畴结构也是不同的。从基本范畴来看，我们提出的六大理论范畴不是设总论来论述管理学的主要理论或教育管理学的学科理论，然后在其余的几论中论述教育管理工作的范畴，即我们不是直接论述教育管理工作的基本范畴，而是首先设置了教育管理学科论来论述教育管理学科的理论，然后依次论述教育管理现象中其他几个范畴的理论。从基本范畴下的子范畴结构来看，我们提出的每一个基本范畴下的子范畴不是按教育管理工作的要素或顺序来排列的，而是按这些基本范畴所包括的子范畴之间的内在逻辑而展开的。如教育体制论是按构成教育体制的两个基本要素，即教育机构和教育规范以及学校教育体制和教育管理体制两个大的子体制而展开的。从教育管理的范畴与其他学科的理论范畴的关系来看，我们在提出教育管理的范畴之前，不是先讨论相关管理学的理论范畴，而是先讨论相关的一般理论范畴，主要是相关的哲学理论范畴。如我们讨论教育管理学科时，要先讨论一般学科论的理论；在讨论教育管理活动论时，要先讨论一般活动的理论；在讨论教育管理体制理论时，要先讨论教育体制理论；在讨论教育管理机制理论时，要先讨论教育机制的理论；在讨论教育管理观念理论时，要先讨论教育观的理论；在讨论教育管理人性理论时，要先讨论一般的人性理论。

再次，从层次上来看，我们提出的这些教育管理学的基本范畴从抽象的层次上来说是比较高的，它没有停留在一些具体的教育管理现象上，而是用比这些具体的教育管理现象更高的范畴加以概括而得来的。而且这种抽象并不是对具体教育管理工作的抽象，也不是对有些理论如管理理论的抽象，而是对整个教育管理现象的抽象，通过对教育管理现象的抽象而形成教育管理学的理论范畴。

最后，从适用范围来看，我们提出的教育管理学六论的基本理论范畴，不仅适用于教育管理，而且适用于教育和管理，乃至适用于对一般学科理论、一般活动理论、一般体制理论、一般机制理论、一般观念理论和一般人的理论的研究。如"教育管理学科论""教育管理活动论""教育管理体制论""教育管理机制论""教育管理观念论"和"教育管理人论"六个范畴的理论，如果去掉其标题和内容中的"管理"两个字，就变成了"教育学科论""教育活动论""教育体制论""教育机制论""教育观念论"和"教育人论"理论范畴里的东西了。我相信，这些范畴的问题，也是教育学里最基本的理论问题。有人说，你所研究的"六论"如果去掉"教育"两个字，就变成了"管理学科论""管理活动论""管理体制论""管理机制论""管理观念论"和"管理人论"了。这些范畴的问题是不是管理学的基本理论问题呢？我想不用过多的分析，大家就可以看出，这些范畴的问题当然也是管理学中的基本理论问题。

我所研究的这些范畴之所以具有这样的普适性，是因为这几个范畴是社会现象运动和发展中最为普遍的几个范畴，它们不仅是教育管理现象、教育现象和管理现象运动发展中的最为基本的范畴，也是社会现象中其他现象如政治、经济、军事和文化等现象运动发展中最为基本的几个范畴。可以说，任何社会现象都是在社会活动、社会体制、社会机制和社会观念四个范畴的相互作用中产生和发展的。有人问，马克思从社会现象抽象出生产力、生产关系、经济基础和上层建筑四个基本范畴，如将社会现象分成社会活动、社会体制、社会机制和社会观念，这与马克思所提出的那四个范畴是什么关系呢？我觉得我所提出的这四个范畴与马克思所提出的四个范畴是有紧密联系的。首先，马克思对社会现象进行分析提出的四个范畴给我以方法论的启示。这种方法论的启示是，分析任何社会现象，都要找到这些社会现象的基本范畴，看看这些范畴是否涵盖了所有的现象，然后再分析这些范畴之间的逻辑关系及其矛盾运动。我就是在获得这种方法论的启示后再来分析教育管理现象的基本范畴，从而找到这四个范畴的。其次，如果对我所提出的四个范畴与马克思提出的四个范畴略加对照就会发现，我所提出的这四个范畴与马克思所提出的四个范畴没有本质的区别，只是对社会现象所概括的内容的表达方式不同而已。关于以上两点，在本书的第二章第一节中会有比较详细的分析，这里不赘述。

（三）与同类教材相比，本书在理论逻辑上进行了创新，建构了一个新的教育管理学的理论逻辑体系

上面提到的几本教育管理学的教材在理论的逻辑结构上大体上可以分为两类。第一类是从教育管理工作的逻辑出发，形成了教育管理学二元逻辑结构、一元逻辑结构和综合结构三种类型。二元逻辑结构又分为两种情况：第一种情况是，以教育管理工作为主线，将教育管理工作分为教育行政和学校管理，然后从教育行政和学校管理两个方面来展开论述。由于教育行政和学校管理既可以看作是递进关系，又可看作是对应关系，所以这种二元结构的逻辑实质上是一种递进逻辑或对应逻辑。罗廷光的《教育行政》是一种典型的二元逻辑结构，这本书就是从教育行政和学校行政两个方面来论述的。第二种情况是在教育行政和学校管理前面论述总论或概论之类的理论范畴，但后面紧接着从教育行政和学校管理两个方面论述了教育管理的具体问题，陈孝彬、张新平和褚宏启的教育管理学著作大体上属于这种情况。一元逻辑结构不分教育行政和学校管理，而是在这两个范畴前面加一个总论或概论，以为后续的论述做铺垫，然后按教育管理要素或工作的顺序来加以论述。这种顺序一般反映的是这些要素或工作之间的递进关系。所以这种一元结构实际上是一种递进的逻辑。吴志宏、冯大鸣、周嘉方、杨颖秀的教育管理学著作大体上属于这种类型。综合结构是指：这种教育管理学著作一般是首先设总论论述教育管理学和教育管理理论的基本问题，然后从宏观的教育行政和微观的学校管理两方面论述教育管理的主要问题，最后，以教育领导和教育效能等来统领教育行政和学校管理。这种理论逻辑讨论了教育行政和学校管理，有点像二元结构，但它试图突破二元结构的模式，用一根主线即教育领导和教育效能等将这两方面整合起来，又有点像一元结构，我们把这种结构称为综合的逻辑结构。在这种结构中，由于有宏观的教育行政和微观的学校管理，又有教育领导和教育效能等的统领，所以这种逻辑实际上既包括递进逻辑，又包括对应逻辑，孙绵涛、褚宏启和张新平的教育管理学著作大体上属于这种类型。

第二类是从管理理论的范畴出发，结合在教育管理上的运用，形成了教育管理学的二元结构和一元结构。所谓二元结构有两种情况：第一种情况是先将有关理论进行抽象，形成两个基本范畴，然后在这两个基本理论范畴下论述管理学的其他子理论范畴的问题。由于这两个基本理论范畴是一种对应关系，所以这种结构实际上是一种对应逻辑，安文铸的教育管理学著作大体上属于这种类型。第二种情况是先论述教育管理和管理的有关理论，然后对教育管理的有关问题进行论述。由于对教育管理问题的论述是在前面对教育管理和管理的理论论述的基础上展开的，所以这两部分之间是一种递进关系，这种逻辑结构是一种递进的逻辑，黄崴、张新平和褚宏启的教育管理学著作大体上属于这种类型。一元结构是指，直接将管理学的有关理论范畴与教育管理工作的范畴结合起来展开论述。由于这些管理的理论范畴之间和教育管理工作的范畴之间要么是对应关系，要么是递进关系，所以这种一元的结构实际上包括对应逻辑和递进逻辑两种，黄志成、程晋宽和杨迺虹的教育管理学著作大体上属于这种类型。

我们在这本教育管理学教材中所建构的理论逻辑，从建构这种理论逻辑的理论前提来说，是与上面这些著作不同的。本书的理论逻辑，既不是按教育管理工作的逻辑，也不是按一般管理理论的逻辑来建构的，而是按照教育管理现象各范畴之间的内在逻辑，以及这种逻辑与教育管理学科理论之间的内在逻辑来建构的。从这种理论逻辑的结构来说，也是与上述著作有所区别的。本书的理论逻辑结构，既不是二元式的结构，也不是一元式的对应逻辑。根据上面的分析我们知道，由于教育管理现象中的教育管理活动、教育管理体制、教育管理机制、教育管理观念和教育管理人论的范畴是层层递进的关系，又由于教育管理活动论、教育管理体制论、教育管理机制论、教育管理观念论和教育管理人论是建立在教育管理学科论基础之上的，所以我们所建构的教育管理学的理论逻辑，是一种一元结构式的递进逻辑。

另外，本书在理论逻辑上的一个显著特点，就是注意了观点论述的严密性。提出一个观点，先正面加以论证，然后从对不同的观点的评述中，对书中提出的观点从反面来加以论证。观点的论述环环相扣，层层推进，具有较强的思辨的张力和理论说服力。本书在理论逻辑上的这一特点，对培养学生的理论思维能力会有很大的帮助。

三、本书理论范畴及理论逻辑所表达的知识体系的专业性分析

（一）本书所表达的知识体系是教育管理专业所需要的知识体系

综上分析可见，我们所提出的教育管理学的理论范畴和理论逻辑的体系确实是与同类教材不同的一种新的理论体系。那么，现在的问题是，由这些理论范畴及其逻辑所表达的知识体系是教育管理专业所需要的吗？毫无疑问，答案是肯定的。由这六论所组成的教育管理学的知识体系既是教育管理学或教育管理理论应有的知识体系，也是从事教育管理研究和实际工作所必须掌握的知识体系。从教育管理学或教育管理理论来看，之所以说它是应有的知识体系，是因为这些知识体系是由教育管理学的研究对象决定的。换句话说，这六论所组成的知识体系是由对教育管理学的研究对象——教育管理现象和教育管理规律——的研究得来的，所以由这六论所组成的知识体系当然就应该是教育管理学应有的知识体系。从教育管理研究和实际工作来看，之所以说这六论的知识体系是从事教育管理研究和实际工作所必须掌握的知识，是因为：第一，要从事教育管理研究，就必须掌握教育管理的学科论知识及教育管理学基本范畴的理论知识。而本书的学科论知识、教育管理活动、教育管理体制、教育管理机制、教育管理观念以及教育管理人论方面的知识，正是从事教育管理研究所必须掌握的教育管理学学科的知识和教育管理学基本范畴的知识。第二，要从事教育管理的实际工作，就必须掌握与教育管理有关的基本理论知识。而教育管理活动、教育管理体制、教育管理机

制、教育管理观念和教育管理人论的理论知识，是教育管理领域中最基本的理论知识。这些范畴的知识，正如前面分析的，由于它的普适性，它不仅对从事教育管理研究和教育管理工作有重要的作用，而且对从事教育研究和教育工作，对从事一般的管理研究和一般的管理工作，甚至对从事一般的社会工作和社会研究也会有所帮助。这本教材的理论知识体系在人才培养上所起的这种作用，正是当前高等教育改革要宽口径培养人才所倡导的。我们说，每一本教材都应该既为培养专业人才服务，也为宽口径培养人才服务，特别像教育管理学这样在教育管理学学科群中的基础性学科更应该如此。

（二）对本书所表达的知识体系不同观点的分析

有人说，从本书的六论的范畴来看，好像没有提供一般教育管理工作的知识，这是不是会有碍于人们从事教育管理研究和具体的教育管理工作。我们说，单从这六论的范畴来看，好像是没有教育管理具体的工作范畴的知识，然而只要我们读读书的内容就知道，事实并非如此。这些具体的教育管理的范畴，如关于教育方针、教育政策与教育法律、教育人事管理、教育财务管理、有关教育业务的管理、教育管理过程、教育决策、教育计划、教育效能、教育管理环境、教育管理方法与艺术等教育行政和学校管理的具体范畴，在第一论——教育管理活动论——等有关章节中都有具体而详尽的论述。可见，本书并不是没有论述具体的教育管理工作范畴的知识，只不过是把这些具体的范畴的知识放到教育管理现象的基本范畴，特别是教育管理活动范畴中加以论述而已。而且，本书不仅包含了具体的教育管理工作范畴的知识，还包括了具体的教育管理工作范畴知识之外，同时又与这些具体工作范畴知识紧密有关的教育管理体制、教育管理机制、教育管理观念和教育管理人论的理论范畴知识。因此，学习本书的理论，更有利于人们从事教育管理工作研究和具体的教育管理工作。

有人说，从本书六论的范畴来看，好像没有论述一般的管理理论，这是不是也不利于人们从事教育管理研究和教育管理工作。我们说，本书的理论范畴确实没有直接以管理理论范畴为名来加以论述，但这并不妨碍我们在这些范畴中运用一般的管理理论来讨论教育管理工作问题。事实上，我们在有些章节中已经运用了组织理论、系统理论、激励理论、人性理论，以及科学主义、人文主义和自然连贯主义的管理理论来讨论教育管理问题。我们之所以不直接用管理的理论范畴作为教育管理学理论范畴来论述教育管理问题，是因为在一般的管理学书中，对这些范畴的理论有着更为详尽的论述，我们的任务是要将一些管理学的理论运用到教育管理的过程中，并在总结教育管理实践经验的基础上，来创建教育管理学自己的理论范畴体系。

可能还会有人说，教材上的内容一般是在某个学科领域内的学者公认的有定论的东西，根据上面的分析可以看出，本书的大部分理论是作者个人探讨的理论。作为个人的理论探讨，没有经过实践印证的理论，恐怕不宜写进教材之中。对于这个问题，我们的看法是：第一，本书所涉及的理论，虽然大多数是作者本人所探讨的理论，但本书既然是在继承基础之上的创新，读者会发现，其中不少理论也是教育管理理论界所公认的理论；即使是作者个人所创立的理论，从形式上来说是作者个人提出的，但实际上却反映了教育管理这个学科群体的集体学术智慧。可以说，没有这个学科群体，作者也不可能去研究这些理论和提出这些理论。作者所提出的有些理论，如学科论中的教育管理学的研究对象的理论、教育体制理论以及教育观念中的主体教育管理观的理论已经得到了学界的认同，以至被政府部门所认可。在教育部一些比较重大的教育政策法规的咨询中，作者都运用教育体制理论提出过咨询意见。有的还被地方领导和学校领导及教师接受，在学校的改革实践中取得过较好的效果。如作者运用教育体制理论和主体教育管理观的理论在某些县和学校进行过改革实验，对改变这些县和学校的教育面貌，提高教育质量都发挥过重要作用，有的成果还在《教育研究》等学术杂志上发表。作者撰写的《教育体制理论的新诠释》（发表在《教育研究》2004 年第 12 期上）获辽宁省第九届哲学社会科学优秀成果奖（首届政府奖）一等奖。另外，作者所提出的教育体制理论在国外也产生了一定的影响。因为每个国家都有由教育机构和教育规范组成的教育系统，只不过他们不把这个教育系统叫教育体制而已。作者在浙江师范大学举办的第三世界教育部官员培训班上讲过两次教育体制理论，学员反映中国的教育体制理论对他们国家的教育改革也是有参考价值的。俄罗斯科学院远东教育研究所中国教育问题研究专家娜·叶·鲍列夫斯卡娅教授读了作者用英文撰写的著作《中国教育体制论》（*The Concept of Tizhi in Chinese Education*）后，写了书评《教育改革的体制理论：中国的经验与启示》，发表在俄罗斯科学院的学术杂志《教育学》2005年第7期上。文中指出中国的教育体制理论"有助于其他国家设计教育改革"，"确实有必要把中国的教育体制理论介绍给俄罗斯的学者和政治家们"。这份书评的译文部分发表在《教育研究》2006年第1期上，全文发表在《教育管理研究》2006年第2期上。作者撰写的教育体制理论的英文著作被翻译成意大利文出版。[①] 第二，正如在前面的"修订版前言"中所提到的，这部《教育管理学》第一版出版发行后，受到了普遍的欢迎，读者对这本书评价较高，这说明广大读者对书中提出的理论是认可的。第三，所谓定论是相对的，没有绝对定论的东西。有些理论在一段时间是公认的，但过了一段时间又变成过时的东西，因此，我们不能抱着所谓定论的东西不放而不进行理论创新。再说，一种新理论得到公认总得有个过程，如果一种新的理论始终不公之于众，即使是再好的理论也永远不会得到公认。第四，当今，教材和著作的界限不是绝对的。在高等教育领域，著作式的教材或教材式的著作屡见不鲜。一种研究的成果一般来说是要写成著作，但以教材的形式将研究成果予以发表也未尝不可。当然，教材和著作在表述学术思想或某种知识的时候在形式上是有区别的，所以当要把著作写成教材的时候，应尽量以教材的形式来组织学术思想或知识体系。这本教育管理学著作，虽然表达的是笔者多年研究的学术成果，从这个角度而言，它是一本学术著作，但读者可能也注意到，其表达形式基本上采取的是教材的形式，从这个角度来看，它又是一本教材。如果把这本书看作是一本著作式的教材，我认为也是可以的，笔者在把著作写成教材时花费了更多的气力。

以上将这本书与同类教材所做的对比分析，并不是说本书在理论范畴和理论逻辑上有什么优势，而只是想说明，与其他教育管理学教材在教育管理学的理论范畴和理论逻辑的探索一样，本书所做的探讨只是众多探讨中的一部分，它可能比较新，但不一定是最佳的探索，只能说是对教育管理学理论范畴及理论逻辑探讨的一个新的尝试。既然是一种探索，就难免有这样或那样的不足之处。作者对

---

① *The Concept of Tizhi in Chinese Education* 的意大利文版 EDUCA ZIONE E SCUOLA IN CINA，Erickson（意大利）出版公司2010年版。

本书的溢美之词，主要是出于敝帚自珍。其不当之词，特别是对各位同人大作的分析有失恭敬和有欠周严、公允和中肯之处，还望各位大家海涵。衷心希望广大读者对本书提出批评意见。作者愿意与广大关心本书的读者和热爱教育管理事业和教育管理学的同人一道，进一步完善本书的理论体系，去创立在理论范畴和理论逻辑上具有更多新意和特色的教育管理学。

第一论　教育管理学科论

第一章

学科论概论

第一节 什么是学科论

一、学科论的内涵

（一）学科论的概念

对于学科论这个概念，人们少有研究，也未见词典对其做专门的解释。偶有学者在其著作中用过这一概念，但也没有对其含义做一说明。根据字义，对此概念有两种理解：第一种理解是将学科论中的"论"字作名词讲，学科论就是学科的理论；第二种理解是将学科论中的"论"字作动词讲，学科论就是"论学科"，也就是研究学科。如果将二者的意思结合起来，我们可以说，学科论是主体为发展学科的需要，运用一定的方法对学科进行研究所形成的理论。学科论的这个定义说明学科论有研究主体、研究方法和研究对象，即将学科作为自己的研究对象，最后有研究的结果，即通过对学科进行研究所得出的理论。

（二）学科论概念的内涵

学科论不同于一般学科的本质属性就是它以学科为研究对象，这种将学科作为研究对象的研究不同于对现象进行研究所形成的现象学的研究。它是作为对学科进行的元研究而形成的元学，或进行方法论的研究而形成的方法论的学科。也就是说，学科论就其本质属性来说，它是具有元学性质或方法论性质的学科。

二、学科论的外延

一般来说,讨论一个概念的外延,可以通过分析这个概念的外延是什么,和与这个概念相近的概念的关系来说明这个概念的外延。以下我们从学科论的外延是什么和与学科论相近概念分析的角度来说明学科论的外延。

(一)从学科论外延是什么的角度来研究学科论的外延

从学科论外延是什么的角度来研究学科论的外延,可对学科论的外延做如下分析。学科论既然以学科的理论为研究对象,而学科既有一般意义即抽象意义上的学科,又有具体的每门学科,所以学科的理论有一般意义上的学科理论,也有具体学科的学科理论。这样,学科论既要研究一般意义上的学科理论,又要研究具体学科的学科理论。我们把研究所有学科即一般意义上的学科的共同理论的学科论叫作广义的学科论,把研究某一门具体学科的理论的学科论叫作狭义的学科论。

(二)从与学科论相近的概念看学科论的外延

从与学科论相近的概念,如学科、学科绪论、科学和科学哲学的关系来看,可以对学科论的外延做如下分析。

首先,看学科论与学科的关系。学科以学科内容所指向的对象为研究对象,如物理学的理论是以物质的运动为研究对象。物理学中的牛顿力学是研究物体的运动所得出的理论体系;相对论是研究宏观领域物体运动所得出的理论体系(其中狭义相对论是研究物体运动速度接近光速的情况下所产生的理论体系,广义相对论则是研究物体运动速度接近光速并且在有引力作用的情况下所产生的理论体系);量子力学则是研究微观领域物体运动的学说。我们称这种以学科内容所指向的对象为研究对象所得出的理论为学科本身的理论。

学科论以学科为研究对象。如物理学科论与物理学的理论是不同的。物理学科论是以物理学这门学科为研究对象。它是研究物理这个学科的学科范畴的理论,它并不把物理学所指向的研究对象——物质的运动——作为研究对象。我们称这种以学科为研究对象所得出的理论为学科何以成为学科的理论。我们这里所说的学科论指的是研究学科何以成为学科的理论,但并不包括学科本身的理论。因为学科本身的理论是由某一具体的学科来研究的,某门学科的主要任务就是研究这门学科自身理论的。当然，研究学科的理论和学科本身的理论是不能截然分开的。有时研究学科的理论需要借助学科本身的理论，而研究学科本身的理论有时需要利用研究学科的理论。

其次，看学科论与学科绪论的关系。学科论对学科所做的研究与每门学科在绪论中对这一学科所做的研究是有区别的。有些学科在绪论中对这门学科的研究对象、性质等问题进行研究，这种研究虽然也带有学科研究的性质，但由于这种研究还没有一种学科论的理论自觉，也就是说，还没有从学科论的高度来研究这门学科，因此这种研究还不能算是真正意义上的这门学科的学科论研究。另外，我们这里所说的学科论，既指研究所有学科的广义的学科论，也指研究某门具体学科的狭义的学科论。因而即便将某一具体学科绪论中所研究的内容算作是学科论的内容，它也和我们所说的学科论不完全是一回事，它只是指某门具体学科的学科论。当然我们对学科论与每门学科绪论中所讨论的带有学科论性质的内容加以区分，并不是主张不在具体学科论述的绪论中研究有关这门学科的理论，恰恰相反，我们认为在具体的学科中来讨论某门学科的理论是必要的，它可以为研究这门学科的理论做一些前提性的理论铺垫，只不过这种研究要有一种学科论的理论自觉而已。正是基于这种考虑，我们说学科的主要任务是研究这门学科自身的理论，其言外之意也就是说学科的任务并不排除研究这门学科的学科理论。本书在研究教育管理这门学科本身所具有的理论前，将教育管理学科论设为第一部分，也就是试图从学科论的角度首先来对教育管理学这门学科进行探讨，以为后面展开学科本身理论的研究奠定一定的理论基础。

再次，看学科论与科学的关系。从不同的角度考察，对科学有不同的界定。我们这里所理解的科学，是指研究所有事物或现象的总和。依据这一理解，学科论与科学是有区别的。学科论只是研究学科所得出的结论，学科论只是科学的一个部分。既然如此，它们二者也是有联系的，可以说，科学包含了学科论，学科论是科学的一部分。我们不可将科学和学科论看作是两个不相干的范畴。

最后，看学科论与科学哲学的关系。科学哲学是从哲学角度考察科学的一门学科。它以科学活动和科学理论为研究对象，主要探讨科学的本质、科学知识的获得和检验、科学的逻辑结构等有关科学认识论和科学方法论方面的基本问题。

学科论与科学哲学的联系主要表现在,科学在形式上一般是以学科的形式加以体现的,所以,从这个意义上来说,研究学科的问题也就是研究科学的问题。从研究内容来看,科学哲学对科学的探讨表现在两方面。第一方面是自休谟之后,哲学特别关注科学知识的来源、构成、性质、普遍性和必然性等问题,即对科学知识的确定性及其证明问题进行研究。第二方面的研究是由科学哲学中的历史主义学派提出来的。这一学派认为科学知识的确定性及其证明问题从根本上来说是无法解决的,因此这派学者主张从科学发展的具体历史出发,研究科学发展的各种模式和历史案例,以便为科学家们的工作提供某种启示。① 第一方面如波普尔提出的对科学知识的确定性及其证明以经验的证伪原则来取代经验证实原则,第二方面如库恩提出的任何一门科学的发展都要经历一个从"原始科学"到成熟科学的过程。进入成熟时期之后,科学则要不断地由一个"常规科学"(即一个受统一范式所支配、有明确目标和既定的手段、有条不紊或按部就班的科学研究过程或阶段)的研究经过"危机"和"革命"再过渡到另一个"常规科学"的研究,即由一个科学范式过渡到另一个科学范式。由以上对科学哲学的研究内容的分析可以看出,虽然学科论并不研究学科知识的确定性及其证明问题,然而和科学哲学要探讨科学的产生和发展规律一样,它要研究学科的产生和发展的规律问题。

学科论对学科的研究与科学哲学对科学的探讨并不完全一样。这种区别不仅指的是上面提到的学科论并不去研究学科知识的确定性及其证明问题,而科学哲学要研究这方面的问题,而且还指即使学科论的研究从某种意义上是科学的研究,但学科论对科学的研究是从科学的表现形式即学科出发来研究科学的,它在总体上是为了说明学科的产生和发展规律;而科学哲学对科学的研究,虽然有时要借用一些学科的理论来加以分析研究,但从总体上看,它只是从一般意义上来研究科学的,它并不刻意从学科的角度去研究科学,即使它去分析某一科学的理论,也是为总体上去说明科学的产生和发展规律服务的。

---

① 尹星凡、胡耀忠、谢石林著:《知识之谜——休谟以来的西方知识论及评析》,江西人民出版社1998年版,第248页。

第二节 学科论的基本范畴[①]

既然学科论是研究学科何以成为学科的理论，就要研究学科何以成为学科的所有学科共有的独特的范畴。按照历史与逻辑统一的原理，我们认为学科的本质与价值论、学科形成发展论和学科组成要素论是学科之所以成其为学科的三个基本范畴。这三个范畴的关系是：学科的本质与价值、学科组成要素是在学科的产生和发展过程中形成的，学科产生与发展的过程也是学科本质与价值以及学科要素形成和发展的过程。以下对三个范畴所包含的具体内容分别做一探讨。

一、学科本质与价值论

（一）学科的本质

一般来说，学科包括科学[②]中的学科（尚未进入教育领域的学科）和教育[③]中的学科（教与学的科目）。我们可以从学科的功能、人员、机构、活动方式、学科的表现方式以及内容等来将这两种学科加以区分，这样我们既可以用科学学科论和教育学科论来分别探讨这两种学科，也可以在统一的学科论中对它们进行探讨，比较其异同来发现学科的形成与发展规律。然而，这两种学科的区分只具有相对意义。如科学学科的功能是创造知识，但也不能排斥它具有育人的功能；教育学科的功能是为了育人，但它也具有创造知识的功能。科学学科主要与研究机构中的研究人员的研究有关，而教育学科主要是在教育机构中由教师来施教，但研究机构中的研究人员从事教育活动的为数不少，而教育机构中的教师从事研究的也非常普遍。科学学科一般采用著作的形式加以呈现，而教育学科一般采用教材的形式加以呈现，但著作和教材既可视为科学研究的成果，也可看作教育研究的成果，而且将研究成果写成教材的形式，在教学特别是在高等教育的教学中使用著作形式的教材，甚至把教材写成著作形式的也与日俱增。科学中的学科在

---

① 本节内容参阅了孙绵涛：《学科论》，载《教育研究》2004年第6期。
② 这里的科学包括自然科学、人文社会科学和技术科学。
③ 这里的教育指的是各级各类教育。

内容上一般比较专深,教育中的学科在内容上强调基础知识,而且在不同的专业和不同层次的教育中其内容有些差别,但从总体来看,教育中学科的内容与科学中学科的内容基本上还是一致的,特别是从学科的产生与发展来看,科学中的学科与教育中的学科是密切相关的。科学中的学科是教育学科的重要来源,科学学科一开始就与教育联姻而打上了教育的烙印,并以教育为导向从而获得进一步发展。可以说,在当今的学科群中,几乎很难区分哪些是纯科学学科、哪些是纯教育学科。既然这两种学科之间存在着这样一种交织关系,这里所指的学科既可以是科学意义上的学科,也可以说是教育意义上的学科。学科论就是对这两种相互联系的学科进行探讨的学问。为方便说明问题,这里主要是以教育意义上的学科来对学科进行探讨。

学科的本质是学科所固有的属性,它是所有学科所具有的共同特点。目前人们对学科的本质有多种认识,这些认识虽然给我们提供了不少启示,但也存在着这样或那样的不足。有的只从学科与科学知识或学科与教学的关系来定义学科,如《现代汉语词典》将学科定义为"按照学问的性质而划分的门类"。[①] 日本学者欢喜隆司认为"学科是教学的一种组织形态"。[②] 这两种看法指的只是科学学科和教育学科,显然不能全面反映学科的本质。有的把学科与规训制度联系起来分析学科的本质,如沙姆韦(Shumway. D.)和梅瑟-达维多(Messer-Davidow. E.)通过对"discipline"的拉丁文和希腊文的字源考察,认为学科一方面用来描述基于经验方法和诉诸客观性的新知识,另一方面亦指军队和学校的训练方法。因而discipline兼此二者之意系指在一门知识中受教,即受规训而最终拥有能够自主自持的素质。[③] 这种看法从学科与知识和教育的角度来看学科,且从学科与其他事物的联系来揭示学科的本质是值得肯定的。然而事物应与学科有着直接的内在联系。规训制度与学科有联系,但不是一种直接的内在联系。如果说它与学科

---

① 中国社会科学院语言研究所词典编辑室编:《现代汉语词典》,商务印书馆2000版,第1429页。
② [日]欢喜隆司著,钟言译:《学科的历史与本质》,载《外国教育资料》1990年第4期。
③ [美]沙姆韦、梅瑟-达维多著,黄德兴译,武志雄校:《学科规训制度导论》,载香港岭南学院翻译系文化社会研究译丛编委会编译:《学科·知识·权力》,生活·读书·新知三联书店、牛津大学出版社1999年版,第1—2页。

有联系，那是指学科所起的规训作用，而学科的作用问题又是学科价值论要讨论的，它已超出了学科本质所要研究的范围。有的观点看到了学科与知识和教育的联系，但它主要指的是科学中的学科和高等教育中的学科。如新牛津英语词典认为 discipline 的意思是 "a branch of knowledge, typically one studied in higher education"[①]（知识，特别是高等教育中学习的知识的一个分支）。有的观点看到了学科与教育和科学知识的联系，但这些学科也只是中小学及高等学校的学科，未明确指出学科还应包括其他类型教育的学科。如 subject 的意思是 "a branch of knowledge studied or taught in a school, college, or university"[②]（在学校、学院或大学学习或教授的知识的一门分支）。有的观点所定义的学科不仅注意了学科与科学和教育的联系，而且还包括了所有的学科。如《汉语大词典》认为："学科是知识或学习的一门分科，尤指在学习制度中为了教学将之作为一个完整的部分进行安排。"[③] 我们认为这种观点是可取的。然而，这种观点以及上述其他观点虽然直接地或间接地看到了学科的产生是由于教育的需要，但对这种需要转化为学科的条件把握得也不全面。这些观点只看到了主体为了教育的需要去选择一定的科学知识（在此称为次级结构，包括已被认识的人和事物，例如在教育学科中，主体为建构某一学科，还要研究反映教者和学者的心智结构的知识以及学科知识的逻辑结构）形成一定的学科，而没有看到其他条件。我们认为主体这种对学科需要的实现还要有两个条件，一是原客体结构，即还未形成科学知识的客体结构（包括未被认识的人和事物），二是主体的认知结构。由此我们可以将学科定义为，学科是主体为了教育或发展的需要，通过自身认知结构与客体结构（包括原结构和次级结构）的互动而形成的一种具有一定知识范畴的逻辑体系。这一定义抓住了学科的三个根本特征，即学科产生和发展的根本动力是为了满足人自身教育或发展的需要；学科产生和发展的途径是主体的需要和认知结构与客体结构间的互动，一方面主体用自身的尺度作用于客体，即对原客体进行分门别类的研究，或从已有的科学知识中选取一定的知识，另一方面客体又以自身的尺度去

[①][②] Pearsall, J., *The new Oxford dictionary of English,* Oxford: Clarendon Press, 1998, p.525, 1849.
[③] 罗竹风主编：《汉语大词典》，汉语大词典出版社 1989 年版，第 245 页。

规范主体的作用，从而使主客体达到相对统一；学科的呈现方式是由一定知识范畴所组成的逻辑体系。这一定义可以适应一切学科，因为不同的学科总是主体在不同需要的基础上通过自身不同的认知结构与客体结构互动而产生的一种知识范畴的逻辑体系。有人说，根据上述对学科本质的定义，研究生写的学位论文也应算作是一门学科，因为学位论文也是主体为自身发展的需要，遵循自身的认识逻辑，对客体的原结构和次结构进行研究而形成的具有范畴逻辑的知识体系。我们认为，如果研究领域里也有学科的话，学位论文当然也可能算作一个学科。只不过这种学科不是教育领域的学科，而是研究领域的学科，研究领域的学科没有教育领域的学科那么流行有名而已。我想有人之所以提出这样的问题，是因为传统上一直认为学科只是教育领域的事，研究领域是没有学科这一说的。其实研究领域是有学科的，好多教育领域的学科最初是来自研究领域的。

  从上面说的"学科是一种知识范畴的逻辑体系"可以看出，学科是一种知识的形态，也可以说学科是由有一定逻辑联系的知识范畴所组成的知识体系。学科除是一种知识体系外，还是一种活动体系和组织体系。学科的活动形态指的是学科知识的科学研究活动、学科教材的编撰活动、教师的教学活动和学生的学习活动以及在师生教学过程中所进行的创造知识的活动。科学研究活动是学科产生的前提，编撰活动是学科产生的直接途径，教与学的活动是学科的存在状态，在教与学的过程中所进行的知识的再创造活动是科学得以继续发展的重要条件；学科的组织状态实际上既包含学科知识的组织状态，也包括人以知识和活动为纽带所形成的人与人之间的一种组织状态。前者指的是学科知识的组织体系，后者指的是以知识的研究、传授和创造为基础所形成的学科队伍，诸如研究室或教研室、院、系、所等学术组织。由于我们所说的学科的知识形态是一种有一定逻辑关系的知识范畴体系，其本身就体现了学科知识的组织特性，因此可以说，学科的知识形态本身就是一种学科知识的组织形态。当我们说学科的知识形态时，实际上指的就是学科知识的组织形态；当我们说学科组织形态中学科知识的组织形态时，实际上指的就是学科的知识形态。这里之所以在谈了学科的知识形态说以后，在学科的组织形态说中又谈学科知识的组织形态，一方面是因为从学科的各种形态关系来说，学科的知识形态确实是首要存在的一种状态；另一方面在学科的组织形态中,知识的组织形态确实也是客观存在的,它是学科组织状态中的另一种状态——学科中人的组织状态——存在的前提。可以说,我们将学科的知识形态说作为学科的第一形态,是针对学科各形态的相互关系而言的;将学科知识的组织形态作为学科组织形态的第一形态,是针对学科组织形态中知识的组织形态与人的组织形态之间的相互关系而提出来的。

  在学科的三种形态中,学科的知识形态是学科的本质属性,这种本质属性是指学科所具有的全面育人的属性。这种全面育人的属性是由学科知识所具有的全面育人的特性所决定的。我们知道,学科知识是人的智慧的结晶,是情感和思想的体现及人格力量的外化。在从事知识的研究、传授和创新活动中,人所获得的不仅是知识本身,而且有可能获得知识所蕴含和表达的智慧、情感和思想,从而使人的整个人格得到提升。学科的活动形态和组织形态是学科的非本质属性,这是因为学科的活动形态是围绕学科的知识形态而进行的,学科的组织形态是以知识及其活动的形态为纽带而建立的。可以说,学科所具有的这种活动性和组织性都是为学科的本质属性即知识的产生和发展服务的。然而,学科的知识形态虽然是学科的本质,但如果没有学科的活动形态和组织形态所体现出的活动性和组织性这些非本质属性,学科的知识形态是无法产生的;学科的知识形态产生以后,也无法加以表达、运行和发挥学科知识形态的作用。可见,学科知识的全面育人性的本质属性和学科的活动性和组织性的非本质属性是学科的两个不可分割的属性。

  可能有人认为学科的活动形态才是学科的本质或核心,其理由就是学科是在活动中产生和发展的。我们不同意这种观点。活动是学科产生的基础或前提,然而它本身并不是学科的本质。就像马克思在论述人的本质时所指出的,人的本质并不是人的实践活动,"在其现实性上,它是一切社会关系的总和"[①]一样,虽然人的各种社会关系是在人的实践活动中产生和发展的,可以说人的实践活动是人的社会关系产生和发展的基础和前提,但马克思并没有把这种基础或前提看作是人的本质,而是把这种实践活动所产生的社会关系看作是人的本质。对学科的本

---

① 马克思:《关于费尔巴哈的提纲》,载《马克思恩格斯选集》第1卷,人民出版社2012年版,第135页。

质的认识也是这样，虽然学科的活动是学科产生和发展的基础或前提，但这种基础或前提本身并不是学科的本质，只有在这种基础之上所产生的知识形态才反映了学科的本质。

可能还有人认为，在学科活动之中所产生的不只是学科的知识形态，还有学科的组织形态，学科的组织形态才是学科的本质。从上面的分析可知，学科的本质体现在学科的知识形态之中，而学科的组织形态包括学科知识的组织形态，这也就是说，学科的组织形态本身就包含了学科的本质。不仅如此，学科知识所具有的智慧、情感和思想等全面育人的属性是通过学科组织中人的活动的对象化而实现的，是人的本质力量作用于学科活动的对象而产生的，因此学科知识所具有的本质实质上就是学科中人的本质。学科的本质不仅体现在学科的知识形态中，还体现在学科组织中人的身上，因此学科的组织形态所体现出的学科的本质要比学科的知识形态所体现出的学科的本质更全面。这种观点认为学科组织形态中的学科知识的组织形态体现了学科的本质，对此我们是赞同的。因为正如上面所分析的，学科的知识形态本身与学科的组织形态中的知识组织形态是一致的。我们说学科的知识形态体现了学科的本质，也就承认了学科组织形态中学科知识的组织形态也体现了学科的本质。然而，说学科的本质还体现在学科中人与人所形成的学科组织中的人身上，这就值得商榷了。诚然，学科知识所具有的全面育人的本质属性是由学科中人的对象化活动而形成的，但这并不等于学科所具有的本质就体现在学科组织中的人身上。这正像人的本质虽然由人的对象化活动而形成，但人的本质并不体现在人的对象化活动的人身上，而体现在人的对象化活动所形成的社会关系中；学科的本质并不体现在学科活动的人身上，而体现在学科人的活动所创立的知识形态上。如果人的本质体现在人的身上，就等于说人的本质就是人的本质，显然这样来看待人的本质就犯了逻辑上循环定义的错误。不仅如此，人的本质之所以不是体现在人身上，而是体现在人与人所形成的社会关系上，是因为在所谓抽象的人的身上是看不出人所具有的本质属性的，只有通过人与人之间所形成的关系才能看出人的本质。人的本质属性只能通过人与人之间所形成的法律关系、道德关系、学术关系、情爱关系等关系体现出来。一般来说，法律关系、道德关系主要体现出的是人的社会性，学术关系主要体现出的是人的精神性，而情爱关系可能更多体现出的是人的动物性。可见，人的本质属性就是通过这些具体的社会关系体现出来的。学科的本质不体现在学科组织中人的身上，而体现在学科的知识形态上也是同样的道理。因为，单从人的角度是看不出学科的本质的，只有从人所创立的知识的角度，透过知识所表达的智慧、情感和思想才能看出学科的本质。①

（二）学科的价值

关于学科的价值，有一种理论认为，对学科价值的衡量来自假定在人的本性中起支配作用的层次。在这种层次中，人的理性官能应当控制自己的肉体欲望。按照这种理论，学科的理性内容越多，它的价值就越高，相反，学科越是诉诸情感和感觉，它就越不重要。文法、逻辑和修辞这三艺属于理智学科，它们比包含感觉的学科，例如自然科学和手工艺，更加有用。② 英国的斯宾塞（Spencer，H.）提出了学科价值的功利主义理论。他在《什么知识最有用》一文中按照各门学科对个人社会生存的有用性，将学科排列为：（1）直接保全自己的活动；（2）从获得生活必需品而间接保全自己的活动；（3）目的在于抚养教育子女的活动；（4）与维持正常社会政治关系有关的活动；（5）在生活的闲暇时间满足爱好和感情的各种活动。③ 根据马克思的价值是"从人们对待满足他们需要的外界物的关系中产生"④的观点，而且只把学科的价值放在教育这一领域来看，我们认为上述两种学科价值的理论虽然看到了学科这一客体价值的层次性，但忽视了学科价值主体的多样性，即它们只分析了学科对受教育者一个主体多种需要的满足，没有分析学科对其他主体如教育者、管理者和社会的作用。如果考虑学科与社会、教育者、管理者和受教育者对学科需要之间的关系，我们认为学科至少有三个方面的价值：第一方面是学科具有系统的创造知识的价值。这种价值表现为，学科有利于科学知识系统的发展。科学知识分化为系统的学科知识，这本身就是科学知识系统发展的标志，而且学科知识的进一步分化和发展又能促进科学

---

① 孙绵涛、朱晓黎：《关于学科本质的再认识》，载《教育研究》2007年第12期。
②③ ［美］布鲁巴克著，丁证霖、赵中建译，瞿葆奎校：《西方课程的历史发展》（上、下），载瞿葆奎主编，陆亚松、李一平选编：《教育学文集·课程与教材》，人民教育出版社1998年版，第88—90、90—91页。
④ 《马克思恩格斯全集》第19卷，人民出版社1963年版，第406页。

知识的丰富和完善。对于受教育者来说，这一价值是指可以系统地掌握知识并在一定的知识系统中去创造知识。对于管理者来说，这一价值可以有助于管理者利用分科的系统知识进行科学的管理活动。对于社会来说，这一价值主要是有利于社会的进步，因为社会的进步主要是靠知识的增进来实现的。第二方面是学科具有系统的管理价值。它表现为，有利于教育者、管理者和社会系统完整地从事教学管理活动。学科能保证教与学的系统性与完整性，依赖于教与学中的知识的系统性、完整性和整个教学工作的系统性、完整性。就前者而言，因为学科是根据科学知识的内在逻辑和教与学的认识逻辑而形成的，所以按照这种逻辑而形成的学科本身就体现了系统性和完整性。就后者而言，按学科所组织的教学，能使整个教学工作前后衔接，井然有序，系统完整。对于受教育者来说，学科可以有利于受教育者的自我管理，他可以根据自己的需要，选择自己学习和研究的领域。第三个方面的价值表现为学科全面育人的价值。这是因为学科知识和知识一样是人智慧的结晶，是思想的体现和人格力量的外化。这样一种体现完整人格的知识具有全面育人的价值是毫无疑义的。对于社会来说，这种价值是可以利用学科知识来培养自己所需要的人才。对于管理者来说，这种价值是可以运用学科知识来更好地管理育人。对于受教育者来说，这种价值是可以通过学习学科知识而成为社会所需要的人。

二、学科形成发展论

（一）影响学科产生与发展的因素

有一种观点认为，学科知识的形成与发展主要是由社会的政治及意识形态因素决定的。如英国学者扬（Young, M. F. D.）认为，学科知识是社会文化选择的结果，这种选择与统治阶级的价值、信念有关。[①] 这种观点有一定的道理。当前在社会科学领域主导着的学科分化，起始于19世纪将社会研究划分为历史、政治、经济、社会、人类学等互相分割的学科。这套学科划分的准则内含着对掌权

---

① Young, M. F. D., *Knowledge and control: new directions for the education,* London: Collier-Macmillan, 1971, p.31.

者有利的理论前提和意识形态,如欧洲中心主义、父权主义和国家主义等。国家政权在这些学科的划分中一直扮演着极其重要的角色。这种发端于欧美的社会科学学科范式,随着战后初期美国霸权主义大规模地在世界各地扩散,成为欠发达国家学科体系的正统模式。① 然而这种把学科的产生与发展仅仅归结为社会的政治因素的观点显然欠全面,而且这种观点只注重社会政治对学科的需要,没有分析这种需要转化为可能的条件。

另一种观点与这种观点不同,认为学科是社会政治、经济、科学技术、文化传统、意识形态和教育等因素作用的产物。② 我们认为这种观点是比较全面的,但在这些因素中还需要强调教育因素。上述观点虽然也谈到这一因素,但一般是从不同的教育培养目标、学校教育制度、受教育的对象会需要或选择不同的学科这一角度来谈的。我们强调这个因素是因为,首先,教育是学科产生的原动力,是促成原客体和次级客体向学科转化的催化剂。人们对学科的需要可以是社会政治的、经济的、文化传统的和思想意识形态的需要等,也可以是个体的研究或学习兴趣的需要等,但无论是哪一种需要,归根结底都是为了人类自身教育或发展的需要。学科的产生一般不是为了人生存的需要,而是人为了满足比生存需要更高的发展或教育的需要。因为为了从事研究和选择知识而从事教育活动,一般是在满足了人的生存需要以后才有可能的需要。可以说学科产生最根本的因素是源于人自身教育或发展的需要,人有了这种比生存需要更高的精神需要,才有了这种满足教育需要的最基本的形式——学科的需求,从而使学科产生并不断发展。

有一种观点认为学科并不起源于教育,而起源于人们的日常生活,为了胜任成人的工作,后代需要特定学科的训练。③ 这种观点与我们的观点并不矛盾,只是表达的方式不同而已。因为从广义来说,生活就是一种教育,而且这种生活是为了"胜任成人工作",也就是说为了人的教育和发展的需要。其次,教育不仅

---

① 香港岭南学院翻译系文化社会研究译丛编委会编译:《学科·知识·权力》,生活·读书·新知三联书店、牛津大学出版社 1999 年版,第 17—19 页。
② 参见陈侠著:《课程论》,人民教育出版社 1989 年版,第 161—180 页。
③ [美]布鲁巴克著,丁证霖、赵中建译,瞿葆奎校:《西方课程的历史发展》(上、下),载瞿葆奎主编,陆亚松、李一平选编:《教育学文集·课程与教材》,人民教育出版社 1998 年版,第 43—44 页。

具有选择学科的功能,而且还有创造学科的功能。具体表现在三个方面:第一,学科的产生与人的教育实践活动有关,学科是学者教育活动的产物。学者创立某种学科,便需要别人信服自己的学说或在实践中运用这种学说。为达到此目的,他们就需要"说教"。这里的"说教",从广义来说也是一种教育活动。而有的学者创立某种学科,不仅是为了一般的"说教",而是为了系统的教育活动或者是在系统的教育活动中形成某种学科。中国古代的孔子创立的儒学,是与他的"游说"活动和他所开创的私学的教育活动密切相关的,体现孔子重要思想的《论语》就是他与学生的对话记录。古希腊先哲之一,对学科分类贡献最大的百科全书式人物亚里士多德所创立的逻辑学、修辞学、诗学、形而上学、自然科学(包括物理学、天文学、动物学、植物学、心理学等)、伦理学、经济学和政治学等,与他长期的教学实践有着密切的关系。他17岁进入柏拉图的学园,在那里作为学生和教师度过了20年。公元前347年,柏拉图去世后他回雅典开办修辞学校。公元前342年,他奉命教亚历山大。7年后,他又回到雅典开办吕克昂。他的这些丰富的教学经历无疑拓宽和加深了他的学科视野。[1] 第二,教育实践活动的形式对学科的产生有着直接的作用。"所谓新的知识门类的出现,其实是新的教育实践形式所带来的。"[2] 霍斯金(Hoskin, K. W.)发现,研讨班的出现与文字学,实验室的产生与生物学、物理学、化学等学科,以及课堂的出现与经济学的产生与发展有着密切关系。[3] 如从研讨班与文字学的关系来看,研讨班产生于17世纪,它作为一种新的教育实践始于德国的哈雷大学。在这种研讨班里,每个学生都要给课前拟定的论题准备书面或口述的论文以在研讨班里讨论。这种教育实践显示出了学生集体自由追求知识的意念,它改变了生产出来的知识类型,文本不再被视为自足、恒在的人造物,而强调诠释作品的整体意义,从而使得文字学的诠释与批判、历史学、艺术学、考古学、美学的界限溶解,使文字学取得了持久

---

[1] [美]梯利著,伍德增补,葛力译:《西方哲学史》(增补修订版),商务印书馆1999年版,第7页。
[2] 香港岭南学院翻译系文化社会研究译丛编委会编译:《学科·知识·权力》,生活·读书·新知三联书店、牛津大学出版社1999年版,第20页。
[3] [美]霍斯金著,李金凤译,刘健芝校:《教育与学科规训制度的缘起:意想不到的逆转》,载香港岭南学院翻译系文化社会研究译丛编委会编译:《学科·知识·权力》,生活·读书·新知三联书店、牛津大学出版社1999年版,第35—49页。

重要的地位。① 第三，学校教育为推动学科的发展提供了舞台。英国学者古德森（Goodson, I.）为我们描述了一幅学校与学科之间通过互动而使学科在学校中确立和发展的生动图景。他认为学校学科不是一个独立的整体，而是众多的亚学科和传统学科群的结合体，这些亚学科和传统学科群影响和改变着学科的界限和地位。在学校学科（包括有关大学学科）的确立过程中，基本的学科表现出从提升教学与应用的传统向学术传统发展的倾向。在通往学科及课程建立的过程中，希图被看作学术科目的愿望将会在发挥语言技巧和学科定义过程这两方面受到冲击。在个案研究中，很多课程的争论可以用学科的地位、资源以及范围之间的冲突来解释。②

（二）学科的分化过程

学科产生与发展的过程实际上是学科的分化过程。在这一过程中，学科由比较单一的学科发展为复杂的多学科。在这一过程中，东西方的学科分化又呈现出不同的特征。西方的学科开始是哲学为其他各科之"母"，之后是神学占统治地位，最后是多学科异彩纷呈。其间自然学科和技术学科的分化与人文社会学科的分化是并驾齐驱的。而东方（中国）的学科是一个由诸子之学到儒学定于一尊，再到众多单一学科的发展过程。其间虽有学科分化，但在漫长的封建社会里，人文社会学科的分化一直处于主导地位，自然学科和技术学科的分化相对滞后，这种现象直到民国初年才有所改观。然而无论是西方还是中国，学科分化的过程是由比较单一的初级综合学科向多门学科分化，而多门学科分化到一定的时候又产生了比较高一级的学科。上面所提到的西方的哲学与中国的诸子百家之说在一定的程度上都是反映古代人类认识水平的综合性的学科，而这些学科在历史的进程中又分化为多种学科，今天这些学科又呈现出反映当今学科发展水平的综合发展的态势。如19世纪随着欧美霸权的日渐衰落和各地区殖民化运动的发展，正统的社会科学学科模式受到了挑战，社会科学各学科开始融合，随着新科学的发

---

① Leventhal, R., *The Emergence of Philosophical Discourse in the German State,* 1770-1810. Isis 77, 1986, pp.243-260.

② Goodson, I., *School subjects and curriculum change: studies in curriculum history,* Washington, D.C.: The Falmer Press, 1993, p.3.

展,科学与人文学科的对立也受到冲击,规范学科与描述性学科之间的分野也受到质疑,人与自然之间的本体论区分也被动摇。在这些新的趋势下,以华勒斯坦(Wallerstein, I.)为首的一批科学家和社会科学家提出了"开放的社会科学"学科体系的构想,指出要超越"年鉴学派"提出的那种多学科综合研究的尝试,要在制度和学术组织上有所突破,改变19世纪以来社会科学分科的学术体制。①

学科的分化与主体的人对人自身和客体世界的认识有关。随着人类认识自身和客观世界的不断深入,人们发现,人自身的心智结构与客观外界各部分的结构之间,人自身的心智结构的各部分之间,以及客观外界的各部分结构之间存在着不可分割的联系,人对自身和客体世界的分科认识反而肢解了这一整体而不利于人更全面深刻地去理解人类自身和客观世界,于是从整体上去把握人类自身与客体世界就不可避免了。如法国哲学社会学家布迪厄(Bourdieu)认为,应该克服二元对立的主观主义与客观主义的认识模式,他在涂尔干(Durkheim)和莫斯(Mause)在《分类的某些原始形式》中提出的原始社会人的心智图式和社会结构之间的关系是对应的基础上进一步发现,传统社会中观察到的心智结构与社会结构对应关系也存在于发达先进的社会中。②他还发现,社会中的物质结构与精神结构之间也是对应统一的,因而他不主张用双重解读的方式,即用社会物理学去透视社会的客观物质结构,用社会现象学去描述社会的意义世界,而主张建立一种总体性的社会学,即他所说的"生成社会学"。③

三、学科组成要素论
(一)科学的基本要素

对于科学构成的基本要素,路甬祥在《科学的历史与未来》一文中对科学的形成与发展提出了五个要素:重大意义的新物种、新现象、新规律的发现,有重大影响的研究手段的使用,有重大影响的新的科学方法的应用,关键性的新的科

---

① 香港岭南学院翻译系文化社会研究译丛编委会编译:《学科·知识·权力》,生活·读书·新知三联书店、牛津大学出版社1999版,第23页。
②③ [法]皮埃尔·布迪厄、[美]华康德著,李猛、李康译,邓正来校:《实践与反思:反思社会学导论》,中央编译出版社1998年版,第12—13、2—11页。

学概念的提出，以及一种新的科学理论的建立过程。①

我们认为，路文提出的五大要素实际上可以概括为三大要素，即科学研究对象、科学研究方法和科学体系。因为他所说的新物种、新现象和新规律实际上指的是科学研究的对象问题；研究手段和科学方法从广义上来说是科学研究的方法问题；而关键性的新概念及科学理论实际上说的是科学体系，因为一个科学的理论实际上是由建立在关键概念基础之上的概念的范畴体系所组成的。

（二）学科的基本要素

这三个要素是否是构成学科的基本要素呢？回答是肯定的。学科的建立，首先要明确学科研究什么，这就需要建立学科研究对象范畴；学科研究对象明确以后，就要明确用什么方法去研究，这就需要有学科方法范畴；研究方法确定以后，就要考虑用一个什么样的知识的基本概念体系将研究的结果表达出来，这就需要建立学科体系范畴。这一学科要素体系既包括了学科研究什么，也包括了学科怎样研究，还包括了学科研究的结果。有人认为构成学科的基本要素还应包括学科性质和学科任务两个范畴。我们认为这两个范畴不宜包含在学科的基本构成要素之中，因为学科的性质和学科的任务一般是比较明确的。从学科性质来说，要么是综合学科、交叉学科或是单一学科，要么是自然学科或是社会学科，要么是基础学科或是应用学科等。从学科任务来说，无非是研究现象或问题等，发现规律，建立一种学说去指导人们的认识和实践。当然有些复杂的综合或交叉学科，对这些学科的性质进行说明还是有必要的。

学科研究对象是指学科研究的现象，这种现象包括自然现象、社会现象和精神现象。自然学科主要以自然现象作为研究对象；社会科学主要以社会现象作为研究对象；哲学、宗教等学科一般以精神现象作为研究对象；交叉学科既研究各种自然现象、各种社会现象，也研究各种精神现象。学科论中讲的学科研究方法，一般不是指具体的收集资料的方法和分析资料的方法，而是指研究方法论。我们理解的研究方法论指的是如何确立研究方法、如何选择研究方法和如何运用研究方法的理论。研究方法论既包括人们熟悉的西方传统的方法论，即经验认识

---

① 路甬祥：《科学的历史与未来》，载《光明日报》1998年3月31日第5版。

论、先验认识论和实践认识论，也包括人们可能不太熟悉的西方传统方法论的变式，即范式方法论（本书后面有专门的章节讨论这一方法论），还包括东方（中国）传统的做学问的方法论，即义理、辞章和考据①。学科体系从数量来划分，有一门学科的体系和学科群的体系；从产生和用途来划分，有教材体系和著作体系；从层次来划分，有研究某现象形成的现象学学科，有对现象学进行研究而形成的元学学科，还有从方法的角度对现象学和元学进行研究所形成的方法论学科；从专业的角度来划分，有基础学科、专业基础学科和专业学科。

---------- 思考题 ----------

1. 理解下列概念：

（1）学科论

（2）广义的学科论

（3）狭义的学科论

（4）学科本身的理论

（5）学科何以成为学科的理论

2. 如何理解学科论与学科绪论和科学哲学之间的关系？

3. 学科论有哪些基本范畴？

4. 什么是学科的本质与价值？

5. 影响学科形成与发展的因素有哪些？为什么？

6. 如何理解学科产生与发展的过程？

7. 学科的基本组成要素有哪些？为什么？

---

① 姚鼐《述庵文钞序》："鼐尝论学问之事，有三端焉。曰义理也，考证也，文章也。是三者苟善用之，则皆足以相济，苟不善用之，则或至于相害。"

第二章

关于教育管理学科论的若干问题

按照我们对学科论的理解，教育管理学科论应属于具体学科论的范畴，它所探讨的问题应是教育管理学科的本质与价值、教育管理学科的产生与发展和教育管理学学科组成要素这样三个范畴的问题。教育管理学科的本质和价值的问题，是一般学科的本质和价值在教育管理学科上的反映，和一般学科的本质和价值相比，教育管理学科的本质和价值虽然有自己的特殊性，但这种特殊性还是在一般学科的本质和价值的范围之内，不会超出一般学科的本质和价值的范围，因此我们可以根据一般学科的本质和价值来理解教育管理学科的本质和价值。然而教育管理学科的产生与发展以及教育管理学科的组成要素就不同了。教育管理学科的产生与发展要反映一般学科产生和发展的规律；教育管理学科的组成要素虽然和一般学科的组成要素有一致的一面，但教育管理学科的产生和发展的规律与组成要素所具有的特殊性的一面却是一般学科所包容不了的。如教育管理学科的产生和发展要讨论它产生的时间和标志，以及发展过程中的主要理论形态等，对教育管理学科的组成要素要讨论它具体的研究对象、学科体系以及研究方法等，这些都是一般学科论所代替不了的问题。因此还必须对教育管理学科的产生与发展以及组成要素的特殊性进行专门的探讨。鉴于此，本章对教育管理学科的本质和价值不准备予以专门的讨论，而只就教育管理学的产生与发展和教育管理学的组成要素这两个范畴进行讨论。

第一节 教育管理学的研究对象①

根据我们对学科组成要素的看法,我们认为教育管理学的学科组成要素主要有三个:一是教育管理学的研究对象,二是教育管理学的研究方法,三是教育管理学的学科体系。

一、关于教育管理学研究对象的不同观点及其分析

(一)关于教育管理学研究对象的不同观点

当前对教育管理学研究对象的看法,概括起来主要有以下几种比较典型的观点。

第一种观点认为教育管理学是研究教育管理现象和管理过程、揭示教育管理规律的科学。如吴志宏等认为,教育管理学是"以各级各类教育组织和机构的管理现象、管理过程和管理规律为其研究对象"的科学。② 第二种观点认为教育管理学是研究教育管理活动、揭示教育管理规律的科学。如萧宗六认为:"教育管理学是研究教育行政和各级各类学校工作规律的科学。"③ 张济正认为:"学校管理学主要研究学校管理领域的活动及其规律。"④ 第三种观点认为教育管理学是研究教育管理问题、揭示教育管理规律的科学。如黄崴认为:"教育管理学的研究对象是教育管理问题或成为问题的教育管理现象。"⑤ 第四种观点认为教育管理学是研究教育管理过程、揭示教育管理规律的科学。如陈孝彬认为:"教育管理学是研究教育管理过程及其规律的科学。"⑥ 第五种观点认为教育管理学是研究教育管理现象、

---

① 本节内容参阅了孙绵涛、康翠萍:《论教育管理学的研究对象》,载《华东师范大学学报(教育科学版)》1997年第3期;《关于教育管理现象、本质及规律问题的再探讨》,载《南阳师范学院学报》2005年第1期。
② 吴志宏、冯大鸣、周嘉方主编:《新编教育管理学》,华东师范大学出版社2000年版,第18页。
③ 萧宗六、贺乐凡主编:《中国教育行政学》,人民教育出版社1996年版,第5页;萧宗六著:《学校管理学》,人民教育出版社2001年版,第8—9页。
④ 张济正主编:《学校管理学导论》,华东师范大学出版社1990年版,第23页。
⑤ 黄崴著:《教育管理学:概念与管理》,广东高等教育出版社2002年版,第16页。
⑥ 陈孝彬主编:《教育管理学》,北京师范大学出版社1990年版,第2—3页。

揭示教育管理规律的科学。①② 近些年也有学者提出了一些对教育管理学研究对象的不同看法，但这些看法一般只是在文字上做了一些增减或调整，与上面五种看法大同小异，这里就不一一列出了。

（二）对教育管理学研究对象不同观点的分析

上面五种观点中，第一、第二、第三、第四种观点与第五种观点的不同之处在于，前四种观点都不是研究教育管理现象，而是研究教育管理问题、活动和过程。这些观点认为教育管理学研究教育管理问题、活动和过程的理论前提有如下两点：第一，教育管理现象比较模糊，不易准确地把握它，而教育管理问题、活动、过程却容易把握，易于研究；第二，现象一般是对本质而言的，研究教育管理现象，从逻辑上讲，应该是揭示教育管理的本质，而不应该是揭示教育管理规律。所以只有研究教育管理活动和过程才能揭示教育管理规律，而研究教育管理现象，只能揭示教育管理的本质。第一种观点是既研究现象，又研究过程，通过研究现象和过程来揭示教育管理的规律；第三种观点认为教育管理学只研究教育管理问题，而并不能研究教育管理规律。我们的观点是第五种，即教育管理学是以教育管理现象和教育管理规律为研究对象的。要使我们的观点成立，我们就要论证如下两个观点：第一，教育管理学是要研究教育管理现象，而不是教育管理活动、过程和问题。为此，就要论证教育管理现象是可以认识的，不是模糊的。第二，教育管理现象的研究是可以揭示教育管理规律的，而且教育管理学不仅研究教育管理现象，还要研究教育管理规律。下面从教育管理现象和教育管理规律两个方面对教育管理学的研究对象进行论述并对上面两种观点进行论证。

二、关于教育管理现象

（一）认识教育管理现象的方法论问题

教育管理现象真的是比较模糊而不易把握吗？不是的。人们之所以认为教育管理现象比较模糊，不易把握，不是因为别的，而是因为我们对它研究不够。教

---

① 张新平、褚宏启主编：《教育管理学通论》，高等教育出版社2012年版，第13页。
② 褚宏启、张新平主编：《教育管理学教程》，北京师范大学出版社2013年版，第22页。

育管理现象是教育管理形态的客观存在,只要我们对它认真加以研究,是不难把握它的。如何去把握教育管理现象呢?马克思在《〈政治经济学批判〉序言》中,运用历史唯物主义的观点把纷繁复杂的社会现象划分成了生产力、生产关系、经济基础和上层建筑四个基本范畴,并用历史与逻辑相统一的方法阐明了这四个范畴所包含的内容以及它们之间的逻辑关系。① 这种分析现象的方法为我们认识教育管理现象提供了方法论的启示。它告诉我们:第一,要认清某一现象,应从一些能反映这一现象的基本范畴入手;第二,判断这些基本范畴是否准确、全面地反映某一现象,一要看这几个基本范畴之间是否存在着严密的逻辑关系,这种逻辑关系是否遵循了历史与逻辑相统一的原则,即"范畴被排列在一种连贯性中,这里以简化的形式反映着它们的形成和发展的历史"②。二要看这几个基本范畴是否囊括了这一现象的全部内容。下面让我们用上面的两点启示对教育管理现象加以分析。

(二)教育管理现象各范畴之间的逻辑关系

我们认为教育管理现象包括教育管理活动、教育管理体制、教育管理机制、教育管理观念四个基本范畴。让我们首先用历史与逻辑相统一的方法对这四个范畴所包含的逻辑关系进行分析。有的学者运用历史与逻辑相统一的原则分析了教育现象,提出教育现象的形态依次为教育活动、教育事业与教育思想(观念)。这为我们认识教育管理现象几个范畴之间的逻辑关系提供了有益的启示。③ 我们认为,从教育管理现象形态的产生和发展来看,也是先有教育管理活动,再有教育管理体制和教育管理机制,从而产生教育管理观念的。人类有了教育活动,就产生了与之相适应的教育管理。教育活动初始形态的管理是伴随着教育活动而进行的一种管理活动,比如长辈对晚辈的教育中所遵循的一定的形式和要求等。当教育活动发展到一定的规模且组织化程度比较高的时候,具体来说就是学校教育

---

① 《马克思恩格斯选集》第2卷,人民出版社2012年版,第2—5页。
② [苏]И·В·布劳别尔格,И·К·潘京:《新编简明哲学辞典》,吉林人民出版社1983年版,第52页。
③ 参见胡德海:《论教育现象》,载《教育研究与实验》1991年第1期。文中分析了教育现象的三种形态依次为教育活动、教育事业与教育观念。但文章对这三个范畴所包含的具体内容未做分析,使人对这三个范畴的内容,特别是教育事业究竟是什么不易把握。笔者认为,教育现象包括教育活动、教育体制、教育机制、教育观念四个范畴。教育事业实际上指的是教育体制与教育机制。本人已另文阐述了对教育现象的看法,见《教育现象的基本范畴研究》,载《教育研究》2014年第9期。

产生以后，那种非独立的初始形态的教育管理已经不适应这种教育活动的需要了，它需要一种与这种教育管理活动相联系，同时又居于这种管理活动之上，并使教育管理活动有序化、规范化，从而更好地促使教育发展的形态现象，这种形态现象就是教育管理体制和教育管理机制。相对于初始形态的教育管理来说，这种教育管理体制和教育管理机制是一种相对独立的组织化程度很高的一种形态，但它自身还有一个不断完善和发展的过程。中国古代学校教育产生以后相当长的一段时间，教育管理体制和教育管理机制是和一般的行政体制和行政机制混合在一起的；到了清末以后，才产生了相对独立的教育管理体制和教育管理机制。教育发展到一定的程度，不仅需要一定的组织力量（体制和机制），而且还需要一定的思想力量去促使它发展。而社会经济和社会分工的发展，也为一部分人去认识教育实践和教育管理实践提供了可能，因而教育观念和教育管理观念的产生也是大势所趋。然而纵观教育管理观念的发展史，教育管理观念在很长一段时间是和一般的教育观念混杂在一起的。我们只是从一些教育家对教育的本质、教育的价值、教学、教师及学生等的论述中去分析和推断他们所主张的教育管理观。到19世纪末20世纪初，研究国家教育管理的教育行政学及研究学校管理的学校管理学产生以后，教育管理观念才成为一个相对独立的形态。历史与逻辑相统一的方法实际上是一种纵向的分析问题的方法，它的价值之一在于可以帮助人们认识某一现象的起始范畴。有了这样一个起始范畴，人们才有可能根据范畴之间的逻辑去推演其他的范畴，去论证各范畴之间的逻辑关系。

下面我们以教育管理活动为起始范畴，再从横向角度，去分析教育管理现象中这四个范畴之间的逻辑关系。由于在不同的教育管理体制下，教育管理活动的内容和方式总是有所不同的，如集权制的教育管理正是与中央集权的体制相联系的，而分权制的教育管理总是与地方分权的体制相联系的，因此教育管理体制是对教育管理活动直接起制约作用的一个范畴。教育管理体制对教育管理活动发生作用是通过教育管理机制而进行的，可以说体制是机制的基础，机制是体制发挥作用的具体方式，因而认识教育管理体制这个范畴必然涉及教育管理机制这个范畴。然而，教育管理活动的开展、教育管理体制的构建、教育管理机制的运行，总是在一定的教育管理观念的指导或影响下进行的，因而把教育管理观念作为最高层次的范畴也就是必然的了。可见，无论是纵向（从历史发展的角度）分析，还是从横向的角度分析，上述教育管理现象四个范畴之间确实存在着严密的逻辑关系。那么，这四个基本范畴是否囊括了所有的教育管理现象呢？让我们对每一个基本范畴所包含的内容进行具体分析来回答这一问题。①

（三）教育管理活动范畴

从活动层面来看，教育管理活动从不同的角度可以分成不同的类型。从层次上分，教育管理活动有宏观、中观、微观三种。所谓宏观的教育管理活动是指国家管理教育的活动，也就是教育行政活动。它包括国家制定教育方针，根据教育方针制定教育政策，在教育政策条文化、定型化的基础上制定教育法规，在法制的基础上去构建一个国家教育体制，开展教育业务（基础教育、高等教育、职教、成教、招生及毕业生升学、就业指导等方面的管理）、教育财务、教育人事、教育督导等一系列宏观有序的管理活动。所谓中观的教育管理活动，是指国家对某一教育层次和某一方面教育的管理活动。所谓微观的教育管理活动，是指教育行政机关内部和学校内部的管理活动。从过程来分，教育管理活动一般有计划、执行、监督检查、总结反馈等几个环节。从管理的要素来看，教育管理活动可分为人、财、物、信息、时空的管理。针对不同的教育工作，管理又可分为教学工作的管理、思想政治工作的管理、科研工作的管理、体育卫生工作的管理、科技开发工作的管理、后勤工作的管理等。上述几种类型的管理活动是相互联系的，其中一种类型的管理活动也渗透着其他类型的管理活动。这里只是为说明问题起见，将教育管理活动做了上述划分。我们知道，任何管理活动都是由管理者和被管理者的相互作用而展开的，所以，分析教育管理活动，当然也离不开考察教育管理活动中最活跃的因素——管理者和被管理者。

（四）教育管理体制范畴

从体制层面看，教育管理体制是教育管理机构与教育管理规范的结合体或统一体。它是整个教育体制的一部分，包括教育行政体制和学校管理体制。② 教育

---

① 由于本书后面各个部分对这四个范畴的内容有详细的论述，这里只就这四个范畴的内容做一个简要的说明。
② 关于教育管理体制的系统论述请参见第三部分《教育体制论》。这里只就教育管理体制的主要内容做简要介绍。

行政体制涉及的主要是教育行政机构的设置及其职责权限划分的制度。它要处理的关系主要包括中央办学与地方办学的关系，教育行政部门与政府的关系，各级各类教育行政部门之间的关系，以及政府与学校的关系等。学校管理体制主要涉及的是学校内部管理机构的设置及其职责权限划分的制度。它要处理的关系主要包括学校内部决策、执行、咨询、反馈等各个部门和各个工作环节之间的关系。

（五）教育管理机制范畴

从机制层面看，机制的本意是指机器运转过程中各个部件之间的相互关系及运转方式。后来引申到生物学界、社会学界，产生了生物机制和社会机制。① 生物机制指的是有机体内部各部分之间的相互关系及调节方式，社会机制指的是社会各部分之间的相互关系及运转方式。理解机制这个概念，最重要的是要把握两点：一是事物各个部分的存在是机制存在的前提。因为事物有各个部分的存在，所以就有如何协调各个部分之间关系的问题。二是协调各个部分之间的关系一定是一种具体的运作方式。机制是以一定的运作方式把事物的各个部分联系起来，使它们协调运行而发挥作用的。由此我们可以认为，教育管理机制是协调教育各个部分之间相互关系的一种运作方式。② 从不同的角度划分，教育管理机制可分为不同的类型。从层次分，有宏观、中观、微观的教育管理机制。所谓宏观的教育管理机制，是指国家协调整个教育各部分之间的一种运作方式，中央集权制国家一般是使用这种机制去统管全国的教育；所谓中观的教育管理机制，是指国家协调某一方面或某一层次教育的运行方式；所谓微观的教育管理机制，是指协调学校内部各种关系的一种运作方式。地方分权制国家比较重视采用中观和微观的管理机制去管理教育。从机制运作的形式来分，一般有三种：第一种是计划—行政式的运作机制，即以计划、行政的手段把教育的各个部分统一起来，使整个教育得以运行。中央集权制国家习惯于采用这种运行机制去管理全国的教育。第二种是指导—服务式的运作机制，即以指导、服务的方式去协调教育各个部分之间的相互关系。地方分权制的国家一般采用这种方式去管理全国的教育。第三种是

---

① 参见《"机制"的由来及其演化》，载《瞭望》1988年第5期；张建新：《社会机制的涵义及其特征》，载《人文杂志》1991年第6期。
② 教育管理机制的详细内容请参见第四部分《教育机制论》，这里只就教育管理机制的主要内容做简要介绍。

监督—指导式的运作机制,即以监督、指导式的方式去协调教育各个部分之间的关系。这一般是合作制国家管理教育所采用的一种方式。从机制的功能来分,有激励机制、制约机制和保障机制。激励机制是调动教育活动主体积极性的一种机制;制约机制是保证教育活动有序化、规范化的一种机制;保障机制是为教育活动提供各种条件,以保证发挥教育活动功能的一种机制。以上几种类型的机制实际上是相互联系和相互渗透的,只是为了分析问题的方便才做了如上划分。

(六)教育管理观念范畴

从观念层面来看,教育管理观念是整个教育观念的一种,是教育思想的一种表现形态,这种表现形态是人们在实践的基础上通过理性的认识而获得的。人们在实践过程中,有对教育是什么的认识,表现为教育本质观;有对教育作用的认识,表现为教育价值观;有对怎样发挥教育作用的认识,表现为教育实践观,包括教育管理观、教学观、德育观,以及对发挥教育作用的主客体的认识所产生的教师观和学生观;有对教育作用的认识,表现为教育质量观(也称人才观或教育目的观)。可见,教育观是由教育本质观、教育价值观、教育实践观、教育质量观所组成的一个结构体系。在这一结构体系中,这四个层次的教育观是相互作用、相互影响的。一般来说,有什么样的教育本质观,就有什么样的教育价值观,从而有什么样的教育实践观和教育质量观,但也有教育价值观干扰教育本质观、教育实践观和教育质量观的。由上面分析可知,教育管理观是属于教育实践观的一种。由于管理在教育实践过程中起重要作用,因而教育管理观对教育观、德育观作用的发挥也有重要的作用。就教育管理观本身而言,它包括对教育管理本质属性的认识而产生的教育管理本质观,有对教育管理作用的认识而产生的教育管理价值观,有对怎样发挥教育管理作用的认识而产生的教育管理实践观,有对教育管理实践结果的认识而产生的教育管理质量观。可见,教育管理观也是由教育管理本质观、教育管理价值观、教育管理实践观和教育管理质量观所组成的一个完整的结构体系。[①]

由以上对教育管理活动、教育管理体制、教育管理机制和教育管理观念四个

[①] 教育管理观的系统论述详见第五部分《教育管理观念论》,这里只就教育管理观的一些主要内容做简要说明。

基本范畴所包含内容的分析可以看出，这四个基本范畴确实可以囊括整个教育管理现象，而且使得"模糊""复杂"的教育管理现象变得十分清晰。

（七）对教育管理学的研究对象不是教育管理活动、过程和问题的原因分析

综上所述我们不难看出，反对教育管理学是研究教育管理现象的理由是站不住脚的。在对教育管理学研究对象的其他三种看法中，那种认为教育管理学是研究教育管理活动的看法是不全面的，因为教育管理活动只是教育管理现象的一个层面。那种认为教育管理学是研究教育管理过程的看法更不全面，因为教育管理过程只是教育管理活动的一个方面。那种认为教育管理学是研究教育管理问题的看法同样是不可取的，这是因为：第一，问题和"成了问题"的问题也是现象，而并非其他，只不过这种现象是"问题"的现象而已。第二，我们认为将教育管理学的研究对象只定位于"成了问题"的教育管理现象，这未免过于狭窄。从一般意义上来谈教育管理学的研究对象，应该把研究对象的范围放宽一些。因为张三认为是"问题"，李四则不一定认为是"问题"。张三认为要研究的，李四觉得没有必要进行研究；而李四要研究的，张三又觉得没有必要研究。这就要求我们对教育管理现象的认识要全面系统，既应该包括"成了问题"的教育管理现象，也应该包括"不是问题"的教育管理现象，这样人们对教育管理学研究对象的认识才会全面系统。对于个体的研究者来说，虽然他们研究的不一定是整个教育管理现象，而可能只是教育管理现象中的一部分（"成了问题"的教育管理现象或"不是问题"的教育管理现象），但不能据此而认为教育管理学的研究对象不是整个教育管理现象，而只是教育管理现象的一部分。第三，上述分析可能有些简单。这里恐怕只有当讨论了"不是问题"的教育管理现象是否是教育管理学的研究对象之后才能全面地回答这一问题。我们认为，教育管理学固然要研究"成了问题"的教育管理现象，"不是问题"的教育管理现象也有可能进入研究者的视野而对其加以研究。事实上也是如此。比如某人对某一现象感兴趣或好奇，并不是对这一现象产生什么疑问而对其进行研究，这时这一现象并不是"成了问题"的现象而成为研究对象，恰恰相反，这时所表现出的则是"不是问题"的现象而成了研究对象。在教育管理的研究中，有人对宏观教育管理或教育管理的理论研究感兴趣而专注于其中，有人则对学校内部管理和具体的管理现象情有独钟。他们并不是觉得这两方面有什么问题而去研究，纯粹是一种兴趣或爱好而较长时间或终身从事这两方面的研究，从而形成了自己鲜明的学术特色。另外，对现象的研究是不是非要等发现了问题才进行研究，我们觉得也不一定。非问题性的常规性的研究也是很有必要的。例如，对学生的学习成绩进行常规性的统计分析，对学生的健康状况和择业倾向进行常规性的调查分析以利改进工作和制定政策等就属此列。有人可能会说，是的，人们进行研究，有的不一定是从问题开始，而是从兴趣开始的，但当他真正从事研究的时候，他研究的还是问题而不是兴趣本身。要回答这一问题，这里恐怕还要讨论一下对"问题"的理解。中文里通常所指的"问题"，大多数是"疑问"和"不理解"的意思，这时候我们说对"问题"的研究，当然是指对"有了问题"的现象进行研究。但有时候也不一定是这种意思，它只是泛指某方面的现象。这时候我们说对某某"问题"的研究，指的就是对某某现象的研究，而不是指对成了"问题"的现象的研究。在英文里，"问题"也有三种说法，一是"question"，二是"problem"，三是"issue"。前两种指的是"有疑问""不理解"，后一种泛指一般性的问题。因此在英文里说对"问题"进行研究，并不一定都是对"有了问题"的现象进行研究，也有可能是对一般性的某类或某一现象进行研究。可见，即使是人们由兴趣开始对"问题"进行研究，也要将"成了问题"的现象和泛指一般性的问题的某类现象或某一现象区别开来，不能笼统地说对问题进行研究就是对"成了问题"的现象进行研究而不是对一般性的现象进行研究。

（八）对教育管理现象范畴几种不同观点的评析

有人认为现象是事物在发展变化过程中所表现的外部形态和联系。教育管理活动可以被认为是一种教育管理现象，因为它反映的是教育管理的外部形态而直接为人们所感知。而教育管理体制、教育管理机制和教育管理观念是人们无法直接感觉到的隐形的东西，它们反映的不是教育管理的外部形态和联系，因而不属于教育管理现象的范畴。

上述这种看法实际上是有关怎样理解现象的问题。它涉及如下几个问题。

一是现象是单一的还是多层面的？在哲学上，现象一般是指事物在发展变化过程中所表现的外部形态和联系。但这种外部形态和联系不是一种单一层面的东西，它是由不同层面的现象组成的。康德在《纯粹理性批判》中认为，现象的基本含义是指一切依存于主体的可认知的对象。这一可认知的对象，在感性领域中是指由时空直观形式所得到的感觉预料而形成的现象。在知性领域中是指由范畴对感觉予料进行型构而形成的现象。① 康德的这一观点告诉我们，在感性认识阶段所形成的现象只是一些感觉预料，由于感觉预料只是对个别现象的认识，还没有认识到这些个别现象之间有什么联系，因此这时人们对现象的认识就处于一种总体的模糊的状态而觉得现象就是一个单一层面的东西。然而在知性认识阶段就不同了，由于知性范畴将感性直观得来的材料纳入范畴框架之中，就使得由感性直观所得到的材料有了某种联系。这也就是说，这时我们对现象就不是一个模糊的总体单一性的认识，而是一个有了某种联系的不同范畴所概括了的多层面的现象范畴的认识。这样，我们所看到的现象就不是一个笼统的单一现象，而是一个多层面的现象了。例如，就整个现象而言，在感性认识阶段，人们有可能认为它只是一个单一笼统的现象，而在知性认识阶段，人们就有可能用"自然"和"社会"、"存在"和"意识"、"物质"和"精神"等范畴将现象划分为自然现象和社会现象、存在现象和意识现象、物质现象和精神现象等。就某一类现象，如社会现象而言，在感性认识阶段，人们有可能将它当作一个单一笼统的社会现象；在知性认识阶段，人们就有可能用"经济""政治""文化""教育"等范畴将这一笼统的社会现象分为经济现象、政治现象、文化现象和教育现象等。教育管理现象是教育现象或管理现象中的一种现象，人们对它的认识也和对其他现象的认识一样，在感性认识阶段，人们可能认为它是一个单一的、笼统的教育管理现象，然而在知性认识阶段，它就不是一个单一层面的现象了。根据我们的研究，它是由教育管理活动、教育管理体制、教育管理机制和教育管理观念四个范畴的现象所组成的。由上述分析我们认为，用教育管理活动等一个范畴去取代其他几个范畴，认为教育管理现象就是教育管理活动、教育管理过程或教育管理问题的观点是不可取的，因为教育管理活动这些范畴既不是人们在感性认识阶段对教育管理

---

① 参见钱广华：《开放的康德哲学——重读"物自体"》，载《中国社会科学》2004年第5期。

现象认识的结果，也不是人们在知性认识阶段对教育管理现象认识的结果。在感性认识阶段，人们不会用"活动"这些范畴去认识教育管理现象，而只会把教育管理当作一个笼统的现象。因而在感性认识阶段，认为教育管理现象就是教育管理活动等观点是不正确的。在知性认识阶段，由于人们是用不同的范畴去认识教育管理现象，因而在这一阶段将教育管理现象看作只是由某一单一层面的范畴，如由教育管理活动等这一个范畴所组成显然是不全面的。

二是如何看待现象的多层次？既然现象是由不同的现象范畴组成的，那么这些现象是否在同一层面上呢？这就要对这些范畴做具体分析。根据康德的上述观点，既然现象在知性认识阶段是由范畴组成的，这些范畴之间就应该存在着某种联系。一般来说，这种联系有两种：一种是有规律性的联系，另一种是无规律性的联系。有规律性的联系也有两种：一种是对应关系，如物质和精神、形式和内容等；另一种是递进关系，如助教、讲师、副教授和教授等。这样人们所揭示的现象范畴就有可能是无规律性联系的范畴和有规律性联系的范畴；在有规律性联系的范畴中，就有对应现象范畴和递进现象范畴。我们所揭示的教育管理现象属于有规律性联系的递进现象范畴。在教育管理现象的四个范畴中，教育管理活动属于第一层次的现象，教育管理体制、教育管理机制和教育管理观念属于第二、第三和第四层次的现象。在对现象的认识中，人们一般易于将容易直接感受到的第一层次的表层现象当作现象，而不把第二、第三和第四层次的深层次的现象当作现象看待。这样，在对教育管理现象的认识中，人们只把教育管理活动当作教育管理现象，而把其他三个范畴排除在教育管理现象之外就不足为奇了。另外，人们之所以如此理解，也可能与人们对教育管理活动，如教育管理的宏观、中观和微观层次活动，教育管理活动的内容，教育管理活动的过程，教育管理活动的方法，教育管理活动的主客体等比较熟悉，而对其他三个范畴的现象不太熟悉有关。其实，教育管理体制、教育管理机制和教育管理观念也是客观存在的，只是人们没有认真地研究它们而已。根据我们的研究，体制是社会机构与社会规范的结合体或统一体，教育管理体制就是教育管理机构与教育管理规范（教育管理制度）的结合体或统一体。它包含了由各级各类教育行政机构与相应规范相结合而形成的各级各类教育行政体制，以及由各级各类学校内部的管理机构与相应规范相结合而形成的学校内部的管理体制。由于教育管理机构和教育管理规范是客观存在的，因而教育管理体制是客观存在的就是显而易见的了。机制是将社会各个部分统整起来的运行方式，教育管理机制就是将教育各个部分联系起来而使整个教育得以运行的方式。它包含教育管理的层次机制（包括宏观、中观和微观机制）、教育管理的形式机制（包括行政—计划式的机制、指导—服务式的机制和监督—服务式的机制），以及教育管理的功能机制（包括激励机制、制约机制和保障机制）。如用行政—计划式的方式可以将整个教育统整起来而使教育得以运行而形成的行政—计划式的教育管理机制也是人们所熟知的。教育管理观念也是这样。这一范畴包含了在主体教育管理观和从属教育管理观这两种教育管理观所具有的价值取向影响下而形成的教育管理本质观、教育管理价值观、教育管理实践观及教育管理质量观。如主体教育管理观是有利于调动管理者和被管理者的积极性，从而有利于管理者和被管理者主体性发展的一种管理观；而从属教育管理观是要求下属或被管理者被动服从的一种管理观。只要我们稍加留意，就不会对这两种教育管理观的客观存在产生怀疑。由上分析我们可以说，认识现象，不能只把握表层或自己所熟悉的现象，而忽视深层次的或自己不熟悉的现象。这种认识现象的方法不仅很难全面系统地把握现象，而且对我们研究现象也是十分有害的。

三是为什么现象会由不同层次的现象所组成？回答了这一问题，就可以从更深的层次上去理解为什么教育管理现象是由教育管理活动、教育管理体制、教育管理机制和教育管理观念四个层次的现象所组成。世界上的现象大体分三类：一是自然现象，二是社会现象，三是精神现象。这三类现象都是有其形成和发展规律的。就拿教育管理现象来说，它完全是一种人文化了的社会现象，这种社会现象的形成和发展是有一定规律的。前面我们用历史与逻辑相统一的方法对这四个范畴产生和发展的规律进行了分析，这里用马克思主义的哲学观点再对这一规律做一简要概括。根据马克思主义感性的物质实践活动为第一性的观点，人们首先从事的是教育管理活动，而人们要有序地开展教育管理活动，就要建立组织机构和制定教育管理规范，这就形成了与教育管理活动有关同时又高居于教育管理活动之上的教育管理体制；在一定教育管理体制下开展教育管理活动，就会形成一定的运行方式,这就形成了居于教育管理活动和教育管理体制之中同时又不同于教育管理活动和教育管理体制的教育管理机制;而在教育管理活动的开展、教育管理体制的构建和教育管理机制的运行的过程中,要产生一定的观念并依赖于一定的观念,这样就有了一个与教育管理活动、教育管理体制和教育管理机制紧密相连同时又有别于这三个范畴的教育管理观念。可见这种人文化了的教育管理现象,就是由教育管理活动、教育管理体制、教育管理机制和教育管理观念所组成的统一体。我们认识教育管理现象,当然不能说这个统一体中的某一个方面是教育管理现象,而另外几个方面不是教育管理现象。

(九)对教育管理现象范畴认识的意义

对教育管理现象范畴的上述认识有重要的理论意义和实践意义。从理论意义上说,首先有助于澄清对教育现象的模糊认识,其次对认识教育现象的范畴,乃至对认识社会现象的范畴具有借鉴意义。我们也可以运用马克思历史唯物主义的方法论对教育现象和社会现象进行分析,发现教育现象由教育活动、教育体制、教育机制和教育观念四个范畴组成,社会现象由社会活动、社会体制、社会机制和社会观念四个范畴组成。从实践意义上说,可以使我们理清教育管理改革的思路。教育管理改革实质就是教育管理现象的改革,那就是要改革教育管理活动、教育管理体制、教育管理机制和教育管理观念;教育现象的改革,就是要改革教育活动、教育体制、教育机制和教育观念;社会现象的改革,就是要改革社会活动、社会体制、社会机制和社会观念。

三、关于教育管理规律

(一)本质与规律的关系

研究教育管理现象,不能揭示教育管理的规律吗?回答是否定的。按照马克思主义哲学的观点,现象一般是对本质而言的。研究教育管理现象的直接结果是揭示教育管理的本质。然而只要我们弄清楚了本质与规律的关系,我们就会明白,研究教育管理现象既可以揭示教育管理的本质,也可以揭示教育管理的规律,还可以通过揭示教育管理的规律来认识教育管理的本质。

据《中国大百科全书·哲学》:"规律和本质是同等程度的概念,都是指事物本身所固有的、深藏于现象背后并决定或支配现象的方面。然而本质是指事物的内部联系，由事物的内部矛盾所构成，而规律则是就事物的发展过程而言，指同一类现象的本质关系或本质之间的稳定联系，它是千变万化的现象世界的相对静止的内容。"① 又据 И.Т.弗罗洛夫主编的《哲学辞典》："规律表示的是本质的一个方面。"② 列宁也说："规律是宇宙运动中本质的东西的反映。"③ 列宁又说，事物的本质是"这个事物对其他事物的多种多样的关系的全部总和"④。由上面的定义我们可以看出：第一，本质与规律是同等程度的概念，因为它们都是事物本身所固有的，深藏于现象背后，并决定和支配现象的方面；第二，如果说本质与规律在反映现象上有某些不同的话，只是反映现象的方面及形态有所不同而已。从方面来说，本质在反映现象时所要回答的是"事物是什么"，而规律所要回答的是"事物如何运动发展"；从形态来说，本质是通过事物的根本属性来反映现象的，而规律则是通过具有相同根本属性事物之间的内在联系来反映现象的。从这个意义上来说，本质是事物之所以具有规律性的基础，规律只是本质的一种表现形式。各个事物之间之所以有一种内在的、必然的、稳定的联系，是因为它们的根本属性是一致的。例如，教育之所以与社会发展、与人的发展有一种内在的、必然的、稳定的联系而构成教育的基本规律，是因为它们都是以教育是培养人的社会过程这一本质属性为基础的。教育的这一本质属性，决定教育学与社会发展、与人的发展发生联系。教育是培养人的社会过程这一本质属性，也正是通过教育与社会的发展关系、教育与人的发展关系而体现出来的。教育是培养人的社会过程这一本质属性，在教育与社会的发展关系中体现在社会决定教育培养什么人，怎样培养人，教育培养的人又为社会发展服务；教育是培养人的社会过程这一本质属性，在教育与人的发展关系中体现在教育要适应年轻一代身心发展的规律，教育又在年轻一代身心发展中起主导作用。可以说，没有这两个基本规律，教育的本质属性是很难体现的，而这一培养人的社会过程也是很难完成的。

---

① 《中国大百科全书·哲学》，中国大百科全书出版社1987年版，第269页。
② ［苏］И.Т.弗罗洛夫主编：《哲学辞典》，广东人民出版社1989年版，第288页。
③ 《列宁全集》第55卷，人民出版社2017年版，第127页。
④ ［苏］列宁著，中共中央马恩列斯著作编译局译：《哲学笔记》，人民出版社1998年版，第238页。

根据上面第一个结论，我们可以认为，既然本质和规律都是同等程度的概念，都是深藏在现象背后而决定现象的东西，那么，我们研究某一现象既可以达到揭示本质的目的，也可达到揭示规律的目的，关键就要看研究者的研究目的了。由此我们可以说，研究教育管理现象是可以达到揭示教育管理规律的目的的。根据上面的第二个结论，我们也可以认为，既然本质和规律之间有某种联系，我们揭示了事物的本质，也可以揭示事物的规律；揭示了事物的规律，也可以揭示事物的本质。因而我们在研究了教育管理现象、揭示了教育管理规律以后，是可以进而揭示教育管理本质的。

（二）教育管理学也要研究教育管理规律

有学者认为深藏在现象背后的本质或规律不能作为研究对象，而只能当作研究结果看待。这种观点的真正意思是人们通过对教育管理现象的研究就可以自然而然地达到对教育管理本质或规律认识的目的。在人们的认识过程中，果真只对现象进行研究而不需要对本质或规律进行分析就能达到对本质或规律的认识吗？回答是否定的。现象和本质（由于本质和规律对于现象来说是同等程度的概念，它们都是现象背后的东西。为了叙述方便，这里只提现象与本质的关系）是两个有联系但又不同的认识对象。现象是事物表面的东西，而本质则是事物背后的东西。人们对事物的认识，既要研究事物表面的东西，也要研究事物背后的东西，只有这样才能对事物有一个全面深刻的认识。关于这一点，可以从一些哲学家关于现象与本质关系的观点中得到印证。

在哲学史上，对现象与本质的关系主要有两种观点。第一种是现象与本质二元论的观点。如康德认为现象与本质（物自体）是分离的，感性和知性认识阶段的主要任务是对现象的认识，理性认识阶段的主要任务是对现象的本质的认识。虽然康德认为人的理性是不可能达到对本质的认识的，然而我们至少可以从这种观点中获得这样一种认识，即人们对现象的认识是不可能自然而然地达到对本质的认识的。人们对现象的认识及对本质的认识分属于不同的认识阶段。第一阶段是对现象的认识，人们对现象有了认识以后，才能开始对现象的本质进行认识。很清楚，哲学中现象与本质二元论的观点不可能认为教育管理学只研究教育管理现象而不能研究教育管理本质，因为研究了教育管理现象就可以自然而然地获得对教育管理本质的认识的观点没有任何理论支撑。第二种观点认为现象与本质是同一的。如黑格尔认为，现象和本质是辩证统一的。现象中有其本质，本质必然表现为现象。马克思主义哲学也认为本质和现象是不可分离的。按照这种理解，研究了现象必然会涉及对本质的认识。这种哲学观点表面看来似乎为上述看法提供了佐证。其实不然，因为现象与本质的同一并不意味着认识了现象就会自然而然地认识了本质。这种从现象到本质的认识还有一个过程，还需要研究者对本质自身下一番思考和探索的功夫。这是因为在这种哲学观点看来，本质一般是用概念的形式加以表达的。当人们由对现象的分析达到了对事物本质的认识，即概念的认识后，还需要对这一概念本身有一个探讨分析的过程。例如，怎样使这一概念成为一个真命题而使其带有一定的普遍意义等。这就是持这种观点的哲学家在探讨现象与本质的关系时，都花了大量的篇幅对事物本质本身进行探讨的原因之所在。例如，从一定意义上来说，黑格尔的整个哲学体系就是研究绝对本质（在黑格尔那里称为绝对精神）矛盾运动的。他的哲学体系由逻辑学、自然哲学和精神哲学三部分组成。在这一哲学体系中，黑格尔探讨的主要是绝对本质如何对象化为自然现象和精神现象，然后再回归到绝对本质。在逻辑学中，他探讨的是终极本质——绝对精神自身的矛盾运动，即从直接性的存在到间接性的本质，再到直接性与间接性统一的概念的发展过程；在自然哲学和精神哲学中，他探讨的是终极本质即绝对精神是怎样转化为自然现象和精神现象，从而回归绝对精神的。在专门论述本质的《逻辑学》的"本质论"中，黑格尔对本质概念的矛盾运动做了系统的分析。他认为概念之间的关系不是独自存在的，而是相互联系的。我们知道，马克思主义哲学认为由现象到本质的认识也要经过一个由具体到抽象，再由抽象到具体的认识过程。即由具体的现象入手，经过抽象达到对事物本质，再到抽象概念的认识。然而人们的认识到此并未完结，还要将抽象的概念与丰富而具体的事物结合起来，而使人们对事物本质的认识更加丰满和完善。黑格尔哲学是由抽象的本质到具体，再回到抽象的本质来把握本质，带有明显的客观唯心主义的色彩，而马克思主义哲学是由具体到抽象的本质，再由抽象的本质到具体来把握本质，体现的则是辩证唯物主义的哲学观。虽然黑格尔哲学与马克思主义哲学在分析由现象到本质的关系时所持有的哲学观不一样，但有一点却是共同的，即人们要全面深刻地认识事物，对事物所表现出的现象的研究和对事物所体现的本质的研究都是需要的，不可能只研究现象而不研究本质，也不可能只研究本质而不研究现象。可见，即使从哲学现象与本质同一论的观点来看，那种认为教育管理学只研究教育管理现象、不需要研究教育管理本质或规律就可以达到对教育管理本质或规律认识的观点也是值得商榷的。

（三）教育管理的基本规律和特殊规律

什么是教育管理的规律呢？根据马克思列宁主义关于规律是事物内部的一种稳定的、必然的联系的观点，我们在认识教育管理的规律时，就要分析教育管理现象中有哪些关系，这些关系中哪些是一种稳定的、必然的联系。把这些关系及其联系弄清楚了，就可以找到教育管理的规律了。依据这种认识，我们认为教育管理的规律有教育管理的基本规律和特殊规律。教育管理的基本规律是从总体上把握教育管理的现象各部分之间的相互关系这个角度而提出的。这种规律是指，在教育管理的现象中，教育管理的活动、教育管理的体制、教育管理的机制与教育管理的观念相互联系，相互影响，由此构成了教育管理的整体。因此，要管理好教育，就必须全面地把握这四个层面之间的关系，不可顾此失彼，否则，教育改革和教育管理改革是不会收到好的效果的。

教育管理的特殊规律是从教育管理现象四个层面的每一个层面内部各因素之间的相互关系这个角度提出的，由此我们也可以把教育管理的特殊规律称为教育管理的具体规律。这种具体规律有四个：教育管理活动的规律、教育管理体制的规律、教育管理机制的规律、教育管理观念的规律。教育管理活动的规律是教育管理活动的各因素之间的一种内在的、必然的联系，要按教育管理活动的规律办事，就要正确处理好这些因素之间的关系。如我们管理全国的教育，就要保持一种有序的运作状态，否则就没有按管理活动的规律办事，其效果自然不会理想。在人、财、物、信息、时空等各种要素的管理中，要以人为中心来充分发挥各要素的功能。教育管理体制的规律是教育管理体制的各因素之间的一种内在的、必然的联系，要按教育管理体制的规律办事，也要处理好这些因素之间的关系。如我们管理一个国家的教育，如果不处理好中央与地方、政府与教育行政部门、各级各类教育行政部门之间、教育行政部门与学校的关系，就很难理顺教育管理的体制。教育管理机制的规律是教育管理的机制各因素之间的一种内在的、必然的联系,要按教育管理机制的规律办事,也要处理好层次机制、形式机制与功能机制之间的关系,还要处理好各层次机制、各形式机制、各功能机制之间的关系,否则要很好地发挥教育管理机制的作用也是不可能的。教育管理观念的规律是教育管理的各观念之间存在着的一种内在的、必然的联系,要按教育管理观念的规律办事,就要处理好人与物、集权与分权、严格与宽松之间的关系,否则也谈不上用科学的观念去管理一个国家的教育。

(四)对教育管理规律不同观点的评析

有学者认为我们所揭示的教育管理的基本规律和特殊规律并没有全面地揭示教育管理的规律,教育管理应该还有其他规律。我们认为这种看法有它的合理性,因为谁也不能保证自己所揭示的规律是绝对全面的。然而我们认为还是可以设置一定标准来判定人们所揭示的规律是否全面,这里有两个充分而必要的条件。第一个条件是看这些规律所赖以反映的现象是否全面。如果规律所赖以反映的现象是全面的,那么这些规律就有可能是全面的。因为根据马克思列宁主义的观点,规律是反映这些现象之间的内在的、必然的、稳定的联系,既然我们所认识的现象是全面的,我们就有可能全面地揭示这些现象之间所存在的这些联系,这样所揭示的规律就是全面的了。第二个条件是看这些规律是否全面地揭示了现象之间内在的、必然的、稳定的联系。既然我们所分析的现象是全面的,对现象内部的联系的把握也是全面的,那我们对这一现象规律的认识当然也是全面的。现在的问题是,我们对教育管理规律的分析是否满足了这两个条件。就我们现在的认识水平而言,我们认为我们对教育管理规律的认识基本上满足了以上这两个条件。以下试做一下分析。

我们先看第一个条件。在对教育管理现象进行探讨时,为了使我们对教育管理现象的认识更为科学,我们先对认识教育管理现象的马克思主义哲学的方法论进行了探讨,然后对教育管理活动、教育管理体制、教育管理机制以及教育管理观念所包含的具体的教育管理现象进行了分析。我们的结论是,就像马克思划分的生产力、生产关系、经济基础和上层建筑囊括了社会生活的基本领域一样,我们所划分的教育管理现象的教育管理活动、教育管理体制、教育管理机制和教育管理观念这四个范畴也基本上包括了所有的教育管理现象。有人可能质疑我们所划分的教育管理现象的四个范畴与马克思所划分社会生活基本领域的四个范畴之间的不一致和区别。究竟该怎样理解这两种不同的范畴体系呢？我们认为，因为马克思分析的是整个社会现象，我们分析的只是社会现象中的一种，因此完全没有必要去重复使用马克思所使用过的范畴。另外，也是最重要的一点，虽然两种划分所使用的范畴不一样，但是从实际内容来看，它们所指的内容大致是相近的或相关联的。生产力这一范畴和活动这一范畴大致相当。因为生产力所包含的三要素——生产者、生产工具和生产对象，与活动的三要素——活动者、活动工具和活动对象，没有多少区别；生产关系、经济基础和上层建筑这三个范畴与体制、机制和观念这三个范畴密切相关。生产关系，即人们在物质资料生产过程中所形成的社会关系，它包括生产资料所有制的形式、产品分配的形式等。这些形式与社会机制是密切相连的，因为生产资料所有制的形式和分配的形式决定着社会的运行方式即社会机制。换句话来说，生产资料所有制的形式和分配的形式不同，社会的运行方式即社会机制是不同的。如生产资料所有制的形式是国有制形式，则国家一般易于采用行政计划式的运行机制。社会运行机制对教育管理的运行机制又有直接的影响作用。如果国家采用的是行政—计划式的运行机制，教育管理当然也就是行政—计划式的运行机制了。经济基础，是社会一定发展阶段的生产力所决定的生产关系的总和。一定社会的经济制度构成这个社会的经济基础，社会经济制度可以说既是社会体制中社会制度的一部分，又决定着社会体制中社会的政治、文化教育等制度。教育管理制度是社会制度的一部分，也是社会制度中教育和管理制度中的一部分，当然经济基础又直接影响教育管理体制中的教育管理制度。上层建筑是建立在一定经济基础之上的社会意识形态以及与之相适应的政治法律制度和设施等的总和，它既与体制中的制度相联系，又与观念范畴一脉相通，因此它们与教育管理体制中的教育管理制度和教育管理观念直接相关联。

我们再来看第二个条件。首先，我们来分析这四个范畴之间的逻辑关系。我们发现，就像马克思分析生产力、生产关系、经济基础和上层建筑四个范畴之间的运动逻辑能揭示出社会发展的基本规律一样，我们分析教育管理活动、教育管理体制、教育管理机制和教育管理观念这四个范畴之间的运动逻辑，也可以揭示教育管理的基本规律。我们知道，社会发展的基本规律是，由生产力的发展而引起生产关系的变化，由生产关系的变化而使经济基础和上层建筑发生变化，从而使社会发生变化。不难发现，在教育管理现象中，也是因为教育管理活动的变化引起教育管理体制的变化，由教育管理体制的变化而引起教育管理机制和教育管理观念的变化，从而最终导致整个教育管理现象的变化。我们把教育管理现象四个范畴所体现的上述运动逻辑称为教育管理的基本规律，因为这种逻辑关系体现了这些范畴之间所应该存在的一种应然的逻辑关系。说它是应然的逻辑关系，是因为这种关系反映了这些范畴产生和发展的规律，它是用马克思历史唯物主义的观点来进行分析而得出的结论，它是把感性的教育管理的物质活动作为分析教育管理现象的逻辑起点的。这种逻辑关系的最根本的特点是起点单一，逻辑一贯。有人认为这四个范畴应然的逻辑关系应该是从教育管理观念到教育管理机制，再到教育管理体制，最后到教育管理活动。我们不太同意这种观点。因为这样来看待这四个范畴之间的逻辑关系，是把理性的观念作为分析教育管理现象的逻辑起点，这从哲学方法论来说恐怕就不是马克思历史唯物主义观点，而有点类似于黑格尔的客观唯心主义观点了。在教育管理现象的四个范畴中除了应然的逻辑关系以外，还有一种实然的逻辑关系。所谓实然的逻辑关系，是指范畴之间所实际存在的一种逻辑关系。由于人们所持有的价值观念不一样，分析范畴逻辑关系的起点就不一样，范畴之间的逻辑关系就成为多开端的变动不居的状态。在教育管理现象的四个范畴中，可能就会出现由教育管理体制到教育管理活动，再到教育管理机制，最后到教育管理观念的逻辑关系，也有可能出现由教育管理机制到教育管理活动，再到教育管理观念，最后到教育管理体制的逻辑关系。上述两种逻辑关系只有应然的逻辑关系才能反映范畴之间带有规律性的关系，因为实然的逻辑关系虽然反映了这些范畴之间内部的必然的联系（指无论从教育管理的哪个范畴开始，这些范畴之间都是相互作用、相互影响的），但这种联系不是一种稳定的联系（指这四个范畴相互影响的路径是经常变动的）。而应然的逻辑关系不仅存在内部的必然的联系，而且这种联系是稳定的（指四个范畴逻辑联系的起点单一，范畴之间的影响是一贯的）。由上分析可见，教育管理的基本规律应是教育管理现象四个范畴之间所体现的应然逻辑，而不是实然逻辑。我们改革教育管理，不能按教育管理现象四个范畴之间体现的实然逻辑办事，而要用教育管理现象四个逻辑范畴所体现的应然逻辑来指导。在教育管理的改革中，要先改革教育管理活动，然后改革教育管理体制，再改革教育管理机制，最后改革教育管理观念。而不能像过去我们所提的口号"体制是关键""观念是先导"那样，改革教育管理先改革教育管理体制或教育管理观念，因为这样做体现的是教育管理的实然逻辑，而不是应然逻辑，它实际上是违反教育管理规律的。

其次，我们分析一下教育管理现象四个范畴中每一个子范畴中包含的要素所体现的逻辑关系。第一，关于教育管理活动范畴。在教育管理的层次活动中，宏观、中观和微观的教育管理活动所体现的是一种相互影响和相互作用的逻辑关系。按照教育管理的层次活动逻辑或规律办事，不同体制的国家所强调的侧重点是不一样的，集权制的国家强调宏观层次的活动，而分权制国家偏重于中观或微观层次的活动。但不管是哪种类型的国家，都要注意教育管理的宏观、中观和微观活动之间的关系，而不能只顾其一而不顾其二。在教育管理活动的内容中，人、财、物、信息和时空之间所体现的是以人为核心的相互作用和相互影响的逻辑关系，要按教育管理活动内容的规律办事，就要注意以人为中心来充分发挥各个要素的功能。在教育管理活动过程中，根据管理就是决策的观点，决策、执行、反馈之间所体现的是以决策为核心的相互影响、相互作用的关系。按照教育管理过程的规律办事，就是要在决策科学化的前提下正确处理决策、执行和反馈之间的关系。在教育管理活动的方法中，根据以人为本的管理思想，组织调度的方法、经济的方法、法治的方法和激励的方法所体现的逻辑，是以激励的方法为基础的方法体系。按照这种教育管理方法的逻辑，我们要以调动人的积极性为宗旨来综合运用各种教育管理方法。在教育管理的主客体（这里的客体指的是被管理者）中，主体和客体之间的逻辑所体现的是一种主客互动的关系，按照这种规律办事，在教育管理中既要调动管理者的积极性，也要调动被管理者的积极性。

第二，关于教育管理体制范畴。根据我们对教育管理体制的理解，讨论教育管理体制范畴里的逻辑关系问题包括如下几个方面。一是构成教育管理体制的两大要素，即教育管理机构和教育管理规范的逻辑关系。它们之间的逻辑关系是，教育管理机构是教育管理体制的载体，教育管理规范是教育管理体制的核心。没有教育管理机构，教育管理体制就失去赖以存在的基础；没有教育管理规范，教育机构就无从建立，即使能够建立，也无法正常运转。我们要按照教育管理机构与教育管理规范之间所存在的这一关系去改革教育管理体制，改革教育管理规范固然重要，但教育管理机构的改革也是很重要的。二者的改革应配套进行，缺一不可。二是教育管理体制中的教育行政体制与学校管理体制之间的关系。它们之间的关系是：教育行政体制是宏观的教育管理体制，而学校管理体制是学校内部微观的管理体制。因此，改革教育管理体制要注意教育行政体制改革与学校管理体制改革之间的相互影响。三是教育行政体制中各级各类教育行政体制之间的关系。在各级教育行政体制中，中央与地方教育行政体制，以及地方教育行政体制中省（自治区、直辖市）、市、县、乡教育行政体制之间存在着一种以上级教育行政体制为主导的相互制约和相互影响的关系，改革各级教育行政体制，就应该注意它们之间所存在的这种关系。在各类教育行政体制中，教育人事行政、教育财务行政、教育业务行政及教育督导行政之间也存在着相互影响的关系，改革各类教育行政体制也要注意这些体制之间的相互影响。四是学校管理体制中学校领导体制、学校执行体制、学校咨询体制和学校监督反馈体制之间的关系是以学校领导体制为主导的相互影响的关系。改革学校管理体制就应该处理好这几种学校管理体制之间的关系。

第三，关于教育管理机制范畴。我们先看教育管理的层次机制、形式机制和功能机制之间的关系。这三种机制是不可分割的。如在层次机制上可运用不同的形式机制去发挥不同功能机制的作用，改革教育管理机制就要注意这三种机制之间的这种关系。我们再看这三类机制中各子机制之间的关系。在前两种机制的子机制中，存在着以一种机制为主、其他两种机制为辅的关系。如中央集权制的国家，一般以宏观机制和行政—计划式的机制为主，而以中观和微观机制以及指导—服务和监督—服务式的机制为辅。改革教育管理机制，就要确定以哪一种机制为主、以哪两种机制为辅。在后一种子机制中，三种机制对维持一个社会中教育管理的运行都非常重要，改革这一种机制，务必要注意这三种机制之间相互作用的关系。

第四，关于教育管理观念范畴。从主体教育管理观和从属教育管理观的关系来看，这两种教育管理观是两种对立的教育管理观，但它们之间也是相互影响的。改革教育管理观，从有利于调动人的积极性的角度来说，当然是要树立主体教育管理观并注意主体教育管理观对从属教育管理观的影响。从教育管理本质观、教育管理价值观、教育管理实践观和教育管理质量观的关系来看，教育管理本质观是人们对教育管理是什么的认识，教育管理价值观是人们对教育管理作用是什么的认识，教育管理实践观是人们对如何发挥教育作用的认识，而教育管理质量观是人们对教育管理作用结果的认识。这四种教育管理观之间存在着一种相互作用、相互影响的逻辑关系，在这种逻辑关系下也存在着两种状态：一种是应然的逻辑状态，它是指我们对教育管理现象的认识是沿着教育管理本质观到教育管理价值观，再到教育管理实践观，最后到教育管理质量观这一路径发展的。之所以说这一路径是一种应然的逻辑状态，因为它符合了人类认识事物的一般进程。我们认识事物，首先要弄清楚它是什么，然后才有可能弄清楚它的作用是什么，怎样发挥它的作用，以及作用的结果。这种认识逻辑所反映的这几种教育管理观之间的联系比较单一和稳定。另一种是实然的逻辑状态。它是指由于人们所持有的价值观不同，认识教育管理现象的路径并不一定从教育管理是什么开始，也可以是一种多开端的不稳定的状态。在教育管理观的改革和整个教育管理的改革中，由于教育管理观所体现的应然逻辑反映了人们认识事物的一般规律，所以这种教育管理观的逻辑应该是我们的最佳选择。

（五）认识教育管理规律的意义

认识教育管理规律也有重要的理论意义和实践意义。在理论意义上，对于教育管理规律本身来说，认识教育管理规律可以澄清人们对教育管理规律的一些不清晰的认识，真正懂得教育管理规律是什么和到底有哪些教育管理规律；对于教育规律和社会规律来说，认识教育管理规律，从方法论上有助于认识教育规律和社会规律。在实践意义上，在按教育管理规律办事方面，认识教育管理规律使我们真正认识到了要按哪些教育管理规律办事和如何按这些教育管理规律办事；在按教育规律和社会规律办事方面，我们也可以借鉴教育管理规律的内容，去认识教育规律和社会规律并按教育规律和社会规律办事。

第二节 教育管理学的研究方法

以往谈某一学科的研究方法，都是用马克思主义哲学方法论来加以讨论的。我们这里所说的马克思主义哲学方法论，是指马克思主义的哲学理论为我们认识世界和改造世界所提供的指导，而且主要是指马克思主义的哲学为我们认识世界即做研究所提供的指导。因为中国学者所写的研究方法的书，一般都是以马克思主义哲学作为方法论基础的，并且习惯把以马克思主义哲学为指导来研究科学研究方法的理论称为马克思主义哲学方法论。我们在这里也沿用这种说法。这种研究方法论从目前见到的有关研究方法论的资料来看，其体系一般包括马克思主义哲学基础、自然科学和社会科学的方法论，以及具体的学科方法论等三个部分。这种方法论一般先分析马克思主义的哲学基础，然后分析自然科学和社会科学的一般研究方法，再研究某门具体学科的研究方法，比如调查法、访谈法、问卷法、文献法、比较研究法、历史研究法以及实验法，等等。现在我们大多数教师教的方法论、大多数学生学的方法论都是这样的。我们在这里谈教育管理学的研究方法时，用的是与马克思主义哲学不同的方法论，包括前面我们提到的西方传统的哲学方法论、范式方法论和中国人做学问的方法论。限于篇幅，这里重点说说范式方法论。所谓范式方法论（paradigm methodology），是指一些学者借用范式（paradigm）这一范畴在对科学研究的理论基础及其相对应的研究方法进行探讨时提出的一种方法论。① 我们这里要讨论的范式方法论是经过我对西方范式方法论改造过了的范式方法论，我把它叫作新范式方法论。它既包括一般的研究方法，也包括研究方法的范式，还包括研究方法的哲学基础。三者的关系是：范式是这种研究方法论的核心，研究方法是研究范式的具体化，而研究范式又体现一定的哲学观。以下先就研究方法的哲学基础、研究范式和研究方法做一下探讨，

---

① 笔者在《华中师范大学学报（人文社会科学版）》2003年第6期发表了一篇文章《西方范式方法论的反思与重构》，对西方的元范式方法论、一般范式方法论、方法范式方法论进行了评析，在此基础上对西方范式方法论进行了重构，并对这种重构后的范式方法论与传统的范式方法论进行了比较，对重构后的范式方法论的运用进行了说明。

然后对三者之间的关系做一下分析,并对如何运用这种范式方法论做一下说明。

一、研究方法的哲学基础

(一)研究方法的哲学本体论、认识论和价值论基础

一般来说,人们可以从如下几种哲学体系去分析科学研究的哲学基础。比如说,从以认识事物是什么以及怎样认识事物这一主线而划分的哲学本体论、哲学认识论和哲学价值论的哲学体系;从以对认识事物这一客体的属性是物质还是精神,以及在认识事物过程中对主体经验作用的认识程度不同而划分的唯心论、唯物论,经验论(实证主义)、唯理论、一元论、二元论,实用主义哲学、存在主义哲学等哲学体系;从以时间先后划分的古典哲学、近代哲学、现代哲学和后现代哲学的哲学体系,以及我们这个时代不可超越的马克思主义哲学体系等。然而,在众多的哲学理论体系中,我们之所以主张以认识事物是什么和怎样认识事物这一主线而划分的哲学体系,即哲学本体论、哲学认识论和哲学价值论作为科学研究的哲学基础,不仅是因为分析上述三位学者的观点得出的结论,更为重要的是因为上面其他方面的哲学体系也是在认识事物是什么和怎样认识事物这一主线的基础上发展起来的,它们是第一种哲学体系的变式。换句话来说,它们是在认识事物是什么和怎样认识事物过程中,由于认识的方法、侧重点和时间不同而产生的哲学理论体系。①

哲学本体论、认识论和价值论可以成为科学研究的哲学基础,从根本上说是由这三种哲学的性质所决定的。我们知道,哲学本体论是研究一切实在的最终本性的理论。②在本体论中,唯心主义哲学认为世界的本质是精神的,唯物主义哲

---

① 马克思主义哲学虽然是在批判西方传统哲学基础上创立的,但从根本上来说,它还是在认识事物是什么和怎样认识事物过程中所建立的一种哲学体系,只不过它认识事物的方法比其他哲学更加科学而已。比如,它强调人们认识事物是什么和如何认识事物过程中的实践的观点和唯物主义的观点,强调人们不仅仅只是认识世界,还要改造世界等。另外,这里还要指出,马克思主义哲学由于本身就包括物质与意识的哪个第一性、哪个第二性以及它们的可知和不可知的问题,因而在马克思主义哲学里一般不采用本体论和认识论对称的说法。这里采用本体论、认识论这种说法,一是为了分析问题的方便,二是根据范式方法论自身所主张的哲学基础来分析的。
② 哲学本体论从广义来说是研究一切实在的最终本性的理论,研究如何认识则为认识论,因此广义的本体论与认识论相对。狭义的本体论是在广义的本体论中又有宇宙的起源与结构和宇宙本性的研究,前者为宇宙论,后者为本体论。这里取广义之说。

学认为世界的本质是物质的，而马克思主义哲学科学地揭示了物质与精神的辩证关系，认为世界统一于扬弃了物与人以及自然存在与社会存在对立地建立在实践基础之上的物质形态。哲学认识论是研究人类认识的本质及其发展规律的理论。在哲学认识论中，经验主义的认识论、先验主义的认识论和马克思主义的认识论对科学研究所起的作用是不一样的。经验主义的认识论强调事实经验在认识中的作用；先验主义的认识论则重视认识主体主观经验的作用；而马克思主义认识论是一种科学的认识论，这种认识论是一种实践认识论，它统一于实践基础之上的感性与理性、主客体的相互作用在人类认识中的作用。哲学价值论是关于价值的性质、构成、标准和评价的理论。在价值的本质理论中，非马克思主义的价值论要么偏重价值的客体属性，要么偏重于价值的主体属性，而马克思主义哲学价值论科学地分析了价值的客体属性与主体属性之间的辩证关系，认为价值是客体对主体需要的满足关系，而价值是否实现取决于客体满足主体需要的性质和程度。我们说哲学本体论、认识论和价值论可以为科学研究提供一个比较完整的理论体系，是因为人们从事研究，总要回答"是什么"的问题，即事物的本质问题，这实际上是哲学的本体论问题；当人们要探讨"是什么"的问题时，这实际上又涉及如何认识"是什么"即认识论的问题；当人们要认识并回答事物是什么的时候，就必然要研究认识主体的需要与被认识事物能否满足这种需要及如何满足这种需要的问题，这就涉及价值论的问题。因而哲学本体论、认识论和价值论成了人们从事科学研究不可回避的三个基本理论问题。

（二）研究方法的认识论基础

由于哲学本体论、认识论和价值论具有上述的内在联系，在分析科学研究的哲学基础时，人们并不一定要全部分析科学研究的本体论基础、认识论基础和价值论基础，而只需分析其本体论基础、认识论基础或价值论基础就行了。然而，一般来说，在具体分析科学研究的哲学基础时，人们更多的是分析科学研究的认识论基础而并不过多地涉及科学研究的本体论基础和价值论基础。首先，这是由哲学认识论本身的特性决定的。认识论探讨的问题之一就是人们如何发现真理和如何检验真理，而科学研究过程基本上也是一个如何发现真理和如何检验真理的过程。这样，人们就可以用认识论的理论去分析科学研究的过程，并对这一过程做出比较系统全面的阐释。其次，正如上面指出的，也是由哲学本体论、认识论和价值论的关系所决定的。这是因为在认识过程中，人们在思维方式上认为研究的目的就是弄清事物是什么，而在研究事物是什么的过程中，事物应然的本质和实然的本质这些哲学本体论所要解决的问题，以及事物的属性与认识主体需要之间的关系这些价值论所要解决的问题可以在认识的过程中得到解决。这也就是说，当人们在研究事物是什么的时候，他们必须要考虑和解决的是研究事物的应然本质，还是事物的实然本质这一问题，主体考虑这一问题的过程也是事物的属性与认识主体需要之间的关系动态确立的过程；事物的属性与认识主体需要之间的关系得以确立，人们认识事物所要解决的是应然本质还是实然本质这一问题也就得到解决。因为从主观愿望来说，当人们研究事物本质都想回答事物实际上是什么的时候，由于研究者主观价值的干扰，他们所探讨的实际上还是事物的应然本质。这种应然本质就是主体根据自身的需要对客体的属性加以选择和认定的结果。可见，从认识过程来看，认识论的问题可以说是贯穿哲学本体论、认识论和价值论中的一个根本性的问题。正因为与本体论和价值论相比，认识论在科学研究中具有这种优越性，所以大多数学者在分析科学研究的哲学基础时比较注重认识论的作用。如澳大利亚教育哲学家伊维斯认为，研究方法主要受认识论假说，特别是受知识是否和怎样被证实的认识论的假说的影响。他在研究从20世纪中期至今的教育研究方法论时，主要是从认识论这一角度加以分析的。他认为这一时期大体上可以分为三个阶段：第一阶段是从20世纪50年代至70年代。这一阶段强调量化研究和归纳法的运用。知识的确证以逻辑经验主义所主张的经验事实为唯一依据。第二阶段是从20世纪70年代至80年代中期。这一阶段的主要特征是质的研究方法受到重视，经验事实不再是知识确证的唯一依据。例如，以证伪的方式也可以对知识进行确证。第三阶段是从20世纪80年代中期至今。这一时期的主要特征是知识无须确证。教育研究受后现代思潮中的反基础主义（anti-foundationalism）（知识并无基础，因而对知识的确证可以取消）、反本质主义（anti-essentialism）（事物没有其对应的本质）和反代表主义（anti-representionalism）（人们思想中的理论和内容并不是世界的反映）的影响，研究并不是去探讨真理或是去建构一个能够被证实的世界的代表，相反，研究成了一种讲故事的方式而成为一种"叙事"（narrative）研究。这种研究给不同的观点提供不同的声音，理论的结构以叙事的方式并以语言符号的形式加以表达。①

二、研究范式②

研究范式包括现象学范式、解释学范式、批判理论范式、建构主义范式和符号互动范式等五个范式。

（一）现象学范式

由胡塞尔创立的现象学范式要回答的是认识如何可能的问题，即经验自然科学认识的可能性和数学、逻辑学等观念科学认识的可能性问题。为解决这一问题，胡塞尔认为只有通过研究人的内部纯粹意识，即不考虑意识现象所代表的东西是否在实在的世界中存在而仅把意识现象当作意识现象来考察。为此，要把客观外部世界（包括人自身）是否存在这一问题搁置起来（bracketing）来直观认识在人的意识中是怎样构成的。他反对划分认识者和被认识的对象这种彼此外在的二元对立，认为一切存在的东西都是现象，都最终反映在主体的意识之内。因此世界是我们意识到了的世界，是我所生活于其中的世界即生活世界，这是最明证的事实，至于独立于人的外物，其存在与否可以不去管它，那对我毫无意义。③这一范式虽然考察的是人的意识，但它重视人的生活世界（lifeworld），因为胡氏认为人所企图建构的意义世界（各种理论化的体系）来源于生活世界。另外，这一范式强调用反观自照的方式直观事物的本质，客观地描述知识在意识中构成的过程。④这种范式告诉人们，要从事研究，不仅只是研究意识问题，而且必须要重视生活世界的研究，并以严格科学的态度将这一研究过程和结果客观地加以描述。

---

① Evers, C. W., From Foundation to Coherence in Educational Research, In Keeves, J. P. and Lakomski, G., *Issues in Educational Research*, New York: PERGAMON, 1999, pp.265-275.
② 研究范式的内容除注明的以外，主要参考了陈伯璋：《质性研究方法的理论基础》，教育学研究生"质性研究方法"研讨会论文，2000年；蔡拉·爱尔·兹拉著，李方正译，陆永玲校：《东西方社会科学中的范式演变》，载露丝·海荷主编，赵曙明主译：《东西方大学与文化》，湖北教育出版社1996年版，第48—54页。
③ 张世英著：《新哲学讲演录》，广西师范大学出版社2004年版，第515—516页。
④ 张庆熊著：《熊十力的新唯识论与胡塞尔的现象学》，上海人民出版社1996年版，第3—135页。

（二）解释学范式

解释学范式是在施莱尔马赫（Schleiermacher, F.）将古典的释义学（exegesis）和文献学（philology）转向为研究统一的、一般性的理解问题，和在狄尔泰（Dilthey, W.）、李凯尔特（Rickert, H.）和韦伯（Weber, M.）等人探讨社会科学研究客观性的过程中逐步形成的一种研究范式。[①] 当代哲学家海德格尔又给这一范式注入了哲学的意蕴。海氏分析了理解者——人——的存在（being）的基本结构，而人就在这一生活世界之中不断地开展出意义。这一研究范式的主要理念有三种：一是境域感（befindlichkeit）与遭遇（encounter）。这是指人在生活中，要意识到他与周围的事物有"接触"并有所感应，才能去发现他与周围客观世界的意义。因而在研究的情境中，研究者要有"临场感"或感同身受地去接触被研究的人和事，这样对其才能获得深度的意义理解。二是理解（understand）。这是指在人类长期的历史发展中，总会积累一些人性共同的经验，人类的认识就是在这历史经验所开启的"视域"（horizon）中，不断向开放的世界及未来去寻绎各种意义。另外，意义与人、事、时、地、物等是一个整体，因而对意义的理解必须置于一个较大的时空中才能获得。研究虽然是从部分或个案出发，但对其意义的掌握，应从整个文化价值系统中去寻觅。三是解释（interpretation）。这是指研究者在对被研究对象有深度接触并对其整体意义有所把握以后，通过自己的价值判断，将那些大家共同的境遇感和共同的理解，以自己的话语将它们表达出来，其中有历史和社会的共同性，也有个人的价值观念。这种范式告诉人们，在科学研究过程中，要深入到被研究对象中去，要从研究对象的背景中去理解对象，然后将理解用自己的价值观念和语言表达出来。

（三）批判理论范式

批判理论范式是一种应用得比较普遍的范式。马克思对资本主义社会的批判是运用这种范式的典范。这种范式有三种理念。第一，重视意识形态的批判。哈贝马斯（Habermas, J.）认为，客观知识必须经过理性批判的作用，以及在理性沟通的情况下才能形成共识，但这种共识容易形成人们所共同信奉的"意识形态"。因

[①] ［德］马克斯·韦伯著，韩水法、莫茜译：《社会科学方法论》，中央编译出版社1999年版。

此，为了了解社会真相及生活世界的本质，还必须对这种意识形态进行批判。这种批判应主要针对宏观的社会及文化层面的"理所当然"的行为及事物，这样才能抓住社会的本质与意义。第二，理论与实践的关系。首先，批判理论认为，理论与实践是一种间接的关系。就理论而言，它可将日常生活世界中的歧异除去而产生"共识"，使人们按统一的理论行事而带有一种"理想"的倾向。然而由于社会现象不断变化和主体"能动性"的作用，这种共同性的基础也会不稳固而需要随时调整，因此理论知识的客观性总是相对的。将这些理论知识与实际研究对象联系起来，就要注意这种理论与实践、理想与实际之间的间接关系。其次，批判理论指出，理论与实践的关联性取决于两个条件：一是理论与实践联系情境的创设，二是参与者的沟通能力和对联系规则的掌握。批判理论认为，为使理论和实践有较佳的关联，应该创设一种开放、理性而无扭曲的社会情境。另外，要使理论有所扩展和实践具有真正的意义，还必须认定主体批判意识的价值，注意宏观社会客观条件的配合，以及集体实践的努力。第三，关于意义与结构的辩证关系。批判理论认为，为了更好地诠释生活经验和活动的意义，应先对"意义"的作用及其内涵有所了解。同时还应注意意义与社会结构之间的辩证关系。为了避免人的主体意识的主观独断，应将其纳入历史情境和社会结构之中，这样才能使人的主体意识所形成的知识具有共识和沟通的可能，而不至于成为个人的"独语"。这种范式告诉人们，首先，科学研究要探讨社会的本质和意义，就应从宏观的社会文化层面对一些理所当然的现象进行批判。其次，在研究中要真正把握被研究对象的特质，就要注意理想与现实、理论与实际的间接性，要根据具体研究对象来进行研究。另外，在研究过程中，要注意良好沟通情境的创设，这样才能更好地掌握被研究对象的意义。最后，在诠释研究内容，如在对文本进行分析时，应将文本与整个社会结构联系起来，这样才能更全面深刻地理解文本，使所形成的知识具有普遍的意义。

（四）建构主义范式

建构主义范式又称自然主义的范式。[①] 这种范式认为，现实是多元的，求知

---

① 1989年，这两种范式在旧金山"另类范式大会"上被重新命名。转引自蔡拉·爱尔·兹拉著，李方正译，陆永玲校：《东西方社会科学中的范式演变》，载露丝·海荷主编，赵曙明主译：《东西方大学与文化》，湖北教育出版社1996年版，第52页。

者和被求知者之间的能动的互动过程可以对多种结构进行比较并对其重构。这种范式不像实证主义的范式和后实证主义的范式那样去预测和控制"真实世界",也不像批判理论范式那样去改造现实世界,它是在建构者"心"的世界中重新构建世界。为此,这种范式发展了许多方法并借助这些方法去甄别各种现存的结构和重构这些结构。解释的方法和辩证的方法就是其中两个重要的方法。前一种方法是要尽可能地去描述个别的结构,而后一种方法是将这些个别的结构进行比较和对照。运用这两种方法旨在产生尽可能多的有根据的而又复杂精妙的结构。这种范式对科学研究的意义是,科学研究的目的不仅是要解释和批判,而且要在解释和批判的基础上建构。应采取多种方法对所获得的资料进行分析对比,以建构出更有价值的理论。

(五)符号互动范式

符号互动范式是由芝加哥社会学派提出来的。首先,这种范式认为日常生活世界是一个复杂的"主体间性"(intersubjectivity)所构成的世界。主体间的语言或行动互动,都可以看作是一种"符号"的互动。因为主体(研究者与被研究者)都有其阅读、诠释与赋予符号意义的能力。符号互动过程不是研究者单方面的行动,而必须针对被研究者的各种回应去沟通和磋商。其次,在符号互动过程中,必须注意这些符号系统与社会结构之间的关系。因为这些符号不是独立的,也不是主体间的"共识"就可以掌握其真正含义的,社会结构常常会限定主体角色而对符号的意义发生影响。最后,符号互动虽然要注意理解与磋商以及受制于社会结构,但主体的主动性是仍然存在的,主体在互动过程中仍有其主动及创造的可能。这种范式的意义在于,研究者在分析被研究者时,要设身处地地去了解被研究者,而不能只凭自己的主观加以判断;在考察被研究对象时,不仅要注意对象所表现出的角色,还要注意这种角色背后的社会结构,这样才能更准确地理解这种角色的意义;还要注意被研究对象的独特性,不可一视同仁地加以处理。

以上几个范式之间的关系是相互影响的。从正向来说,它们正好体现了一个从收集资料、分析资料到批判重建这样一个主客互动的过程。从反向来看,它们也是相互作用的。如在分析资料过程中发现所收集的资料不全,又重新去收集资料;在批判重构过程中发现资料分析还不够,还应该进一步分析等。所以我们运用这一范式的逻辑时，既要注意它们之间正向的相互作用，也要看到它们之间反向的相互影响。

三、研究方法
（一）从具体上升到抽象的研究方法和从抽象上升到具体的研究方法

一个完整的研究方法的体系，首先应既包括完成从具体上升到抽象的研究方法，也要包括完成从抽象上升到具体的研究方法。这是因为一个相对完整的研究过程既包括从具体到抽象的过程，也包括从抽象到具体的过程。在实际研究过程中，从具体到抽象的过程不可能像形式逻辑归纳推理那么简单，它需要一些具体的方法来完成这一过程。同样，从抽象上升到具体也需要一些具体的研究方法来实现这一过程。然而我们发现，人们并没有从理论上明确分析哪些方法是为完成从具体到抽象任务的研究方法，哪些方法是为完成从抽象到具体任务的研究方法。事实上，现有的研究方法是既可以为从具体到抽象过程服务，也可以为从抽象到具体过程服务的。比如，问卷法可以收集资料，这样它可以为从具体上升到抽象提供资料基础，从而为前一过程服务，同时我们也可以运用问卷法为后一过程服务。这是指，人们在问卷法所收集资料的基础上，对这些资料进行分析，发现各种抽象概念或范畴之间的内在联系，以便构建一个反映客观必然联系的概念或范畴的逻辑体系。科学研究方法论中方法范畴论的任务就是要从理论上弄清哪些方法是为完成从具体到抽象任务服务的，哪些方法是为完成从抽象到具体任务服务的，或从理论上说明研究方法既可以为前一过程服务，也可以为后一过程服务，从而使人们在研究过程中更自觉地运用这些方法。

（二）收集资料的方法和分析资料的方法

从研究过程的角度来说，研究方法应包括收集资料的方法（the method of data collection）和分析资料的方法（the method of data analysis）。将研究方法划分为收集资料的方法和分析资料的方法，比从质和量两个维度将研究方法划分为质的研究方法和量的研究方法要更为合理。因为从收集资料的过程来看，可以去收集事物质和量两个方面的资料，但有时这两种资料是很难截然分开的。从分析资料来看，在分析过程中有量的分析和质的分析。从质的分析来说，有时质的分析要借助量的分析,甚至离不开量的分析;从量的分析来说,虽然有时量的分析也需要质的分析的配合,但在科学研究过程中,也存在着纯量的分析。因而从整个分析方法这个角度来说,确实有量的分析方法和质的分析方法。然而由于从量的分析方面来看,它一方面与质的分析方法有联系,但另一方面它与质的分析方法又没有联系。这样,一方面在收集资料的过程中质的方法和量的方法是不可分的,另一方面在分析资料的过程中质和量的方法既可分,又不可分。因而我们虽然可以从整体上将研究方法划分为质的研究方法和量的研究方法,但我们不能说纯量的分析中包含质的分析。然而,将研究方法划分为收集资料的方法和分析资料的方法可以克服质、量划分的不足。这是因为虽然在收集资料过程中也会有对资料的初步分析,在分析资料过程中有时需要继续收集资料,但收集资料和分析资料毕竟是整个研究过程两个明显的阶段。然而由于收集资料和分析资料一般还是从质和量两个方面进行的,这样我们认为将研究方法划分为收集资料的方法和分析资料的方法后,再将量的方法和质的方法作为收集资料的方法和分析资料的方法的下位层次的方法比较合适。

收集资料的方法和分析资料的方法都应被重视而不可偏废。然而我们发现,在现有的研究方法的文献中,虽然有的文献也专门谈到分析资料的方法(主要是量的分析方法),但不少文献只是在探讨收集资料的方法过程中,附带地对分析资料的方法做些说明(特别是对质的分析方法)。人们可以说出很多收集资料的方法,如调查法(访谈法、问卷法)、文献法、观察法和测量法,以及近年来比较风行的人类学的研究方法(anthropological method)、扎根理论的方法(ground theory method)和行动研究法(action research method)等,但要人们很清楚地说出有多少分析资料的方法,恐怕有些困难。这种现象不能不说与人们对分析资料的方法系统研究不够有关。事实上,不少研究方法既可以说是收集资料的方法,也可以说是分析资料的方法。如我们可以说问卷法是问卷分析法,文献法是文献分析法,测量法是测量分析法,扎根理论的方法是扎根理论的分析方法等。因而方法论范畴的任务除了要从理论上分清哪些方法是为从具体上升到抽象服务和哪些方法是为从抽象上升到具体服务,还要对哪些是收集资料的方法和哪些是分析资料的方法从理论上清晰、系统地加以说明,从而使人们在科学研究中更好地运用这些方法去收集资料和分析资料。

还要指出，虽然量的分析方法和质的分析方法都很重要，但量的分析方法较之于质的分析方法更加成型，便于操作，而质的分析方法不易掌握和操作。在量的分析方法中，如大家所熟悉的数学模型分析法中的时间序列法、回归分析法等，统计分析法中 SPSS 统计软件包等，只要输入相关的数据，通过一定的分析程序，就可以得到相应的分析结果。在质的分析方法文献中，一般也告知一些分析方法并说明这些分析方法的步骤。如质的分析方法的步骤关键有两步，第一步是将资料进行分类（data organizing），第二步是从资料数据中抽象出一些概念和范畴（data category），然后分析这些概念和范畴之间的关系。然而，虽然质的分析方法的步骤比较明确，但具体运用起来效果有时并不理想，特别是在概念和范畴的提炼以及分析这些概念和范畴的关系这一步上问题较多。这主要是因为质的分析方法与量的分析方法虽然都是受分析者价值影响的主观的方法，然而与量的分析方法相比，质的分析方法更容易受人的主观价值的干扰，而研究者的抽象思维水平、对质的分析方法的理解和掌握的程度，以及专业知识的水准等又直接影响这一分析的效果。因而在分析资料方法的研究中，要加强对质的分析方法的研究。这种研究主要是要加强对人的思维和质的分析方法素质的训练的研究，这样才有可能克服在分析资料过程中量的分析"硬"而质的分析"软"的现象。

（三）各种研究方法之间的关系

在上述研究方法的结构中，从具体到抽象、从抽象到具体，到收集资料、分析资料，再到质的方法和量的方法这一正向度来说，上一层次的方法影响下一层次的方法。换句话来说，下位层次的方法是为上位层次的方法服务的。从反向度来说，下位层次的方法对上位层次的方法也有影响，质的方法和量的方法运用得好坏会直接对收集资料、分析资料和对从具体到抽象、从抽象到具体的过程发生影响。从这个意义上说，质的方法和量的方法又变成了上位层次的方法。正如上面分析的，从具体到抽象的方法和从抽象到具体的方法，从收集资料的方法和分析资料的方法，以及从质的方法和量的方法之间的关系来看，它们也是相互联系和相互作用的，因为它们本身就体现了研究过程的不可分割的两个方面。这一研究方法的体系可以告诉人们应从整体上去把握各种研究方法之间的关系，从而更好地运用这些方法去为科学研究服务。下面用一个简图（图2-1）将这一体系表示出来：

图2-1 研究方法体系图

四、研究方法的哲学基础、研究范式和研究方法之间的关系

（一）研究方法的哲学基础与研究范式之间的关系

从本体论来看，胡塞尔认为世界对于意识来说只有第二性的、相对存在的意义，它是意识在经验中所置定的存在。因此现象学范式虽然不断地动摇于主观唯心主义和客观唯心主义之间，但还是以主观唯心主义作为自己的归宿。①解释学范式的本体论认为客观世界是真实的，而且是可以被认识的。批判理论范式在本体论上也承认客观现实的存在，但客观现实不能被完全认识，现实受制于自然法则，而自然法则也不能被完全理解。建构主义范式在本体论上持相对主义的态度。这种范式认为所谓"事实"是多元的，它以社会、经验为基础，不存在"真实"与否，而只有所谓"合适"与否的问题。而符号互动范式认为客观世界是一个以"相互主体性"来建构的世界，这有点类似于马克思主义哲学的本体论思想。从哲学认识论来看，现象学范式虽然也动摇于经验论与唯理论之间，但它还是走上了先验主义的认识论道路。②由于解释学范式主张要用研究者自己的价值观来进行阐释，批判理论范式认为研究结果要受研究主体价值观的过滤，建构主

---

① ② 张庆熊著：《熊十力的新唯识论与胡塞尔的现象学》，上海人民出版社1996年版，第19、32页。

义范式认为研究结果是研究者根据自己的人生价值观创造出来的,所以它们都是一种主观认识论,而与先验主义的认识论有关。符号互动范式由于重视认识过程中主客体的相互作用,则更多地与马克思主义认识论有关。从哲学价值论来看,由于现象学范式对客观外界"存而不论"而专注于主体的自身的意识,从而显示出一种注重主观价值属性的态势。但现象学范式又主张重视生活世界,所以从这个意义上说,这种范式又有点倾向于价值的客观属性。解释学范式、批判理论范式和建构主义范式由于强调主观价值的作用,所以这些范式所偏重的也是人的主观价值属性。符号互动范式由于注重主客体的互动,它既注重客观价值属性,又注重主观价值属性,所以它与马克思主义哲学的价值观有一定的关联。

(二)研究范式与研究方法之间的关系

从收集资料的方法和分析资料的方法来看,收集资料的方法重视客观地获取资料,所以无论是质的收集资料的方法还是量的收集资料的方法都与现象学范式的联系更为直接,而分析资料的方法如果从客观要求这一角度来看,它与现象学范式有关,而从这些方法有主观价值的介入来看,它们都需要现象学范式、解释学范式和批判理论范式做支撑。然而在分析资料的方法中,量的分析虽然也有分析者主观价值的作用,但由于分析的步骤比较规范,所以与质的分析方法相比,量的分析受人的主观价值干扰的程度要小。因此从这个意义上说,量的分析方法和质的分析方法虽然都要以解释学范式和批判理论范式为支撑,但量的分析方法似乎与现象学范式还有某种程度的联系。另外,从具体到抽象和从抽象到具体的整个研究过程都是为建构某种理论服务的,而且在这一过程中,研究者和被研究者的互动起着关键作用,因此建构主义范式和符号互动范式需要贯穿整个研究过程。

由上分析可见,研究方法的哲学基础、研究范式和研究方法这三者在科学研究中有着紧密的联系,它们在科学研究中各自起着一定的作用。研究方法的哲学基础是研究范式和研究方法的理论基础,研究范式又体现一定的哲学观,它是研究方法的哲学基础和研究方法的中介,而研究方法又是研究范式具体运用的体现。一方面哲学观决定范式,范式决定研究方法,但另一方面,范式又可以选择哲学观,方法又可以选择范式。

从以上对研究方法的哲学基础、研究范式和研究方法这三个研究方法论的范畴的讨论可以看出,人们要有效地从事科学研究,不仅要掌握研究方法,而且要懂得这些方法背后的研究范式,还要明确这些方法和范式所依托的哲学理论,以及注意方法、范式、哲学基础以及各种方法、范式及哲学观之间的互动关系。在具体运用这种范式方法论时,可以先考虑研究的哲学基础,再考虑范式,然后再选择研究方法,也可以先选择研究方法,再考虑范式,然后分析范式的哲学基础。但一般来说,要把如何运用研究范式作为考虑研究方法的起点和核心,也就是说,要把现象学范式到符号互动范式这五种范式的运用作为从事研究的轴心来考虑,因为这些范式背后的哲学理论是比较清楚的,具体方法的选择和运用也是依据运用范式的需要而定的。也就是说,先运用现象学范式去收集资料,然后运用解释学范式和批判理论范式去解读和评述这些资料,最后运用建构主义范式去重构一种新的理论体系,而整个研究过程都是建立在研究者与被研究对象之间符号互动基础上的。

第三节 教育管理学的学科体系[①]

对于教育管理学的学科体系,国内外学者有不同的看法。黄崴对这些看法进行了归纳。国内学者有要素体系说、经验体系说、板块体系说、职能体系说、工作体系说、系统体系说和综合体系说,国外学者有系统—职能说、系统—实践说、要素体系说、问题体系说、教育管理者体系说。从这些体系的内容来看,这里谈的教育管理学的学科体系基本上都是针对一门学科来说的。在对这些教育管理学的学科体系进行梳理后,他认为教育管理学的框架应包括教育管理基础、教育组织发展、教育管理过程、教育资源管理和教育管理环境这几个部分,教育管

---

① 本节内容参阅了孙锦涛:《论教育管理学的学科体系》,载《高等教育研究》1999年第1期。

理学的学科体系应由基础理论类、应用理论类和技术方法类三类学科组成。[①] 上述这些看法对我们的启示是，对教育管理学的学科体系进行探讨，除了要探讨作为一门学科的教育管理学的体系，还要探讨作为一个学科群的教育管理学的学科体系。而无论是对作为一门学科的教育管理学体系的探讨，还是对作为一个学科群的教育管理学的学科体系进行探讨，都要全面地分析学科体系要素，并要看这些学科体系要素之间是否具有严密的逻辑关系，因为从这些学者对教育管理学的学科体系的观点中我们可以看出，大多数学者只是对作为一门学科的教育管理学的学科体系进行了探讨，而少有学者对作为一个学科群的教育管理学科的体系进行探讨，而且这些学者分析的学科体系要素并不全面系统，这些学科体系要素之间也缺乏严密的逻辑联系。以下以全面系统地分析学科体系要素之间的逻辑关系为原则，分别从一门学科和一个学科群的教育管理学的著作体系和教材体系两方面入手对教育管理学的学科体系进行分析。

一、教育管理学的著作体系

（一）作为一门学科的教育管理学的著作体系

作为一门学科的教育管理学的著作体系，是有着严密的逻辑范畴的理论体系，它是通过著作者的认识逻辑而展开的。范畴是基于人们对事物的理性认识而产生的最基本的概念，范畴与范畴之间的层次递进关系构成了范畴的逻辑，沿着这种范畴的逻辑展开就形成了一定逻辑的范畴。《资本论》的体系就是一种著作体系，它的基本范畴是商品、价值、使用价值、剩余价值、资本等。这些都是反映资本主义经济的最基本的范畴，它们之间有着严密的递进关系，形成了严密的范畴逻辑。《资本论》就是沿着这种范畴间的逻辑而展开形成的有一套逻辑范畴的经济学鸿篇巨制。我们要构建教育管理学的著作体系，就应找到能揭示教育管理现象的基本范畴及其逻辑关系。上文中笔者曾经运用历史与逻辑相统一的方法，指出教育管理现象是由教育管理活动、教育管理体制、教育管理机制、教育管理观念四个范畴组成的，对这四个范畴的理论进行研究，就构成了教育管理学

[①] 黄崴著:《教育管理学:概念与原理》,广东高等教育出版2002年版,第66—100页。

的活动、体制、机制、观念四个理论范畴。据此，笔者不揣浅陋地认为，教育管理学的著作体系是由教育管理学科论、教育管理活动论、教育管理体制论、教育管理机制论、教育管理观念论和教育管理人论这六个范畴所组成的体系。根据我们发现的教育现象的四个范畴，教育管理学本来是由教育管理活动论、教育管理体制论、教育管理机制论和教育管理观念论四个范畴所组成，但教育管理既然作为一门学科，还是要首先研究一下这门学科为好，而且我们发现，教育管理活动、教育管理体制、教育管理机制和教育管理观念都是离不开人的，所以教育管理学还要专门对人进行研究，于是就有了教育管理人论这个范畴。关于这六个理论范畴之间的关系及具体内容在前言部分已经做过交代，这里就不赘述了。

（二）作为一个学科群的教育管理学的著作体系

作为一个学科群的教育管理学的著作体系，称为教育管理学的著作层次体系。所谓著作层次体系，是指由严密的学科范畴所组成的体系。学科范畴是指一门学科在其产生和发展过程中，标志着这门学科由低级到高级的发展，从而区分这门学科不同层次发展水平的那些范畴。一门学科的产生是有一个过程的，如路甬祥在《科学的历史与未来》一文中认为，一门学科的创立要经过有重大意义的新物种、新现象、新规律的发现，有重大影响的研究的提出，一种新的科学理论的创建这样一个过程。[①]一门学科创立以后，在它以后的发展过程中，有没有一个反映这个学科发展阶段及其水平的范畴呢？我们认为是有的，不同的学科，在其发展过程中，其理论的性质及形态总是有差别的，因而就会产生反映这些学科理论的性质及形态的学科范畴。如在西方教育理论界，依据教育理论不同的性质与形态，将教育学科区分为"教学艺术"和"教育科学"，后来谓之"实践的教育学"和"理论的教育学"。德国当代元教育学研究学者布雷岑卡在教育学科范畴两分法的基础上，进一步提出教育学科理论范畴的三分法，认为教育是由教育科学、教育哲学及教育行为学或称实践的教育学三个层次的学科所组成的。我国学者陈桂生在三分法的基础上进一步提出了四分法的观点，他认为教育学科是由教育技术理论、教育科学、教育价值理论、教育规范理论四个层次的学科范畴所

---

① 路甬祥：《科学的历史与未来》，载《光明日报》1998年3月31日第5版。

组成的。① 笔者引证上述观点，无意对这些观点进行评述，只是想说明，作为一个学科群的教育学在其产生和发展过程中依据其不同的性质及形态也会形成不同的学科范畴。笔者认为，教育管理学的学科层次范畴依次为现象学层次的教育管理学、元学层次的教育管理学和方法学层次的教育管理学。我们可以将这三个层次的教育管理学依次称为教育管理现象学、教育管理元学和教育管理方法学。

教育管理现象学是研究教育管理现象的学问。我们这里讲的现象学不同于西方哲学史上的现象学。西方哲学史上的现象学有比较多的流派，但它们都是研究意识现象的学问。如黑格尔的《精神现象学》是研究绝对精神的依次更迭的具体表现形式的。与哲学上讲的现象学相反，我们这里讲的现象学指的是研究不依赖于人的主观意识而存在的客观现象的学问。因此，准确地说，教育管理现象学以客观存在的教育管理现象作为自己的研究对象。虽然这种教育管理现象是由人的主观意识的作用而产生的，但它一经产生，就形成了一个相对独立的客观存在，我们可以对这个存在进行研究。我们在这里并不去研究我们的意识是怎样认识这个客观存在的，否则，就把意识作为研究对象了。教育管理现象的研究，根据我们的理解，应该以教育管理活动、教育管理体制、教育管理机制和教育管理观念作为自己的研究对象。

教育管理元学是研究教育管理现象学的学问，它以教育管理现象学作为自己的研究对象。我们提出教育管理元学这个学科范畴，是建立在元理论基础之上的。弄清楚元理论，有助于我们对教育管理元学的理解。以下我们以元教育理论或元教育学为例做一简要说明。

什么是元教育学的任务呢？德国学者布雷岑卡认为："教育的元理论是描述、批评、规范那些论述教育的陈述系统的理论。尽管人们认为这些陈述系统等于知识，但不能事先对这种主张是否或在何种程度上为真做出判断。因此，必须对陈述系统逐个检验。这样的检验需要标准、规则和规范。为了找到这些标准、规则和规范，权衡它们相对的优劣，精确地定义和评价它们成了教育的元理论的根本

---

① 陈桂生：《"四分法"：教育理论成分解析的新尝试》，载《教育研究与实验》1995 年第 2 期。

任务。"①可见，元教育理论是以建立某种标准规则来权衡教育理论的优劣作为自己的任务的。什么是元教育学的研究对象呢？布雷岑卡认为，元教育学"不是把教育现象（教育）而是把教育理论（educology，又译教理学）作为研究对象"。②我国学者陈桂生认为，元教育学"撇开教育学陈述的历史内容，只关注教育学陈述的形式问题"。③可见，元教育学以教育理论而不是以教育现象作为自己的研究对象，因为教育现象是教育学的研究对象。元教育学研究教育理论，但不是研究它的全部，而只是研究这种理论陈述的形式是否科学合理。元教育学用什么方法去研究教育理论呢？元教育学是用元语言（又称形式语言）对教育理论的形式做语义分析和语形分析。元语言是和对象语言相对的一种语言。对象语言是以教育现象为研究对象所使用的语言，属于对象理论的范畴；而"元语言"则把"对象语言"作为分析对象，它是以教育理论为研究对象时所使用的语言，属于元理论的范畴。用语义分析的方法对对象语言所阐述的概念和命题进行解释，然后用语形分析的方法，把有意义的概念和命题建立起一种形式系统，元理论得以确立。④根据以上对元教育理论的分析，我们认为教育管理元学是以建立一种标准、规则为目的，以教育管理理论的陈述形式为研究对象，并以逻辑分析的方法来构建元语言形式的学问。

教育管理方法学是从方法论的角度，在研究教育管理现象学和教育管理元学过程中所形成的学问。它不是以教育管理现象和教育管理理论作为自己的研究对象，而是以在研究教育管理现象和教育管理理论过程中所使用的方法作为自己的研究对象，通过比较这些方法的异同、优劣来发现规律，并将这些发现加以系统化。

美国学者卡尔伯斯顿（Culberston, J. A.）在《教育管理研究知识基础的百年探索》一文中，对教育管理学从19世纪末产生后100年间的研究历程进行了探

---

①② 转引自熊川武：《"元教育学"说》，载《华东师范大学学报（教育科学版）》1996年第4期。
③ 陈桂生：《"元教育学"问对》，载《华东师范大学学报（教育科学版）》1995年第2期。
④ ［苏］И. В. 布劳别尔格，И. В. 潘京：《新编简明哲学辞典》，吉林人民出版社1983年版，第301页。

索。① 他认为，100 年来，教育管理研究在对自身科学性的追求中，扣住了时代的脉搏，逐步走向成熟，在方法论上体现了一些共同的规律。首先，表现在科学含义的变化上。在第一阶段（1875—1900 年），实践者所设想的教育管理研究，思辨的科学观占主导地位；第二阶段（1901—1925 年），教育管理研究寻找立足点和新视野；第三阶段（1926—1950 年），教育管理研究的扩大和深化，实证主义盛行；第四阶段（1951—1966 年），教育管理研究向科学化跃进，逻辑实证主义抬头；第五阶段（1967—1985 年），教育管理研究成为一个设防的概念，人文主义的观点居显著地位而实证科学的观点滑坡。从一个世纪前哈里斯强烈反对实证主义的信条以来，教育管理研究在此画了一个圆圈。其次，表现在探究观念和方法的变化上。第一阶段，研究的范畴涉及整个文明的过去与现在；第四阶段，逻辑实证主义则强调过分狭隘的主题；第五阶段，反对简化论的改革者又倾向于全面的观念。随着探究观念的变化，具体研究方法也在发生变化。教育管理研究的整个历程经历了演绎法向归纳法的过渡，归纳法又向演绎推理法的过渡。在探究中，"是—应该"的关系的观点也同样经历了周期性的变化：在思辨哲学中，两者密切相关；此后实证主义把它们分开；接着实用主义仍把它们放在一起；后来逻辑实证主义又把它们分开；近来批判理论则再次寻求它们的统一。再次，表现在对社会科学的运用态度的变化上。最初是稍有意识，后来是广泛运用。最近人们虽然尖锐地批评并拒绝了逻辑实证主义所界定的社会科学，但仍支持解释性、批判性地运用社会科学。最后，表现在探究的一般结果和证实知识的方式的变化上。比如，管理的概念在每个阶段都有所变化。第一阶段，强调课堂管理；第二阶段，指的是一种普遍的职能；第三阶段，指的是管理专门化功能；第四阶段，就管理而论，管理的观念指导着探究和理论的发展；最近，随着探究途径的多元化，管理的概念也多样化。②

---

① 卡尔伯斯顿文章的原题是 "A Century's Quest for a Knowledge Base of Educational Administration"，按中国人的习惯可将其译成"教育行政研究知识基础的百年探索"，其实美国人的 "Educational administration" 讲的是教育管理。所以此处笔者将文章名译成"教育管理研究知识基础的百年探索"。
② 参见唐莹编译：《教育行政研究对其知识基础的百年探索》，载《高等师范教育研究》1992 年第 5 期。

二、教育管理学的教材体系

（一）作为一门学科的教育管理学的教材体系

教育管理学的教材体系，也是由在范畴的逻辑基础上展开而形成的具有一定逻辑范畴的理论体系。它与教育管理学的著作体系的区别在于这种体系的构建，除考虑教育管理理论自身的逻辑外，还得考虑施教者和受教者的认识逻辑，以便于施教者的教和受教者的学。目前看到的美国高校使用的教育管理学，英文一般称为 School Administration 或 Educational Administration，其内容多讲的是如何运用科学的管理理论、行为科学理论和现代管理理论去研究教育管理问题，缺乏自身的范畴体系。[①]

日本没有统一的教育管理学学科，一般是分为教育行政学和学校经营学两个学科来分别阐述教育管理问题。我国在20世纪三四十年代也没有教育管理学。这可能是受日本的影响，那时的教育管理学一般称为教育行政学。在教育行政学中既论述国家宏观的教育管理问题，也论述微观的学校管理问题。[②] 20世纪80年代以后我国出版了几本高校使用的教育管理学教材。在这些教材中，有的是用二元结构来建构教育管理学的体系。这种体系一般由三部分组成：第一部分为总论，第二部分为教育行政论，第三部分为学校管理论。有的学者采取一元结构，不是从教育行政和学校管理两个方面来形成教育管理学的体系，而是从教育管理组织、内容和过程等多方面来建构教育管理学体系。也有学者从总论、宏观教育管理理论、微观教育管理理论和教育领导与效能论的角度建构了教育管理学的教材体系。[③] 美国当前比较流行的教育管理学教材是由霍伊及米斯格编写的《教育管理学：理论·研究·实践》(Educational Administration:

[①] 如由霍伊及米斯格著，1978年出版的《教育管理学：理论·研究·实践》(Educational Administration: Theory, Research, and Practice)就是以行为科学理论及社会系统理论研究教育行政问题的代表作。该书2005年出版的第7版由范国睿等译成中文，由教育科学出版社2007年出版。

[②] 20世纪40年代，我国高校使用的有代表性的教育管理学教材是由罗廷光著，1943年商务印书馆出版的《教育行政》，其内容便是分为教育行政与学校管理两大部分。

[③] 陈孝彬主编：《教育管理学》，北京师范大学出版社2004年版；吴志宏等主编：《新编教育管理学》，华东师范大学出版社2000年版；黄崴著：《教育管理学：概念与原理》，广东高等教育出版社2002年版；孙绵涛主编：《教育管理原理》，广东高等教育出版社1999年版。

Theory, Research and Practice）。这本教材的体系是运用系统理论、行为科学理论、组织理论和制度理论等理论，研究这些理论在学校管理、教学等工作的运用而产生的理论体系。①

我们认为，上述这些教材虽然在教育管理学的范畴上都做过有益的探讨，但都还不是一种理论性的教材体系，因为它们都不具有严密的逻辑范畴的理论体系。它们是一种以教育管理工作范围和过程的范畴为基础而建立的工作经验体系。为什么到现在为止还没有形成真正意义上的教育管理学理论教材体系呢？这还得从教育管理学的著作体系与教材体系之间的关系来进行分析。一般来说，教材体系是建立在著作体系之上的。也就是说，先要有某门学科的著作体系，然后才产生某门学科的教材体系。现有的哲学、经济学、物理学、化学等学科的教材体系之所以比较成熟，是因为它们都是建立在大量的哲学、经济学、物理学、化学的著作体系基础之上的。教育管理学从它产生之日起就不太重视其理论范畴的研究，一般都是对教育管理工作的经验的总结。由此可以说，当前没有真正意义上的教育管理学理论教材体系，是因为没有真正意义上的教育管理学的著作体系造成的。要改变这种状况，提高教育管理学教材的理论层次，不应在现有的教材上"编"来"编"去，而要在教育管理学的理论研究上下功夫。只有产生了大量的具有深厚理论基础的教育管理学专著，比较成熟的教育管理学的教材才有可能问世。

（二）作为一个学科群的教育管理学的教材体系

作为一个学科群的教育管理学的教材体系，又分为教育管理学的教材层次体系和专业教材体系。教材层次体系是在著作层次体系基础上产生的，因此，教材层次体系包括现象学的教材、元学的教材和方法学的教材。而专业教材体系则是根据专业培养目标的需要，依据人才培养的规格，在一门学科的教材和教材层次体系的教材中加以选择而构成的体系。这种专业教材体系目前一般分为基础学科、专业基础学科和专业学科三个层次。这三个层次应由哪些学科组成呢？有人

---

① 陈孝彬主编：《教育管理学》，北京师范大学出版社 2004 年版；吴志宏等主编：《新编教育管理学》，华东师范大学出版社 2000 年版；黄崴著：《教育管理学：概念与原理》，广东高等教育出版社 2002 年版；孙绵涛主编：《教育管理原理》，广东高等教育出版社 1999 年版。

说，要回答这个问题，首先要明确教育管理是姓"教"还是姓"管"，还是既姓"教"，又姓"管"。教育管理"姓"不同，它的专业教材体系也不同。其实，教育管理"姓"什么是无关紧要的，教育管理无论"姓"什么，都要受"教育"与"管理"的影响，因而教育管理学的专业教材体系既要体现管理的要求，也要体现教育的要求。按照这种理解，教育管理专业的基础学科一般包括政治学、经济学、法学、社会学、行政学、教育学、心理学、教育史、管理学、管理心理学、管理史等学科。教育管理的专业基础学科包括教育行政学、学校管理学、教育评价学、教育统计与测量、教育管理史、比较教育管理学、教育管理心理学、教育政治学、教育经济学、教育管理哲学等学科。教育管理专业的专业学科可以从两个方面说明：一是从教育行政学（研究宏观教育管理的学问）看，它包括教育政策学、教育法学、教育财政学、教育人事行政、教育规划、教育督导等。二是从学校管理学（研究微观教育管理的学问）看，从学校教育层次来说，有学前教育管理学、中小学学校管理学、高等学校管理学；从学校教育内容来说，有普通学校管理学和职业技术学校管理学；从学校主办单位来说，有私立学校管理学和公立学校管理学；从教育的对象来说，有成人学校教育管理学和青少年、儿童学校教育管理学和特殊学校管理学；从地域来说，有农村学校管理学和城市学校管理学；从形式来说，有正规学校管理学和非正规学校管理学；从学校管理的内容来说，有学校教育管理、学校德育管理、学校人事管理、学校后勤管理、学校教师管理、学校学生管理等。

然而上述这种划分专业教材体系的做法是欠科学的，因为它只考虑了培养人才需要的知识结构、适应培养人才规格的需要这一个因素，而没有考虑这种培养人才需要的知识结构本身的一些因素。一般来说，对专业教材体系中基础学科、专业基础学科与专业学科的教材，研究它们是属于哪个层次的教材，是属于现象学层次的教材，还是属于元学层次和方法学层次的教材是很重要的，因为不同层次的教材对人的培养规格的影响是不一样的。按照笔者的理解，培养本科及其以下层次的人才，应以现象学层次的教材为主；培养研究生层次的专业人才，应以元学和方法学的教材为主。因为本科及其以下层次人才的主要任务是打好知识基础，所以掌握系统而全面的现象学知识对他们来说最为需要。而研究生层次人才的主要任务是进行科学研究，因此掌握元学和方法学对他们来说就显得特别重要。在现行的一些大学本科和研究生专业的教材体系中，我们可以隐约看到两个层次教材的区别，如本科专业教材多为"×××学"，而研究生专业教材多为"×××研究"或"×××专题"等。由此看来，在构建专业教材体系时，还必须考虑不同层次人才培养规格与不同层次教材之间的关系，根据不同专业人才的培养规格，配以不同层次的教材，形成科学合理的专业教材体系。

以上探讨了教育管理学的著作体系，包括一门学科和一个学科群的著作体系；探讨了教育管理学的教材体系，包括一门学科和一个学科群的教材体系，并对这几类学科体系之间的关系进行分析，以下用一个简图（图2-2）概括说明它们之间的关系。

图 2-2　学科体系图

由图 2-2 可以看出，学科体系包括著作体系与教材体系两类。一般来说，先有著作体系，再有教材体系。在著作体系中，包括一门学科的著作体系和作为一个学科群的著作层次体系。一般来说，著作层次体系是在一门门学科著作体系的基础上形成的。在教材体系中，包括一门学科的教材体系和作为一个学科群的教材层次体系和专业教材体系。一门学科的教材体系是在一门学科的著作体系及学科群的著作层次体系基础之上形成的；一个学科群的教材层次体系是在一门门教材体系基础之上形成的；而专业教材体系则是在一门学科的教材体系和教材层次体系的基础上产生的。

第四节 教育管理学的产生与发展

教育管理学是研究教育管理的学问。以整个教育管理为研究对象所形成的学问可称为一门学科的教育管理学；以教育管理的不同方面和不同层次为研究对象所形成的学问可称为学科群的教育管理学。如以国家对教育的管理即教育行政为研究对象所形成的学问就是教育行政学，以微观的学校管理为研究对象所形成的学问就是学校管理学。在以国家对教育的管理为研究的对象中，有以国家以法律手段管理教育为研究对象所形成的教育法学，有以国家以政策手段管理教育为研究对象所形成的教育政策学，有以国家以财政手段管理教育为研究对象所形成的教育财政学，有以国家以人事管理为手段管理教育为研究对象所形成的教育人事行政学，有以国家以教学、思想政治教育、体育、招生和就业以及对外交流等业务管理为手段管理教育为研究对象所形成的教育业务行政学，有以国家以督导评估为手段管理教育为研究对象所形成的教育督导评估学，等等。在以学校管理为研究的对象中，有以各级各类学校管理为研究对象所形成的各级各类学校管理学，也有以学校不同管理内容为研究对象而形成的学校教学管理、学校德育管理、学校科研管理、学校人事管理、学校财务管理和学校后勤管理等。还有从一般原理、哲学、历史、比较和心理等角度对教育管理进行研究所形成的教育管理原理、教育管理哲学、教育管理史、比较教育管理学和教育管理心理学等。

一、关于西方教育管理学的产生与发展

（一）西方教育管理学产生的标志及原因

一门学科的产生，一般是以这门学科的独立形态的产生为标志的。有人认为教育管理学最早产生于19世纪末的德国，著名的行政学家、法学家施泰因[①]在他1868年出版的《行政学》及1884年出版的《行政》中论述了他对教育行政的

---

① 施泰因（1815—1890），德国法学家、国家学家、历史学家，著有《行政学》《国家体系》等。

看法，他被誉为"现代行政学的创始人"①。然而，我们认为，施泰因只是最早提出对教育管理问题看法的学者。他对教育管理问题的论述，还未形成教育管理学的独立形态。如果以单独论述教育管理学的论著出版为标志，有人认为教育管理学最早产生于美国，以美国的达顿（Dutten）和斯奈登（Snedden）合著的《美国的教育行政》（1908年）一书的出版为标志。②也有人以1954年美国教育行政会议在丹佛市召开，决定将威斯康星大学教授郭立（Rusell T. Gregg）及坎贝尔（Roald F. Campbell）等所著的《教育行政》一书在1957年出版为标志。③在查阅了卡尔伯斯顿撰写的有关文献后，我们曾在1998年由华中师范大学出版社出版的《教育行政学》和1999年由广东高等教育出版社出版的《教育管理原理》④中指出，教育管理学最早应以美国学者佩恩（Payne，W. H.）在1875年出版的第一本《学校行政》的著作为标志。⑤然而，笔者最近在组织译校美国学者威洛尔（Willower，D. J.）和弗斯（Forsyth，P. B.）的《教育管理学简史》中发现，梅森（Mason）在他的著作中提到，霍尔于1829年和1832年先后出版了两本教育管理学方面的书，这两本书比佩恩的书还早46年。⑥可见，从目前所占有的资料来看，西方最早的教育管理学应产生于19世纪30年代，以霍尔出版的教育管理学著作为标志。

教育管理学产生于19世纪有其必然性。在古代，虽然也有教育活动，但由

---

① ［日］久下荣志郎著，李兆田等译：《现代教育行政学》，教育科学出版社1981年版，第21页。
② 刘付忱、刘树范著：《教育管理学》，教育科学出版社1987年版，第22页。
③ 林文达著：《教育行政学》，三民书局1986年版，第11—12页。
④ 参见孙绵涛著：《教育行政学》，华中师范大学出版社1998年版，第22页；孙锦涛主编：《教育管理原理》，广东高等教育出版社1999年版，第19页。
⑤ Culberston, J. A., A Century's Quest for a Knowledge Base, In Boyan, N. J. (Ed.), *Handbook of Research on Educational Administration*, 1988.
⑥ ［美］唐纳德 J. 威洛克和帕里克 B. 弗斯在《教育管理学简史》的注释中说："Mason（1986）cites two works in educational administration by Samuel R. Hall published in 1829 and 1832, well before Payne's 1875 book." 作者的注释见 Willower, D. J. and Forsyth, P. B., A Brief History of Scholarship on Educational Administration, In Murphy, J. and Loius, K. S., *Handbook of Research on Educational Administration, A Project of the American Educational Research Association,* Second Ed, San Francisco: Jessey-Bass Publisher (1999), p.20. 梅森（Mason）的书见 Mason, R. (1986), From Idea to Ideology: School Administration Texts 1820-1914, In T. E. Glass (Ed.), *An Analysis of Texts of School Administration 1820-1985* (pp.1-21), Danville, II: Interstare.

于教育的规模不大，不可能产生管理国家教育的相对独立的教育行政系统，那时的教育行政活动是和一般的行政活动混杂在一起的，加之古代经济不发达，国家也没有研究如何控制国家管理教育的需要，用一般的行政手段去管理教育，就可以培养满足国家所需要的人才。因此，在古代，既没有研究学校管理的理论，也没有单独把教育行政作为研究对象的教育行政理论。到了近现代，教育规模扩大，产生了相对独立的教育行政系统，国家要培养满足国家需要的人才，不仅要研究如何教育的问题，还要研究国家如何管理教育的问题，于是近现代国家产生了研究教育管理的需要。另外，近现代国家经济的发展，也为人们分门别类地研究各类问题，包括教育管理问题提供了可能；近现代企业管理理论及行政理论的产生和发展也对教育管理研究产生了积极的影响，使教育管理成为一个相对独立的研究领域。

（二）西方教育管理学的主要理论流派

对西方教育管理理论的主要流派进行梳理，不同的学者有不同的方法。大多数学者是按教育管理理论时间发展的顺序来分类的。在分析教育管理理论时，通常是先介绍一般的行政理论或管理理论，然后再分析这些理论在教育管理中的运用。如金布劳和南纳立（Kimbrough & Nunnery）将西方的教育管理理论按时间的发展分为三个时期：一是传统时期，主要包括科学管理与科层体制的理论；二是过渡时期，主要包括人际关系与行为科学理论；三是现代时期，主要包括一般系统和社会系统理论。① 黄昆辉则将西方的教育管理理论分为科学管理、人际关系和行为科学三个时期。② 谢文全用科学实证时期的代表理论、行为科学时期的代表理论以及系统理论时期的代表理论对西方的教育管理理论进行了评述。陈孝彬从行政学理论、法学理论、科学管理理论、科层管理理论、行为科学理论以及系统理论等几个方面分析了这些理论对教育管理的影响。③ 吴志宏等从古典管理

---

① Kimbrough, R. B. & Nunnery, M. Y.（1983），*Educational administration: An introduction,* New York: Longman. 转引自谢文全著：《教育行政学》，高等教育文化事业有限公司 2005 年版，第 27 页。

② 黄昆辉著：《教育行政学》，东华书局 2002 年版。转引自谢文全：《教育行政学》，高等教育文化事业有限公司 2005 年版，第 27 页。

③ 谢文全著：《教育行政学》，高等教育文化事业有限公司 2005 年版，第 32—42 页。

理论、人际关系学说、结构主义和行为科学等几个方面来分析西方的教育管理理论。① 黄崴从古典组织理论、人本主义教育管理理论、教育管理科学理论和后现代教育管理思潮等几个方面对西方的教育管理理论进行了探讨。② 上述研究对我们比较系统地了解西方教育管理理论的具体内容以及一般的管理理论在教育管理中的运用是很有帮助的。然而，上述这些研究主要是对西方教育管理理论的一种纵向研究，并没有侧重从横向的角度来对西方的教育管理理论进行分析，从而找出这些理论发展的一些共同规律来概述西方教育管理理论的发展。有的学者主张从理论内容发展内在联系的角度，而不是以时间的顺序来分析教育管理理论的发展。如威洛尔和弗斯在撰写美国《教育管理学简史》时就主张不以时间分期而以主要理论内容的分析来研究美国教育管理学的发展。他们从"统一性和多样性的相互影响""对意义的寻求"以及"对实用性的追求"三个部分对美国教育管理学从20世纪50年代至今的发展进行了分析。③ 本部分将重点从横向的角度，以抓住西方教育管理理论在内容上所表现出的主要特征，即主要理论流派，来分析西方教育管理理论的发展。

西方近一个世纪特别是近半个世纪以来，教育管理学关注的问题很多。如教育管理中的参与管理问题，教育中的公平问题，校本管理问题，学校效能问题，教育政策问题，教育中的种族、性别和女权主义问题等，对这些问题的研究使许多哲学流派如实证主义、主观主义、批判主义、自然主义以及后现代主义等纷纷卷入其中，形成了科学主义的教育管理理论、主观主义的教育管理理论、批判主义的教育管理理论和后现代主义的教育管理理论等。但总体来看，对这些问题的论争主要是围绕科学主义和人文主义的观点而展开的，各个哲学流派也主要是站在这两种立场上来阐释各自对教育管理的理论主张的，从而形成了两种对立的教

---

① 吴志宏、冯大鸣、周嘉方主编：《新编教育管理学》，华东师范大学出版社2000年版，第55—63页。
② 黄崴著：《教育管理学：概念与原理》，广东高等教育出版社2002年版，第105—155页。
③ Willower, D. J. & Forsyth, P. B., A Brief History of Scholarship on Educational Administration, In Murphy J. & Louis, K. S. 1999, *Handbook of Research in Educational Administration, A Project of the American Educational Research Association*（Second Edition）, San Francisco: Jossery-Bass Publishers, S1999, pp.1-23. 另见威洛尔（D. J. Willower）和弗斯（P. B. Forsyth）著，王刚译，孙绵涛校：《教育管理学简史》，载《教育管理研究》2005年第1、2、3期。

育管理理论即科学主义的教育管理理论和人文主义的教育管理理论。这里我们先简要阐释这两种教育管理理论产生的历史以及主要内容，然后在对其进行评析的基础上提出我们对科学意义上的教育管理理论的基本看法。

1. 科学主义的教育管理理论

科学主义管理理论，是指认为有一种客观的观点能使人们对管理从事价值中立的研究，有一种科学的知识能使人们去控制组织和改善组织，有一种为人类决策所共同起作用的理性基础和为提高组织的效率和效益的技术的管理观。① 这里所说的科学主义的教育管理理论，则是受这种观念的影响在教育管理领域所形成的一种管理理论。

加拿大著名的教育管理思想家托马斯·格林菲尔德（Thomas Greenfield）认为，这种管理理论是由西蒙（Simon）于1945年出版的《管理行为——管理组织中的决策过程研究》一书中提出的。这本书为研究组织和理解管理的本质提供了新的方法。从那以后，这本书所提出的观点在管理领域一直占据着统治地位。② 西蒙本人也持这种观点，他不主张将稍早于他的泰勒（Taylor）等人提出的科学管理理论视为科学主义管理理论。他认为，虽然这些来自实践第一线的学者们自认为他们的知识是科学的，并将他们的管理智慧用"管理原则"的形式加以表达，但他们所追求的真理主要是依据自己的见解和推断而不是建立在科学的基础之上的。他始终强调，管理理论要建立在科学知识论的基础上。③ 他的这种科学知识论就是实证主义哲学所主张的知识观，即理论是对事实的抽象，而且这种理论只有靠事实才能检验。从总体来看，格林菲尔德和西蒙的观点不无道理。确实，泰勒等人都不是专业性的理论研究人员，他们的著述主要是对自身实践经验的总结而并不是通过科学研究所得出的理论。而西蒙提出的管理理论也确实有实证主义哲学知识论的基础。自从西蒙提出科学管理理论以后，实证主义被学者们

---

①② Greenfield, T., The Decline and Fall of Science in Educational Administration, In Greenfield, T. & Ribbins, P, *Greenfield on Educational Administration: towards human science,* London and New York: Routledge, 1993, p.134.

③ Simon, H., *Administrative Behaviour: A study of Decision-making Process in Administrative Organization,* 2nd ed, New York: Free Press, 1957, 1945, p.38, 转引自注①, pp.135-136.

作为唯一的能从管理现实中获取可靠知识的科学方法。① 然而，我们认为，将泰勒等人的管理理论和西蒙的管理理论看作是互不相干的两种理论并将泰勒的管理理论拒之于科学主义的管理理论之外，实在有走极端之嫌。因为从时间上看，泰勒于1915年就出版了《科学管理原理》，比西蒙提出的科学管理理论早了30年。从科学性及其影响来看，他提出的管理原则，如要对工人的工作任务进行分解，选择工人并对其进行培训，对管理及工作人员的责任和工作进行分工，实行计件工资等确实对企业的管理效率和经济效益的提高起过作用②，而且有些管理原则被用于教育管理中对教育管理也产生过影响。③ 比较客观地说，虽然泰勒等人还没有从哲学的角度对其管理理论进行分析，但他们提出的那些管理理论确实比传统的经验管理要先进得多，并为西蒙后来从实证主义哲学的角度来阐发科学的管理理论奠定了一定的理论基础。因而可以说，科学主义的管理理论发轫于泰勒等人的科学管理理论而形成于西蒙的实证主义的管理理论。这样从科学管理理论的发展来看，由于泰勒的管理理论只是科学管理理论发展的初期阶段而缺乏一定的哲学理论做支撑，而西蒙的管理理论处于科学管理的形成阶段且还具备实证主义的哲学基础，因而我们一般所说的科学主义的教育管理理论主要指的是西蒙科学主义的管理理论对教育管理的影响而产生的管理理论。下面我们先简述西蒙的科学主义管理理论的基本观点，然后对这一管理理论对教育管理的影响进行探讨。

决策是管理的核心，这是西蒙科学管理理论的起点，从这一起点出发，他

---

① Greenfield, T., The Decline and Fall of Science in Educational Administration, In Greenfield, T. & Ribbins, P, *Greenfield on Educational Administration: towards human science,* London and New York: Routledge, 1993, p.135.

② Taylor, F. W., *The principles of Scientific Management,* New York and London: Harper & Brothers Publishers, 1915, pp.36-37; pp.90-96.

③ Owens, R. G., *Organizational Behaviour in Education,* Boston-London-Toronto-Sydney-Tokyo-Singapore: Allyn and Bacon, 1998, pp.10-11.

提出了一种对决策和管理进行理性探究的价值中立的科学方法。① 这种方法认为人的选择行为只是以事实为基础而不是以价值和情感为基础，因为科学不能言说与价值和伦理有关的内容。他指出，决定是否正确本身就变成了一个像"应该""好"和"倾向于"等这些体现价值和伦理意义的术语是否只有纯经验意义的问题。而要回答这一问题的一个基本前提是，价值、伦理术语并不能完全还原成事实术语。因为价值和伦理命题说的是"应该"而不是事实。既然是这样，决策也就不能以具有价值和伦理意义的正确或错误来客观地描述它们。② 西蒙认为传统的管理知识只是给实际工作者的经验提供指示性的评判，而他则提倡一种被客观性和科学的效用所确认的管理的现实知识。这种知识观的转换产生了这样一种信念，即只有科学的方法才能对管理现实产生可靠的见解。建立在这一信念的基础上，他构建了一种完全排除伦理、价值的认知理性管理观。对于西蒙来说，管理只是生产系统中的一个因素，它可以用处理生产系统中所有其他技术变量的方式对其进行精确操作。这样，为提高组织的效率与效益，管理中的人作为价值的承担者消失了，而代之以价值解构的、非人化的和纯技术的形式出现。他指出，一旦管理所选择的价值系统确定以后，这里有一个而且只有一个最好的决定，这个决定是被组织的价值和情境决定的，而不是被组织成员的动机决定的。③

西蒙科学管理思想的哲学基础是实证主义。正如卡伯特森（Culbertson）指出的，实证主义既是一种经验的哲学，也是一套决定构建何种真理的规范。这种研究方法的假说摒弃一切非客观的和非经验的观察的知识，因而这种研究就否认了价值世界的存在。④ 西蒙正是以这种价值中立的观点来阐发他的科学管理理论的。

自从西蒙对公共管理进行研究以后，实证主义的精神以哈尔平（Halpin）所

---

①②③ Simon, H., *Administrative Behaviour: A study of Decision-making Process in Administrative Organization,* 2nd ed, New York: Free Press, 1957, 1945, p.46, p.38, p.38, 转引自 Greenfield, T., The Decline and Fall of Science in Educational Administration, In Greenfield, T. & Ribbins, P., *Greenfield on Educational Administration: towards human science,* London and New York: Routledge, 1993, pp.135-136, pp.135-136, p.20.

④ Culbertson, J., Theory in Educational Administration: Echoes from Critical Thinkers, *Educational Research* 12, 10, 1983, pp.15-22.

称的"新运动"的形式从20世纪50年代后在教育管理领域得到了广泛的传播。[①] 这场运动开始是一些少数社会科学家希图通过科学来改造传统的研究,后来一些实践型的学者也参与进来,但他们开始并不十分热心地接受这种新管理科学。[②] 然而,到了1957年,新运动的科学家们取得了支配地位,他们在芝加哥大学的中西部管理中心召开了学术研讨会,开创了教育管理科学的新纪元。[③] 从那以后,教育管理的理论、研究和教育机构有了长足的发展。新运动的科学家证实了他们对管理的新的理解已经将研究带到了与科学和理性相一致的轨道上来。由于科学所显示出的巨大感召力,实际工作者马上开始赞同新运动的假说和观念。在"作为指导行动的理论"的旗帜下,1959年在芝加哥大学中西部管理中心举行了第二次理论研讨会。这次会议将社会学家和实际工作者聚集在一起,对教育管理领域的学术和专业上的发展起了很大的促进作用。[④]

在教育管理中与哈尔平的"新运动"相平行的是海尔（Haire）和马奇（March）所称的"现代组织理论"运动。这两个运动都可看作是对西蒙所倡导的试图建立一种对组织和管理进行客观科学研究的方法的反映。它们开始都有意识地打破以前那种被看作是陷入社会哲学泥潭的研究,鼓吹客观的实证主义模式似的科学可以把教育管理的研究从哲学家、道德学家和其他主观主义学者的说教中解救出来。它们创立了一种组织的新科学。这种新科学的目的是建立假说—演绎理论,这种理论认为可以用控制物质世界的方式来控制组织。在教育管理中,它被认为是一种最高的科学知识的形式。[⑤]

由于信奉这一新科学,哈雷（Haller）和那普（Knapp）认为教育管理中所急需研究的不是管理者而是组织中的关系。他们把教育管理看作是一种模式化的关

[①][③] Hilpin, A. W., Administrative Theory: The fumbled Torch, In Kroll, A. M.: *Issues in American Education,* New York: Oxford, 1970, pp.156-183, p.161.

[②] Hilpin, A. W., *Administrative Theory in Education,* Chicago: Midwest Administration Center, University of Chicago, 1958.

[④] Culbertson, J., *Theory in Educational Administration: Echoes from Critical Thinkers,* Educational Research 12, 10, 1983, pp.15-22.

[⑤] Greenfield, T., The Decline and Fall of Science in Educational Administration, In Greenfield, T. & Ribbins, P., *Greenfield on Educational Administration: towards human science,* London and New York: Routledge, 1993, p.144.

系。在人与组织的关系上,人只是组织的附属品并在很大的程度上独立于组织。因而对于教育管理来说,重要的只是组织的关系和结构而不是组织中的人。①

科学主义的教育管理理论,运用系统理论的观点,把组织看作是在强制性的环境中和理性条件下努力增加产出的一个生产单位。虽然这种看法跟组织与它的环境保持自然平衡的系统思想相近,但这种观点强调组织决策中的人的理性方面,并认为这一方面是组织中最基本的。从系统论的观点来看,组织科学意味着要研究组织的自然的现实方面,并能用一种类似于表述规律的和分析数学及逻辑的普遍的语言来对这一现实进行客观地揭示和解释。②

教育管理新运动的目的就是在学校中创立这种理论,把这种理论传授给管理者,并教他们如何运用,于是在教育管理中就开始了用科学的组织理论来培训教育管理工作者。新运动使一种指导组织的客观科学被创立起来的信念得以确立。随着这种观点被广泛接受,教育管理工作者必须在大学专门的项目中进行科学培训这一信念也流行起来。这些培训项目经常是国家制定的,培训结束后还要发给一定的证书。这种培训项目将组织科学的理论传授给教育管理者并使他们相信,这种理论可以指导组织以最有效的方式去实现他们的目标。③

实证主义的科学管理理论由于自身的某些不足而受到多方面的批评。在教育管理中,西蒙科学主义管理思想的捍卫者虽然存在,但他们对西蒙的思想也做了适当的修正。大多数学者在沿着西蒙所开辟的科学管理的道路上前进时,他们所信奉的却是后实证主义的观念。然而,他们虽然放弃了西蒙所倡导的实证主义研究教育管理现实问题的方法,但还是把自己的研究称为科学的研究。这种研究是以"新的教育管理科学"的面貌出现的。依维斯和拉可姆斯基(Lakomski)就是以后实证主义的立场来构建这种"新的教育管理科学"的。他们批判了实证主义的知识观,指出这种知识观认为知识来源于事实并能被事实所

---

① Haller, E. J. and Knapp, T. R., Problems and Methodology in Educational Administration, *Educational Administration Quarterly,* 21, 3, 1985, pp.157-168.

② Greenfield, T., The Decline and Fall of Science in Educational Administration, In Greenfield, T. & Ribbins, P., *Greenfield on Educational Administration: towards human science,* London and New York: Routledge, 1993, p.144.

③ Haire, M., *Modern Organization Theory,* New York: Wiley, 1959; March, I. G., *Handbook of Organization,* Chicago: Rand McNally, 1965.

检验是一种幼稚的经验主义，因为事实与价值是不可分的。他们认为，实证主义的这种缺陷并不影响实证主义及科学的价值。相反，按照实证主义对知识的说明和证实是对科学的最好理解。为此，他们提出了一个被他们称为自然连贯主义（naturalistic coherentism）的科学理论来说明和验证知识。这种理论是建立在对知识的整体性与人的脑神经活动及其对人的认知活动影响的系统分析基础上提出来的。这种观点主张，知识的宣称要以它们的可检验性（testability）、简明性（simplicity）、一致性（consistency）、全面性（comprehensiveness）、多功能性（fecundity）、原则的通融性（familiarity of principle）和解释力（explanatory power）来加以评判。长期以来，人们把这些原则作为评价适当理论或者有时候作为评价适当假说标准的科学方法的一部分。他们还把连贯主义和强调用一种一般性原则进行简约（reduction）的物理主义（physicalism）混合在一起来对知识进行说明和验证。他们认为，用这种"新的教育管理科学"来培训教育管理人员，不只是强调抽象的知识和实际的知识，也不只是注重这种知识对教育管理人员提高教育管理效率的作用，而更多的是关注这种知识如何更好地被接受。因而这种培训更多注重的是学习者与培训环境之间的关系，以及培训者接受培训知识的认识过程的研究。[1]

后实证主义和自然主义哲学是这种新科学主义教育管理理论的哲学基础。后实证主义哲学与实证主义哲学的主要不同在于，后实证主义认为，科学知识不是来源于事实而是来源于价值事实，科学知识不是被事实而是被价值事实所验证。自然主义哲学认为，世界由自然的实体所组成，反对任何超自然物体鬼神的存在，它一般用自然科学的成果来诠释社会生活问题。

2. 人文主义的教育管理理论

所谓人文主义的教育管理理论，是在教育管理领域中对西蒙等人的实证主义科学管理理论批判的基础上形成的一种管理理论。这种管理理论不重视组织及其结构，而是关注组织中人的因素；不注重人的理性方面而注重非理性方面，如人

---

[1] Evers, C. W. and Lakomski, G., Theory in educational administration: Naturalistic direction, *Journal of Educational Administration,* 39-6, 2001, pp.1-7.

的意志和情感等；所关注的不是人的理性中的认知理性，而是价值和伦理理性。

如果说科学主义的教育管理理论的产生与泰勒的科学管理理论及其实践有关，人文主义的教育管理理论则与1927—1932年美国西方电器公司霍桑工厂的试验以及在这一实验基础上所形成的人际关系学说有着内在的联系。这一试验最初是根据泰勒的科学管理理论，即工人的生产积极性与生产的物质条件有关的理论假设来设计的，但实验结果发现，工人的积极性更多的与人的精神因素有关。这一发现引起人们对管理中的人的因素，特别是人的精神需要等非认知理性因素的重视。人际关系学说就是对这一发现所进行的理论概括。[①] 可以说，试验结果是对泰勒科学管理理论中忽视人的因素的一种反动。霍桑试验及人际关系学说提高了社会科学家研究管理中人的因素的兴趣，为人文主义管理观的产生拉开了序幕。到20世纪70年代，具有不同哲学背景的人文主义学者对科学主义的管理理论提出了全面的挑战，形成了与科学主义的教育管理理论相对立的人文主义的教育管理理论。这种人文主义的教育管理理论主要是以主观主义的哲学作为哲学基础的。主观主义这里主要指关注的是人的内部体验而不是外部经验的观点，它与哲学的唯心主义有关。早期与尼采（Nietzsche）的意志哲学有关，后期又与胡塞尔（Husserl）现象学、萨特（Sartre）和海德格尔（Heidegger）的存在主义相联系。[②]

概括地说，人文主义教育管理理论的内容主要包括如下几个方面。[③]

第一，科学的教育管理理论要以人的主观价值作为基础。格林菲尔德从科学研究方法论的角度批判了实证主义的知识观。他认为，任何研究都不可能是纯客观的，研究者的主观价值一开始就渗透在研究的过程之中。脱离人的主观价值的

[①] Owens, R. G., *Organizational Behaviour in Education,* Boston-London-Toronto-Sydney-Tokyo-Singapore: Allyn and Baccon, 1998, pp.15-18.

[②] Willower, D. J. and Patrick, B. F., A Brief History of Scholarship on Educational Administration, In Murphy, J. and Louis, K. S., *Handbook of Research on Educational Administration, A Project of the American Educational Research Association,* Second ed, San Francisco: Jossey-Bass Publisher, 1999. pp.10-11.

[③] 这部分的内容除注明的以外，其主要观点可参见 Greenfield, T., The Decline and Fall of Science in Educational Administration, In Greenfield, T. & Ribbins, P., *Greenfield on Educational Administration: towards human science*, London and New York: Routledge, 1993, p.134.

研究是不存在的，因此理论知识只能来源于事实并只能被事实所检验是站不住脚的。科学主义的教育管理理论以这种实证主义的哲学认识论作为自己的方法论基础，这在哲学方法论上是不科学的。科学的管理理论不应以实证主义作为其方法论的基础，而应以人的主观价值作为方法论的基础。它不是实证主义的科学管理理论，而是建立在人的主观价值基础上的科学管理理论。以人的价值为核心的教育管理理论才是真正有价值的教育管理理论。

第二，组织不是一个纯自然的客观的实体，它是由人创造出来的社会的实体。组织还意味着组织中的人对权力的运用和操纵。组织是由人的意志、意图、经验和价值所构成的意义世界，因而组织的结构并不是管理所要关注的核心，只有组织中的人才是管理的核心。科学主义的教育管理观只注重组织的结构而忽视组织中的人，这对组织的认识是不全面的。只对组织用数学语言和逻辑来描述是不可能准确、全面和深刻地揭示以人为核心的组织的性质的。

第三，管理和决策不仅涉及人的认知理性因素，还涉及人的其他理性因素，如人的价值、伦理，以及人的非理性因素，如情感及意志等。因为管理和决策主要是组织中的人来进行的，人不仅具有理性的一方面，还具有非理性的一方面。在理性的因素里面，不仅有认知理性的一方面，而且有价值理性和伦理道德理性的一方面。管理及决策主要受人的价值和伦理因素的影响。科学主义的教育管理理论把组织的效率和效益看作是完全与管理者的价值、伦理和意志无关的产物，对组织中的管理者和决策者进行价值解构，使管理者和决策者成为一个价值中立的纯技术性的人是不科学的。哈其金森（Hodgkinson）花了将近20年的时间研究了管理中决策者的价值结构。决策者的价值从最低到最高有次理性（subrational）价值、理性（rational）价值和超理性（transrational）价值。次理性价值涉及决策者的偏好和情感的问题，理性价值指的是决策者考虑决策过程和结果的一致性的问题，超理性价值涉及决策者的形而上基础的正确原则问题。在这一层次结构中，超理性的价值要高于理性的价值，而理性的价值要高于次理性的价值。哈其金森认为，被称为一种价值的那些原则，是无法被科学证实的，也不仅仅是逻辑论证能证明的，但它们是绝对存在的，而且对管理者和决策者产生着影响。①

第四，应教给教育管理者真正有用的管理理论。科学主义的教育管理理论观只注重对管理者进行技术培训，这是不够的。这种理论把人设想成生活在一个善良的社会当中，它对于管理者如何面对和处理复杂的社会问题却没有多大帮助。巴拉德（Barnard）研究了管理中伦理道德的复杂性及重要性，他认为管理者不应该是一个技术型的领导者，而应该是一个伦理道德型的领导者。另外，管理者和决策者不仅要对他们的认知理性行为负责，而且要对他们的价值、伦理理性行为和非理性行为负责。科学管理理论认为决策只是由管理者的认知理性方面和技术方面决定而不是管理者的价值、意志等价值理性方面和非理性方面来决定，因此它容易使管理者回避和减轻在决策和管理中所应承担的责任。而所有这些是不利于管理者和决策者在实践中提高管理的效率和效益的。为此，对管理者和决策者所进行的培训不应是那种以认知和技术为导向的培训，而应是以价值为导向的培训。

3. 对两种教育管理理论的评析

我们先来分析科学主义的教育管理理论。首先，科学主义的教育管理理论的产生有它历史发展的必然性。我们知道，19世纪是资本主义大工业生产迅速发展的时期。然而，这一时期从传统的手工业遗留下来的经验式的管理思想和管理方式还不适应这种大工业生产的需要。科学主义的管理思想就是为适应大工业生产对科学管理思想和管理方式的需要这一社会的大背景而产生的。在教育管理领域，直到20世纪40年代以前，教育主要还是凭经验进行管理，大学中所讲授的教育管理主要还是如何当教育局长和如何当校长的经验。当科学主义的管理理论被运用到教育领域以后，不仅引起了人们对科学教育管理研究的重视，而且也确实在一定的程度上对教育管理和教育的发展起过推动作用。② 因此，我们应该看到科学主义教育管理思想的产生是人类管理实践和教育管理实践发展的必然，是人类管理思想和教育管理思想的进步。其次，科学主义教育管理理论的产生也是

---

① Hodgkinson, C., *Educational Leadership: the moral and art,* Albany, NY: Suny Press, 1991.
② Owens, R. G., *Organizational Behaviour in Education,* Boston-London-Toronto-Sydney-Tokyo-Singapore: Allyn and Baccon, 1998, pp.2-3.

哲学逻辑发展的产物。我们知道，在19世纪末以前的哲学王国里，形而上的理性哲学一直处于主导地位。孔德（Comte）提出的实证主义哲学打破了这种形而上理性哲学的传统，形而下的理性哲学，即实证主义的哲学开始抬头。科学主义的管理理论就是在实证主义哲学开始受到重视，形而上的理性哲学开始走下坡路的这种哲学发展的背景下产生的。再次，科学主义的教育管理理论的见解有其独到之处。它的最大贡献就在于提出了决策是管理的核心。它重视人的理性和组织的结构在管理和决策中的作用是有一定道理的，通过培训的方法来使管理人员掌握科学的管理理论是值得借鉴的。尤其是后实证主义的科学教育管理理论通过对实证主义知识观的修正，认为管理的知识的获取和验证不是以纯事实为基础而是以价值事实为基础的观点是应该肯定的。最后，科学主义的教育管理理论的不足主要表现在三个方面。第一，前期的科学主义管理理论认为事实是管理知识的获取和验证的基础是不正确的。正如这种教育管理理论后期所认识的那样，事实与价值是不可分割的，价值事实才是管理知识获取和验证的基础。另外，后科学主义的教育管理理论希图运用自然科学的成果，如脑神经科学对管理中的人的认识过程和知识结构进行探讨虽然是值得赞许的，但纯粹用自然科学的知识来解释教育管理现象则未必能够完全行得通。① 第二，这种教育管理理论只注重组织而不注重人，看不到人在组织的形成和运作中的作用。我们当然也可以对组织的结构进行研究，但这种研究只能从静态的角度来加以研究。如果从动态的角度，即从组织的管理和决策的角度来看组织，这时是不能离开人来谈所谓纯组织结构的。第三，这种教育管理理论只注重人的理性方面而忽视人的非理性方面，在人的理性中只注重认知理性而不看重价值、伦理理性。人是理性和非理性相结合的一个完整的统一体，认知理性和价值、伦理理性是人的理性的不可分割的两个方面。因此，管理应该既注重人的理性因素，也重视人的非理性因素；既应关注人的认知理性，也应注重人的价值、伦理理性。离开人的价值、伦理理性和人的非理性，只依靠人的认知理性来提高管理的效率和效益是不可能的。

---

① 这种观点请参见 Special Issue of the Journal of Educational Administration, 39-6, 2001。Evers 和 Lakomski 为这期杂志撰写了首篇文章，其余的文章则围绕他们的观点进行讨论。这些文章中的不少观点对 Evers 和 Lakomsli 主张用自然主义的观点来研究教育管理问题提出了质疑。

让我们再来看人文主义的教育管理理论。首先，这种管理理论也有它产生的社会历史发展的必然性和理论逻辑发展的必然性。从社会历史发展来看，20世纪初以来，核战争、环境恶化和各种社会问题的不断加剧，使人们对科学技术的发展所引起的理性与认知理性的张扬所带来的后果进行了深刻反思。人类的非理性以及价值和伦理理性在今天物欲横流、精神道德滑坡的形势下备受关注。人文主义的教育管理理论就是在这种社会发展的大背景下产生的。从哲学的逻辑发展来看，19世纪末尼采意志哲学的产生结束了长期以来理性主义哲学一统天下的局面，非理性主义的哲学也在哲学的殿堂里取得了一席之地。从此，以对人的哲学关怀为主要特征的非理性哲学、对人的内部体验进行探究的现象学以及对人类生存和发展的境遇进行反思的存在主义哲学等主观主义哲学有了长足的发展。人文主义的教育管理理论可以说是这种哲学思潮在教育管理领域的反映。其次，这种管理理论试图克服科学主义的教育管理理论的不足，反映了人类对教育管理认识的不断深化。如它批判了科学主义的教育管理理论所持有的实证主义的知识观，认为教育管理知识的获取和验证，价值因素起着重要的作用。又如它认为不能离开人来谈组织的管理与决策，它认为要重视人的价值和伦理理性及人的非理性在管理和决策中的作用，以及它认为要给管理人员以有用的知识等，都是有一定意义的。最后，这种管理理论的缺陷也是比较明显的。其缺陷表现在，一是在知识论上过分强调了人的主观价值的作用。诚然，人的主观价值在科学研究中具有重要作用，但这种主观价值又总是与一定的事实相联系才能发挥作用。在这一点上，我们认为它还不如后实证主义的知识观。后实证主义的知识观认为，价值事实才是知识的获取和验证的基础。二是忽视了从静态的角度研究组织结构的必要性。从一般意义上说，组织是不能离开人的。研究组织，便要把人放在重要地位。但在特殊情况下只研究组织的结构还是必要的。如研究组织的组成要素，就不一定只强调组织中人这一个因素，组织中其他因素如规范、机构等都是可以研究的。三是突出了价值、伦理理性和人的非理性在管理和决策中的作用而贬低了认知理性的作用。事实上，管理和决策是这两种理性共同作用的结果，忽视哪一方面对管理和决策都不利。

由上面的分析可以看出，虽然两种教育管理理论有其产生和发展的社会历史发展的必然性和哲学逻辑发展的必然性，它们对管理理论的发展都做出了自己的贡献，但由于它们各自的哲学基础不同，使得它们对管理的知识论中的事实与价值的关系的观点，对组织与人的关系的看法，以及对人的理性和非理性的关系、理性因素中认知理性和价值、伦理理性之间关系的认识各执一端。对于科学主义的教育管理理论来说，虽然它冠以"科学"之名，但由于它所主张的观点并不科学，所以并不能成为真正意义上的管理科学。对于人文主义的教育管理理论来说，从表面上看它关注的是管理中人的因素，并试图克服科学主义的教育管理理论忽视人的不足，但由于它在批判科学主义的教育管理理论时，强调人的因素同时又分解了人而使自己走向了反面，因而也不是真正意义上的关于人的管理科学。由此看来，真正意义上的科学教育管理理论在管理的知识论上应既重视事实，又重视人的主观价值；在人与组织的关系上，既要把人看作是组织中的关键因素，同时也不能忽视组织结构本身在管理和决策中的作用；在管理中，既要注重人的理性方面，也要关注人的非理性方面，在人的理性中，既要关注认知理性方面，也不能忽视价值和伦理理性方面。我们把这种教育管理理论称为主体教育管理理论。这种管理理论的哲学基础是实践的、辩证的、唯物主义的马克思主义哲学。实践是马克思主义哲学的基石，人是实践活动的主体。由于主体人的实践活动，才能使事实与价值相互渗透，人与组织相对独立而又结为一体，人的理性与非理性、认知理性与非认知理性相互对立而又能达到相对统一。可以说，人的实践活动是实现事实与价值、人与组织、人的理性与非理性、认知理性和非认知理性辩证统一的基础。科学主义与人文主义的教育管理理论所赖以支撑的哲学基础，无论是实证主义还是主观主义，虽然都是从管理的角度来谈人的问题，但它们并不是从实践活动主体的角度去看待人，而只是从抽象的意义上来谈论人，因而它们所主张的教育管理理论就容易割裂作为主体的人在实践活动中所体现的事实与价值、组织与人、理性与非理性以及认知理性与非认知理性之间的辩证统一关系，它们所主张的教育管理理论理所当然地不可能是真正意义上的科学的教育管理理论。

二、我国教育管理学的产生与发展

教育管理学在我国作为独立形态的学科始于 19 世纪末 20 世纪初。

教育管理学在我国作为独立形态的学科以前，我国古代的文献中就有关于教育管理的论述，不过这种论述是和一般教育的论述混杂在一起的。如《礼记·学记》中就有对有关招生、考核及学年的要求和标准，有关开学仪式、校内规则及校内活动和时间安排的论述。在书院的教规中，对学习的要求，对主持人的任命、教师的聘请、学舍及财务管理、生活的守则等都有过明确的规定。在 19 世纪末 20 世纪初，教育管理学作为独立形态的学科是以翻译介绍外国教育管理方面的论著和将教育管理学科作为独立课程在师范学校开设为特征的。在清末开办新式学堂的过程中，由外国传教士译出了一些涉及教育管理方面的论著，如《泰西学校论略》《七国新学备要》等。我国学者翻译的教育管理方面的论著有：山田邦彦的《日本普通教育行政论》、木场贞长的《教育行政》、田中敬一的《学校管理法》等。1904 年 1 月，清政府颁布《奏定学堂章程》，其中《奏定初级师范学堂章程》中规定设置"教育法令"为通习学科，列"教育制度""教育政令机关"为加习学科。另外，在《学务纲要》中还将教育管理的学科知识列为教育管理人员研修的内容。

教育管理学在我国作为正式学科设置以后，我国学者又陆续翻译了一批国外教育管理方面的论著。据有关学者统计，1900 年至 1911 年翻译有关教育管理方面的论著 40 种，如有商务印书馆版《日本教育行政法》《日本教育行政述要》，东亚公司版《日本现行教育制度》等。[①] 在民国时期，教育管理学一直被列为师范学校的课程。如 1913 年颁布的"课程标准"中规定在两级师范中，分别设置学校管理、教育制度、学校卫生、教育法令等必修课程。1925 年，全国教育会联合会拟定的学校课程纲要中，将过去的各种教育管理学科合并为"小学校行政"一科。1930 年颁布的高中师范课程暂行标准，将"小学校行政"改为"小学行政"。1938 年，在师范学院的规程中，设有关于中学管理内容的"中等教育"一科。1941 年，在"修改师范学校教育科目标"中，将"小学行政"改为"教育行

---

① 参见张济正等主编：《教育行政学通论》，华东师范大学出版社 1992 版，第 21 页。

政"。此后师范院校教育管理学科的名称统一改为"教育行政"。中国共产党领导下的各级师范学校和各类教员培训班也将"小学管理法""教育行政略论""教育行政"等作为单独的课程开设。

作为单独的学科产生以后,从20世纪30年代起,我国教育管理学发展的一个最显著的特点是,由我国学者自己撰写、出版的教育管理学的著作逐步增多。据有关学者统计,从1919年起到新中国成立前,教育管理学的各类专门著作200余种,发表在报刊上的有关论文(抗战前)近2 000篇。[1]其中较有影响的有杜佐周的《教育与学校行政原理》、罗廷光的《教育行政》、程湘帆的《中国教育行政》、夏承枫的《现代教育行政》、张季信的《中国教育行政大纲》、邵鸣九的《地方教育行政》、杨鸿烈的《教育行政》等。这些教育管理方面的论著,也研究了我国的一些实际问题。其观点主要集中在以下几方面:第一,主张用哲学的、历史的、比较的和实验的科学方法研究教育管理。第二,提倡科学、民主、专业化的管理思想。在科学化上,主张对管理进行定量、定性研究,合理利用人、财、物等资源,以提高教育管理效率,主张以科学的程序管理教育;在民主化上,主张教员及学生参与管理,民众受教育的机会应均等;在专业化上,认为教育管理是一种专门业务,教育管理人员应受专门的训练。第三,以当时政府颁布的政令为研究教育问题的依据。[2]

新中国成立至改革开放前这一时期,师范院校未独立开设教育管理学的课程。除新中国成立初期苏联的教育管理的课本和我国20世纪50年代末至60年代初北京师范大学、华东师范大学、华中师范大学编著的几本教育管理学的油印稿以外,未见我国学者撰写的教育管理学的论著问世。1976年以后,教育管理学的课程又重新在师范院校单独设置,我国学者开始翻译和撰写了一批教育管理学方面的论著。

在译著方面,有李兆田等翻译的日本的久下荣志郎等著的《现代教育行政学》(1981年),孙绵涛主译的美国的罗伯特·欧文斯著的《教育组织行为学》

---

[1] 参见张复荃:《教育行政学在我国的历史回顾》,载《教育丛刊》1983年第3期。
[2] 陈孝彬主编:《教育管理学》,北京师范大学出版社1990年版,第26—27页。

（1986年，此书被教育部列为全国教育类教学参考用书），强海燕主译的英国的托尼·布什著的《当代西方教育管理模式》（1998年）和孙志军翻译的美国的伦恩伯格和奥斯坦著的《教育管理学：理论与实践》（2003年）等。

我国学者编撰的论著方面，如果从大教育管理学的视野来看，有教育管理学的专著和教材，有专门研究教育管理基础理论的教育管理哲学、教育管理史、教育管理心理学等，有从宏观的角度研究教育管理的教育行政学、教育政策学、教育法学、教育督导学等，有从微观的角度研究学校管理的学校管理学，其中有从纵向角度研究教育管理的学前教育管理学、小学和中学教育管理学、高等教育管理学等，有从横向的角度研究教育管理的学校教学管理、学校德育管理、学校科研管理和学校后勤管理等。如在教育管理学的专著和教材方面，有陈孝彬、高洪源主编的《教育管理学》（2008年，全国高校文科教材），安文铸著的《现代教育管理学引论》（1995年），孙绵涛主编的《教育管理原理》（2017年，全国高等教育自学考试教育学专业和教育管理学专业本科教材），吴志宏等主编的《新编教育管理学》（2009年），黄志成等著的《教育管理论》（2001年），黄崴著的《教育管理学：概念与原理》（2002年），张新平著的《教育管理学导论》（2006年），张新平、褚宏启主编的《教育管理学通论》（2012年），褚宏启、张新平主编的《教育管理学教程》（2013年），曾天山、褚宏启主编的《现代教育管理学》（2014年）等。在教育管理学基础理论研究方面，有熊贤君著的《中国教育管理史》（1989年），李才栋等主编的《中国教育管理制度史》（1996年），孙培青主编的《中国教育管理史》（2000年），曾天山主编的《外国教育管理发展史略》（1995年），陈孝彬主编的《外国教育管理史》（1995年），王炳照主编的《中外教育管理史》（2004年，全国高等教育自学考试教材）。在教育管理哲学方面，有黄兆龙著的《现代教育管理哲学》（1992年），孙绵涛著的《教育管理哲学——现代教育管理观引论》（1997年）等。在宏观的教育管理研究方面，关于教育行政学的论著有刘问岫主编的《普通教育行政学概论》（1987年），孙绵涛编著的《教育行政学概论》（1989年，1998年修订为《教育行政学》）、主编的《教育行政学》（2002年，全国教育专业类专升本教材）、主编的《地方教育行政系列研究》（1992年），沈培新等编著的《普通教育行政》（1989年），张济正主编的

《教育行政学通论》(1992年),萧宗六、贺乐凡主编的《中国教育行政学》(1996年),吴志宏著的《教育行政学》(2002年)等;关于教育政策学的论著有袁振国主编的《教育政策学》(1996年),孙绵涛主编的《教育政策学》(1997年)和著的《教育政策论——具有中国特色的社会主义教育政策研究》(2002年)等;在教育法学方面,有劳凯声著的《教育法论》(1995年)和张维平主编的《教育法学基础》(修订版,2004年)等。从微观的角度研究教育管理来看,有萧宗六著的《学校管理学》(1988年,全国高校文科教材),张济正主编的《学校管理学导论》(1990年,全国高校文科教材),孙灿成主编的《学校管理学概论》(1993年)等。这些是这一时期具有代表性的教材与专著。这一时期,为创立有中国特色的教育管理学,我国学者在教育管理学的研究对象、学科体系及研究内容上进行了可喜的探索,取得了一定的成果。

在我国的香港和澳门地区,由这些地区的学者撰写的单独以教育管理学、教育行政和学校管理学冠以其名的教材和著作不多。香港大学和香港中文大学教育学院使用的教育管理学方面的教材,多采用的是美国等西方国家的教材。[1] 在我国的台湾地区,教育管理学方面的教材和著作比较多。笔者查阅了台湾有关教育方面的文献,发现自20世纪60年代末70年代初以来,台湾的教育管理学发展比较迅速,出版了一大批教育管理方面的论著,但用教育管理学命名的教材和著作比较少见,大多是以教育行政、教育政策、教育评价、学校管理等冠以其名。其中比较早的教育管理文献是台湾"商务印书馆"1971年出版的《教育行政制度研究》和黄昆辉1976年在《今日教育》杂志第31期发表的《现代化教育行政》等。目前在台湾地区比较有影响的有关教育管理方面的部分著述有(排名不分先后):[2]

王文科著:《教育计划与教育发展策略》,心理出版社1995年版。

---

[1] 笔者从20世纪80年代中期开始,多次应邀前往香港大学和香港中文大学教育学院访学;2000年至2003年在香港大学教育学院攻读博士学位。其间对香港地区教育管理学的学科发展情况进行过研究。
[2] 笔者于1999年10月至2000年1月应邀前往我国台湾中正大学教育研究所和台湾师范大学教育学院访学,其间研究过台湾地区教育管理学的学科发展情况。本部分所列的台湾地区教育管理学的著述主要出自谢文全著《教育行政学》参考文献部分(高等教育文化事业有限公司2005年版,第575—601页);2007年以后的台湾地区教育管理学著述,由蔡金田教授提供。

王如哲著:《教育行政学》,五南图书1998年版。

王如哲、林明地、张志明、黄乃荧、杨振昇著:《教育行政》,丽文文化1999年版。

W. K. Hoy & C. G. Miskel 著,方德隆等译,王家通、曾烂灯校订:《教育行政学——理论、研究与实际》,高雄复文1986年版。

王顺平:《学校本位管理之理论与实证研究》,台湾师范大学教育研究所博士论文,1999年。

史汗明等著:《管理导论》,华泰文化1979年版。

朱元发著:《韦伯思想概论》,远流出版1993年版。

李祖寿著:《教育视导与教育辅导》(上、下),黎明文化1979年版。

张芳全著:《教育政策》,师大书苑1999年版。

张芳全著:《教育政策分析与策略》,师大书苑1999年版。

吕木琳著:《教学视导——理论与实务》,五南图书2002年版。

吴金香著:《学校组织行为与管理》,五南图书2000年版。

吴明清:《教育方案评鉴模式及其应用》,载《教育资料与研究》1998年第4期。

吴清山著:《学校行政》(第五版),心理出版社2000年版。

吴清山著:《学校效能研究》,五南图书2002年版。

吴清山、林天祐:《全面品质管理及其在教育上的应用》,载《初等教育学刊》1994年第3期。

吴清山、林天祐:《教育评鉴》,载《教育资料与研究》1999年第29期。

吴清山、林天祐:《校务评鉴》,载《教育资料与研究》2001年第44期。

吴清山、黄旭钧:《提升教育品质的一股新动力——谈全面品质管理及其在教育上的应用》,载《教育资料与研究》1995年第2期。

吴清基著:《教育行政决定理论与教育行政》,五南图书1984年版。

吴清基著:《教育行政决定理论与实际问题》,文景书局1992年版。

林文达著:《教育行政学》,三民书局1984年版。

林天祐:《教育行政革新》,心理出版社2000年版。

林天祐:《校务评鉴的理念与作法》,载《教师天地》2002 年第 117 号。

R.G.Owens 著,林明地、杨振昇、江芳盛译:《教育组织行为》,扬智文化 2000 年版。

K. A. Acheson & M. K. Gall 著,林春雄等译:《教师临床视导的技巧——职前教师及在职教师适用》,五南图书 2001 年版。

林新发著:《教育与学校行政研究——原理和应用》,师大书苑 1999 年版。

周守民:《新世纪的管理——谈仆性领导》,载《护理杂志》1997 年第 46 卷第 2 期。

邱锦昌著:《教育视导与学校效能》,元照出版 2001 年版。

邱锦昌著:《教育视导——理论与实际》,五南图书 2002 年版。

柯进雄:《参与管理在学校行政领导之运用》,载《研习资讯》1997 年第 14 卷第 3 期。

马信行:《论教育评鉴指标之选择》,载《现代教育》1990 年第 19 期。

秦梦群著:《教育行政——实务部分》,五南图书 2002 年版。

秦梦群著:《教育行政——理论部分》,五南图书 2003 年版。

郭昭佑著:《学校本位评鉴》,五南图书 2000 年版。

C. D. Glickman 著,陈佩正译:《教学视导——作教师最佳学习拍档》,远流出版 2002 年版。

陈汉强著:《大学评鉴》,五南图书 1997 年版。

张志明:《知识管理在学校行政的运用》,载《学校行政》2000 年第 6 期。

张明辉著:《学校行政革新专辑》,台湾师范大学 1998 年版。

张明辉著:《学校教育与行政革新研究》,师大书苑 1999 年版。

张明辉著:《学校经营与管理研究:前瞻、整合、学习与革新》,学富文化 2002 年版。

张家宜著:《高等教育行政全面品质管理——理论与实务》,台湾高等教育出版社 2002 年版。

张素贞:《校务评鉴制度实施之探析——以台北县为例》,载《教育月刊》2001 年第 91 号。

张清滨:《台湾省教育视导绩效评估之研究》,政治大学教育研究所博士论文,1994年。

张钿富著:《教育政策与行政——指标发展与应用》,师大书苑1999年版。

张钿富著:《学校行政决定原理与实务》,五南图书2000版。

张银富主编:《学校行政:理论与应用》,五南图书2002版。

张庆勋著:《学校组织行为》,五南图书1996年版。

张庆勋著:《教育与行政》,高雄复文1998年版。

张德锐著:《教育行政研究》,五南图书1994年版。

张德锐著:《师资培育与教育革新研究》,五南图书1999年版。

张德锐等著:《发展性教师评鉴系统》,五南图书2000年版。

许藤继著:《学校组织权力重建》,五南图书2001年版。

黄乃荧撰:《教育行政学科际整合理论模式》,台湾省中等学校教师研习会1995年版。

黄乃荧:《台湾中等学校行政病态之诊断研究》,载《科学委员会专题研究计划成果报告》,1997年。

黄乃荧著:《后现代教育行政哲学》,师大书苑2000年版。

黄光雄编译:《教育评鉴模式》,师大书苑1989年版。

黄昆辉著:《教育行政学》,东华书局1988年版。

P. Silver 著,黄昆辉等译:《教育行政原理》,三民书局1986年版。

黄宗显著:《学校行政对话研究——组织中影响力行为的微观探讨》,五南图书1999年版。

黄炳煌著:《教育与训练——教育评价概念的分析及其发展》,文景书局1978年版。

黄政杰著:《课程评鉴》,师大书苑1987年版。

黄嘉雄著:《学校本位管理制度比较研究》,五南图书2001年版。

黄鸿文:《社区与学校结合的模式》,载《社区教育学会(主编),"学校社区化"》,师大书苑1995年版。

曾大千:《中小学学生法制之研究——以校规为中心》,政治大学教育学系博士论文，2003年。

叶连祈、张盈霏：《证据本位管理之论析》，载《学校行政双月刊》2001年第2期。

杨文雄著：《教育评鉴之理论与实际》，台湾省政府教育厅，1980年。

杨文雄著：《教育评鉴的理论及其在教育行政决策上的应用》，屏东师专，1980年。

杨振昇：《迈向二十一世纪台湾教育视导制度之反省与展望》，载《教育政策论坛》1998年第1卷第2期。

P. M. Senge著，杨振富等译：《学习型学校——第五项修炼：教育篇》，天下远见出版2002年版。

嘉义大学主编：《中小学校长专业成长制度规划》，高雄复文2001年版。

蔡培村主编：《学校经营与管理》，丽文文化2002年版。

蔡进雄著：《转型领导与学校效能》，师大书苑2000年版。

蔡进雄著：《学校行政领导》，师大书苑2001年版。

郑彩凤著：《学校行政研究——理论与实务》，丽文文化1998年版。

谢文全著：《教育行政论文集》，文景书局1992年版。

谢文全著：《教育行政——理论与实务》，文景书局1998年版。

谢文全著：《教育行政学》，载杨思伟主编：《教育学入门》，商鼎文化1999版。

谢文全：《教育视导的意义与原则——并以英国教学视导为例》，载《课程与教学》1999年第2卷第2期。

谢文全：《中小学校长培育、任用、评鉴制度》，载《教育资料与研究》1999年第28期。

谢文全著：《比较教育行政》，五南图书2001年版。

谢文全：《台湾地区中小学校长培育任用制度之现况与改进建议》，载《海峡两岸中小学校长培训教育研讨会手册》，台湾师范大学进修推广部，2001年。

谢文全著：《学校行政》，五南图书2002年版。

谢文全：《学校本位管理的实施与困境》，载《教育研究集刊》2002年第48卷第2期。

谢文全、王丽云:《变迁社会中教育行政人员培育遴选与进阶制度之研究》,载《科学委员会专题研究计划成果报告》,2003年。

Kenneth A Strike, Emil J. Haller, Jonas Soltis 著,谢文全、张明辉、王丽云、张德锐、苏锦丽、林明地、张志明译:《学校行政伦理》,学富文化2002年版。

谢文全、温明丽编:《学校管理与领导》,洪叶文化2002年版。

魏惠娟著:《学习型学校——从概念到实践》,五南图书2002年版。

罗清水:《教学视导在教师专业发展中的意义》,载《研习资讯》2000年第17卷第2期。

苏锦丽著:《高等教育评鉴:理论与实务》,五南图书1997年版。

E. Mark Hanson 著:《教育行政与教育组织行为》,台湾高等教育出版社2009年版。

R. Kent Crookston 著,黄淑玲、蔡佳翰译:《与问题教师共舞:学系经营六步曲》,台湾高等教育出版社2015年版。

黄政杰主编,王文科等合著:《教育行政与教育发展:黄昆辉教授祝寿论文集》,五南图书2015年版。

伍振鷟、吴清基、陈美玉、杨振昇、颜国樑著:《教育行政》,五南图书2011年版。

吴清山著:《教育行政议题研究》,台湾高等教育出版社2007年版。

林天祐著:《教育行政学(二版)》,心理出版社2017年版。

林明地、梁金都著:《校长领导与学校集体智慧》,台湾高等教育出版社2016年版。

范炽文著:《教育行政研究:批判取向》,五南图书2008年版。

秦梦群著:《教育行政实务与应用》,五南图书2017年第3版。

秦梦群著:《教育行政理论与模式》,五南图书2017年第3版。

秦梦群、黄贞裕著:《教育行政研究方法论》,五南图书2014年版。

秦梦群、郑文渊著:《图解教育行政理论》,五南图书2016年版。

秦梦群主编:《学校行政》,五南图书2013年版。

张钿富著:《教育行政:理念与创新》,台湾高等教育出版社2008年版。

梁福镇著:《教育行政学:理论与实务》,五南图书2015年版。

蔡进雄著:《教育行政伦理》,心理出版社2008年版。

谢文全著:《教育行政学(六版)》,台湾高等教育出版社2018年版。

谢文全等合著:《教育行政学:理论与案例》,五南图书2015年版。

谢传崇著:《校长正向领导:理念、研究与实践》,台湾高等教育出版社2011年版。

蔡金田著:《学校行政的理念与分析》,元华文创2018年版。

吴政达著:《教育政策分析:概念、方法与应用》,台湾高等教育出版社2008年版。

吴清基主编:《教育政策与学校行政》,五南图书2013年版。

吴清基著:《教育政策创新与行政发展》,五南图书2014年版。

吴清基主编:《教育政策与教育发展》,五南图书2015年版。

吴清基主编:《教育政策与学校经营》,五南图书2018年版。

吴清基主编:《教育政策与行政新议题》,五南图书2013年版。

吴清基主编:《教育政策与教育实务》,五南图书2017年版。

翁福元著:《教育政策社会学:教育政策与当代社会思潮之对话》,五南图书2015年版。

《教育政策的议题分析》,台湾高等教育出版社2015年版。

张芳全著:《教育政策导论》,五南图书2013版。

颜国樑著:《教育政策合法化:理论与实务》,丽文文化2014年版。

魏惠娟主编:《高龄教育政策与实践》,五南图书2008年版。

Carol H. Weiss著,王丽云主译:《政策与方案评价》,学富文化2014年版。

Linda Darling Hammond著,黄嘉莉译:《教师评价这样做:提高教育效能与进步的关键》,台湾高等教育出版社2015年版。

王瑞壎编著:《美国高等教育评鉴制度》,高教代理2009年版。

吴淑娟编著:《芬兰高等教育评鉴制度》,高教代理2009年版。

李文慧著:《教师专业发展评鉴:三化取向理念与实务》,五南图书2010年版。

李家宗编著:《澳洲高等教育评鉴制度》,高教代理 2009 年版。

李晓蓉编著:《丹麦高等教育评鉴制度》,高教代理 2009 年版。

林劭仁著:《教育评鉴:创意取向》,高教代理 2015 年版。

林劭仁著:《教育评鉴:标准的发展与探索》,心理出版社 2008 年版。

林进材著:《教学评鉴理论与实施》,高教代理 2008 年版。

《教育评价》,台湾高等教育出版社 2015 年版。

张德锐、高红瑛、康心怡著:《教学专业发展评鉴系统:实务手册与研究》,高教代理 2010 年版。

郭昭佑著:《教育评鉴研究:原罪与解放》,五南图书 2007 年版。

陈文彦编著:《瑞典高等教育评鉴制度》,高教代理 2008 年版。

陈玉娟编著:《加拿大高等教育评鉴制度》,高教代理 2008 年版。

曾淑惠著:《教育方案评鉴》,高教代理 2008 年版。

曾淑惠著:《教育评鉴:理论与实务的对话》,高教代理 2008 年版。

冯丰仪编著:《挪威高等教育评鉴制度》,高教代理 2008 年版。

黄政杰著:《课程评鉴理念、研究与应用》,高教代理 2008 年版。

杨思伟、陈盛贤编著:《日本高等教育评鉴制度》,高教代理 2007 年版。

李隆盛著:《教师评鉴》,五南图书 2013 年版。

刘秀曦编著:《英国高等教育评鉴制度》,高教代理 2008 年版。

苏美丽编著:《荷兰高等教育评鉴制度》,高教代理 2008 年版。

苏锦丽主编:《高等教育机构品质保证制度与实践:国际观与本土观》,台湾高等教育出版社 2015 年版。

吕木琳著:《教学视导:促进教师专业发展》,五南图书 2010 年版。

张清滨著:《教学视导与评鉴》,五南图书 2008 年版。

许藤继著:《教师启导、视导与领导》,师大书苑 2010 年版。

张奕华著:《学校科技领导与管理:理论及实务》,台湾高等教育出版社 2007 年版。

郑彩凤著:《学校行政研究:理论与实务》,丽文文化 2010 年版。

Tony Bush、David Middlewood 著,黄乃荧译:《教育领导与管理》,华腾文化

2008年版。

罗伯特·伯恩鲍姆（Robert Birnbaum）著：《高等教育管理时尚理论流变史》，晨星出版2008年版。

朱文雄著：《大学经营与全人教育》，高雄复文2010年版。

吴宗立：《学校危机管理》，丽文文化2009年版。

吴锦惠著：《学校竞争优势与行销策略：高中教育改革与发展》，五南图书2012年版。

李建兴著：《学校经营的理念与实务》，学富文化2008年版。

范炽文著：《学校经营与管理：概念、理论与实务（二版）》，丽文文化2008年版。

张文权、范炽文著：《当代学校经营与管理新兴议题：个人、团体与组织的连结》，台湾高等教育出版社2016年版。

张明辉著：《学校经营与管理新兴议题研究》，学富文化2009年版。

张茂源著：《学校实务经营与管理》，华腾文化2010年版。

张茂源著：《多元文化与学校经营》，华腾文化2012年版。

张清滨著：《学校经营》，学富文化2007年版。

陈圣谟著：《学校价值领导理念与实践》，丽文文化2010年版。

蔡金田著：《智慧学校》，元华文创2018年版。

三、当代教育管理学的发展趋势

（一）教育管理研究理论基础的发展趋势

如果说教育管理学产生的初期受德国的行政学和美国的管理学理论影响的话，当代则表现出两种理论融合并共同影响教育管理研究的趋势。如果说美国的管理理论最初是受以泰勒为代表的古典管理理论的影响，尔后受人际关系理论和行为科学理论的影响，当代美国教育管理的研究则不仅受以上三种理论的影响，而且受当代许多新的管理理论，诸如社会系统理论、决策理论等理论的影响，使当代教育管理研究处于以多元理论为支撑的状态。

（二）教育管理研究内容的发展趋势

如果说教育管理学在其产生的初期主要是总结教育管理的实践经验及运用一般的管理理论研究教育管理问题的话，当代教育管理学则注重对教育管理的全方位多元化的研究，其表现在：一是注重教育管理学的历史研究，从对教育管理学的历史回顾中分析其方法论的异同；二是注重教育管理学的理论研究，有学者从哲学的角度探讨了教育管理哲学的问题①；三是注重研究教育研究与教育决策的关系，探讨教育研究与教育决策的互动模式②；四是注重研究教育政策，探讨教育政策的价值观，对发达国家之间的教育政策进行比较③；五是注重学校效能的研究，与此有关的是研究了校本管理（school-based management）和校长研究（principalship），探讨学校效能的标准、因素、模型，校本管理与外控管理（external control management）的区别，校长的领导行为等④；六是注重研究后现代主义、建构主义、女性主义对教育管理的影响。⑤

（三）教育管理研究思潮、教育管理研究方法及手段的发展趋势

从思潮看，美国教育管理研究由于开始时注重运用泰勒的科学管理理论，体现出一种理性主义或科学主义思潮，后由于人际关系理论及行为科学理论的出

---

① 参见［Ⅰ］孙绵涛著：《教育管理哲学——现代教育管理观引论》，武汉工业大学出版社1997年版。
　　［Ⅱ］Thomas Greenfield & Peter Ribbins, *Greenfield on Educational Administration: Towards a Human Science*, London: Routledge, 1993.
　　［Ⅲ］Tony Bush, *Theories of Educational Management,* New York: Routledge, 1986.
② 参见 Husen and Maurice Kogan, *Educational Research and policy: "How do they relate"*, New York: Pergamon Press, 1984.
③ 参见［Ⅰ］J. K. Hough, *Educational Policy: An international Survey,* New York: ST. Martm's Press, 1984.
　　［Ⅱ］Maurice Kogan, *Educational Policy-making: A Study of Interest Groups and Parliament,* London: George Allen & Unwinlted Ruskin House, Museum Street, 1975.
④ 参见［Ⅰ］Jaap Schecrence, *Effective Schooling: Research, Theory and Practice,* New York: Cassell, 1996.
　　［Ⅱ］Clive Dimmock, *School-Based Management and School Effectiveness,* London: Routledge, 1993.
　　［Ⅲ］Joel L. Burdin, *School Leadership,* London: Sage publication, 1989.
　　［Ⅳ］Brian J. Caldwell and Jim M. spinks, *The Self-Management School,* The Falmer Press, 1988.
　　［Ⅴ］Thomas Sergionvanm（1995）, *Principalship,* London: Allyn and Bacon, 1988.
⑤ 参见［Ⅰ］Roberot G. Owens, *Organizational Behavior in Education,* London: Allyn and Bacon, 1995.
　　［Ⅱ］Waynek. Hoy & Cecik G. Misckel, *Educational Administration: Theory, Research and Practice,* New York: McGraw-Hill, Inc, 1996.

现，教育管理研究中注重运用这些理论，注重人的问题的研究，体现出人文主义或反理性主义的思潮。从方法看，在教育管理学的产生初期（19世纪末），信奉思辨哲学，注重用演绎的方法研究教育管理问题。在教育管理学产生以后的一段时间（20世纪初）受孔德和斯宾塞科学观的影响，教育管理研究又颇看重归纳的方法。这种方法一直持续到20世纪50年代。到了20世纪60年代，由哲学家石里克（Schlick, M.）领导的维也纳学派把孔德的旧实证主义和罗素（Russell, B.）、怀特海（Whitehead, A. H.）的符号逻辑结合起来，兴起了逻辑实证主义，把数理逻辑作为一种工具，使研究更具演绎性，更看重理论，更强调数量，概念更为结构化和标准化。从20世纪60年代至80年代末，逻辑实证主义遭到批判，批判者认为逻辑不可能是探究问题的唯一起源。库恩（Kuhn, T. S.）提出了"范式"的概念，不主张用数学概念来阐述理论，而主张借助历史材料来构建理论。"范式"的概念开始出现在教育管理的文献中。至此，教育管理研究方法中多元观点盛行。

从研究手段看，由于近现代科学技术的发展，教育管理的研究手段越来越先进。通信技术使得教育管理研究的空间和时间发生了很大变化，研究人员可在有限的时间和空间里做出高效率、高水平的研究工作。人机系统、人工智能的出现，教育管理的组织形态和教育管理的活动形态等都要或多或少地发生变化，这些变化不仅会对教育管理的研究对象产生影响，而且对教育管理本身的研究也将会产生影响。

（四）教育管理研究理论层次的发展趋势

从横向来说，教育管理的理论将由只注重规范理论向注重科学理论（陈述理论）和价值理论发展。最初的教育管理理论多是规范理论，即教育管理应该如何做的理论。为使这种规范理论更科学，更具有说服力，人们会在注重教育管理的科学理论和价值理论的基础上来探讨教育管理的规范理论。从纵向来说，教育管理理论将由只注重现象学的层次，向注重元学及方法学的层次发展。最初的教育管理学，多是对教育管理现象进行研究所得出的学问，近年来，出现了不少对教育管理对象理论即教育管理现象学进行研究的论著，也有学者从方法论的角度对教育管理现象学及元学进行探讨，形成了教育管理元学的雏形。我们相信，随着教育管理研究的深入，教育管理理论将会同时在现象学、元学及方法学三个层次上扩大和加深，形成一个相对独立的、具有一定理论色彩的、全新的教育管理学的学科体系。

思考题

1. 关于教育管理学的研究对象，有哪些不同的观点？如何分析这些观点？
2. 怎样认识教育管理现象？
3. 教育管理现象有哪些基本范畴？它们之间的关系如何？认识这些基本范畴有什么意义？
4. 本质和规律是什么关系？
5. 怎样理解教育管理的基本规律和特殊规律？
6. 什么是范式方法论和新范式方法论？
7. 怎样理解研究方法的哲学基础？
8. 什么是现象学范式、解释学范式、批判理论范式、建构主义范式和符号互动范式？
9. 如何理解研究方法的哲学基础、研究范式和研究方法之间的关系？
10. 怎样理解从具体到抽象、从抽象到具体的研究方法，收集资料和分析资料的研究方法，以及这些研究方法之间的关系？
11. 怎样理解教育管理学的著作体系和教材体系？
12. 什么是教育管理现象学、教育管理元学和教育管理方法学？
13. 简析西方教育管理学产生的标志及原因。
14. 西方科学主义、人文主义教育管理理论流派评析。
15. 简述我国教育管理学的产生与发展。
16. 简述当代教育管理学的发展趋势。

第二论 教育管理活动论

第三章

教育管理活动概述

第一节 教育管理概说[①]

要对教育管理活动进行研究，首先要明确什么是教育管理，本章在概述教育管理活动之前，先简述教育管理的一些基本问题。

一、什么是管理

要明确什么是教育管理，首先要对什么是管理有一个大体的了解。以下对什么是管理做一个简要交代。

（一）管理的含义

管理，从字面上理解，有管辖处理之意。从管理学的角度理解管理，则有多种界说：有的从过程的角度，认为管理是为实现目标而组织和使用各种资源的过程；有的从职能的角度，认为管理就是计划、组织、指挥、调节和控制；有的从决策的角度，认为管理就是决策；有的从人的角度，认为管理是人的一项特殊的实践活动。上述对管理的理解虽然都从一个方面揭示管理的属性或特点，但都存在着不同程度的片面性。我们说，研究管理的含义，既要注意管理中人的因素，也要注意管理中的其他因素；既要注意管理的职能，也要注意管理的目标和过程。这样才能全面地理解管理的含义。依据这一考虑，人们对管理的一般理解

[①] 本节内容参见孙绵涛主编：《教育管理原理》，高等教育出版社2017年版，第3—5页。

是：管理是管理者运用一定的原理与方法，在特定的条件下，对资源进行合理配置，引导、组织被管理者实现组织目标的一种活动。

（二）管理的属性

管理具有两重性，它是非政治性与政治性的统一。管理的非政治性是指管理与生产力和社会化大生产相联系的属性。管理之所以具备这种属性是因为，它首先是劳动过程的一般要求，凡是共同的劳动都需要管理，这在任何生产方式下都是相同的，与生产关系的性质和社会制度没有直接的联系。其次，管理可以把劳动过程中的各种要素组合成为有机体，使之发挥应有的作用，管理的这种职能与生产关系、社会制度没有直接的联系。管理的政治性是指管理与生产关系和社会制度相联系的属性。管理的这种属性，表现在管理必须也只能在一定的社会历史条件下和一定的社会关系中进行，社会生产关系的性质不同，生产劳动的结合方式不同，管理的社会性质也不同。

（三）管理的特点

第一，管理总是指向一定的目标，为实现一定的目标服务。目标有组织的目标，也有组织内成员的目标，管理所实现的目标应是组织的整体目标而不是组织内其成员的具体目标。然而组织的目标的形成应集中组织成员的智慧，尽可能反映组织成员的要求，这样才能激发组织成员实现组织目标的热情。

第二，管理都是对人、财、物、信息、时空的管理。管理就是要对这些资源进行分析、利用，使这些资源得到合理有效的配置，力求以最小的资源获取最大的经济效益和社会效益。

第三，管理是一个计划、实施、检查、总结的过程。管理从环节上来说，都先要有规划或计划，然后去实施计划，再对实施的情况进行检查和总结。管理这一过程的完成，都离不开决策、组织、协调和控制活动。决策是从众多的方案中选出满意方案；组织是一个动态的概念，它指的是对管理中的各要素做出安排；协调指的是在统一指挥下，采取各种措施使组织的各方面形成合力；控制是指采取措施纠正偏离组织目标的活动。管理就是依靠这些活动，使整个管理过程得以完成。

第四，每一种管理活动都是管理的主体和管理的客体相互影响、相互作用的过程。管理作为一种活动，离不开管理的主体和客体。管理的主体指的是管理者；管理的客体指的是管理主体作用的对象，包括被管理者（人）、财、物、信息、时空等，但一般指的是被管理者。管理者的影响力来自管理者的职位及管理者自身的素质和修养。要发挥管理者的影响力，管理者应尊重、爱护被管理者，支持被管理者的工作，为被管理者的发展创造各种条件。

被管理者的影响力决定于其素质的高低及对管理活动的参与程度。被管理者的素质高，积极参与管理，会对管理者产生积极的影响，否则会对管理者产生消极的影响。

在管理者与被管理者相互影响和相互作用的过程中，管理者处于主导地位，因而管理者要特别注意正确地运用自己的影响力和影响方式。

二、什么是教育管理

（一）教育管理的含义

管理是一个大的专业门类，它包括工程管理、行政管理、企业管理、公共事业管理等。教育管理属于公共事业管理中的一种。

人们对管理的理解不同，导致人们对教育管理的理解也不相同。根据对管理的一般理解，我们可以认为，教育管理是教育管理者运用一定的理论与方法，在特定的条件下，合理配置教育资源，引导组织教育人员完成教育任务，实现教育目标的一种活动。这种教育管理活动一般分为两方面：宏观的教育管理——教育行政，和微观的教育管理——学校管理。

教育行政就是国家对教育的管理。从教育行政的机关而言，主要是指教育行政机关的活动；从教育行政的层次而言，它既指中央的教育行政，也指地方的教育行政；从教育行政的范围而言，大到方针、政策法规和教育体制的构建，小到具体规章制度的制定及其实施，都应包括在教育行政之中。

学校管理是学校管理者采用一定的措施和手段，充分利用学校的有限资源，引导和组织师生员工实现学校育人目标的一种活动。

教育行政和学校管理是教育管理的两个有机组成部分。教育管理离不开国家对教育的管理。教育管理首先要对全国教育的发展有一个总体的要求和策划。

为此，要制定教育方针政策，要加强教育法制建设，要开展教育人事、教育财政、教育业务行政活动等。教育管理也离不开学校管理教育的活动，学校管理将国家的教育方针、政策加以具体实施，以完成国家的教育任务和实现国家的培养目标。

（二）教育管理的产生

在教育管理中，学校管理的产生较之于教育行政的产生来说要早。可以说，人类的教育活动自从产生了学校教育这种形式，就随之有了学校管理。中国古代中央官学由朝廷直接管理，对入学对象、学习内容和要求等都有明确规定。如明代国子监的"监规"对学生的要求有明文规定：言行越轨者要"杖一百"，并"充军"。地方官学由地方官府管理。如唐代的地方官学规定，按学生人数规定师资名额，制定学生毕业升学（指升中央官学之四门学）的标准等。古希腊的斯巴达学校有严密的组织管理制度，规定以体育和军事在"教练所"和"青年军训团"中训练统治阶级的子弟。在雅典，既有国家主办的"体育馆"和"青年军训团"，也有私立的和收费的学校，此外还有柏拉图等人创办的哲学学校。这些学校对入学对象、学习内容、学习方式等都有一定要求。如官员可参与国家主办学校的教育活动，哲学学校一般采用对话及研讨的方式组织学习。

教育行政虽然是国家对教育的管理，但不是一有国家就有了教育行政，它是国家发展到一定阶段的产物，它是以国家一级教育行政机构的产生作为标志的。19世纪以前，世界各国的教育管理活动多处于无系统、无组织的状态。进入19世纪，各国纷纷设立了比较系统的教育行政制度，建立了国家一级的教育行政机构。1817年，普鲁士的教育部脱离了内政部而独立；1828年，法国设立了教育部；中国在1905年也设了学部，后改称教育部。

进入19世纪，各国纷纷建立教育行政制度，这是由以下几方面的原因促成的。

从需要方面来说，在政治上，19世纪是资本主义发展的兴盛时期。资产阶级为了巩固自己的统治，迅速发展资本主义，增强其自由竞争的能力，不得不重视人的培养问题。他们希望通过学校教育，培养他们所需要的各级官吏和大批熟练的劳动者。为了达到政治上的目的，教育不能再听从私人或由私人团体经营，应由国家制定统一的标准，由国家统筹支配，国家教育制度和系统的教育行政制度应运而生。在经济上，我们知道，教育是一种投资的事业，国家花了许多钱办教育，究竟所得效果如何，不能不加以过问，所以为提高教育投资的效益，教育就有由政府统筹计划的必要。就教育本身来说，自资本主义国家实施公共教育以后，教育的范围日益扩大，教育事业日渐复杂，由此产生的问题层出不穷。如学制的制定、标准的确立、课程的编制、教育人员的任定、教育视导、经费的支配、校舍的建筑和公文的处理等，需要有专门的人和机构来解决，于是建立国家管理教育的制度就不可避免了。

从可能方面来说，在政治上，资产阶级的国家机器，无论是从组织机构还是从其管理职能上，较之以前都有了较大的发展，这就为国家管理教育在政治和组织上提供了保证。在经济上，一方面，国家办教育需要一定的经济实力，资本主义工商业的发展为国家办教育提供了一定的财力；另一方面，18世纪产业革命以后，各国工商业发达，工厂林立，大城市兴起，各国在企业和城市的管理中积累了不少经验。为了增进教育管理效率，各发达国家都致力于应用工商业的管理于教育行政上，这对促成有组织的、高效率的教育行政无疑有重要作用。另外，由于教育规模的不断扩大，管理事务的日益复杂，教育管理本身在系统的组织和严格的管理上也初步积累了一些经验，这也为国家对教育实行有组织的、高效率的管理起了重要作用。

（三）教育管理的特点

首先，教育管理是为一定国家占统治地位阶级的政治路线和阶级政策服务的。教育管理活动的目的和内容、工作机构等，都是以执行国家既定的政策为目的，所以教育管理有政治性的一面。然而，教育管理的一些技术和方法，又是不同文化和不同政治体制国家所共同具有的，不同的国家可以互相学习和借鉴。

其次，教育管理是与其他各种社会活动以及产生和制约这些活动的社会历史条件密切关联、相互依存的。教育管理既然是国家对教育的管理，那它必然与国家管理其他方面的活动发生关系，必然受制于影响这些活动的各种条件，一个国家的政治、经济、法律、道德、文化等因素都会对教育行政发生影响。因此，一个国家的教育管理，只有从对其发生影响的各种因素做出综合的、整体的考察，才有可能正确揭示它的性质，理解它的职能和活动规律。教育管理，也只有不断地伴随社会的变革和发展对于教育的需要，更加紧密地与社会政治经济和科学文化发展的状况相适应，才能更好地为国家的政治与经济服务。

最后，教育管理也是一种管理活动，它除了具有管理活动的一般规律，还具有教育管理的特殊规律。我们研究和从事教育管理活动，既要注意它作为管理活动的一般规律的方面，也要注意它作为教育管理的特殊规律的方面，这样才能更有效地提高教育管理的效率。

（四）教育管理的发展趋势

纵观世界各国，现代教育管理呈现出以下发展趋势。

1. 教育管理均权化

为了加强中央对国家教育事业的统一领导和管理，同时又充分发挥和调动地方办教育的积极性和主动性，实行中央集权制教育管理的国家正在采取措施，加强地方的管理权和学校的自主权，还给地方以更多的权限；而实行地方分权制教育管理的国家也在采取措施，将涉及全国利益的教育事业归由中央统一管理，逐步加强中央的权限。也就是说实行教育管理中央集权制和地方分权制的国家正在相互靠拢、相互协调、逐渐趋于均权化。在均权制度下，中央教育行政负责制定教育方针和政策、各级教育制度、全国教育规划等，地方则遵照既定的全国目标和标准，根据地方的需要，拟订具体计划并付诸实施。具体表现在以下方面。

首先，国家对教育事务的干预日益加强。由于各个国家在经济、科技、社会等方面的竞争日趋激烈，各国为增强竞争力，都把教育作为竞争的根本手段。世界各国，特别是发达国家，纷纷重视教育事业的发展与改革，制定面向21世纪的国家发展战略，争先抢占在国际竞争中科技、产业和经济的制高点。如美国表示，要把发展教育作为首要任务；为了使美国在21世纪能继续走在世界前列，必须建立世界一流的教育制度和培养世界一流的学生，增加联邦教育拨款、资助等一系列全国范围的计划。德国强调，教育是德国在21世纪知识社会中的立足之本，并提出了教育改革的六项主张。加拿大认为，要确保加拿大在新的全球经济中获胜，就必须加大投资，帮助大学加快现代化步伐并提高其科研能力。法国认为，重新将教育置于优先地位是国家的义务；学校不仅要完成教育使命，还应当对公民进行道德教育，使每个人自童年起就怀有共和国价值高于一切的深刻感情。由此不难看出，国家干预教育事务的趋势将会日益加强，并将通过制定国家教育发展战略规划、调控全国教育发展的方向和规模、实现国家教育目标、提高教育质量、从全局上合理分配有限的教育资源、消除地区间的教育差异、实现教育机会均等、提高教育行政效率、协调教育与社会的关系等途径和措施，加强国家对教育事务的干预。

其次，加强地方教育行政权限。自第二次世界大战以后，实行教育管理中央集权制的国家也在逐步加强地方教育行政的作用，进行各种探索、改革和尝试，给地方适当的权限，以满足地方的特殊需要。在此问题上，法国的经验值得借鉴。在高等教育方面，法国于1968年颁布的《高等教育基本法》强调了大学的自治性和独立性，大学在行政、财政、教学方面享有自治权。其他各级各类学校的中央集权也有不同程度的松动。例如，法国确定并实施了小学高年级、中学、技术学校以及大学技术学院的教学内容必须适应地区特点的原则；地方拥有管理某些人员、奖学金和学校建设的权力。法国设立了各系统的督学制度，以沟通上下情况。此外，法国还在各级教育行政机构之外，设立了由各方面代表组成的各种咨询、审议机构，这些机构不仅回答行政方面的咨询，还使教育方面的各种诉讼、惩罚案件的预审或终审等重要职权。监督和咨询机构的活动，不仅起到了对教育行政的中央集权制的制约作用，而且促使各级行政部门所做的决定合乎各地的实际。

2. 教育管理民主化

从各国的情况来看，教育管理民主化的主要趋势有两点：一是以法律为基础、依法实行教育管理；二是建立健全审议制度。

从实行法治的情况来看，目前多数国家都以法令为依据，确立了自己国家教育行政体系的基本结构。各国教育行政体系确立的主要依据：一是宪法，二是法律，三是命令。除英国无成文宪法外，其他国家均有宪法对教育行政制度做了原则性规定，确立了各国教育行政的基本结构。美国宪法中虽无教育方面的具体条文，但依据宪法第十条修正案规定，教育行政权为各州的保留权，而联邦政府则没有教育行政权。

从健全审议制度来看，各国教育行政都设有种类繁多的审议或咨询机构。美国在联邦设有政府教育顾问委员会、联邦职业教育审议会、联邦成人教育审议会等十多个审议机构，各州教育行政机关也设有州职业教育审议会等。英国教育和科学部设有中央教育审议会、师资供应教育审议会、研究委员会审议会、全国地方高等教育审议会等，地方教育行政机关也设有区域性教育审议会等。法国除中央设有国民教育最高审议会外，还设有全国高等教育及研究审议会、全国学校配置委员会以及各类职业教育审议会等十多个审议机构，大学区教育行政机关也设有地域高等教育及研究审议会、大学区学校配置审议会、区域青年审议会等审议机构，地方各省的教育行政机关有省初等教育审议会、辅导审议会等。日本文部省设有中央教育审议会、教育课程审议会、教育职员养成审议会、产业教育审议会和学术审议会等，各都道府县和市町村教育行政机关设置社会教育审议会、地方产业教育审议会和体育活动振兴审议会等。

为充分听取各方面的意见，进行民主决策，各国的审议机构组成人员，除了行政官员和专家学者外，也包括教职员和社会各界人士、专业团体代表等。如美国联邦教育部设置的政府教育顾问委员会的成员包括民众代表、民选地方官员代表、公私立中小学代表、公私立大专院校代表和教育部官员代表；英国中央审议会的成员包括中小学、教师协会、企业界、科学界和宗教界的代表；法国的国家教育最高审议会的成员包括国立、公立学校教师代表，私立学校教师代表，教育行政代表，其他各阶层代表（政府各部、家长联合会、雇主联合会、雇员联合会）；日本的中央教育审议会的成员包括大学教育人员、中小学教育人员、新闻界和企业界的代表。

3. 教育管理科学化

教育管理科学化不仅指在教育管理中运用现代科学技术手段，更主要的是重视计划及研究发展。

从现代科学技术手段来看，随着互联网＋人工智能时代的到来，在教育管理活动的各个环节中运用互联网＋人工智能将成为教育管理中的一个非常普遍的现象。

从重视教育计划来看，随着现代国家管理教育事业范围的不断扩大和教育管理职能的日益复杂，许多国家都在努力使教育管理能够建立在科学管理的基础上。重视教育事业发展的计划已是现代教育管理发展的重要趋势。

多数国家在其教育行政机关设有专门研究或固定教育计划的部门，如美国联邦教育部设有教育计划和预算司，英国教育和科学部设有师资、计划、国际关系及统计司，法国国民教育部设有计划委员会，德国教育部设有教育计划司，日本文部省的大臣官房和大学局都设有计划课。

各国教育计划的范围和种类也在日益扩大。有的国家单独制定国家的教育计划，有的国家把教育计划作为国家综合计划中的一部分，也有的国家将教育计划纳入国家的经济计划。教育计划有全国性的，也有地方性的；有长期计划，也有短期计划。教育计划还包括各级各类教育的计划，如学前教育、初等教育、中等教育、职业教育、高等教育、师范教育、终身教育计划等。

从重视教育科学研究来看，由于现代教育越来越社会化，许多教育问题也日益复杂化。单凭教育行政人员的经验和主观臆断，往往不能解决复杂的教育问题，这就需要有专门性的教育科研机构从事各级各类教育的研究，以解决教育事业发展中遇到的问题。为此，许多国家从中央到地方，在教育的机构中设置了教育科学研究机构，大力从事教育的基础理论研究和应用研究，以科学的理论指导教育管理工作。在中央一级，法国设有国立教育研究所，主要研究课程、教学方法、师资培养等问题；日本设有国立教育研究所，主要研究领域为教育史、教育思潮、教育计划、教育行政、普通教育、比较教育等；英国设有英格兰和威尔士全国教育研究基金会，研究范围涉及整个学校教育的内容、方法与考试；美国原先设有国立教育研究所，在联邦教育部成立后，并入该部的教育研究和发展司。这些研究机构除从事教育研究以外，还负有开展教育咨询的重要任务，为教育决策提供指导性建议和方案。

4. 教育管理专业化

这种趋势主要表现在两个方面：一是教育管理机构的专业化，二是教育管理人员的专业化。

各国教育行政的发展，无论是中央还是地方，都设有一个主管教育行政的专门机构。只是由于各国的社会、历史不同，教育行政的渊源有别，有的国家教育行政从属于一般行政，有的国家教育行政独立于一般行政。但是，各国在教育发展的过程中，都尽量维持教育行政专业部门的适度独立。美国受历史传统及地理环境的影响，至今仍保持学区独立的状态，不受一般行政的干涉。法国的教育行政也不受同级政府的直接指挥，而是独立于一般行政之外，实行上下垂直领导。中央、地方的高级教育行政官员一般要经总理或内阁提名，大学区总长代表教育部长，大学区督学（省级教育行政长官）代表大学区总长，两级层层把关，在本辖区内行使权力。地方教育行政机关自成体系，不受同级地方行政长官的领导。德国与美国、法国不同，由于受施泰因的教育行政是内务行政一部分的行政观念的影响，德国一向把教育行政视为内务行政的一部分，但也十分重视专门的教育行政机构的作用。英国和日本的地方教育行政则介于上述两种之间，其基本特征是在一般行政与教育行政之间维持一种比较均衡的关系。

过去，各国教育管理人员未曾受过教育管理方面的专业教育，一般由教学人员升任或由一般行政人员转任。随着教育事业和教育科学的发展，现在各国都十分重视教育管理人员的专业训练，其中以美国最为显著。美国目前在各大学普遍设有教育管理专业，培养教育管理方面的专业人员。此外，还设有完善的在职进修体制，为教育管理人员提供进修的机会。其他国家也为此做出了努力。例如，英国的一些大学开设教育管理课程，供在职人员进修。很多教育行政人员专业组织也通过各种途径来促进教育行政人员的专业化。法国国民教育部在其属下特设一个行政人员教育科，专门负责推进教育行政人员的教育工作。德国的州政府与教育学院、研究发展中心和教育人员在职教育机构合作，开设了教育行政课程，以供教育行政在职人员进修，或供即将担任教育行政工作的教师学习。日本也在大学增设了教育行政课程，供学生学习，或供在职教育行政人员进修。

各国教育行政机构的教育行政官员基本上由学有专长的教育方面的专家担任，负责教育内部事务。许多国家对担任教育行政的官员都有较高要求。如法国各级教育行政长官均为教育专家，大学区总长必须由获得博士学位、担任过大学校长或教授的人担任，大学区督学必须由获得博士学位、担任过高中教授或中等学校教员中资格最高的人担任。有些国家的教育行政官员既有教育专家，也有非教育专家，但一般都是由教育专家负责处理教育内部事务，而非教育专家处理教育外部事务。如美国的州和学区教育委员会不规定学历资格，但州和学区的教育厅、局长必须是教育专家。德国和英国的教育行政长官也大致相同。

为促进教育管理人员的专业化，各国还十分重视教育管理人员专业训练的内容：一方面是教育管理原则和现代管理技术，另一方面是教育发展的基本原理。接受训练的人员必须对管理理论、管理过程、行政管理的权限有充分的认识，并及时了解教育方面的新理论、新观点，从而在教育管理的过程中更好地发挥作用。

第二节　教育管理活动概说

要认识什么是教育管理活动，首先要明确什么是活动。

一、关于活动[①]

（一）活动的含义

活动是高度组织化了的物质系统为了发展各自的潜能，相互之间所发生的相互作用和相互影响的过程。

活动必须具备两个条件：第一个条件是高度组织化了的物质系统是指具有结构和分化了的功能器官，只有当这些功能器官相对成熟时才能进行活动；第二个条件是这个功能器官的结构系统必须主动地相互作用并进行物质、能量和信息的交换，才能保持已有的结构并发展新的结构。显然具备这两个条件的只有人和动物。也就是说，只有人和动物才有活动，活动范畴只适用于人和动物。我们这里的活动主要指人的活动。

（二）活动的特性

由于活动是高度组织化了的物质系统才能进行的，因此活动是一个属性的范畴，也就是说只有高度组织化了的物质系统才能进行活动。由于活动又是在高度

---

① 对活动范畴的研究主要参考了高文武关于"认识活动总论"中的有关内容。参见高文武著：《认识活动论》，人民出版社 1991 年版，第 24—28 页。

组织化了的物质系统之间进行的，因此，活动范畴又是一个关系范畴，它涉及高度组织化了的物质系统的双方。不仅如此，活动还涉及高度组织化了的物质系统之间的关系，涉及与这些物质系统有关但又不是这些物质系统之间的关系。如人与人之间的活动，这种活动不仅是人与人之间的关系，还会涉及人与人之间活动的内容即物质和精神的内容，以及活动的环境等因素。

（三）活动与动作、运动和实践的关系

活动范畴与动作范畴有着密切的联系，因为活动主要是由人和动物的动作来完成的。如人和动物的觅食活动，是由人和动物觅食性的动作来完成的。从这个意义上来说，活动就是动作，动作就是活动。然而有的动作并不一定是我们上述定义的活动，只有那些指向了对象的动作，而对象又有了动作反馈的动作才能称得上是活动，因为这时的动作形成了动作双方的相互作用和相互影响。没有作用对象的动作只是一般性的活动，而不是我们这里所说的活动。如一个人在玩弄自己的手指，这显然也是活动，但只是他个人的活动，而不是我们这里所说的人与人之间的相互活动。

活动范畴是一个比运动范畴更特殊和层次更高的范畴。运动范畴适用于一切事物，因为一切事物都有运动或都在运动。而活动只适用于特殊的物质系统，这种特殊的物质系统就是高度组织化了的物质系统。只有这种高度组织化了的物质系统才能主动地与外物发生相互作用，才能完成这种相互作用。而非高度组织化了的物质系统如植物和无机物等，它们由于缺乏相应的器官与功能，不可能主动地与外物发生作用和完成这种相互作用，它们的运动只是本能的运动。可以说，活动是特殊物质系统的一种特殊的运动。

活动范畴与实践范畴相比，其外延更大。实践活动是人的一种有目的的活动。显然，实践活动不能包括本能的活动和实践活动以外的人的活动，如认识活动等，而活动既包括本能的活动，也包括非本能的有目的的活动。实践活动是人的有目的的活动的一种。本能的活动是主动的，但是是无意识的，而实践活动是主动的，却是有意识的。

（四）活动与人的发展关系

人是世间组织程度最高、分化最充分的物质系统，因而也是世间最为活跃和

最具有能动性的物质系统。人所具有的一切，都是由活动造成的。人的发展之所以能摆脱对进化的依赖，就在于人用自己所特有的活动方式为自己的发展开辟了无限的可能性。关于活动（这里主要指的是劳动实践）在人的发展中的作用，马克思曾深刻地指出："当他通过这种运动作用于他身外的自然并改变自然时，也就同时改变他自身的自然。他使自身的自然中蕴藏着的潜力发挥出来，并且使这种力的活动受他自己控制。"①

活动在人的发展中的作用主要表现在：人的社会性和主体性以及人的认识、情感、意志和能力，都在活动中得到表现和提高。人的社会性主要是在物质产生活动中形成的，是人与人相互关系的产物，人的主体性就是人的创造性和自觉性，它们可以通过人自己活动的产物表现出来；人的认识可以通过人改造外物获得信息以及头脑对这些信息进行加工来说明；人的情感和意志是人活动的动力。活动是人发展的唯一途径，通过活动来研究人，就能对人做出最全面、最深刻的说明。

二、关于教育管理活动

（一）教育管理活动的含义与性质

根据以上对活动的论述，我们可以将教育管理活动定义为：教育管理活动是人为了保障受到有序高效的教育而促使自身更好的发展所产生的人与人之间的一种相互作用和相互影响的过程。

教育管理活动是一种活动，它具有活动共有的属性，即它具有高度组织化了的物质系统的活动的属性特性，不过这种活动是世间组织化程度最高的物质系统——人的活动特性而已。它还具有关系特性，这种关系的特性是指，这种活动不仅指的是人与人之间的关系，而且包括在人与人发生关系时所涉及的其他因素之间以及这些因素与人之间的关系。

教育管理活动是一种实践活动，也就是说它是有意识的活动而不是无意识的本能活动。这种实践活动与其他的实践活动一样，以感性的物质实践活动为基

---

① 马克思著，中共中央马恩列斯著作编译局译：《资本论》第 1 卷，人民出版社 2018 年版，第 208 页。

础或前提。离开了这种感性的物质实践活动,其他的实践活动就成了无源之水和无本之木了。这种实践活动还是一种有目的的活动,它是为实现一定的目的服务的,它是为教育的发展即人的自身发展服务的。离开了教育管理活动,教育的发展即人的发展是不可能的。

教育管理活动是一种特殊的实践活动。这种特殊性表现在性质的综合性、对象的特殊性、关系要素上的系统性以及活动范围的层次性和多样性上。所谓性质的综合性是指,教育管理活动既具有教育活动的性质,又具有管理活动的性质。说它具有教育活动的性质,是因为教育管理活动是与教育活动同时产生的,初始的教育活动就有教育管理活动相伴随,而且这种教育管理活动的教育性是比较明显的,因为这种管理活动是教育中的管理活动,管理活动中缺乏教育性,这种管理是不会成功的。说它具有管理活动的性质,是因为教育管理活动是与管理活动有关联的。这种关联表现在,正如上面所说,管理里面有教育的因素,而最为重要的是教育本身就具有一定的管理性。有组织的教育活动,其管理性是比较明显的,即使是自发的教育活动也存在一定的管理因素,因为这种自发的教育是相对于有组织的教育而言的。其实自发的教育也有组织性即管理性的一面,只不过这时的组织性没有有组织教育的组织性那么明显罢了。这时的管理性处于自觉或自发的状态,不需要别人来管理,而只是自己管理自己而已,这恐怕是管理的最高境界,在老庄哲学里叫"无为而治"。所谓对象的特殊性是指,教育管理的对象是教师和学生,教师是有知识的独立个性较强的人,而学生一般都是成长中的人。这就要求管理者注意运用不同的管理观念和管理方法。所谓关系要素上的系统性是指,教育管理活动不仅涉及人与人之间这一系统,即领导者与被领导者,或管理者与被管理者,即所谓的主客体之间的关系,也涉及人与人发生关系时所涉及的其他因素及其关系,以及这些因素与人之间的关系。这些因素包括教育管理活动的内容,时髦的话叫教育管理资源、教育管理过程、教育管理环境与教育管理方法和艺术。这几个要素之间的逻辑关系是,教育管理活动要有具体的内容可管,这就涉及管理资源及如何对资源进行管理的问题;对资源的管理是在一定的管理过程中实现的,所以就有了教育管理的过程问题;而管理过程是离不开一定的环境的,所以教育管理里面就有了一个管理环境问题;而任何管理活动都是要运用一定的方法并形成一定的管理艺术的，所以还要有一个方法和艺术要素。这些要素与活动着的人的关系是，所有这些要素都是与教育管理活动中的人的活动即主客体的活动有关的。没有人的活动，也就没有这些要素的活动及其关系。所谓教育管理活动范围的层次性是指，从个人与组织的角度来说，这种教育管理活动既包括个体与个体之间的管理活动、个体与组织之间的管理活动，也包括由人所组成的组织与组织之间的管理活动；从教育管理活动所发生的场所来说，它既包括学校内部的管理活动、教育行政机构内部的管理活动，也包括一个地区或一个国家的教育管理活动，前者在教育管理学中一般称为微观的教育管理活动，后者称为宏观的教育管理活动。学校内部的管理活动是学校管理学要探讨的内容，教育行政机构内部的管理活动以及一个地区或一个国家的教育管理活动是教育行政学要探讨的内容。所谓教育管理活动范围的多样性是指教育管理活动包括教育人事的管理活动、教育财物的管理活动、教育业务的管理活动（包括教学管理活动、德育管理活动、学生的管理活动、教师的管理活动、学生的招生就业管理活动、教育对外交流的管理活动等），以及保证这些活动正常进行的教育督导与评估的活动等。

（二）教育管理活动的要素

教育管理活动的要素涉及事实层面，也涉及价值层面。也就是说，当我们分析教育管理活动要素时，既要看到事实活动层面的要素，也要看到价值活动层面的要素，因为事实活动层面的要素总是与价值活动层面的要素联系在一起的。从这两个层面来分析教育管理活动的要素，才有可能对教育管理活动要素的分析全面而系统。

1. 教育管理活动事实层面的要素

所谓教育管理活动事实层面的要素，是指与教育管理实践活动直接有关的、教育管理活动中所客观存在的那些要素。根据以上对教育管理活动要素及其关系的分析，我们认为，教育管理活动的人的要素、资源和管理的要素、过程的要素、环境的要素以及方法和艺术的要素是教育管理活动事实层面的要素，因为这些要素是教育管理活动中客观存在的、必不可少的因素。教育管理活动的人的要素指的是管理者和被管理者；教育管理活动的资源和管理的要素指的是人、财、物、信息和时空等资源及如何对这些资源进行开发和管理；教育管理活动的过程的要素指的是教育管理活动的主要环节如计划、实施、检查和反馈总结等；教育管理活动的环境的要素指的是教育管理活动的物质环境、制度环境和观念环境等；教育管理活动的方法的要素指的是完成教育管理任务所采用的措施和手段；而教育管理活动的艺术的要素是指给人以美的享受的那些管理技能。

2. 教育管理活动价值层面的要素

教育管理活动价值层面的要素是指人们以自己的价值观对教育管理活动进行认识，并对这些认识进行理论概括所形成的管理理念性的要素。人们对教育管理活动进行认识一般要形成哪些要素范畴呢？根据我们的理解，人们对教育管理活动的认识首先要认识教育管理活动是什么，然后认识教育管理活动的作用是什么，最后认识怎样发挥教育管理活动的作用。对教育管理活动的认识进行理论概括就形成了教育管理活动本质的范畴，对教育管理活动作用的认识进行理论概括就形成了教育管理活动职能和效能的范畴，而对怎样发挥教育管理活动作用的认识进行理论抽象就形成了教育管理活动的原理和原则。因此，教育管理活动价值层面的要素主要是由教育管理活动的本质、教育管理活动的职能、教育管理活动的效能、教育管理活动的原理和教育管理活动的原则这些范畴所组成。然而，人们既然以自身的价值观来认识教育管理活动，这种认识就不仅关注教育管理活动，而且还要关注人自身，人是通过关注教育管理活动来关注人自身的。人关注教育管理活动的目的是为了关注人自身。因此，教育管理活动的价值因素除了上述几个因素以外，还有贯穿在这些要素之中的对教育管理活动和人自身发展关系的认识所产生的管理理念这一价值因素。

（三）教育管理活动与人的发展

教育管理活动的事实与价值层面的要素与人的发展有着密切的关系。可以说，这些要素都是在人的活动中形成的，没有人就没有教育管理活动，也就没有教育管理这两个层面的要素。而人从事教育管理活动而形成教育管理活动的两个要素，又对人自身的发展起着重要的作用。可以说，从事教育管理活动的人就是在教育管理活动中得到发展的，因此探讨教育管理活动就得探讨这种活动与人的发展关系。教育管理活动与人的发展有两个方面的意思：一是教育管理活动与从事教育管理活动的人的发展关系，二是教育管理活动与在教育管理活动中被教育管理活动保障的人的发展关系。探讨教育管理活动与从事教育管理活动人的发展关系比较好理解，根据我们对活动与人的发展关系的理解，人是在活动中生存和发展的，因此教育管理活动中的人也是在教育管理活动中生存和发展的。在教育管理活动中，人怎样生存和发展取决于怎样从事教育管理活动和从事什么样的教育管理活动。从事教育管理活动的内容和方法不同，人的发展也会不同。从内容来说，如果你从事的是行政活动或是学校管理活动，你就会在行政管理或学校管理方面具有丰富的知识和经验。从方法来说，如果在教育管理活动中，上级怎么说你就怎么做，你的主体性的发展就会比较欠缺，反之，你的主体性就会得到比较好的发展。而探讨教育管理活动与在教育活动中被教育管理活动保障的人的发展关系就比较复杂，因为教育管理活动是与教育活动交织在一起的，因此，探讨教育管理活动与在教育管理活动中被教育管理活动保障的人的关系，首先就涉及教育活动与人的发展关系，然后才是教育管理活动与被教育管理活动保障的人的关系。也就是说，这种关系涉及两方面，一方面是教育活动与人的发展关系，另一方面是管理活动与人的发展关系。从第一种关系来看，一般认为教育活动是有利于人的发展的，但实际情况并非如此，实际上比较多的教育活动是不利于学生的发展的。一般认为管理活动是"管"人的，因而是不利于人的发展的，但实际情况并非如此，管理活动是有利于人的发展的。研究教育管理活动与人的发展关系，就是要探讨在教育活动中和在教育管理活动中人的发展的实际状况，探讨教育活动和教育管理活动在本质上是不是有利于人的发展，探讨教育活动和教育管理活动怎样才能有利于人的发展。

············ 思考题 ············

    1. 理解下列概念：

（1）管理

（2）教育管理

（3）教育行政

（4）学校管理

（5）活动

（6）教育管理活动

2. 如何理解管理的属性和特点？

3. 简述教育管理的产生及特点。

4. 简述教育管理的发展趋势。

5. 简述活动与动作、运动与实践的关系。

6. 什么是教育管理活动的事实要素与价值要素？两者之间的关系如何？

第四章

教育管理活动的事实要素

第一节 教育管理活动的主体与客体

一、什么是教育管理活动的主客体

（一）教育管理活动的主体

教育管理活动的主体指的是教育管理活动中的人。然而并不是所有教育管理活动中的人都是教育管理活动的主体。只有在教育管理活动中对自己所作用的对象有影响作用的人才是教育管理活动的主体。这种主体有两种：作为个体的教育管理活动的主体和作为群体的教育管理活动的主体。第一种主体是在教育管理活动中对自己所作用的对象有影响作用的个人，第二种主体是在教育管理活动中对自己所作用的对象有影响作用的群体。然而并不是所有对自己所作用的对象有影响作用的个体和群体都是教育管理活动的主体。这些主体不是抽象的主体，而是"在场"的主体。也就是说，这些主体一定是在具体的教育管理活动中的主体。这种具体的教育管理活动有有组织的、正规的教育管理活动，也有无一定组织形式的、非正规的教育管理活动。因此，我们这里所说的主体指的是在这些具体的正规的和非正规的教育管理活动过程中的个体和群体。教育管理活动中的个体主体和群体主体的关系是，教育管理活动中个体主体对教育管理活动客体的作用，都是以教育管理活动主体中的群体因素为依托的，没有教育管理活动中的群体主体这一因素，教育管理活动中的个体主体也不可能成为主体，因而也就无从发挥教育管理活动主体的作用。而人作为教育管理活动群体的主体也是离不开教育管理活动个体主体的，因为教育管理群体主体对教育管理活动客体的作用主要是通过教育管理活动个体的主体来实现的。我们知道，主体之所以能发挥主体的作用，主要是因为主体对自己所作用的对象能主动地施加影响，不能主动地发挥这种影响作用的主体即使是在具体的教育管理活动过程中也不可能成为主体。在教育管理活动中能发挥主体作用的人至少要具备如下几个方面的条件。

第一，具有一定的权力。有了一定的权力，作为主体的个体或群体才有可能主动地对客体施加影响。权力有多种理解，最简单和最通常的理解是，权力就是影响力。这里的权力既指职位权力，也指非职位权力。职位权力是主体具有一定的管理或领导的职位而获得的权力，职位权力越大，就越有利于主体对客体施加影响。有的人虽然没有一定的职位，但对自己所作用的对象也有影响力，这种影响力就是由主体的知识、能力、经验和人格魅力等非职位因素所带来的影响力。我们把这种非职位权力所产生的影响力叫作主体的非职位权力。对同一主体来说，具有职位权力的主体同时也需要非职位权力，没有职位权力的主体只具有非职位权力。对不同的主体来说，我们可以把具有职位权力对客体所发生影响的主体称为正式教育管理活动的主体，而把不具有职位权力而由非职位权力对客体所发生影响的主体称为非正式教育管理活动的主体。正是因为主体非职位权力也能对客体发生影响，所以在教育管理活动中，我们既要强调主体的职位权力，也要重视主体非职位权力的作用。在教育管理活动中，对于正式的教育管理活动的主体来说，如果既有职位权力，又有非职位权力，这时主体对客体的影响力就会更大；对于非正式的教育管理活动的主体来说，要注意使他们的影响力与正式教育管理活动主体的影响力保持一致而形成合力，这样才有可能使组织成员协调一致地实现组织目标。

第二，具备相应的能力。主体有再大的权力，如果没有能力，这个权力也是不能很好地发挥作用的，所以主体应具有管理能力。这种管理能力是指一般的能力和与主体在组织中所处的管理地位相适应的管理能力。所谓一般能力是指主体所应具备的一般的心理能力、一般的动作能力以及一般的综合活动能力。这三种能力是一般人，也是一个管理者所应具备的能力。心理能力是反映一个人心理活动水平的能力，它包括人的认知能力，主要指人的感觉、知觉、记忆、思维和想象等方面的能力，意志能力和情感能力等。动作能力反映的是人的动作水平的能力，如人的听的能力、看的能力、说的能力、写字与打字的能力，走、跑、跳、攀登和投掷等方面的能力。综合活动的能力是反映人活动水平的能力，它是人的心理能力和动作能力在人的活动中的综合体现。比如，管理者或领导者在管理活动或领导活动中表现出来的能力，教师和学生在教学和学习中表现出来的能力就是这种能力。这三种能力的关系是，心理能力和动作能力是一个人能力的基础要素，活动能力是一个人能力的综合表现形式，这三个方面的能力构成了一个人的能力系统。[①] 认识这三种能力很重要。我们一般所讲的能力就是综合活动的能力，我们不能把一个人的认识方面的能力或动作方面的能力说成是一个人的整体能力。当我们说一个人的综合活动能力的时候，不能忽视了作为这种能力基础的心理能力和动作能力。主体所应具备的相应的管理能力就是我们这里讲的综合活动的能力，这是主体在管理活动中所表现出来的能力。这种能力一般包括综合分析能力、组织协调能力、人际沟通能力、决策应变能力以及业务工作能力等五种能力。这五种能力构成了主体管理能力的系统结构。主体从事管理活动，首先要对所面临的形势和问题进行分析，因此就要具备综合分析能力；在分析的基础上对工作做出谋划并加以推行，这就需要组织协调能力；要进行组织协调就要与人打交道，这就需要人际沟通能力；在计划实施和与人打交道的过程中，要面临很多问题并要对这些问题进行处理，这就需要决策应变能力；而所有这些能力都是与主体的业务活动范围有关的，因此主体还需具有业务工作能力。主体所应具备的相应的管理能力除了以上五个方面的能力外，还与主体所处的管理层次和职位或地位有关，不同层次和不同职位或地位的管理者的五个方面能力的具体要求是不相同的。比如，对层次和职位或地位较高的管理者来说，综合分析能力和决策能力相对来说要求就要高一些。

---

① 关于人的能力结构的详细论述，参见孙锦涛：《学生能力结构之我见》，载《湖北教育学院学报》1984 年第 3 期。

第三，还需具备相应的知识。能力是离不开知识的，这里的知识不仅是指主体的业务工作能力所离不开的业务知识，更为重要的是离不开教育管理专业方面的知识。因为教育管理是一个专业，没有教育管理学的专业知识是不能胜任教育管理工作的。我们过去认为教育管理不是一个专业，教育管理工作非常简单，人人都可以成为教育管理工作者。这是对教育管理工作的一种误解和偏见。教育管理有它独特的工作对象、工作过程、工作要求和工作方法，它需要懂得教育管理学的专业基础知识才能胜任。我们认为，如下这些知识是作为一个从事教育管理的工作人员所必备的，这些知识包括：从基础知识来说，有管理学、行政学、法学、社会学、经济学、政治学、教育学、心理学、哲学、高等数学和计算机科学等学科的知识；从专业基础知识来说，有教育管理学、教育行政学、学校管理学、教育管理哲学、教育经济学、教育管理史、教育管理心理学、教育科研方法、教育统计与测量等学科的知识；从专业知识来说，有教育政策学、教育法学、教育财政学、教育督导学、教育评价学，以及各级各类学校管理学等学科的知识。教育管理专业的课程设置也应包括上述这些方面的学科知识结构。教育管理的培训课程，对于没有学过这些学科的人员，要有针对性地补课；对于自学人员，也要从这三个方面的知识结构来提高自己教育管理学的学识修养。

（二）教育管理活动的客体

教育管理活动的客体是与教育管理活动的主体相联系，并被教育管理活动的主体所认识和改造的对象。这种对象主要是人，但不仅仅是人，有时还要涉及人以外的物。教育管理活动主体作用的对象既然不仅仅包括人，还包括物，所以教育管理活动的客体就是教育管理活动作用对象的人和物。然而在大多数情况下，人们讨论的教育管理活动的客体主要是指人，而不是物，除非人们在讨论教育管理活动客体时另有说明。教育管理活动中作为客体的人的要素，主要包括作为个体的客体和作为群体的客体。所谓教育管理活动客体的个体，指的是教育管理活动中处于被作用或被影响对象的个人；所谓教育管理活动的群体，指的是教育管理活动中处于被作用或被影响对象群体的人。教育管理活动中客体的个体是教育管理活动客体的实质性要素，教育管理活动客体的群体要素是教育管理活动客体的表征性要素。这是因为教育管理活动主体对教育管理活动客体的作用主要是通过对教育管理活动客体的个体的作用来实现的。有时教育管理活动主体虽然也要与教育管理活动群体的客体发生关系，或者说也要考虑到教育管理活动客体群体的因素，但教育管理活动主体对教育管理活动客体的作用归根结底还是要靠对教育管理活动客体的个体的作用来实现的。在教育管理活动中，虽然教育管理活动的主体也有作为个体的主体和作为群体的主体之分，但正如上面分析的，这二者之间的关系与教育管理活动中作为个体的客体和作为群体的客体这二者之间的关系是不同的。前两个主体在教育管理活动中都处于实体地位，也就是说，它们在主体地位上是缺一不可的。然而对于作为客体的个体和作为客体的群体来说，它们在一定的组织中虽然也是相互联系的，但教育管理活动的个体客体在受教育管理活动主体的作用上是可以独立存在的，因为教育管理活动中客体的个体是教育管理活动主体作用的主要承担者。由于教育管理活动的客体是人以及由于作为教育管理活动个体的客体和群体的客体所具有的上述特性，就使得管理者在教育管理活动中要充分注意人的特性，要注意处理好作为个体的客体与作为群体的客体之间的关系。要注意人的特性就是在教育管理活动中，不能把被管理者当作被动的消极的客体，而应看作是一个能动的积极的主体。要注意处理好教育管理活动个体的客体和群体的客体之间的关系，就是要把管理的目的放在调动广大被管理者的积极性上，而把管理的着眼点放在调动每一个被管理者的积极性上，每一个被管理者的积极性调动起来了，整个被管理者群体的积极性自然就会起来。

教育管理活动中的物的要素，不是单纯的物，而是一个广义的物的要素。这些因素既包括物，也包括财、信息和时空等要素。有人认为，在教育管理活动的物的要素中，除物、财、信息和时空外，还应包括事件。我们认为，这种看法有一定的道理。因为在教育管理活动中，确实有对某一事件做出处理的。但我们认为，当你对事件进行分析后就会发现，事件的因素与已有的教育管理客体因素都是有关联的。如事件发生的时间、地点、参与人员、所涉及的事情等与教育管理客体因素中的人、财、时空和信息都是息息相关的。这样，也就没有必要再把事件作为教育管理活动的客体要素来看待了。所以，教育管理活动中的客体要素实际上包括人、财、物、信息和时空等五个要素。

二、教育管理活动中主体与客体的关系

讨论教育管理活动中主客体之间的关系必然涉及教育管理活动主客体自身的状态及其关系,所以在讨论教育管理活动主客体关系时有必要先讨论一下教育管理活动中主客体的状态及其相互关系。

(一)教育管理活动主客体的状态及其相互关系

教育管理活动主客体的状态及其关系讨论的是在教育管理活动过程中,作为教育管理活动的主体和客体各自处于什么状态,以及在这种状态下主客体之间所表现出的相互关系。

教育管理活动中的主客体一般存在着三种状态。[①] 第一种是本我状态。这种状态是指在教育管理活动过程中主体和客体所表现出的与人的本能有关的状态,它有时是在无意识中发生的,有时表现在人的有意识之中。不管是有意识还是无意识,主客体这时的言谈举止,都是人潜意识的一种表现。第二种状态是自我状态。这种状态是教育管理活动过程中主体和客体面对现实做出选择或应对时所表现出的一种状态。这种状态是一种自觉意识的状态,这时人的言行表现得比较理性,具有较强的自制力。第三种状态是超我状态。这种状态是教育管理活动中主客体在一种特定的情境中所表现出的一种富有激情的状态。这种状态也是一种自觉意识状态,但这时人的言行有可能失去理性,自制力较差。

就教育管理活动中主客体之间的状态关系来说,其一般呈现出三种关系:顺位关系、错位关系和交错关系。顺位关系是指在教育管理活动中主体和客体所处的状态是一致的。如主体处于自我状态,客体也处于自我状态等。错位关系是指在教育管理活动中主体和客体所处的状态不一致。交错关系是指在教育管理活动

---

① 这里对主体和客体状态的分析借用了弗洛伊德的本我、自我和超我三个概念。然而这里所用的这三个概念除本我和自我这两个概念与弗洛伊德所使用的这两个概念的意思基本接近外,超我概念的使用并不和弗洛伊德所用的这个概念的原意完全相对应。弗洛伊德所使用的超我的作用是指检查自我是否能有效地控制本我,并规定自我所必须遵守的行为规则。若自我不执行,则使其产生强烈的自卑感和犯罪感,以示惩罚,故自我要顺从超我的绝对命令。而文中所使用的超我的概念是指人超出自我常态的一种表现。对弗洛伊德的本我、自我和超我三个概念原意的理解请参见弗洛伊德著,杨韶刚等译:《弗洛伊德心理哲学》,九州出版社2003年版,第8—30页。

中主体和客体的状态既有一致的一面,也有不一致的一面。前两种关系一般是针对教育管理活动中主体和客体只是个体的情况而言的,也就是说,这时主客体的状态关系是一对一的关系,所以这时主体和客体所呈现的状态关系要么是顺位的关系,要么是错位的关系。后一种关系一般是针对教育管理活动中单一的主体面对多个客体的情况而言的,也就是说,这时主客体的状态关系是一对多的关系,所以这时主体对于其中一个客体而言,他们的状态关系可能是一致的,是顺位关系,但对于另一个或另一些客体而言,其状态关系可能就不是一致的了,而是一种错位关系。

认识教育管理活动中主客体的状态及其关系有助于在教育管理活动中,主体和客体认清自身的状态以及主体和客体之间所处的状态关系,并根据需要适时加以调整。在教育管理活动中,主体和客体究竟以什么样的状态为好,这个没有定论,大多数情况下应以自我状态为好,但有时本我状态也是需要的。比如,一个领导者在自我状态下做报告时,以本我状态的口吻说一两句玩笑话也未尝不可。有时超我状态也是十分需要的。如领导在开动员大会的时候就需要一种超我状态,以自己的激情来感染听众。在教育管理活动中,对主体、客体的状态有一点是要肯定的,这就是教育管理活动中的主体和客体,其状态不应该是一成不变的。如果一个主体和客体,在任何时候和任何情况下都是一种状态,那是不可想象的。那么,在教育管理活动中,主客体的状态关系究竟以哪一种关系为好呢?这个也没有定论,也要视具体的时间和状况而定。一般以顺位关系为好,但有时出现一点错位关系,使主客体的交往出现一种错落有致的状态也是需要的。如当一个领导者以超我的状态在台上做发展规划的激情演讲时,听众也处于一种激动的超我状态当然也很好,但如果这时听众中有人头脑仍然很清醒地处于一种自我状态去审视演讲者报告的内容,这对报告人所讲的规划目标的科学制定与实施措施的具体落实也是有帮助的。

以上分析的只论及在教育管理活动过程中主体和客体所表现出的状态及其相互关系,还未分析在教育管理活动过程中主客体的相互作用及其相互关系。对教育管理活动过程中主客体关系的分析,只分析主客体的状态及其相互关系是不够的,还必须分析主客体的相互作用及其关系。因为对教育管理活动中主客体关系的分析只从主客体状态的角度来讨论，这只是从静态的角度来描述教育管理活动中主客体的相互关系，它只是陈述在教育管理活动中，主客体各自处于一种什么状态，主客体双方处于一种什么状态。而对教育管理活动中主客体关系的分析还必须深入到主客体相互作用的过程中加以分析，即要看主客体双方在某种状态下究竟是怎样相互作用的，只有这样才有可能对教育管理活动过程中主客体的相互关系认识得更为全面和深刻。基于这种认识，下面在对教育管理活动中主客体状态的关系进行分析的基础上，对主客体相互作用及其关系做进一步的分析。

（二）教育管理活动主客体的作用及其相互关系

在教育管理活动中，教育管理活动的主体和客体相互作用的关系可以从如下三个方面加以分析。

1. 对立统一是教育管理活动主客体关系存在的形式

教育管理活动中的主体和客体是对立统一的。对立和统一是教育管理活动主客体关系存在的形式。它们之间的对立是指，在教育管理活动中它们是不同性质的关系者，它们活动的形式和内容是有所不同的；它们之间的统一是指，教育管理活动中的主客体都以对方的存在为自身存在的前提，并在活动中相互作用和转化。在教育管理活动中，我们要运用教育管理活动主客体的这种对立统一的关系来做好教育管理工作。首先，要正视教育管理活动中人与人之间产生的一些摩擦和矛盾。因为教育管理活动中的人都是由不同个性的人组成的，他们分属于不同的组织，占据不同的岗位，具有不同的工作任务，这样在教育管理活动中产生一些不协调和不可控的因素就是必然的，也是正常的。其次，也要认识到在教育管理活动中消除这种不协调、不可控的矛盾因素也是必然的、正常的。这是因为，虽然教育管理活动中的人扮演着不同的角色，但他的目标是一致的。这样就有可能使得教育管理活动中的主体与客体在思想和行动上统一起来并协调一致地做好教育管理工作。同时，这也要求教育管理工作者及时处理好教育管理活动中出现的各种矛盾和问题，化消极因素为积极因素，确保教育管理工作的正常运行，以保证教育管理目标的实现。

2. 认识活动与实践活动是实现教育管理活动主客体关系的桥梁

认识活动与实践活动是实现教育管理活动主客体关系的桥梁。教育管理活动中主客体相互作用的关系是通过主客体间的认识活动和实践活动来实现的，可以说，认识活动和实践活动是教育管理活动中主客体关系的纽带。教育管理活动中主客体的认识关系是指主客体的相互理解和相互把握的关系。教育管理活动中主客体的实践关系指的是主客体间的相互影响和相互改造的关系。教育管理活动中主客体的认识关系和实践关系是相互联系的。教育管理活动中主客体相互理解和相互把握的范围和程度，影响和决定着主客体相互影响和相互改造的程度。教育管理活动中主客体的认识关系是在主体和客体交往的活动中实现的，其过程是由相互知之较少到知之增多，由彼此的表面认识达到彼此深刻的认识。在教育管理活动中，交往既是主客体认识活动的方式，也是主客体实践活动的方式。也就是说，教育管理活动中主客体的相互影响和相互改造也是在主客体的交往活动中来完成的。交往的内容不同，主客体相互影响和相互改造的内容也不同；交往的范围越广，主客体相互影响和相互改造的面就越广；交往得越深，主客体的相互影响和相互改造的力度也就越大。

上述关于认识活动和实践活动在教育管理活动中对主客体关系发挥作用的论述告诉我们，在教育管理活动中，要重视认识活动和实践活动在形成和发展主客体关系中的作用。要有效地实现教育管理的目标和任务，首先要重视认识活动在教育管理活动中的作用。我们以往讲教育管理活动中主客体的影响，不注意以主客体间的相互认识为基础来谈主客体的相互影响，以致使这种影响成为空中楼阁，其影响的效果也就可想而知了。其次，要注意认识活动和实践活动的双向性。在教育管理活动中，主客体间的单向性的认识活动和实践活动虽然对形成主客体关系有一定的作用，但这种作用是有限的，只有双向性的认识活动和实践活动，才有可能对主客体关系的形成和发展产生积极和持久的作用。这种对教育管理活动中认识活动和实践活动的单向性认识，不仅在理论上不可能全面认识认识活动和实践活动本身的特性，不可能全面认识认识活动和实践活动在主客体关系中的作用，而且在实践上对发挥认识活动和实践活动在形成和发展主客体关系中的积极和持久的作用也是不利的。

3. 对象化是教育管理活动主客体关系实现的结果

对象化是教育管理活动主客体关系实现的结果。我们知道，人类的实践活动都是一种对象化的活动。教育管理活动作为人类活动的一种，它当然也应该是一种对象化的活动。所谓教育管理活动的对象化就是主体和客体在教育管理实践活动中相互作用和相互影响，从而使主体客体化，客体主体化；主体将自己的本质力量对象化在客体身上，客体也将自己的本质力量对象化在主体身上。这种对象化的产物要么是物质的，要么是精神的。前者如房屋和器材设备，后者如管理制度和管理观念等。这些物质和精神的东西可以为教育管理提供物质基础和精神基础。由对教育管理活动对象化的理解我们很容易看出，对象化确实是教育管理活动中主客体关系实现的结果，因为主客体的相互作用和影响的最终结果都体现在主客体的对象化上，或者换句话来说，都是由主客体的对象化所带来的。下面让我们具体分析一下主客体关系的变化状况对教育管理活动对象化的影响。在哲学的视野中，主客体关系大体说来是这样一个发展过程：开始是主客不分，后来是主客二分，最后是主客合一。主客不分不会产生管理问题，因此也就没有对象化的问题。主客二分才有了所谓的主体——管理者，和客体——被管理者，因而才有了对象化的管理活动。从教育现象来看，有了教育现象，就说明主客二分的现象已经形成，因为这时有教育者——主体，和受教育者——客体，这时对象化的教育管理活动的产生就是很自然的了。我们说，有了教育活动就有了教育管理活动就是这个道理。那主客合一和教育管理活动是什么关系呢？这里的主客合一不是说没有主体和客体，而是说客体已经变成了主体。原来主体与客体之间的关系变成了主体与主体之间的关系，这就涉及后现代哲学所讲的主体间性的问题了。这里有这样一个问题有必要深入分析一下：由于客体不仅仅是指人，还指物，主客二分以后的客体，它不仅仅是指人，还包括物，因此主客二分后的教育管理活动，不仅是人与人之间的关系，还有人与物之间的关系，这样，在主客合一阶段，即主体间性阶段，这时由原来的客体变成的主体是仅仅指人，抑或还包括物？我们认为，既然在主客二分阶段的客体包含了物，到主体间性阶段的客体当然也应包括物。如果是这样的话，那又如何来理解到主客合一阶段，主体与主体之间的相互作用呢？提出这样的问题是因为，在主客合一阶段，由原来的客体——人，变成了主体，这种主体人与客体人之间的关系已不是主体与客体之间的关系，而变成了主体与主体之间的关系。因此，这时的主体间性及对象化是好理解的。然而由物变成的主体与原主体人之间是怎样形成主体间性的呢？对于这个问题我们是这样来理解的：这时的物从表面看来虽然是物，但它已不是一般意义上的物了，而是渗透了作为主体人价值观念的物了，也就是说是人化了的物，即主体人对象化以后的物了。这时的主体间性，是指人与人化了的物之间的关系。我们把这种主体间性也称为人与人之间的主体间性，是因为人与人之间的主体间性主要是指人与人之间的价值观的交流，而人与人化了的物之间的交流也是价值观与价值观之间的交流，只不过这时人是隐蔽在物后面的人而已。

对象化过程中主客关系发展变化分析的意义在于，它使我们认识到，在主客二分阶段，由于强调的是主客二分，在观念上容易出现只强调主体对客体的作用，在管理形式上容易出现只主张领导对被领导的权威或被管理者对管理者的服从的现象。这时的对象化可能只是单向的，只是主体对客体的对象化。从这一意义上可以说，教育管理活动中不民主和不平等是以主客二分的哲学观为基础的。另外，这种从主客二分的角度看教育管理活动，容易忽视了对物的价值关怀，因为这一阶段只是把"物"当"物"来看待。然而在主客合一即主体间性阶段，教育管理活动中的人都是主体，教育管理活动是主体与主体之间的交流活动，因此教育管理活动应是平等的和民主的。从这一意义上来说，教育管理中的民主、平等和参与管理，是以教育管理活动中主客体关系的主体间性哲学观为基础的。此外，主体间性的教育管理活动观还告诉我们，现代管理活动归根结底是人与人之间的关系，是人与人之间的对象化活动。管理活动中的人文关怀不仅反映在人与人的关系上，而且还反映在人与物的关系上。教育管理活动不仅要注意人与人之间的价值交流，还要注意人与物之间的价值交流。学校的物质环境的建设，实际上是人文环境的建设。这就是后现代主客关系哲学——主体间性，给教育管理活动对象化所提供的全新的人文意蕴。当代中国的教育管理活动，当然不能只停留在主客二分的管理阶段，而要用主体间性的理论来更新教育管理活动的观念及实践，使教育管理活动的对象化充满人文的情怀。

第二节 教育管理活动的资源及管理

一、人力资源的开发与管理

（一）人力资源开发与管理的一般要求

上节"教育管理活动的主体和客体及其关系"主要是从教育管理活动中两个带有决定性因素的角度对人的因素问题进行了分析。这里从人力资源的开发与管理的角度对人的因素进行分析。如上所说，人是教育管理活动中的主体，又是教育管理活动中的客体，因此人是教育管理活动的第一要素。人有巨大的潜力，是一个能动的具有创造性的主体，因此人又是教育管理活动的决定性要素。在教育管理活动中抓住了人这一要素，就抓住了教育管理活动的根本；调动了人的积极性，教育管理活动就能顺利进行，就有利于提高教育和教育管理效能，实现教育和教育管理目标。

教育管理活动中人力资源的开发与管理主要包括教育管理人员资源的开发与管理，教师资源的开发与管理和学生资源的开发与管理。对这三类人力资源的开发与管理共同或一般的要求是，在开发与管理的过程中，要做好"进""用""出"三个方面的工作。"进"的工作，是指要运用考试录用制度、委任制、选任制和聘用制等做好这三类人员进口关的工作，即进入工作岗位的工作；"用"的工作，是指做好发挥这三类人员的作用，激发人的活力，充分利用人才的智能优势的工作，为更好地发挥这三类人员的作用，还要注意对他们进行培训和交流；"出"的工作，是指要运用辞职、辞退和退休制度做好这三类人员的出口关的工作，建立合理的代谢机制，以保证教育队伍和教育管理队伍旺盛的生命力。在开发与管理的政策上，要处理好要求与待遇之间的关系。这是指，要对这三类人员有严格的要求，同时要有相应的待遇，做到义务与权利的统一。在这一点上要注意运用考核制度、奖惩制度和工资福利制度来做好这方面的工作。在开发与管理的目的上，要使这三类人员身心健康，有良好的生活、学习和工作条件，有利于他们积极性和创造性的发挥。由于在教育行政学和学校管理学中对这三类人员的管理有比较详细的论述，以下针对这三类人员的不同特点，对这三类人员资源的开发与管理的具体要求做简要讨论。

（二）教育管理人员资源的开发与管理

教育管理人员资源的开发与管理，包括教育行政机构中教育行政人员资源的开发与管理，和学校的管理人员资源的开发与管理。对教育管理人员的开发与管理，第一要做到因事择人，根据事业的需要和职位对人员的资格要求来选用人员；第二要做到任人唯贤，就是根据德才兼备的标准来任用人才。这里所讲的德就是政治素质、思想素质和职业道德，才就是指业务能力。德才兼备并不是指全德和全才，更不是求全责备，而是德看主流，才重一技；第三要做到论功行赏，就是要按照教育管理人员的工作实绩和贡献进行赏罚；第四要使人才能合理流动，做到充分挖掘人才，合理调配人才，使人才能在适宜的环境中成长和发挥作用。

（三）教师与学生资源的开发与管理

教师资源的开发与管理，就是要促进教师专业的发展，使教师能在教书育人、提高教育质量当中发挥更大的作用。为此，首先，要求在教师管理工作中，严格把好质量关，真正把那些具有较高素质的教师选拔到教师队伍中来，同时也要根据不同教师的特点合理安排工作，充分发挥每一个教师的作用。其次，要使教师队伍有一个合理的结构，使教师队伍的数量结构、质量结构、专业结构、知识结构、年龄结构、能力结构、性格结构等趋向合理化。最后，要以教育和激励的手段来调动教师的积极性。在教育问题上，要尽可能地为教师提供培训的机会，做到用人与育人相结合；在激励问题上，运用各种激励手段来调动教师的积极性。要特别注意教师的工作成果和工作绩效，要以对学校实际贡献的大小作为衡量、评价和奖惩教师的依据。

学生资源的开发与管理，就是做到使学生各方面的素质能得到充分发展。为此，要树立正确的学生观，把学生当作学习活动的主体，使他们能在学习活动中生动活泼、主动地得到发展；要加强学生管理队伍建设，建立和健全学生管理的组织系统；要加强学生的自我管理，要让学生在自我管理中提高自觉、自立、自强和自理的能力。

二、财力资源的开发与管理

（一）什么是财力

"财"指的是教育管理活动中可用于教育支配的资金或经费，是一个国家向教育领域投入的人力、物力和财力的总的价值表现形式。人们有时把财称为教育经费，把这种教育经费又称为"教育投资"或"人力投资"，因为教育经费投入的目的是发展人的能力。财力资源的开发与管理，在不同的教育管理活动层次上有不同的要求。教育行政学和学校管理学对这些要求都有具体的论述，这里只就财力资源的一般开发与管理问题做简要讨论。

（二）财力资源开发与管理的一般要求

首先要善于聚财，要通过多种渠道筹措教育经费。在筹措教育经费的多种渠道中，政府对教育的投入是教育经费来源的主渠道，所以要保证政府对教育有充足的经费投入，特别要保证对基础教育的经费投入。在此基础上，要善于利用社会力量和个人的资源捐资助学。其次要合理理财，做到合理分配教育经费。在经费分配的原则上，要做到正确处理好业务性支出、行政性支出和基本建设性支出之间的关系、重点与一般的关系以及维持与发展的关系。在教育经费内容分配的处理上，要使教育基本建设费和教育事业费有一个合理的比例；教育事业费中要正确处理各级各类教育经费之间的关系，做到各级各类教育经费之间的分配有一个恰当的比例；从分配到学校里的教育事业费来说，要正确处理教育人员费与公用费之间的关系，使人员费用和公用费用有一个合理的比例。最后要管好财、用好财，要严格管财，民主理财。建立和完善教育财政政策和教育财务制度，严格按照教育财政政策和教育财务制度办事，使教育财政活动做到有法可依，有章可循。另外，要尽量节约开支，杜绝浪费，把有限的资金用在教育事业发展最需要的地方，力争少花钱，多办事，办好事。

三、物力资源的开发与管理

（一）什么是物力

教育管理活动中的"物"，指的是有关教育管理活动的校舍、教室、办公用房、运动场地、教育教学及办公用的仪器设备和图书资料等。教育管理活动中的物力资源的开发与管理，包括教育行政机关中教育管理活动的物力资源的管理和学校中教育管理活动的物力资源的管理。上述物力资源中的各种"物"的开发与管理，在教育行政学和学校管理学的相应部分都有比较详细的论述，这里只就物力资源开发与管理的一般要求及学校教学设备的开发与管理问题做简要讨论。

（二）物力资源开发与管理的一般要求

教育管理活动中物力资源开发与管理的总的要求是，要合理开发和利用教育的物资资源，科学配置物资资源，有效发挥物资资源的作用，做到"物尽其用"；要管好和用好各种教学设备，提高设备的利用率，以有限的物力投入去获得最大的教育效益和社会效益。对于学校内部教学设备的开发与管理，首先要明确教学设备管理的组织形式。教学设备是学校的固定资产，由学校登记造册，并要配置专门的机构和专职人员进行管理。教学设备从购进到设置使用，不同的环节具有不同的要求。在购置更新教学设备的环节要有计划地进行，计划的编制要考虑经费的可能和教学设备的技术性能、教学需要及其利用率的大小等因素；购置环节要注意质量，要选购质量好、价廉物美的教学设备；在使用过程中要做好常规性的技术管理工作，主要包括各种教学设备的技术资料的保管、分析，设备运行故障及维修记录等。另外，为保障教学设备的正常运行和高效使用，要对设备管理人员和操作人员进行培训和考核，要制定人员的责任制、工作制、设备的保管、维修和使用制度等。

四、信息资源的开发与管理

（一）什么是信息资源

教育管理活动中的信息资源，指的是反映教育活动和教育管理活动发展变化情况的各种消息、情报、指令、资料、数据、图纸等的总称。教育管理活动过程，是一个信息的输入到输出，经过反馈到再次输入的过程，从这个意义上来讲，教育管理活动的过程，就是一个信息的处理过程。对教育管理活动中信息的处理要按照收集、加工、传递和贮存的程序进行，要做到及时、真实、适用和经济。在教育管理活动信息资源的开发和管理中，最为重要的是要有效地利用教育活动和教育管理活动的信息。

（二）信息资源的开发与管理的一般要求

首先，要注意输入信息的广泛性。即要大量地占有信息，以为教育工作者和教育管理工作者正确把握教育工作的发展方向与趋势，了解教育工作的现状，为教育发展的计划与决策提供充分的依据。其次，要注意指令信息的方向性。就是要给教育活动和教育管理活动提供正确的方向性的信息，这样才能保证教育管理活动中计划决策的方向性。计划与决策有了正确的方向，教育管理工作及各项教育事业就会顺利地发展。再次，要反馈信息的可靠性。要使反馈信息具有可靠性，既要注意通过正式渠道得到的反馈信息，也要注意通过非正式渠道得到的反馈信息。最后，要注意评价信息的准确性。要掌握准确的评价信息，关键是要掌握全面的情况，在此基础上进行实事求是的分析，做出恰如其分的总结与评价。另外，教育管理活动中信息的有效利用，除了注重信息本身的因素以外，还要利用现代信息的网络技术，使信息的来源更广泛、更迅速，使信息的处理更快捷、更有效。

五、时空资源的开发与管理

（一）时间资源的开发与管理

时空资源的开发与管理，包括时间资源的开发与管理和空间资源的开发与管理。教育管理活动中的时间的开发与管理不是指另外去找时间，因为时间是一个常量，对任何人都是一样的；也不是去延长时间，也就是人们常说的去拼时间，因为人的精力是有限的，人在某个方面延长了时间，似乎多做了一些事情，但由于人的精力在这个延长的时间里消耗掉了，得用另外同样长的时间去休息以使人恢复失去的精力，所以时间并没有延长，而且长期拼时间还会把人的身体搞垮。这里讲的时间的开发与管理主要是指要充分利用有限时间，提高单位时间的利用率。就是说今天能做的绝不留给明天，一个小时能干两个人的活，绝不只干一个人的活。为此，做事要有计划。就是说，在一个小时里干什么，怎么干，事先都应有一个打算，而不是干到哪里就是哪里。

（二）空间资源的开发与管理

空间资源的开发与管理，主要是指教育行政机关和学校如何有效地利用教室、实验室和办公用房等。学校教室的开发与利用主要是指怎样使教室在更多的时间能派上用场，使同一时间有更多的人在教室里受益。解决这两个问题，既有认识问题，也有实际操作的技术问题。有人认为，教室一般只是白天安排课，晚上不安排或少安排课；周一至周五安排课，而周末不安排或少安排课；学期中安排课，假期不安排或少安排课。其实这些看法和做法都是不可取的。无论白天还是晚上，工作日还是周末，学期中还是假期，都要根据需要来安排教室上课，否则教室的资源就是一个很大的浪费。教育行政机关空间的开发与管理，就是要节省空间成本，有效利用空间，缩短工作流程，迅速处理资料，提供良好的工作环境并促进人员的沟通与协调。

第三节 教育管理活动的过程及环境

一、教育管理活动的过程

任何教育管理活动都是教育管理活动的主体和客体相互作用和相互影响而引起的，它是教育管理活动形成和发展的实质所在。这种相互作用和影响都是围绕一定的管理内容而进行的，从而表现出教育管理活动的内容特点。在教育管理活动中，由于主体和客体不同而形成不同范围和层次的教育管理活动，因此在教育管理过程的形式上会有所差别，从而在教育管理过程的形式上会表现出不同的特点。以下就从教育管理活动过程的实质、教育管理活动过程的内容和教育管理活动过程的形式三个方面对教育管理活动的过程进行分析。

（一）教育管理活动过程的实质

从实质上来说，教育管理活动就是教育管理活动的主体和客体相互作用、相互影响从而实现对象化的过程。这一过程首先是主客体的定向化。所谓主客体的定向化，是指在教育管理活动中主体和客体的相互确认，也就是在教育管理活动中主体认识到对方是客体，客体认识到对方是主体。这是教育管理活动的起始环节，是教育管理活动的基础。离开了这一环节，就形成不了主客体双方，也就没有主客体的相互作用和相互影响。

其次是主客体的意向化。主客体的意向化，是指主客体之间信息的相互传递和沟通。这种信息不仅是指有关工作上的信息沟通，还指个人思想和情感上的交流。它是主客体相互确认的后续阶段，是教育管理活动中主客体相互作用的具体内容或桥梁。离开了这种意向化，就是主客体之间相互指称也没有什么实质的意义。

再次是主客体的动向化。主客体的动向化，是指主客体之间不断地进行信息交流，从而使主客体之间的相互作用不断得到强化。动向化给教育管理活动提供动力。这一阶段在教育管理活动中起着重要作用，教育管理活动如果失去了动力，整个教育管理活动的过程就不能完成。

然后是主客体的物向化。主客体的物向化，是指主客体通过不断地相互作用和相互影响，主客体受到对方影响后而各自形成的可感知的变化。比如，双方在认识、情感、态度和能力等方面的变化，以及在这种变化以后产生的可感知的物质效果。如校长的工作更努力了，学校的面貌发生了比较大的变化；教师工作的干劲增强，教育教学效率提高了；学生的学习热情高涨，学习成绩提高了，等等。物向化是教育管理活动中主客体双方对象化后所产生的物质效果，它是教育管理活动结果的表现形式。

在教育管理活动中，主客体双方的相互作用和相互影响到了物向化阶段，也就是说产生了可感知的物质的表现形式，整个教育管理活动的过程就可以告一段落了。然而实际过程并不是这样，教育管理活动过程到了物向化阶段，还有一个我向化的阶段。所谓我向化的阶段，是指主客体相互作用所产生的这些可感知的东西已经与主体和客体融为一体，已成为主体和客体自身的一部分，成为主体和客体相互作用的新的起点。在物向化阶段，虽然主体和客体也发生了变化，但这种变化可能是外在的、表面的和短期的，而在我向化阶段，主体和客体所发生的变化是内在的、深刻的和稳定的。由此可以说，教育管理活动中主体和客体相互作用的对象化在物向化阶段只是初步的，到了我向化阶段，教育管理活动中主客体的对象化才算真正完成。①

教育管理活动过程的实质告诉我们，在教育管理活动中，管理者和被管理者首先得互相确认或承认，然后要不断地进行信息交流，使双方感受到有所变化，并将这种变化转化为自身的一部分，这样的教育管理过程才是一个比较完整的有效果的管理过程。

（二）教育管理活动过程的内容

我们这里讲的教育管理活动过程的内容，不是每一个教育管理活动过程的具体的活动内容，这里所说的内容，指的是教育管理活动过程为完成一定的任务所采用一定的程序。不同的教育管理活动过程的具体程序可能会有所区别，但制订计划、计划的实施和计划实施后的检查即计划、实施、检查和总结这四大程序却是所有教育管理活动所共同具有的。有人说教育管理活动过程是计划、组织和控制三个程序，有人认为教育管理活动过程是计划、组织、指挥、协调和控制五个程序，还有的人认为教育管理活动过程包括计划、组织、人事、指挥、协调、报告和预算七个程序，也有人说以上这些说法不能算作是教育管理活动过程的程序，它们只是教育管理活动的职能。这些看法是把教育管理活动的职能当成了教育管理活动的过程，并认为职能和过程虽然是有联系的，但它们是不能互相替代的，不能把职能当作过程的环节。我们不这样认为，这几种看法虽然在用语上与活动的职能是相同的，但这些用语所表达的，也确实反映了教育管理活动的过程。这种情况的产生，主要是由于这些用语的"双重性"而导致的。也就是说，这些用语既可用来表达活动的职能，也可用来表达活动的过程。因此，我们不能因为这些用语可以用来表达职能，就不能用来表达活动的过程。看来现在的问题不是说不能用描述职能的用语来描述活动过程，而是说这种看法本身有没有道理。我们认为，上述这几种对教育管理活动过程的看法是有一定道理的。它们和我们所说的三大程序没有本质的区别，所不同的只是用语上的不同，所说的意思大体上是相同的。上述几种看法都有计划，这和我们的看法没有不同。上述几种

---

① 这部分对教育管理活动过程五个阶段的分析，借用了王永昌对实践过程五个阶段划分的观点。参见王永昌著：《实践活动论》，中国人民大学出版社1992年版。

看法没有执行，但有组织、人事、指挥、控制和协调。我们认为，组织、人事、指挥、控制和协调是执行过程中必不可少的重要事项。因此，上述几种看法虽然没有提到执行，但实际上也是有执行这一程序的。前两种看法没有提到检查和总结，但提到了控制，其实控制也有检查和总结的意思；后一种看法也没有提到检查和总结，但有报告和预算，其实报告和预算也暗含了检查和总结，因为只有检查和总结了才有报告，才有对下一步活动的预算。由上分析我们可以说，尽管当前人们对教育管理活动过程的看法还不一致，但计划、实施、检查和总结是教育管理活动过程的四个最基本的环节，却是毋庸置疑的。

计划是指在教育管理活动过程中确定目标并为实现目标而制订方法和步骤的活动。计划有长期规划和短期规划，整体规划和部门、个人规划，常规性规划和专题性规划等。制订计划的过程实际上是一个方案的抉择过程，要从多种方案中选择合理、满意的方案。执行是教育管理者运用各种资源实现教育管理计划的活动。教育管理活动的执行是一个以计划为前提，以信息为中心，以组织、指导、协调、教育与激励为内容，以成果为标志的活动。检查是教育管理人员对计划的执行情况进行监督、考核，并发现问题和解决问题的管理活动。检查有定期检查和不定期检查，全面检查和专项检查，调查性检查、研究性检查和总结性检查等。检查要有明确的检查标准，要以事实为依据，要全面掌握情况，既要重视结果，也要重视过程，要注意提出改进措施。总结是教育管理者组织教育人员对教育管理工作进行整体分析和全面评价的管理活动。总结有全面总结和专题总结、学年总结、学期总结等。总结要有目的，要以计划为依据，以检查为基础，应具有教育性和激励性，要将总结与提高相结合。

（三）教育管理活动过程的形式

教育管理活动过程的实质和内容在不同层次和不同范围的教育管理活动过程中，其表现形式是不相同的。以下以宏观的教育管理活动过程，即国家管理教育活动的过程或教育行政过程以及微观的教育管理活动过程，即学校教育管理活动的过程为例，来对教育管理活动过程的不同表现形式加以讨论。

国家管理教育，要开展各种各样的活动，是一个系统而复杂的管理过程。然而，一个国家无论开展什么样的教育管理活动，这一活动也无论多么系统而复杂，国家管理教育活动的过程主要是一个以制定和执行教育政策为中心的活动过程。这一过程的基本环节是，国家管理教育，首先要制定教育方针、政策和法规，在一定的政策法制环境下，对国家的教育发展进行预测和规划，在此基础上去构建国家的教育体制，然后在一定的教育体制下开展教育财政活动、教育人事管理活动、教育业务管理活动（包括教学管理活动、德育管理活动、体育卫生管理活动、学生的招生就业管理活动、教育的对外交流管理活动等），以及教育督导和评估活动。这一过程是一个宏观有序的相对完整的管理过程。说这一过程是宏观的，是因为这一管理过程是在国家层面上进行的；说这一过程是有序的，是因为国家发展教育，当然首先要确定教育的大政方针，有一个良好的法制环境，有了方针政策和法规制度，才能有目的、有依据、有保障地进行教育的预测和规划；对教育进行了预测和规划，才能筹划各级各类教育的发展，这样教育体制发展的框架才有可能建构；有了一个教育体制的框架，才能在一定的教育体制下开展诸如教育人事、教育财务和教育业务以及教育督导和评估活动；说这一过程是一个相对完整的过程，因为这一过程反映的是一个从教育政策的制定，到教育政策的执行，再到教育政策的监督评估的全过程。国家首先制定的教育方针是一个国家教育的总政策，然后在这一总政策下制定一些具体的政策，政策的具体化、条文化和定型化就形成了教育法规。可以说，国家制定教育方针、政策和法规从总的来说还是一个政策制定的过程。在政策和法制的环境下开展的教育预测和规划，建构教育体制，以及在教育体制下开展的各种教育管理活动，总的来说，是一种执行教育政策的活动。而教育的督导和评估活动，从教育政策的角度来说，它就是一种教育政策实施的监督和政策实施后的评价活动。由此可见，国家管理教育的活动过程确实是一种以制定、执行和监督评估教育政策为中心的管理活动过程。

  学校内部的教育管理活动是多种多样的，也是一个复杂而系统的过程。然而，无论学校内部的管理活动多么复杂多样，学校内部的教育管理过程也是一个围绕制定学校发展目标和实现学校目标而制定学校管理工作目标和实现这一目标的过程。因为学校的发展都要有发展目标，学校的一切工作，都是围绕实现这一目标服务的。可以说，学校工作质量和效率的高低，决定着学校发展目标实现的效率和质量。为了保证学校发展目标的实现，还必须重视学校工作的效率和质量。学校工作的效率和质量取决于很多因素，但最为关键的因素是学校工作的目标。学校有了明确的实现学校发展目标的工作目标，并扎扎实实地去实现这一工作目标，学校发展的目标才有可能实现。看来，在学校管理过程中，除了制定学校发展目标外，还要制定并实施学校管理工作目标。我们把为制定和实现学校发展目标而制定学校管理工作目标和实现这一目标的过程叫作学校的目标管理过程。这一过程具体来说是指学校管理者和组织成员在共同确定学校发展的总体目标的基础上制定实现这一目标的工作目标，然后将这一工作目标转化为学校领导目标、部门目标和个人目标，使其与学校总工作目标融为一体，形成目标体系，并以此推进学校的管理活动，实现学校预期的管理工作目标。学校的目标管理过程是由目标的制定与展开、目标的实施和目标的考评三个阶段所组成的动态的过程。在目标的制定与展开阶段，学校领导者要在民主讨论的基础上，提出学校工作的总体目标，学校领导、各部门和教职工个人的目标的制定要以学校的总体工作目标为依据；在目标的实施阶段，学校领导者要合理地向下级授权并为下级提供支持和服务，为学校工作目标的实施提供保证，而学校领导、各部门和教职工个人要努力工作，通过完成自身的工作目标而使学校的总体工作目标得以实现；在目标的考评阶段，学校领导、各部门和教职工个人首先要对自身完成工作目标的情况进行考评，学校领导者在此基础上对下级工作目标达成的情况进行评价，各部门和教职工个人对学校领导工作目标达成的情况进行评价，然后对学校工作目标实现的情况进行总的评价。由上分析可见，学校管理活动的过程，就是实现学校发展目标的过程，而学校发展目标的实现，是靠学校目标工作的管理过程来实现的。

二、教育管理活动的环境

教育管理活动的环境，指的是教育管理活动所联系和依赖的内部和外部条件。它一般指的是教育管理活动所联系和依赖的内部和外部的自然环境和社会环境，或物质环境和精神环境等。教育管理活动所联系和依赖的内部环境和外部环境，虽然在总体上可以说是自然环境和社会环境，或是物质环境和精神环境，但由于活动的范围和层次不同，其具体的环境条件还是有些差别的。以下从宏观的教育管理活动，即国家管理教育的活动，和微观的教育管理活动，即学校内部的管理活动及教育行政机关内部的管理活动两方面，对教育管理活动的环境做一下分析。

（一）宏观教育管理活动的环境

宏观教育管理活动的环境，也叫教育行政活动的环境，它是指一个国家或一个地区教育管理活动的环境，这里指的只是国家教育管理活动的环境。国家教育管理活动的环境从范围来说，有国内的环境和国外的环境；从内容来说，有自然环境和社会环境，或物质环境和精神环境。从环境的范围来分析它对一个国家教育管理活动的影响，要特别注意国外环境对一个国家教育管理活动的影响，特别是在信息化和经济全球化的今天，经济的全球化趋势给各国的政治、经济和教育等带来了深刻的影响，我们要正视这种影响，并要利用这种影响来为发展本国的教育服务。然而，尽管国外的环境对一个国家的教育管理活动有重要影响，特别是经济全球化的今天，这种影响越来越明显，但我们在分析国外环境和国内环境对一个国家教育管理活动的影响时，应着重分析国内的环境对一个国家教育管理活动的影响。这是因为，一个国家的教育管理活动虽然也受国外环境条件的影响，但国内环境对教育管理活动的影响更具体、更直接。从影响的范围和效果来看，一个国家教育管理活动主要还是受国内环境的影响。我们认为，国外的环境因素对一个国家教育管理活动的影响要做具体分析。一般来说，物质的因素对教育管理活动的影响要大一些、直接一些，而精神文化方面因素的影响则要小一些、间接一些。如国外教育管理活动的方法和技术方面的影响要大一些和直接一些，因为这些方法和技术没有意识形态方面的因素，各国都可以采用。而国外文化和意识形态方面的影响相对来说就要间接一些、小一些，因为各国的文化和意识形态是不一样的，对于这方面对教育管理活动的影响，各国一般都是要有选择地加以借鉴。而且方法和技术方面的东西，各国也不是一概照搬的，也要根据各国的情况来加以利用。

从环境的内容来分析它对一个国家教育管理活动的影响，当然要注意自然环境和社会环境两个方面的影响。在这两个方面的环境影响中，应该更关注社会环境对教育管理活动的影响。这是因为，第一，自然环境对教育管理活动虽然也有影响，但它并没有社会环境对教育管理活动的影响那么直接，其影响力除自然灾害的破坏外，一般来说也没有社会环境的影响那样大，而且教育管理活动所直接面对的环境是社会环境而不是自然环境；第二，当今教育管理活动所面临的环境基本上是社会环境而很少是自然环境。即便教育管理活动所面临的是自然环境，但这种自然环境一般都是人化了的自然环境，也就是说是人文化了的自然环境，这种环境，从某种意义上来说，其实就是一种社会环境。在社会环境中，有政治的环境、经济的环境和文化的环境等对教育管理活动发生影响。我们应该注意这些社会环境因素对教育管理活动所发生的影响，要分析这些因素对教育管理活动会发生哪些影响，这些影响是怎样发生的。一般来说，一个国家的政治、经济和文化环境对一个国家的教育管理活动起着决定性的作用，它们决定着一个国家教育管理活动的性质、目的、内容、过程和活动方式等。不同国家的教育管理活动的性质、目的、内容、过程和方式的差别，都可以从这些国家的政治、经济和文化等方面找到差别的根源。社会环境中的各个因素以各自不同的方式对教育管理活动的性质、目的、内容、过程和方式发生影响。如政治因素以权力和干预等方式对教育管理活动发生影响，经济因素以为教育管理活动提供物力和财力的方式对教育管理活动发生影响，而文化教育因素则以精神渗透的方式影响着教育管理活动。在社会的各个影响因素中，政治因素对教育管理活动的影响最大。这是因为，从影响的程度来看，由于它对教育管理活动的性质和目的有着决定性的作用，因此它对教育管理活动的影响最具深刻性；从影响面来看，政治的影响几乎可以渗透到教育管理活动的方方面面，教育管理活动的内容、过程甚至方式都或多或少地受到政治因素的影响；从影响的形式来看，政治对教育管理活动的影响主要是通过政治制度来实现的。政治制度既是政治的表现形式，也是政治对其他社会形态包括教育管理活动这一形态影响的主要形式。政治制度对教育管理活动的作用也最具有权威性和影响力。在分析社会环境的各个因素对教育管理活动的影响时，我们既要看到这些因素对教育管理活动有决定性影响的一面，同时也要看到教育管理活动自身的具有超越性的一面。也就是说，教育管理活动对来自社会环境各因素的影响不是消极被动地接受，而是积极主动地回应。对来自社会环境各因素中符合社会发展规律和教育发展规律的影响则积极接受，对那些不符合规律的影响则能自觉地进行抵制。教育管理活动具有这样的超越性，是因为从事教育管理活动的是具有能动性的人。人既能接受环境的影响，又能超越环境，改造环境。

（二）微观教育管理活动的环境

教育行政机关管理活动的环境包括表面环境（如颜色、洁净程度等）、视的环境（如光线、色彩等）、听的环境（如声音等）、空气环境（如通风、湿度、温度等）和文化环境（如办公室的文化环境的布置等）。在表面环境方面，机关的各方面的器材及设备，务必保持清洁，墙壁、地毯和天花板的颜色要慎重选择；在视的环境方面，光线和色彩有利于保护眼睛和提高工作效率；在听的环境方面，机关要保持安静，使人能集中注意力工作；在空气环境方面，要保持办公室内的空气清新；在文化环境方面，文化环境的布置要得体，要与办公室工作的性质相适应。

学校内部管理活动的环境是指学校办公用房的环境。学校办公用房的环境与教育行政机关的管理环境大体上相当。这里的学校内部管理活动的环境指的是整个学校的管理环境。学校管理活动的环境由物质环境和精神环境两部分组成。物质环境包括绿化园地、环境卫生、各类建筑和师生生活、工作设施等；精神环境包括政治气氛、文化氛围、道德情操、教风学风、纪律秩序，以及教职员工和学生的行为方式等。学校内部管理活动的环境要以物质环境的建设为基础，以精神环境的建设为先导，全面做好学校内部管理活动的环境建设。所谓以物质环境的建设为基础，是说要搞好学校的绿化和环境卫生，要有充足完好的各类建筑和完善的生活和工作设施，为学校管理活动提供良好的物质条件；所谓以精神环境为先导，是说要以精神环境的建设来统率整个校园的环境建设。学校的精神环境从本质上来说是学校师生员工价值观的体现，因此学校精神环境的建设从根本上来说是要在学校上下树立正确的价值观。有了正确的价值观，不仅会使学校精神环境的建设有了正确的方向，而且还会使学校物质环境的建设充满人文的底蕴，从而更好地营造教育育人和管理育人的环境。

第四节 教育管理活动的方法与艺术

一、教育管理活动的方法

（一）教育管理方法的含义

教育管理方法，是指教育管理者为完成一定的教育任务和实现一定教育目的所采取的手段和措施。教育管理方法，在整个教育管理活动中有着重要作用。在教育管理活动中，采用正确的教育管理方法，对教育事业发展的作用不可低估。

教育管理方法包括两方面：国家管理教育的方法——教育行政方法，和教育管理具体方法——学校管理方法。两者既有区别又有联系。其区别在于前者所涉及的面广、层次高，而后者仅指教育管理工作的一些具体的方法，它所涉及的面窄、层次也低一些。教育行政方法与学校管理方法又有联系。国家管理教育，虽然主要是由教育行政方法去推进的，但教育行政所采取的方法需通过具体方法去实施，才能完成一定的教育任务。区别国家管理教育的教育行政方法和教育管理工作的具体方法——学校管理方法很重要。我们不能把国家管理教育的方法混同于教育管理工作的具体方法，在实施国家管理教育方法时，也要注意运用教育管理工作的具体方法，以保证国家管理教育方法的顺利实施。这里讲的教育管理方法，既包括国家宏观管理教育的教育行政方法，也包括学校具体的教育管理工作方法，它们是教育行政活动和学校管理活动所经常采用的一般方法。

（二）教育管理方法的特点

教育管理方法也是一种管理方法，它同一般的管理方法一样，有反映生产力发展水平的一面，也有反映生产关系发展水平的一面。从反映生产力发展水平这一面来说，教育管理方法在不同时期和不同国家，有其共同性的一面；从反映生产关系发展水平这一方面来说，教育管理方法总要与一定社会的管理制度相关。不同的国家有着不同的管理体制，有着适应于该管理体制的教育管理体制，不同的教育管理体制会产生不同的教育管理方法。同时，由于社会生产力与生产关系总是发展变化的，因而反映一定生产力与生产关系发展水平的教育管理方法不会一成不变。因此，如果从生产关系这一面及生产力与生产关系的发展变化来考察教育管理方法，它又具有差异性和发展性的一面。

教育管理方法的上述特性，要求我们在确立我国现阶段教育管理方法的时候，要注意处理好继承和革新、借鉴和发展的关系。一方面，我们要继承我国在长期的教育实践基础上形成的行之有效的教育管理方法，合理地借鉴外国先进的教育管理方法；另一方面，我们又要注意将这些传统的方法在新形势下加以发展，将国外的先进方法同我国的具体实践结合起来，建立一套适合我国国情的教育管理方法体系。

（三）我国教育管理活动的基本方法

1. 法治的方法

它指的是教育管理者运用教育法令、决定、命令、指示、规章，对教育活动予以强有力的指导、调节和影响。

这种方法对于保证教育管理活动的规范化、制度化，保障我国教育事业健康稳定地向前发展有着重要的作用。新中国成立70多年来，随着社会主义革命和建设事业的发展，除由党和国家及时颁布了有关方针、政策、法令、法规外，国务院和教育部还及时颁布了包括决定、命令、指示、规程等行政法规或具有法规性的文件，及时端正教育工作方向，调整行政活动中各个方面的关系，从而在推动教育工作全面开展上起了决定性的作用。当前，为适应政治体制改革的需要，我们要更好地运用这一方法，以法律为武器，推动我国教育事业不断发展。

运用法治的方法，首先要加强教育立法工作，健全教育法规。依法进行管理，一个重要的前提就是要有法可依。新中国成立以来制定了一些教育法规，我们对这些教育法规要进行整理，过时了的要废除，不完备的要加以修订，同时还要借鉴国外教育立法的先进经验。在学习国外先进经验时，要把几种模式加以比较，博采众长，并结合我国的情况，认真加以研究，建立一套适合我国情况的教育法规体系。

其次要做到依法办事。有了一套教育法规，如果不依法办事，再好的教育法规，也是一纸空文。司法部门，各级政府及政府的教育行政部门，校长、教师、家长和学生等都应该认真学习和贯彻教育法规，认真履行各自的权利和义务。只有这样，才能充分发挥教育法规的作用。

2. 预测规划的方法

预测规划的方法，是指一个国家在对其政治、经济、文化、教育等方面的发展前景做出综合分析的基础上，依据国民经济发展的客观规律和教育规划本身的特点，对教育事业的发展做出规划。

预测规划的方法包括两个方面：首先是进行预测，其次是在预测的基础上进行规划。预测是规划的基础，是为制定规划服务的。

教育预测是指依据教育发展的规律，利用科学预测的原理和方法，对未来教育发展的前景做出预测的活动。从不同的角度可以对教育预测做出不同的划分。按教育预测的范围来分，有宏观的教育预测和微观的教育预测。前者是根据教育与社会、经济、科技、人口等的联系，从全局上对一个国家、地区、部门教育发展的总体预测；后者是对教育发展的局部问题的预测。按照教育预测方法的性质来分，有定性预测和定量预测。前者又称直观判断预测，它是根据已知的教育发展规律，运用逻辑推理的方法，对教育发展的趋势做出定性判断和推测；后者是根据教育发展过程中的因素的数量关系，利用各种数量化工具，通过建立教育预测的数量化模型，来预测教育发展的数量规律。按照教育预测时间的长短来划分，有短期教育预测、中期教育预测和长期教育预测。按照使用教育预测方法的多少来划分，有单一法教育预测和结合法教育预测。按教育预测对象来划分，有单对象教育预测和多对象教育预测。教育预测的程序是，首先要明确预测的目的，其次是要搜集预测所需要的数据和资料，再次是选取合适的预测方法，又次是实施预测，最后是报告预测结果。教育预测的方法有教育专家个人预测法、教育专家协调预测法、德尔菲预测法、回归预测法和马尔柯夫预测法。德尔菲预测法是采用同时向多位专家发函征询意见，经过多轮反馈而使预测意见趋于一致的方法。回归预测法是通过对大量数据进行统计分析，寻找出变量之间的某种统计规律性，并用回归方程加以描述的一种方法。马尔柯夫预测法是通过研究动态系统的状态和状态变化过程，来推测随机事件变化的一种数字预测方法。

教育规划是根据社会发展和教育进步的需要，确立教育的发展目标，并以此为基础提出实现规划目标的方法和途径。以教育的层次来划分，教育规划有学前、初等、中等和高等教育规划；以教育的类型来划分，教育规划有普通教育规划、职业技术教育规划和特殊教育规划，公立教育规划和私立教育规划，成人教育规划和儿童教育规划等；以时间的长短来划分，有短期、中期和长期教育规划；以不同的范围来划分，有国家教育规划、地区教育规划和学校教育规划等。制定教育规划的程序是：一要明确规划的任务，二要做好规划的组织领导，三要搜集和研究规划素材，四要拟订规划方案和撰写初稿，五要进行规划的论证，六要对规划进行审批和调整。

教育规划的方法主要有以下几种：一是系统动力学方法。这一方法是根据控制论的原理，借助物理学中"流"的概念，利用计算机仿真技术，对规划系统进行模拟试验的一种规划方法。二是计划评审技术方法。这一方法是利用图解的方式进行规划的方法。它在分解规划系统整体结构的基础上，对完成规划的各项工作顺序和逻辑关系进行详细的分析，并用符号和网络图的形式表现出来。三是数学规划法。这一方法包括线性规划方法、整数规划方法、非线性规划方法和动态规划方法等。线性规划方法可用于规划目标和相关因素为线性关系，而且制约条件也可以用线性关系表示的问题。整数规划方法用于规划目标为整数规划问题。当规划目标和相关因素构成了非线性关系时，就需要采用非线性规划方法。动态规划方法用于解决分阶段的规划问题，它力求使各阶段的规划都是最合理的，并最终使整个规划达到最优化。

3. 组织调度的方法

组织调度的方法是建立在权力和责任的基础上，由上级对下级下达必须遵照执行的任务、要求和命令的方法。

建立在不同等级的职位、权力和责任界限上的组织调度方法，是所有管理工作不可缺少的方法，它有力地保证着整体意志的统一和行动的统一。强调组织调度的方法同当前改革中提倡的民主方法是否有矛盾呢？答案是不矛盾。认为强调民主就不需要组织调度的方法，这是对民主的误解。就拿西方的民主来说吧，西方的民主比较注重权力的结构、程序、规则，在人民主权的前提下，注重法治，注重规矩。现在有些人认为民主不需要纪律，不需要约束，这样来看待民主，不仅与西方的民主格格不入，更重要的是与无产阶级所主张的民主精神相违背。民主与集中是统一的，民主本身需要一定的程序和规则来保证。可见，在教育管理活动中强调民主的方法，并不能以此来代替组织调度的方法。

正确实行组织调度的方法，要建立领导者与被领导者、上级和下级之间的正确关系。中国共产党的组织原则之一是下级服从上级，这一原则是实行组织调度方法的有力保证。运用这一原则，对于领导者或上级来说，他们要了解、体察下情，他们的决策、指示应是正确的，有情况时应及时与下级沟通，这样才能使下级心悦诚服地接受领导。对于被领导者或下级来说，他们应有一种积极与领导者或上级合作的态度，这样才能有利于上级或领导的决策和指示顺利地贯彻执行。

正确地运用组织调度的方法，首先要注意建立和健全各项教育管理活动的规章制度，从制度上来保证组织领导的渠道畅通。要明确各级组织机构的权力和责任，要制定各级机构工作人员的岗位责任制，要制定各种教育管理工作的工作制度。在教育管理活动中要抵制不按制度办事的倾向，制定规章制度不是为了做表面文章。那些印在纸上、贴在墙上而不落实在行动上的规章制度，定得再多、再全也是不起作用的。

4. 经济的方法

经济的方法是从经济的角度或方面指导、调节和影响教育活动的方法，主要包括制定合理的教育经费政策来促进教育的发展。

办教育需要经费。当今世界，无论是发达国家还是发展中国家，无不重视运用经济的方法来发展本国教育。它们或增加教育投资，或制定合理的工资政策及奖励制度，这些措施在促使其教育的发展中发挥了重大作用。近年来，我国也开始重视运用经济的方法来发展教育，初步获得了一些成效。为了更好地运用经济的方法来发展教育，要认真总结这几年的经验，制定更合理的教育经费政策，以便更快地推动我国的教育事业向前发展。

运用经济的方法，最重要的是要有较充足的教育经费办教育，要提高教师经济上的待遇。谈到增加教育经费和提高教师的经济待遇，人们马上会联想到国家没有钱，似乎只要有了钱，教育经费就会增加，教师的待遇就会提高。在目前国家财政比较紧张的情况下，办教育的经费和教师的待遇则不能提高。其实不然，钱和政策相比，政策是关键，有了好的政策，自然会弄到钱，教育战线这个"清水衙门"也会"富"起来。关于教育经费政策，目前至少有两点可以考虑：一是在有关的教育法规中，以法律条文的形式规定教育经费在国民生产总值和国家财政支出中的比例，国家有关部门必须按规定的比例拨款，否则就是违法。如果做到以法律来保证教育经费的拨款，就不会出现教育经费预算中的随意性。二是目前国家总的财政状况还比较紧张，即使规定一定的比例，也难以满足教育事业发展的需要，在这种情况下，可以鼓励和引导学校，特别是高等学校多渠道筹措办学经费。

运用经济的方法，还要注意建立健全教育财务管理制度，提高教育经费的使用效益。

5. 激励的方法

激励的方法，是指在教育管理活动中运用思想政治工作和行为科学的激励理论，激发、调动教育人员积极性的方法。

所谓人的积极性，是指人在自觉能动心理状态下的行为表现。它体现在人的认识活跃程度、情感兴奋水平、意志努力程度及一言一行上。人的积极性的本质特点就是它的自觉性和主动性，因此，调动了教育人员的积极性，就能使他们对教育工作在社会主义现代化建设中的巨大作用有正确的认识，对教育事业有炽热的情感，从而自觉地、创造性地进行工作。只要调动了教师的积极性，就能更好地开展教育的各项工作，教育质量就能得到提高。

运用激励的方法，首先要注意运用我国思想政治工作的激励理论来调动教育人员的积极性。思想政治工作激励理论的主要特点是从提高人的思想认识入手，把社会的需要、进步的理论、党的政策转化为千百万群众的思想观念与信念，变为群众的自觉行动，从而调动人的积极性。运用思想政治工作调动教育人员的积极性，一般通过如下途径。

第一，提高教育人员的思想认识，使他们树立社会主义核心价值观。采用这一途径，最重要的是要使教育人员学习和掌握马列主义、毛泽东思想、邓小平理论、"三个代表"重要思想、科学发展观和习近平新时代中国特色社会主义思想。当他们的思想认识与党和社会的要求不一致时，要以民主讨论和说明教育的方式加以解决。

第二，把做深入细致的思想工作与满足教育人员的合理物质需要结合起来，调动教育人员的积极性。采用这个途径，一是要注意发挥满足教育人员物质生活需要对形成其高尚的精神需要中的作用。毛泽东在《关心群众生活，注意工作方法》一文中指出，要调动群众的积极性，就得关心群众的痛痒，切实解决群众的衣食住行问题；真正解决了群众的这些生活问题，群众就会拥护革命，把革命当作他们自己的生命。可见，做好思想工作，合理地满足教育人员的物质生活需要，就可以使他们受到最大的激励。二是要注意满足教育人员的精神需要，并发挥它对物质需要的调节作用。毛泽东多次强调在红军中实行政治、军事、经济三大民主在动员广大士兵战胜艰苦环境取得斗争胜利中的作用。毛泽东所强调的实际上是人在获得尊重、平等和民主的需要以后，对物质生活需要所起到的调节作用。我国的广大教育工作者，生长在社会主义条件下，受着党的教育和培养，他们热爱自己的专业，以勤奋好学、艰苦奋斗为荣，渴望在自己所从事的领域里做出贡献，如果回首往事而感到碌碌无为，这是广大教育工作者最为伤心的事。我们若能抓住教育工作者这一根本的职业特点，激发、引导和满足教育工作者事业成就的需要，就一定能为教育工作者积极性的发挥带来强大的动力。特别是在当前，我国经济还不很发达，在生活上还不能完全满足人们对物质条件的追求时，更应该注意发挥精神需要的调节作用来调动教育工作者的积极性。

运用激励的方法来调动教育工作者的积极性，还要注意运用行为科学的激励理论。行为科学的激励理论是从人的需要入手探讨如何调动人的积极性的理论，它的一个重要特点是通过满足个人的需要来达到激励人的积极性的目的。运用行为科学的激励理论，要注意以下几点。

第一，要重视需要在人的积极性中的作用。行为科学的激励理论认为，人的积极性是由人的需要引起的，需要是人的积极性的源泉，要调动人的积极性，就必须研究和满足人的需要。行为科学的激励理论从需要入手来探讨人的积极性的激励是符合人的心理规律的，是科学的。这种观点对调动教育人员的积极性有一定的指导意义，它使我们认识到，要调动教育人员的积极性，就必须以了解、引导和满足他们的需要为基础，这样才能抓住教育人员积极性的根本而做好激励工作。

第二，要对教育人员当前的需要有一个总的估价，对教育人员有一个正确的看法，从而采取相应的措施，使激励收到预期的效果。行为科学的激励理论不仅强调了需要在调动人的积极性中的作用，而且用需要来解释人的本性。在对人性的探讨中，管理心理学家雪恩（E.Hschein）提出的人性假说理论比较完善。他考察了近现代的管理实践后提出，在管理中，对人的需要、对人性的看法以及采取相应管理措施大致经历了四个阶段：开始人们认为，人以物质需要为主，人是"经济人"，因此应当采取物质刺激的措施来对人进行管理；后来，人们认为人以社会交往的需要为主，人是"社会人"，在管理上应采取通过搞好人际关系等措施，以满足人的社会心理需要来进行激励；之后，人们又进一步认识到，人以自我实现的需要为主，人是"自我实现的人"，要对人进行激励，则应采取措施创造一种适宜的工作环境与条件，使人的才能得以充分发挥；经过长期研究，现在许多人都认识到，人的需要是复杂的，人是一种复杂的生物，因此，要根据不同情况而采取不同的激励措施。行为科学的人性假说理论，把对人的看法由"经济人"发展为"社会人""自我实现的人"和复杂人，在相应的管理措施上，也由只注意物质刺激发展为满足人的多方面的社会性需要以及根据不同的情况采取不同的激励措施，反映了人们对人性的看法和管理思想的不断进步，这对于调动教育人员的积极性是有积极意义的。它告诉我们，在调动教育人员的积极性时，只有对教育人员当前的需要有一个总的估价，对他们有一个正确的看法，从而采取相应的激励措施，才能收到预期的激励效果。

第三，要认真分析教育人员的需要，并针对这些需要采取不同的激励措施。行为科学的激励理论认为人的需要是有一定层次结构的。马斯洛的需要层次理论认为，人的需要是由生理、安全、社交、自尊和自我实现五种需要所组成的一个由低到高的层次结构。人在一定的时间内有多种需要，而人的行动是由优势需要所支配的。马斯洛的这些观点是符合人的需要发展规律的，也是符合实际的。它告诉我们，要使教育人员积极性的激励收到成效，不仅要了解、分析教育人员的需要，还要掌握他们某一时期的优势需要，这样才能有针对性地做好工作；要使教育人员保持旺盛的斗志，就要使他们不断有所追求，既要重视满足他们的基本生理需要，又要注意满足他们的精神需要，这样才能使教育人员的积极性具有稳定、持久的力量。

第四，运用行为科学的激励理论来调动教育人员的积极性，还必须利用目标的作用，以及在满足教育人员的需要时，使他们具有公平感。行为科学的激励理论认为，由需要引起的行为总要指向一定的目标。人们选择某一目标，与人们对这一目标价值的认识以及对这种目标实现的可能性的估价有关。因此，对目标的价值及实现目标可能性的估价，也成了激发人的动机、调动人的积极性的一个重要条件。这一理论告诉我们，在激发教育人员积极性的动机时，必须利用目标的作用，要使教育人员认清这一目标的意义，帮助他们分析实现目标的可能性，使教育人员树立起信心。

行为科学的激励理论还认为，人们对需要的满足感，不仅与自己付出劳动后所取得的报酬有关，而且还与他和处于同等情况下的其他人相比较是否感到公平有关。如果主观上觉得公平，人就会产生一种满足感，从而有利于激发人的积极性；反之，人的积极性的发挥就会受到阻碍。这一理论在一定程度上反映了人的心理活动规律。根据这一理论，要激发教育人员的积极性，就必须做到按劳取酬，改变教育人员中平均主义、吃大锅饭的现象，以及教育人员的收入普遍偏低的现象。

二、教育管理活动的艺术
（一）教育管理活动的艺术的含义及特征
1. 教育管理活动的艺术的含义

"艺术"和一般的技能是有区别的，它常常给人以美的感觉。人们常说文学艺术、音乐舞蹈艺术、绘画艺术，因为这些艺术常给人以美的享受。教育管理工作是一种非常复杂的管理活动，它需要一种高超的手段和方法。所谓教育管理活动的艺术，就是指建立在一定知识、经验基础上的，非规范化的，给人以美感的领导技能。

2. 教育管理活动的艺术的特征

（1）经验性

管理者的阅历、知识和经验与领导艺术都有很大关系。管理活动的艺术并非按照逻辑顺序和规则推论得来的，恰恰相反，它是由经验所提炼、升华而成的。

不管管理艺术如何高超、巧妙，总是或多或少地带有经验的痕迹，在一定程度上带有管理者的个性色彩，有着吸引人的、感染人的魅力。

(2) 随机性

管理活动的艺术是管理者处理事情的一种变通能力。它不是遵循规范化的程序处理事情，也不是运用数学分析的方法解决问题，而是依据不同的时间、地点和条件，随机应变地认识事物和处理事物。

(3) 多变性

管理活动的艺术是一种生动活泼、丰富多彩、千姿百态的技艺。不同的管理者在处理相同的事情时，也会有不尽相同的解决办法。

(4) 创造性

管理活动的艺术是管理者智慧和才华的结晶，来源于管理者生机勃勃的创造力。它并不因循守旧、墨守成规，而是构思新颖、风格独特，常有领导者自己的独到之处。

(二) 教育管理活动的艺术的基本内容

1. 管理者的"三技"

(1) 观念技术

观念技术指的是管理者的战略观念及管理哲学思想。战略观念是指管理者看人、想事、决策要做到胸怀全局、瞻前顾后、统筹安排、分步实施。切忌"平时不烧香，临时抱佛脚""头痛医头，脚痛医脚""捡了芝麻，丢了西瓜""顾前不顾后"。管理哲学思想是多方面的，其中重要的有三点：一是对管理本身所进行的哲学思考。管理本身是有利于人自身自由发展的，管理不利于人的自由发展是管理活动异化的产物，而实现民主管理，正是淡化管理的异化职能，促进人充分而自由发展的重要工具。二是对管理对象——人进行的哲学思考。人是自然性、社会性和精神性的统一体，传统的管理强调人的社会性，而忽视人的自然性和精神性，这样就不能正确而全面地看待人性，也不利于采取适宜的措施调动人的积极性。三是对某一历史阶段的管理特点进行的哲学思考。就社会主义初级阶段而言，教育管理应具有多元性的特点。这表现在，社会主义初级阶段的教育管理既具有现代管理的特性，同时也具有古典管理的特性；既具有西方管理的某些特性，也具有中国传统管理的某些特性；既要反映老一代的愿望，又要反映年轻一代的要求。

（2）人文技术

人文技术指的是管理者与人共事、处理人际关系的能力。俗话说："成事有三，天时、地利、人和。"一个管理者欲得人和，就需具备一定的人文技术。关于人文技术，下面还会具体阐述，这里就不多讲了。

（3）操作技术

操作技术是指管理者在本行业、本岗位所需具备的专业技能。缺少它，管理者就不能完成本职务范围内的特定任务。如分管教学工作的校长需具备处理教学事务的专业技能，分管总务工作的校长需具备处理后勤事务的专业技能，等等。

根据美国学者的调查统计，不同层次的管理者所需要的观念技术、人文技术及操作技术是不同的。不同层次的管理者所需要技术的比例构成如表4-1所示。

表4-1 不同层次的管理者所需三种管理技术的比例分配 （单位：%）

管理者	观念技术	人文技术	操作技术
高层	47	35	18
中层	31	42	27
基层	18	35	47

从上表可以看出，基层管理者需要掌握较高的操作技术；高层管理者对操作技术的要求相对低一些，但对观念技术的要求则高一些。而人文技术，无论对高层管理者、中层管理者还是基层管理者，由于都要处理上下左右的关系，所以都是同等重要的。

2. 管理者的"七艺"

（1）用权的艺术

大凡管理者手中都有权力，因此，必须讲究用权的艺术。要用权，其一，要有权可用，不可失权；其二，不可集权于一身，独断专行；其三，不可越权，妨碍下属的积极性；其四，不可玩弄权术，争权夺利；其五，不可以权谋私，以势压人；其六，不可得权忘形，以领导自居。凡是滥用权力的人，最后总是损国害民，贻误大业，不得人心，自食苦果。

（2）用人的艺术

兴业之道，唯在用人。用人，首先要坚持依据德才兼备、任人唯贤的原则选人，不可任人唯亲、任人唯顺、任人唯资。其次要真正做到用人所长。俗话说："寸有所长，尺有所短。"管理者用人，贵在发现和发挥下属之长。如果只看人所短，则无一人可用；若看人所长，则无不可用之人。管理者决不可斤斤计较下属之短处，而忽视去挖掘并有效地用其长处。

（3）用财的艺术

首先要善于聚财。管理者要摸清"财路"，要想尽各种办法，通过多种渠道聚财。其次要有弄钱的干劲。把财路弄清楚了，却没有弄钱的干劲，也是弄不到钱的。弄钱要有"三劲"，一是要有钻劲，二是要有缠劲，三是要有狠劲。最后要把财用在点子上。所谓用到点子上，是指要把财用到有利于事业的发展上，只要把财用到了点子上，就要舍得用、舍得花。

（4）用计的艺术

这里的用计并不是指管理者用计去算计别人，而是指管理者要善于动脑筋想办法，善于拿主意。管理者考虑问题，要比别人想得深刻，想得全面。此外，管理者还应善于听取意见，汲取其合理部分。

（5）用时的艺术

管理者工作繁忙，更应讲究用时的艺术。首先要讲究开会的艺术。有人做过统计，管理者 3/5 的时间用在开会上，因此，研究如何开好会对管理者用好时间特别重要。开好会，其一要少开会，其二要开短会，会议准时开，控制会议时间，结论当场确认，中途不要退席。其次要固定群众接待日。这样做，可以直接听取群众的意见，可避免群众经常找上门来，打乱自己预定的工作安排。再次要充分利用剩余时间。如会议未准时开，等人，会议提前散了，与人谈话提前结束了，等车，车未到，等候客人，客人还未来，等等，这中间的空隙，便是剩余时间。这些时间可用来看报、阅文件、写短信、思考问题等。把这些事情分散在这种零星时间里处理，从而可腾出整段时间去处理其他需时更长的事情。最后要善于处理事情。管理者必须合理控制和使用时间,要把主要时间花在最主要的事情上,要有勇气并果断地拒绝不必要的事、次要的事。另外,要把最重要、最困难的工作放在功效最高的时间去做。管理者可将自己要处理的事情分成 ABC 三类。A 类事情最重要,B 类次之,C 类可缓办。如有人打电话或写信催办 C 类事,可将它划入 B 类;如有人亲自来找,可把它划入 A 类。A 类事情太多,也可部分地委托别人去办。

(6)交往的艺术

管理者总是要同上下左右的人打交道。善于交往的管理者,其下级总是劲头十足,同级乐于配合,上级大力帮助;不善于交往的管理者,下级感到无用武之地,同级离心离德,上级感到头痛。所以,处理好上下和左邻右舍的关系,是做好管理工作的一个十分重要的方面。

善于交往,首先,要注意交往的角色状态。在交往中,双方都处于一定的角色状态。有的学者指出,在交往中有三种角色状态:第一种是父母自我状态,处于这种状态的角色,有时以父母式的权威对待别人,易于产生独断专行的作风,习惯用教诲式的口吻;有时则表现为像父母一般对下辈的关心、体察和同情。第二种是成人自我状态。这种状态是指能像成人一样理智地考虑问题和处理问题,表现为以平等的态度待人,常用商量的口吻,决策时较能深思熟虑,办事合乎情理。第三种是儿童自我状态。这种状态是指用小孩子的态度和行为方式表述自己的看法,表现为比较单纯、幼稚、容易冲动、任性、自制力弱,易服从权威和任人摆布。一个人在交往中的自我状态不可能,也不应当是一种,应在与他人的交往中不断变化,以达到交往的最佳效果。

其次,要注意交往的距离。有研究指出,交往双方的距离应以一人的身高再加上身高的一半为宜,不宜过近,也不宜过远。而交往双方的心理距离,宜近不宜远。俗话说:"人换人,心换心。"只有交了心,才能谈上心。

最后,要真诚地对别人感兴趣,要努力地记住别人的名字。要知道,一个跟你交往的人,他更感兴趣的是自己的需求、自己的问题,而不是你的需求和问题,所以当别人跟你交往时,你要用心地去注意他的需求和问题。另外记住人家的名字,而且能轻易地叫出来,这无异于巧妙而有效地给人一个赞美。

（7）演讲的艺术

管理者要宣传和鼓动群众，就需要演讲的艺术。管理者的演讲总的要求是要能吸引别人，整个会场要形成一个教育场。怎样做到这一点呢？首先，讲得要有内容，使听众在知识上有收获，在情感上受到熏陶，在思想上受到启迪；其次，要讲得清楚，使听众听得明白；最后，要讲得耐听，使听众爱听。要做到这一点，演讲者在讲话时应做到五个结合：一是书面语言与口头语言相结合。当讲一个概念时，要一句一顿、一板一眼地讲出来，使听众易于记忆；当分析一个原理时，要用口头语言将最深刻的道理用通俗的语言表达出来，使听众易于明白。二是哲学语言与文学语言相结合。当分析一个原理的时候，要用逻辑的力量抓住听众；当举例说明一个道理时，要用文学语言讲得绘声绘色，使人如身临其境，如听其声，如见其人。三是普通话与地方话相结合。以普通话为主，偶尔讲一点地方话，使听众感到特别亲切，而且地方话的表现力也是很丰富的，可增强感染力。四是现代语与古语相结合。讲话中讲一点"之乎者也"未尝不可，尤其是讲一些典故，更发人深省。五是中国话与外国话相结合。外语水平是衡量教育现代化的一个重要标志，特别是在有外国听众的情况下，讲一点外语会收到很好的效果。

思考题

1. 论教育管理活动的主体与客体及其相互关系。
2. 简述教育管理活动的资源及管理。
3. 如何理解教育管理活动过程的实质、内容及形式。
4. 简述教育管理活动的环境。
5. 简述我国教育管理活动的方法。
6. 简述你对教育管理活动艺术的看法。

第五章

教育管理活动的价值要素

第一节 教育管理活动的原理与原则

一、教育管理活动的原理

（一）教育管理活动原理的含义

原理是指客观事物的实质及其运动的基本规律。教育管理活动原理指的是教育管理活动的实质及其运动的基本规律，它是对教育管理活动现象进行科学的分析总结而形成的，是教育管理思想的集中反映，对各种教育管理活动具有普遍的指导意义。

（二）教育管理活动原理的主要特征

1. 客观性

教育管理活动原理既然是教育管理的实质及规律的反映，而教育管理活动的实质及规律又是客观存在的，所以反映这种实质和规律的原理也是客观存在的，是不以人们的意志为转移的。

2. 概括性

教育管理活动原理涉及教育管理活动的方方面面，但它不是这些方方面面的简单的罗列，而是以抽象的形式，概括地反映出这些方方面面所共同具有的东西。教育管理活动原理也不是具体工作经验的总结，而是在总结大量经验的基础上综合概括而得出的具有普遍性的结论，是一种对各项具体管理工作都起指导作用的普遍真理。

3. 稳定性

所谓稳定性是指教育管理活动原理不是一成不变的，它随着教育管理实践的发展而不断发展，但是，它不是变化多端的，是具有相对的稳定性的。教育管理活动原理反映的是教育管理活动现象中所固有的、相对稳定的东西，这些东西不会随着教育管理活动现象的变化而发生根本的改变；即使会发生根本的变化，也得有一个过程。因此，教育管理活动原理是相对确定的。正因为如此，教育管理活动原理才能被人们认识和利用，从而指导教育管理实践取得成效。

4. 系统性

系统性是指教育管理活动原理本身不是杂乱无章的，它们本身应是一个有机的整体。教育管理活动原理既然是教育管理活动实质与规律的反映，而这种实质与规律所反映的又是教育管理活动内部事物间的稳定的、必然的联系，这种联系就是有规律可循的，而不是互不相干的，因而反映这种联系的教育管理原理本身就组成了一个逻辑体系。以下论述的系统原理、人本原理、动态原理、效益原理是一个相互联系的整体。因为教育管理活动是在一定的系统内，以人为本，通过动态的管理过程而取得一定的管理效益。

（三）教育管理活动的基本原理

1. 系统原理

教育管理活动的系统原理可以表述为：教育管理活动的每一个基本要素，都不是孤立的，它既在自己的系统之内，又与其他系统发生各种形式的联系。为了达到教育管理活动优化的目的，必须对教育管理活动的对象进行系统分析。应该从整体着眼，使部分服从整体。同时，还必须明确，教育这个系统还是一个更大系统的一部分，因此，又必须摆正教育系统同其他系统的关系。

系统论认为，世间一切事物都是以系统的形式存在的。系统由若干相互联系、相互作用的部分组成。系统具有集合性，即一个系统至少由两个或两个以上的子系统构成。系统具有层次性，即系统内部的子系统是有层次的，分别处于不同的地位。系统具有相关性，即系统内各要素之间是相互依存、相互制约的关系。为此，在教育管理活动中运用系统原理，首先要注意把教育当作一个系统来看待，并注意从如下几方面对教育系统进行分析：

（1）了解教育系统的要素。即要了解教育系统是由哪些子系统组成的。

（2）分析教育系统的结构。即分析教育系统内部组织结构，系统与子系统、子系统与子系统间的联系，教育系统内各要素相互作用的方式。

（3）研究教育系统的联系。即研究教育系统与其他系统在纵、横向的联系，以及教育系统在大系统中的地位和作用。

（4）弄清教育系统的功能。即要弄清教育系统及其要素的功能，以及教育系统的功能与其子系统功能之间的影响。

（5）把握教育系统的历史与发展。即要弄清教育系统产生与发展所经历的主要阶段。

在教育管理活动中运用系统原理，要注意运动系统的三个原理：

（1）目的性原理。系统有自己明确的目的，教育系统也不例外。要根据教育系统的目的和功能设置各子系统，建立多个子系统之间的联系，在组织、建立、调整教育系统的结构时，要强调子系统服从系统的目的。

（2）整体性原理。系统原理强调整体的性能，但并不抹杀子系统的性能。系统分析主要就是研究单元的性能怎样通过合理的结构转变成系统的性能。任何系统都有结构，结构就是系统内部各要素的排列组合方式。在一个系统中，每个子系统只有通过系统结构才能表现出自己的性能。因此，必须用系统的思想、方法、组织、教育的各个子系统，建立合理的系统结构，提高系统的可靠性和效率。当改善某个子系统的性能时，必须考虑它对整个系统的影响，必须有利于整个教育系统性能的改善。

（3）层次性原理。任何复杂的系统都有一定的层次结构，教育系统也不例外。系统间的运动是否有效，效率的高低，很大程度上取决于层次是否清楚，每一层次的功能是否明确。在考虑教育系统的层次性时，应明确规定各个层次的任务和职责及权利范围，要注意同一层次各个子系统之间的横向联系。

2. 人本原理

教育管理活动的人本原理是指教师是学校的主体，教师的参与是学校有效管理的关键，使教职员工和学生的人性得到最完美的发展是现代教育管理的核心，为教职员工和学生的发展服务是教育管理的根本目的。

在管理的诸要素中，人始终处于主体地位。然而人们对人在管理活动中的主体地位的认识是逐步明确的。开始是把人当作机器的附属品，后来认识到人在管理活动中有重要作用，便逐渐形成了以人为中心的管理理论。这种理论认为，在学校中，教师不仅是教育活动的主体，也是管理活动的主体。只有把教职工特别是教师摆在主体的地位，使他们参与到学校的管理中来，才能有效地调动他们的积极性，从而提高教育质量。在教育管理活动的过程中，管理者的行为反映了管理者人性的特点，这种特点又直接影响着不同人性的发展。因此，只有管理者的人性达到完美的境界，才能使学校教职工、学生的人性得到完美的发展，而且只有当管理者、被管理者、教职工、学生的人性都得到较好的发展，高效率的教育管理工作和高质量的教育水平才有了根本保障。要使学校教职工、学生的人性得到发展，管理工作就要为人的发展服务。有人以为，管理是约束人的，是不利于人的发展的，其实这种理解是片面的。管理所约束的只是人身上那些不利于人健康发展的东西，从而去创造有利于人自身和他人发展的环境和条件。管理要为人的发展服务，就要尊重人、依靠人。只有既尊重人，又依靠人，教职工才能真心实意地投入到教育教学工作中去，从而使自身和教育的对象——学生得到发展。

这一原理要求在教育管理中应以调动人的积极性、做好人的工作为根本。每一个教育管理工作者要努力提高自身的素质，在教育管理工作中，要紧紧抓住做好人的工作这个根本，使全体教职工明确学校教育目标和自己的职责，主动地参与到学校管理中来，不断提高自身的素质，积极地、创造性地完成自己的任务。特别要重视发挥教师的力量，在学校管理中，既要使教师明确整体目标和自己所担负的职责，也要为教师的工作创造良好的条件，这样才能达到调动教师的积极性、提高教育质量的目的，从而使教师自身和学生的素质得到发展。

3. 动态原理

动态原理是指教育管理者要明确管理的对象、目标都是在发展变化的，不能一成不变地看待它们；要根据教育内部和外部情况的变化，注意及时调节，保持充分的弹性，有效地实现动态管理。

一般来说，教育系统及它的子系统的正常运转，不但受本系统条件的限制和制约，还要受有关系统的影响和制约。而且，各个系统的状况，随着不同的时间、地点及人们的努力，都是不断发展变化的。系统目标的制定与选择，也是随着情况的变化而更新和变换的。所以，教育系统的管理工作，静止是相对的，运动是绝对的。

这一原理要求教育管理者注意现代教育管理活动的动态性，在动态中做好领导工作。首先，教育管理者应注意教育系统外部的变化，使教育系统不断适应外部的变化。其次，教育管理者要不断注意教育系统内部的变化，包括管理对象的发展变化，制定出相应的教育目标和学校管理目标。不仅如此，还要注意教育的各项工作的发展变化，采取切实有效的管理措施，保证各项教育工作的正常运行。另外，还要注意管理工作自身的变化，及时纠正管理中的偏差，使管理工作取得好的效果。

4. 效益原理

效益原理，就是要在教育管理活动中讲究实效，使教育管理创造出更多的经济效益与社会效益，为社会的发展做出贡献。

教育管理和其他管理活动一样，最终的结果总是通过一定的效益体现出来的，要么高效益，要么低效益。效益是管理的永恒的主题，任何管理都是追求一种高效益。只有这样，组织才能生存和发展。

这一原理要求教育管理者首先要确立管理的效益观，使教育管理以提高效益为中心；其次，要提高工作效率，努力创造条件办好教育，为社会主义建设培养高质量的人才。为此，教育管理者要采用先进的科学方法和手段，建立合理的管理机构和制度，明确管理人员的职、责、权、利，处理好局部效益与全局效益的关系、长期效益与短期效益的关系，始终把培养高质量的人才作为高效益的根本。

二、教育管理活动的原则

（一）教育管理活动原则的含义及意义

教育管理活动的原则是教育管理活动所必须遵循的准则和基本要求。任何管理活动，都是在一定的原则指导下进行的，教育管理活动也是如此。在进行教育管理活动时，要想实现教育的目标，提高管理效率，就必须把教育管理活动置于正确的原则指导之下；否则，就不能保证教育管理活动的正常进行，教育管理工作的有效性也就无从谈起。

（二）教育管理活动原则与教育管理活动原理的关系

教育管理活动原则与教育管理活动原理既有联系，又有区别。其联系是指，教育管理活动原则应以教育管理活动原理为基础，它是教育管理活动原理的体现；其区别在于，教育管理活动原理是客观的，而教育管理活动原则是人的一种主观选择，两者既有可能统一，也有可能不一致。一般来说，教育管理活动从本质上来说，是国家意志和教育管理活动客观规律的体现。国家意志和教育管理活动的规律有统一的一面，也有矛盾的一面。在我国，中国共产党代表了广大人民的利益，国家意志反映了广大人民的要求，国家意志和教育管理规律在我国是基本统一的。因此，作为教育管理活动所应遵循的我国教育管理的基本原则，应以马克思主义唯物辩证法为指导，以党和国家领导管理教育的方针政策为依据，同时，它应反映教育规律特别是教育管理活动的规律，应概括和总结我国社会主义教育管理活动的实践经验，汲取有益的历史遗产和国外现代管理科学的研究成果。

（三）我国教育管理活动的基本原则

我国教育管理活动的基本原则有：方向性原则、科学性原则、规范性原则、综合性原则、权变性原则、有效性原则。

1. 方向性原则

方向性原则，是指我国的教育管理活动必须以国家的教育方针、政策为依据，使我国的教育为建设富强、民主、文明、和谐、美丽的社会主义现代化强国服务。

国家的教育方针政策，是党的路线在教育领域中的具体体现。作为体现国家意志的教育管理活动，必须以党的路线为指导，贯彻国家的教育方针和政策，保证教育更好地为社会主义现代化建设服务。

教育管理活动贯彻方向性原则要注意以下几点。

（1）贯彻"九个坚持"

习近平同志在全国教育大会上指出：坚持党对教育事业的全面领导，坚持把立德树人作为根本任务，坚持优先发展教育事业，坚持社会主义办学方向，坚持扎根中国大地办教育，坚持以人民为中心发展教育，坚持深化教育改革创新，坚持把服务中华民族伟大复兴作为教育的重要使命，坚持把教师队伍建设作为基础工作。

（2）要进行教育改革

贯彻"九个坚持"和坚持教育改革，是建立中国特色社会主义现代化教育管理体系的两个方面。要实现教育管理的现代化，只有既贯彻"九个坚持"，又坚持教育改革，才能完成建立中国特色社会主义教育体系和教育管理体系的任务。当前，要认真学习新时代的教育思想和教育理论，要认真总结我国的教育管理实践，吸取国外和我国古代、近现代的教育思想、教育管理思想及教育管理制度中合理的东西，去除不适合我国现代政治、经济和教育发展的旧的教育思想、教育管理思想及教育管理制度。总之，我们搞教育改革，不要忘了贯彻"九个坚持"；学习外国经验，不要忘了我们自己的特色；改革旧的东西，不要忘了我们的传统思想里面还有许多值得发扬光大的优秀成果。

（3）要坚持教育为社会主义现代化建设服务的方针

教育为社会主义现代化建设服务，归根结底，是为社会主义现代化建设培养合格的人才。从根本上说，科技的发展、经济的振兴，乃至整个社会的进步，都取决于劳动者素质的提高和大量合格人才的培养。可见，合格人才的培养，对于我国的社会主义现代化大业具有决定性意义。

培养合格的人才，就是要培养德、智、体、美、劳全面发展的建设者和接班人。这是教育的首要问题。我国是中国共产党领导的社会主义国家，这就决定了我们的教育必须把培养社会主义建设者和接班人作为根本任务，培养一代又一代拥护中国共产党领导和我国社会主义制度、立志为中国特色社会主义奋斗终生的有用人才。这是教育工作的根本任务，也是教育现代化的方向和目标。

培养德、智、体、美、劳全面发展的人才，要在坚定理想信念上下功夫，教育引导学生树立共产主义远大理想和中国特色社会主义共同理想，增强学生的中国特色社会主义道路自信、理论自信、制度自信、文化自信，立志肩负起民族复兴的时代重任。要在厚植爱国主义情怀上下功夫，让爱国主义精神在学生心中牢牢扎根，教育引导学生热爱和拥护中国共产党，立志听党的话、跟党走，立志扎根人民、奉献国家。要在加强品德修养上下功夫，教育引导学生培育和践行社主义核心价值观，踏踏实实修好品德，成为有大爱、大德、大情怀的人。要在增长知识、见识上下功夫，教育引导学生珍惜学习时光，心无旁骛地求知向学，增长见识，丰富学识，沿着求真理、悟道理、明事理的方向前进。要在培养奋斗精神上下功夫，教育引导学生树立高远的志向，历练敢于担当、不懈奋斗的精神，具有勇于奋斗的精神状态、乐观向上的人生态度，做到刚健有为、自强不息。要在增强综合素质上下功夫，教育引导学生培养综合能力，培养创新思维。要树立健康第一的教育理念，开齐、开足体育课，帮助学生在体育锻炼中享受乐趣、增强体质、健全人格、锤炼意志。要全面加强和改进学校的美育，坚持以美育人、以文化人，提高学生的审美和人文素养。要在学生中弘扬劳动精神，教育引导学生崇尚劳动、尊重劳动，懂得劳动最光荣、劳动最崇高、劳动最伟大、劳动最美丽的道理，长大后能够辛勤劳动、诚实劳动、创造性劳动。

2. 科学性原则

科学性原则，是指教育管理活动要按客观规律办事，要注意采用新的管理理论和管理方法，使教育管理活动建立在科学的基础之上。

教育管理活动既是一种教育现象，也是一种管理现象，它既受教育规律的制约，也受管理规律的制约，是一项科学性很强的管理活动，诸如制定教育政策和规划，进行教育预测，调整教育结构，等等，都需要科学的理论和方法做指导。因此，教育管理活动必须遵循教育规律和管理规律，必须运用科学的理论和方法。贯彻这个原则要做到以下几点。

（1）教育管理活动必须按教育规律办事

教育有两条基本的规律：一是教育必须与社会的政治经济发展相适应。遵循这条规律，就要求教育发展的规模和速度、教育的结构、培养人才的数量和质量适应国家政治经济发展的需要。同时，教育事业发展的规模和速度，又要受国家政治经济发展所能提供的条件的制约。二是教育必须同受教育者身心发展的特点相适应。遵循这条规律，就要求教育的内容和方法要适应受教育者身心发展的特点，同时还要注意发挥教育在受教育者身心发展中的主导作用，使受教育者在德、智、体、美、劳诸方面都得到生动活泼、主动的发展，成为有理想、有道德、有文化、守纪律、体魄健全的社会主义新人。

国家教育管理的活动，还必须按教育管理的规律办事。在教育管理的基本规律方面，要正确处理好活动、体制、机制、观念四个层面之间的关系；在教育管理的特殊规律方面，要正确处理活动、体制、机制、观念四个层面中各个因素之间的关系。具体内容已在第二章第一节中做了阐述。

（2）要采用新的管理理论，特别是系统论的原理和方法

在教育管理活动中应用系统论，首先，要树立整体最优化的观点。系统科学的着眼点是从系统的总体出发，在发挥各分系统、小系统的效能的基础上，统一协调计划，使整体系统的效能达到最优状态。对于教育管理活动来说，当前就应该克服重普通教育、轻职业技术教育，重高等教育、轻基础教育，重重点学校、轻一般学校，重城市学校、轻农村学校等缺乏整体最优化观念的现象，对教育的各子系统进行统筹规划和协调，使整个教育事业的发展取得最好的效果。其次，教育管理活动要有合理的结构。系统论的一个重要思想是，系统的功能和属性来源于其结构，改变事物内部的结构，可以引起整个事物功能的变化。我国当前的教育结构，基础教育比较薄弱，职业技术教育没有得到应有的发展，高等教育的系科、专业和层次比例失调，妨碍了教育整体功能的实现。要改变这种状况，就应该切实加强基础教育，大力发展职业技术教育，调整高等教育结构的比例关系，使教育系统内部结构合理、比例恰当、协调发展，以充分发挥教育培养人的功能和为经济建设、为社会发展服务的功能。最后，应用系统论要讲究教育管理活动的层次性。系统管理要求层次间职责分明、权力分工。总的来说，这就要求教育管理活动在宏观上要管住管好，微观上要放开搞活。宏观上要实行分级办学、分级管理，把基础教育的责任和权力交给地方；微观上要实行校长负责制，扩大学校办学的权力，使教育系统各层次职、责、权相符，使教育系统的潜力和活力得到充分发挥。

3. 规范性原则

规范性原则，是指教育管理活动要依照国家制定的教育法律法令来指导和调节自己的管理行为，从而使教育管理活动规范化、制度化，以保证和促进教育事业的健康发展。

教育法规是国家意志在教育方面的具体体现，是现代国家教育执法和守法的

基本依据。依据法规进行管理是教育管理的重要手段之一，是保证教育管理活动规范化的一个重要条件。

贯彻规范性原则，首先，要重视和加强教育立法。要认识到在教育管理活动中进行法制建设的必要性。行政和法规，有着密切的联系。现代教育管理活动离不开法律，不能把教育管理和教育法规割裂开来。在教育管理活动中，如果只重视教育管理的作用，轻视和否定教育法规的作用，甚至以言代法、以权代法，教育管理活动就不能有效地、顺利地组织和运行。只有把教育管理活动纳入法制的轨道，才能在处理问题时有法可依、有章可循，使按照客观规律办事的活动得到法律上的保障，以便更好地推动教育事业的发展。其次，要加强法制宣传教育，提高法制观念，逐步做到依法治教。当前，要使全体人民特别是教育工作者和青少年学生熟悉各项教育法令，模范遵守教育法规。要特别强调行政执法、守法，政府及教育行政部门要严格执行教育法规，自觉接受人民的监督，做到有法必依、执法必严、守法必颂、违法必究。最后，要建立健全教育法规实施的纪律检查监督机构，保证教育法规的贯彻执行。教育立法后，要建立相应的执行、监督、检查、仲裁机构，没有这一套机构，立了法也难以真正执行。

4. 综合性原则

综合性原则，是指教育管理活动必须科学地组织和调动教育系统内外各方面办学的积极性，更好地推动教育事业向前发展。

教育本身是一个有组织、有层次的复杂结构，它们彼此间紧密相连、相互影响与制约。同时，教育系统又处在社会这个总系统之中，要受到其他系统中诸如社会政治经济的发展、社会上各个时期的教育理论与思潮、学校所在区域的环境，以及各级领导对教育的重视程度等多种因素的影响。因此，要有效地进行教育管理，不仅要注意教育内部各因素的相互关系对教育事业发展的影响，还要注意教育系统的外部因素对教育事业发展的影响，使各种力量相互配合，达到更好地促进教育事业发展的目的。

贯彻这个原则，首先，要从整体出发，认真研究学前教育与小学、小学与初中、初中与高中、高中与大学的衔接关系，不能只把注意力局限于某一阶段的教育。因为中小学教育是基础教育，高一级的职业技术教育和高等教育的发展，又有赖于基础教育的普及和提高。为了发展基础教育，实行九年制义务教育，又必须把各级师范教育办好，培养大量的合格师资。总之，学前教育、学校教育中的普通中等、高等、职业教育都很重要，在教育事业的管理中，不能顾此失彼。每个时期的教育都有一个重点，但在抓重点的同时要顾及一般，否则，很难促进教育事业协调稳步地向前发展。其次，不能把教育看成是与外界隔绝的封闭系统。现代教育的一个重要特征就是它的开放性。教育组织本身就是一个开放系统，它不断地与外界进行物质、能源及信息的交流，总是处在与环境的相互作用之中。各级各类学校所处的社会环境及自然环境，诸如居民职业、文化水平、经济状况、道德习俗、宗教信仰、民族分布、人口情况、自然条件，等等，都不同程度地影响教育活动。所以，教育管理活动必须从全局出发，充分估计到外部因素对教育事业发展带来的有利和不利影响，采取措施，扩大有利影响而消除不利影响。同时，还要注意充分利用各种社会力量办学，在教育事业的发展上，实行中央与地方合作、国家办学与各种社会力量办学相结合，充分调动地方和部门办教育、管教育的积极性。最后，在教育系统内部，也要协调好各种因素，充分调动各方面的积极性，提高教育质量。

5. 权变性原则

权变性原则，是指教育管理活动必须根据不同的情况确定和采取不同的措施、方法，实行动态调节，使教育管理活动具有针对性和适应性。

教育事业的发展与千差万别、千变万化的外界因素和自身因素有着紧密的联系。教育事业的发展，必须认识与适应这种差别，区别不同情况来制定不同方略，实行动态管理。贯彻这个原则要求做到以下各项。

（1）要根据地区的不同情况进行管理

新中国成立以来，特别是改革开放以来，我国的教育虽然从整体上有了很大的发展，由教育大国逐步走向教育强国，但我国幅员广大，经济、文化发展很不平衡，教育发展水平还存在着地区差异，特别是东部和西部地区的教育发展水平差距还比较大。多年来，虽然党和国家采取了不少措施缩小这种差距，但地区不同，教育发展的状况及水平有所不同，因此我国的教育改革发展还必须因地制宜。比如，条件好的地区，普及了义务教育的可普及高中；条件比较差的地区，还有一个继续巩固发展九年义务教育的问题。

（2）要看到客观事物的变化，并按照这些变化来确定对策

当前，世界已进入了第四次工业革命的人工智能时代。适应当前时代发展的要求，教育观念、教育机制、教育体制、教育内容、教育方法及人才培养的规格等都必须进行改革。如在教学内容上，由于计算机网络和多媒体技术成为大学教育和科学研究不可替代的基础平台和学习手段，成为跨越校园、利用全球资源、提供全球性教育服务的渠道和方式，并有可能由此迎来全球性资源共享的教育合作和全球网络大学的新时代，因此，现代微电子技术、计算机技术、多媒体技术和全球化网络技术将成为学校教育特别是大学各学科教育的必修课。重视信息科学技术与人工智能将是当代教育改革的一个重要特征。

6. 有效性原则

有效性原则，是指教育管理活动中要合理地组织和利用人、财、物和时间等资源，从而获得较高的效率和较好的效益。

人、财、物、信息和时空既是管理的对象，也是管理的重要资源。在教育管理活动中，只有充分利用和合理组织这些因素，才能获得较高的管理效率。目前我国教育事业的效率、效益不高的现象还普遍存在，因此强调贯彻这一原则很有现实意义。对这些资源的开发与利用在第四章第二节和第四节中已做了论述，这里就不赘述了。

上述六条原则是互相联系的，教育管理工作者应善于将它们结合起来全面贯彻，以取得最佳的管理效果。

第二节 教育管理活动的职能与效能

一、教育管理活动职能

（一）教育管理活动职能的含义

教育管理活动职能，指的是教育管理活动的职责与功能。教育管理活动的职

能对国家教育的发展,有着极其重要的意义。教育管理活动的职能是否明确,直接影响到教育管理机构的设置和教育工作的开展,从而影响到教育能否有效地提高教育质量,更好地为人的发展和社会发展服务。正因为如此,当今世界各国在认识到教育在经济发展中的重大作用的同时,也充分认识到了教育管理活动职能的重要性。

教育管理实行分权制的国家,不再认为管理教育只是地方的事,开始将其列入国家职能范围以内。如美国过去不设部一级的教育管理机构,教育由地方教育管理当局来进行管理,中央不予干预,其结果是全国教育发展不平衡,不适应当今世界政治经济形势的发展。20世纪中期以后,美国认识到,国家不管教育是不适宜的,必须将管理教育的职能列入国家职能范围。美国于1979年成立了中央一级的教育部,并相应扩大中央教育管理的权限,这是分权制国家加强国家直接管理教育的重要标志。

教育管理实行中央集权制的国家,也纷纷改变传统的国家管理教育的体制。如法国等国家已认识到集权制的教育管理,使国家对地方教育和学校内部事务干预太多,不同程度地阻碍了教育的发展。它们已采取措施,调整国家管理教育的职能,松动集权模式。法国在中央教育行政机关之外,还建立各种审议机构,以限制中央的教育管理权限,并于1986年颁布了《高等教育方向指导法》,将国家管理教育的部分职能交给学校,这些就是明显的例子。

由上述分析可知,在教育管理活动职能的问题上,分权制和集权制国家呈现出了两种相反的趋势。传统的分权制国家,注重加强国家管理教育的职能,呈现出集权化的趋势;传统的集权制国家,注重改善国家管理教育的职能,呈现了非集权化的趋势。尽管趋势不同,反映的主题却是一致的,即世界各国对教育管理活动职能的高度重视。

(二)教育管理活动职能的类型

1. 计划职能

计划职能,是指教育管理者在教育计划方面所承担的职责和所发挥的作用。它要求教育管理部门制订教育发展计划,并依据计划对教育进行管理。计划职能是一个重要的职能,它可以保证教育事业稳步协调地发展。计划分指令性计划和指导性计划。无论是中央集权制、地方分权制国家,还是中央与地方合作制国家,无论是宏观管理还是中观或微观管理,计划职能在教育管理活动中都占有一定的地位,只不过有的偏重于指令性计划,有的偏重于指导性计划。

2. 法治职能

法治职能,是指教育管理者在教育立法和执法方面所承担的职责和所发挥的作用。它不仅要求国家要制定完备的教育法规,并依法对教育进行管理,也要求学校依法治校。

法治职能是使教育管理活动正规化的重要职能。通过立法手段对教育的目的、方针,对社会教育和学校教育,对教职员工的资格和待遇,对教育管理活动等予以法律上的规定,并依法行事,这是管理教育的最强有力的措施。

3. 监督职能

监督职能,是指教育管理者在教育的监督方面所承担的职责和所发挥的作用。实施监督职能,有自上而下的监督、自下而上的监督、横向的监督、舆论监督、法律监督和行政监督等。就法律监督和行政监督而言,不同类型的教育管理体制的国家具有不同的特点。中央集权制的国家强调行政监督的职能,如法国为保证中央教育部的指令得以贯彻,建立了从中央到地方的较为完备的教育行政监督机构。地方分权制的国家则强调法律监督的职能,如美国,其监督职能基本上是通过司法机关履行的。中央与地方合作制的国家既强调法律监督,也注重行政监督,如日本的监督职能,就是采取法律和教育行政机关的指令等措施来履行的。

4. 经营职能

经营职能,是指教育管理者在教育的经营方面所承担的职责和所发挥的作用。从宏观来说,它是指国家对学校,特别是高等学校的内部事务直接进行管理;从微观来说,是指学校管理者对学校事务所进行的管理。由于管理者对地方和学校内部的教育事务负责,这有点类似于企业的经营权,所以称之为经营职能。教育管理实行中央集权制的国家,这项职能特别突出。如法国教育部可以直接经营全国的初等和中等教育,就是这种经营职能的典型例证。至于学校管理者对学校内部事务的直接经营活动,就更为普遍了。

5. 指导职能

指导职能，是指教育管理者在教育管理的指导方面所承担的职责和所发挥的作用。具体来说，它一方面包括国家对地方教育行政部门和学校，就地方教育发展的规模，人才培养的数量、规格，教学内容的确定，课程的设置和课时的安排，以及教学方法的选择等基本属于地方和学校内部的事务，提供指导和建议，间接地影响地方和学校的经营方向和经营活动，使之与国家宏观的教育目标和教育活动相一致。另一方面也包括在学校内部的管理活动中，管理者对被管理者予以指导，以使被管理者更好地完成工作任务，实现学校教育目标。教育行政实行地方分权制和中央与地方合作的国家，对这一职能都比较重视。如美国强调中央教育行政部门对地方只起指导建议的作用。日本的《文部省设置法》，把指导和建议列入文部省五大职能之首。

6. 服务职能

服务职能，是指教育管理者在为教育服务方面所承担的职责和所发挥的作用。它既包括国家为地方和学校提供诸如信息、咨询、协调、资助等项目，以此作为教育宏观控制的重要手段，也包括学校管理者为被管理者所提供的服务。不少国家注重建立庞大的信息咨询中心，为地方教育提供丰富的统计数据和教育资料，进行各种教育咨询。许多国家的中央教育主管部门经常组织地方与地方之间、学校与学校之间的协作。为了更好地为地方教育服务，不少国家建立起独立的教育财政，鼓励地方和学校兴办一些国家急需的教育项目，为落后地区提供资助。美国重视服务职能，有的学者称美国的教育行政为服务型行政。

二、教育管理活动的效能

（一）教育管理活动效率

1. 教育管理活动效率的含义

效率这个概念最初来自物理学，特别是力学和电学中对这个概念运用得较普遍。它的本意是：物质运动中所得到的能量和所做的功，与所投入、所消耗的能量或功的比值。很清楚，这里的物质运动中的效率测量，是与定量分析联系在一起的。后来人们把效率这个概念引进了社会生活，开始对社会生活的有效性进行评价。这时，效率通常指劳动成果与所消耗的劳动量或人力、物力之间的比率。

教育管理活动效率，是管理效率的一部分。它是指教育管理活动中所投入的人力、物力和财力与所产生的管理效果之间的比率。比率越大，效率越高；反之，效率则低。

教育管理活动效率是与教育管理目标和决策的具体实施相联系的，因为教育管理活动都是以一定的目标和决策为依据的。为了实现一定的目标和执行某项决策，如果以尽可能少的投入完全地或接近完全地实现目标或决策，说明这一教育管理活动的效率高。

教育管理活动效率，在一定程度上体现在时率上面。以最短的时间完成管理目标和决策，这就是体现教育管理活动效率的时率。具体来说，它是指：第一，一个总的管理目标确定以后，如何在短时间内对以什么方案、计划、措施等来实现这一目标做出最佳选择；第二，在教育管理目标和决策的实施过程中，对遇到的各种问题，如何做出最快的反应，对原来的计划和方案进行修正，提出新的办法。

教育管理活动效率还反映在教育管理活动的各个层次和环节之中。从静态教育管理组织结构上讲，领导效率体现在决策机构、执行机构、咨询及反馈机构的各级组织及人员之中；从动态的教育管理活动运行程序上讲，教育管理活动效率体现在决策、咨询、监督、执行等各个管理活动环节上。所以，教育管理活动效率，并不是对某一管理部门和某一管理活动而言，而是对整个教育管理部门和教育管理活动而言的。

2. 教育管理活动效率的意义

教育管理活动效率在整个教育管理活动中具有十分重要的作用。首先，教育管理活动效率关系着教育事业的发展。制约教育事业的发展有许多因素，作为管理教育的教育管理活动是最重要的因素之一。教育管理活动效率高，有利于整个教育活动的运行，促进教育事业的发展；反之，则有碍于教育事业的发展。其次，强调教育管理活动效率，有利于实现教育管理目标。因为管理目标本身就包含着管理效率的要求，强调管理目标中的效率要求，是现代管理的重要标志。管理目标在实施过程中，都有实现目标的时间、质量及效率上的规定，只有达到了上述要求，才算管理目标的最终实现。最后，提高教育管理活动效率有助于教育体制改革。精简人员，明确职、责、权是为了提高管理效率；进行领导改革，增强素质，分清责任，还是为了提高管理效率。围绕提高教育管理活动效率进行改革，这是教育体制现代化的基本要求。

3. 教育管理活动效率的评价

（1）评价的必要性与可行性

教育管理活动效率评价的必要性体现为以下几点：

第一，评价教育管理组织机构设置的合理性的需要。管理决策要由管理组织制定和执行，由管理组织机构运行的最后结果，可以看出教育管理组织的设置是否合理。

第二，评价教育管理活动程序科学性的需要。教育管理活动程序是处理教育管理事务活动的步骤和方法。教育管理活动程序安排得是否妥当、科学，直接影响管理效果。因此，通过对管理效果的分析，也可以看出教育管理活动程序是否科学。

第三，评价教育管理活动主体素质状况的需要。教育领导者及一般工作人员是教育管理活动的主体。主体素质状况，是教育管理活动是否取得好效果的关键因素。对教育管理结果进行评价，可以考察教育管理活动主体的素质状况，发现其长处和不足，以便采取措施，提高教育领导者的素质。

对教育管理活动效率进行评价不仅有必要，而且有可能。这是因为：首先，教育管理活动效率是教育管理组织结构、教育管理活动主体、教育管理活动程序、教育管理活动方法等多种因素的综合体现。因此，对教育管理活动效率进行评价，可以对教育管理体系内部的各项因素进行评价，分析管理活动结果与这些因素之间的关系，考察管理活动结果与组织活动、主体行为所做出的努力之比是否合理，管理活动结果与管理目标和决策的方向是否一致。其次，由于教育管理活动效率总是与一定的社会环境有关，因此，可以通过考察管理活动结果与社会环境的关系来看管理活动效率的高低。

（2）教育管理活动效率评价的内容

教育管理活动效率包含如下几个可比性的方面：

第一，付出的劳动与取得成果之间的关系。付出的劳动越少，花费的经费越省，耗出的时间越短，取得的成果越大，管理效率越高。

第二，完成工作任务与实现管理目标之间的关系。管理目标和各项决策制定以后，通过管理执行过程，目标及决策得到了完整的实现，或者创造性完成，管理效率就高；反之，管理效率就低。

第三，及时解决问题，排除困难的程度。能在教育管理活动中对各种问题及事件迅速做出反应，及时采取措施，使这些问题得到圆满解决，事件得到及时处理，这也是管理效率的重要内容。

第四，在相同情况下，实现管理决策的差别性。教育管理过程中往往有这样的情况，不同的教育管理部门在基本相同的条件下执行同一管理决策，一个部门在质量及时间上达到要求，另一个部门则没有达到要求，这些也应视作其管理效率高低的重要尺度。

（3）教育管理活动效率的评价方法

第一，功能测定法。这种方法主要是对教育管理机关和教育管理人员是否有效地实现管理目标和决策、出色地完成管理任务进行评价。

第二，费用计算法。它主要是对在教育管理活动过程中所耗费的人力、物力、财力进行计算，看其是否节省，是否以最少的经费投入获取较大的效果。

第三，标准比较法。用这种方法评价教育管理活动，看它是否达到各项国家公认的标准要求，是否在其与标准的比较中，获得认可。

第四，因素分析法。教育管理活动要受到自身各种因素和各种环境因素的影响。分析这些因素，并把分析这些因素的结果相加，其总和就是教育管理效率高低的重要尺度。

（4）教育管理活动效率评价的要求

第一，注意评价的标准性。为了正确评价教育管理活动效率，必须制定各项工作评价标准，且要明确、具体，以此作为评价依据。

第二，注意评价的全面性。由于管理活动效率涉及很多因素，评价管理活动效率是一项很复杂的工作，因此必须进行全面的调查与分析。既要了解教育管理机关内的反应，也要听取社会群众的意见；既要看动机，也要看实际效果；既要纵向分析历史，也要横向进行地区、单位、部门间的比较。

第三，注意评价的可靠性。要对涉及教育管理活动效率的各种汇报材料进行实事求是的分析，广泛深入地调查，取得翔实可靠的材料。

第四，注意评价的特殊性。任何教育管理机关和个人，由于地区、部门或单位及层级不同，其职责范围、工作繁简及难易程度也会不同，因而衡量其工作效率的标准也会不一样。在评价中，应对具体工作进行具体分析，这样才能令人心悦诚服，收到实效。

4. 教育管理活动效率的提高

（1）影响教育管理活动效率的因素

第一，教育管理组织的结构。教育管理活动是在教育管理组织中进行的。教育管理组织的设置、结构、编制是否合理，对教育管理活动效率有直接的影响。如果管理机构的设置不合理，机构的分工不明确，机构的编制不适宜，机构的层次和部门不精简，这些都会对教育管理活动的效率产生负面影响。

第二，教育管理活动的程序。教育管理的各项决策总是在教育管理活动过程中实现的，教育管理活动程序是否科学，将直接影响教育管理活动效率。教育管理活动程序对教育管理活动效率的影响表现在两方面：一是教育管理活动程序是否健全对教育管理效果的影响。教育管理活动中的决策、执行、咨询、监督，如缺少任何一个环节，都将影响教育管理的运行。二是教育管理活动各个环节功能的发挥对教育管理效果的影响。如果每一环节的功能得不到正常发挥，也会影响教育管理的运行。

第三，教育管理人员的素质。教育管理人员是教育管理活动的主体，其各方面的素质如何，直接影响管理活动效率的提高。

第四，教育管理活动的方法。在教育管理活动程序中运用什么样的方法，对管理效率影响很大。以往运用的多是经验主义的方法，结果是文山会海，这必然会影响教育管理活动效率的提高。

（2）提高教育管理效率的途径

第一，组织机构合理化。为便于沟通，要根据教育管理活动的需要精简机构；要减少副职，不设虚职，尽可能减少管理人员；各种组织机构要设置恰当，根据当前需要，要充实咨询机构。

第二，人员素质现代化。教育要现代化，教育人员首先要现代化。教育管理现代化，首先要求教育管理人员现代化，教育管理人员要努力从政治思想、道德修养、专业知识、工作能力诸方面达到现代化、科学化的要求，以主人翁的精神搞好教育管理工作。

第三，管理规则法制化。在我国的教育法规体系中，还未制定教育行政法规，教育行政活动的随意性比较大，这就必然影响教育管理活动效率。当前，要尽快制定出一整套教育行政组织和教育行政人员的法规，建立教育行政程序运行的各种规范，用法律来保障教育管理活动效率的提高。

第四，管理程序简便化。如果教育管理组织机构重叠，人员过剩，必然会造成教育管理运行程序层次繁多、手续复杂、公文旅行的现象。因此，要提高管理效率，缩短教育管理活动时间，必须简化运行程序。

第五，管理手段科学化。随着现代科学技术的进步，在教育管理活动中运用先进的科学技术越来越普遍。现代教育管理活动涉及的领域广、事务多、信息量大、速度快，如果没有现代化的管理手段，是无法提高教育管理活动效率的。我们必须努力提高教育管理的自动化和现代化水平，为提高教育管理活动效率提供技术条件。

（二）教育管理活动效益

1. 教育管理活动效益概说

教育管理不只是一种对教育活动进行组织、协调、控制的活动，还涉及其他有关的社会因素。教育管理目标，不只是对人、财、物、事诸因素有数量上的要求，每一个教育管理决策和它的实施过程，都包含了丰富的社会因素。因此，我们不能简单地用教育管理活动效率来评价教育管理活动、评价其目标的实现程度，它只是对教育管理一个方面的评价，要想做到对教育管理的全面衡量，还必须考虑教育管理活动的效益。

所谓教育管理活动效益，就是对教育管理活动结果的社会评价。它是教育管理活动结果中的社会因素。在社会主义的教育管理体系中，教育管理活动效益包括教育决策是否体现社会主义的教育方针、政策，教育管理的最终结果是否能促进社会主义教育事业的发展等多种丰富的社会内容。

2. 教育管理活动效益的内容

教育管理活动效益，主要体现在教育管理目标的实现与教育发展的关系上。社会主义的教育管理活动效益主要体现在：第一，教育管理目标是否体现社会主义的教育方针、政策；第二，教育领导的运行是否体现民主原则；第三，教育管理干部的言行是否符合人民群众的根本利益；第四，教育管理活动是否达到了高效率。

很明显，教育管理活动效益的体现与教育管理活动效率不同，它不具体地反映在各种技术性的参数上，而是在与社会的各种需要的比较中得到说明。因此，评价教育管理活动效益，不应仅仅注意在教育管理活动的结果上，而应系统考察教育管理活动的全过程；不应仅仅局限在某一点上，而应系统考察教育管理活动与社会各种因素的比较关系上。具体来说，评价教育管理活动效益，要注意以下四个方面的问题。

第一，考察教育管理目标和决策本身的正确性。这是教育管理活动效益是否实现的基础。测定教育管理活动效益往往注意的是教育管理目标和决策的执行，力图以精简的机构、简便的程序，高效率地实现教育管理目标和决策，对教育管理目标及决策本身的正确性则很少考虑；而对于评价教育管理活动效益，更多地应注意教育管理目标及决策的正确性。如果目标与决策是错误的，教育管理活动的效率越高，其效益就越糟。

第二，考察教育管理目标与决策执行过程中的方向性偏差。教育管理活动效率最关心的是教育管理目标与决策执行过程中的时效，即考察是否以最短的时间实现教育目标和决策，而教育管理活动效益关心的是在执行过程中是否偏离了原来确定的目标方向。在现实的教育管理活动过程中，往往由于客观上的原因，教育管理目标与决策发生方向偏差的情况，也往往由于主观上的一些原因造成执行走样的情况。所有这些，都会影响教育管理活动效益。

第三，考察教育管理活动结果中长远利益与眼前利益的关系。衡量教育管理的长远利益与眼前利益，往往会出现两种情况：一是教育管理结果有利于长远发展的需要，而不利于或少利于眼前需要；二是教育管理结果更符合眼前需要，而不符合长远发展的需要。教育管理活动的效益是既要获得眼前利益，又要顾及长远利益。在二者不可兼得的情况下，应注意长远利益而舍弃眼前利益。只有兼顾了两种利益，或者在两种利益不能兼顾的情况下注重长远利益，才能取得教育管理活动的高效益；否则，就不能算是取得了教育管理活动的高效益。

第四，考察教育管理活动结果中全局利益与局部利益的关系。在教育管理活动过程中，往往会碰到教育管理结果的全局利益和局部利益的抉择。一般来说，只有实现了全局利益，才能体现教育管理的高效益，只顾局部利益而损害全局利益，是不能体现教育管理活动的社会效益的。

（三）教育管理活动效能

1. 教育管理活动效能的含义

我们这里讲的教育管理活动效能，就是教育管理活动效率与效益的统一。因此，教育管理活动效能包括教育管理活动效率与效益两个方面，它是效率与效益的乘积。公式如下：

$$教育管理活动效能 = 效率 \times 效益$$

这个公式表明：教育管理活动效率高而效益不高，管理效能也不高；如果管理效益是负值，管理效率越高，管理效能的负值就越大。

用教育管理活动效能对教育管理活动进行评价是一种全面的评价方法。它不仅注意教育管理运行中人、财、物、时的节省，而且注重教育管理目标、决策的社会效益。任何一种片面的评价，都会造成教育管理活动对其结果的片面追求。

2. 教育管理活动效能评价的作用

（1）有利于发挥教育管理体系的整体功能

教育管理活动效能不仅要求教育管理机构精简，实现高效率，而且要求教育管理人员在决策中做到准确无误，在执行决策时做到迅速，不发生方向性偏差，这样，才有利于教育管理活动的整体功能有效发挥。

（2）有利于促进教育管理人员动机与效果保持一致

在教育管理活动中，如果仅有好的动机，但不付诸行动，或虽行动了，却得不到好的效果，那就算不上好的教育管理活动效能。相反，如果在执行中缺乏明确动机，那就容易偏离原来的目标，或者虽有高效率，但这种效率只能是盲目的。教育管理活动效能则要求动机与效果的统一。

（3）有利于克服追求教育管理效果中的片面性

在教育管理活动中，往往出现追求管理效率而忽视管理效益的现象，究其原因，不能不说与对教育管理的考察不以效能作为评价的内容有关。只有抓住了效能，才能促进教育管理活动既注重其效率，又注意其效益。

3. 提高教育管理效能的必要条件

除了上面已谈到的提高管理效率应注意的几点外，为提高教育管理活动效能，还应做到以下几点。

（1）发挥教育管理机构的整体功能

教育管理组织机构是一个系统，若要保证教育管理活动效能得到实现，就要充分发挥决策、执行、咨询、反馈、监督机构的作用。

（2）建立起完整的教育管理活动程序的体系

在此，特别要注意在教育管理的运行过程中实行民主原则，使人民群众都来关心、支持和监督教育管理工作，使教育管理干部和教师以主人翁的态度参与到教育管理活动中来。

（3）提高教育管理人员的素质

教育管理人员是教育管理活动的主体，他们的素质高低对教育管理效能影响极大。教育管理人员不仅应具备相应的专业知识水平，还应有正确的政治思想、优良的道德品质和工作作风，这样才能从根本上保证教育管理活动的高效能。

第三节 教育管理活动与人的发展关系

一、教育管理活动与人的发展关系的一般分析

（一）人的相对自由发展

我们这里讲的人的发展指的是人的自由发展。这里的自由是理论理性的自由与实践理性的自由相统一的自由。所谓理论理性的自由，是指人们认识事物或现

象的发展规律所获得的自由。黑格尔所说的"自由以必然为前提"①讲的就是这种自由。所谓实践理性的自由,是根据人自己的意志而行动的自由。所谓理论理性和实践理性相统一的自由,是指认识了事物或现象的发展规律并按这种规律行事的自由。恩格斯说:"自由就在于根据对自然界的必然性的认识来支配我们自己和外部自然。"②这里要明确的是,这种以认识自然界的规律来支配我们行动的自由是一种什么样的自由,即要明确是绝对自由还是相对自由。我们这里讲的人的自由不是只说不做的乌托邦式的自由,也不是任凭人的意志天马行空、无法无天式的自由,而是把认识世界的规律和按照这一规律去改造世界和改造自身有机结合起来的自由。因此,我们这里所说的人的自由发展,不是人坐而论道式的自由发展,也不是人随心所欲式的自由发展,而是促进人的理论理性自由和实践理性自由相统一的相对自由的发展。③

(二)教育管理活动与人的自由发展关系的一般分析

我们很容易发现,教育管理活动既有有利于人自由发展的一面,也有不利于人自由发展的一面。为什么会是这样的呢?我们认为这是由管理活动的本质及其异化所决定的。教育管理活动不利于人的自由发展、束缚人的自由发展,这是管理"异化"的产物。我们知道,异化是事物或现象在自身发展过程中产生自身发展对立面的过程。我们这里讲教育管理活动的"异化",因为教育管理活动从其本质来说,不是不利于人的自由发展,而是有利于人的自由发展的。然而,在我们的教育管理活动现实中,确实存在着不利于人自由发展的"异化"的现象,我们的管理制度、管理措施有些是不利于人的自由发展的。为了说明问题的方便,下面仅从管理活动的角度来分析管理活动的本质及其异化与人的自由发展的关系。

管理活动的初衷,即本质是有利于人的自由发展的,这是根据"社会契约论"的观点来理解的。人们为了有序而自由地生活,就要把一部分权力交给另一部分人,而要另一部分人对自己的发展加以保护,以达到互相理解、互相支持、

---

① [德]黑格尔,贺麟译:《小逻辑》,商务印书馆1980年版,第158页。
② [德]恩格斯:《反杜林论》,载《马克思恩格斯选集》第3卷,人民出版社2012年版,第492页。
③ 孙绵涛:《论人的本质的"相对自由"》,载《沈阳师范大学学报(社会科学版)》2017年第6期。

互相爱护，求得大家都能得到自由发展。结果这部分人把权力拿过去以后并不为另一部分人的发展服务，这样一部分人就剥夺了另一部分人的权力，而使人不能得到自由的发展，这就是管理活动本质的"异化"。我们这里讲的自由发展就是上面理论理性的自由和实践理性的自由发展的统一。因为人们都认识到只有在契约的基础上大家才能得到自由的发展，并且还在实践这种认识。也就是说，人们认识到了人自由发展的规律并在实践这种规律。那么如何回归那种管理活动的初衷即管理活动的本质呢？当人们发现管理活动不利于人的自由发展以后，就提出来"管理就是服务""领导就是服务""参与管理""民主管理""以人为本，执政为民"以及"以人为本，与人为善"等管理理念和管理措施。很显然，这些理念和措施就是对管理活动初衷即管理活动本质的一种回归。而我们现在讲的管理活动中"宽松"与"严格"，领导艺术中"虎气"与"猴气"等，都是基于管理活动的本质是有利于人的自由发展，而当这种本质出现异化而不利于人的自由发展后所产生的一些管理方式。为什么呢？从一般意义上来看，管理活动的本质是有利于人的自由发展，当然就要求管理对人宽松一些，"猴气"一些，因为只有这样，人才能自由发展；而管理活动的本质出现异化，管理活动不利于人的自由发展，这时管理对人当然就是显得严格和"虎气"。因为对人严格限制，管理得比较狠和死，人当然就不能自由发展了。可见，管理中出现的"严格"与"宽松"、"虎气"与"猴气"，确实是与管理活动的本质与管理活动本质的异化有关的。

然而，上述分析只是从一般意义上探讨了教育管理活动本质及其异化与人的发展关系，还没有从教育管理活动中管理者和被管理者的状况的分析来探讨教育管理活动与人的发展关系。事实上，上述分析已经涉及对教育管理活动中管理者与被管理者的状况，只不过这种分析是建立在这样一种假设基础之上的，即教育管理活动中管理者异化了而被管理者没有异化。在现实生活中，管理者也有没有被异化的，也有全心全意为被管理者的自由发展服务的。被管理者也有不是我们所说的理论理性自由与实践理性自由相统一的自由，而是无法无天、随心所欲的自由。这种自由，就是被管理者自己站在了自由发展的对立面而使自己不能自由地发展，从而被管理者异化。下面让我们来对管理活动中管理者没有异化和异化时，面对异化的被管理者和没有异化的被管理者所产生的管理方式与人的发展关系做进一步的分析。

二、教育管理活动与人的发展关系的具体分析

（一）管理者没有异化，被管理者一部分没有异化而一部分异化的管理关系分析

假定在管理活动过程中管理者没有异化，管理者都是为人的自由发展服务的。在被管理者中有一部分人是按我们所说的自由的本意去要求自己的，有一部分人追求的是另类自由，即无法无天的自由，这时管理的方式对于前一部分人来说就是"宽松""猴气"式的，而对后一部分人，就应该是"严格""虎气"式的。既然管理者本身就是为人的自由发展服务的，而被管理者所追求的自由发展又是理论理性自由与实践理性自由相统一的自由，管理者对被管理者所实施的当然就是一种服务式的"宽松""猴气"式的管理方式。然而对后一种人的管理方式就不同，因为听任这种自由，不光随心所欲者自己得不到真正自由的发展，也影响了别人的自由发展。

（二）管理者异化，被管理者一部分异化而一部分没有异化的管理关系分析

假定在管理活动过程中管理者异化了，而被管理者有一部分人异化了，另一部分人没有异化，这时异化的管理者对第一部分人则会采取"宽松""猴气"的方式进行管理，所谓"臭味相投"就是这个意思；对第二部分人则会采取"严格""虎气"的方式来进行管理，所谓"水火不相容"就是这个道理。

由上分析我们可以看出，没有异化的管理者对没有异化的被管理者一般会采取"宽松""猴气"式的管理方式；异化了的管理者对没异化的被管理者会采取"严格""虎气"式的管理方式。而没有异化的管理者对异化了的被管理者会采取"严格""虎气"的方式进行管理，异化了的管理者对异化了的被管理者会采取"宽松""猴气"的方式进行管理。

（三）教育管理活动本质的回归与人的自由发展关系分析

从一般意义上来讲，由于管理活动的本质是有利于人的自由发展的，而管理活动本质的异化是不利于人的自由发展的，因此，对人的管理采取"宽松""猴气"的方式是可取的，而对人的管理采取"严格""虎气"的方式则是不可取的。

我们说教育管理活动的改革就是要回归教育管理活动的本质，以利于人的自由发展。在管理形式上，"严格"向"宽松"回归，"虎气"向"猴气"回归，正是从这个意义上来讲的。

从某种意义上来讲，我们不能笼统地讲"严格"与"宽松"、"虎气"与"猴气"中哪一种方式对人的自由发展有利，而要分析是什么样的管理者对什么样的被管理者所采取的"严格"与"宽松"、"虎气"与"猴气"的管理方式。我们认为，在管理者没有异化的情况下，对没有异化的被管理者所采取的"宽松""猴气"的方式、对异化了的被管理者所采取的"严格""虎气"的方式是可取的，是有利于被管理者的自由发展的；而在管理者异化的情况下，对没有异化的被管理者所采取的"严格""虎气"的方式、对异化了的被管理者所采取的"宽松""猴气"的方式则是不可取的，是不利于被管理者的自由发展的。换句话说，没有异化的管理者对没有异化的被管理者所采取的"宽松""猴气"的管理方式是可取的，是有利于被管理者的自由发展的；而异化了的管理者对没有异化的被管理者所采取的"严格""虎气"的管理方式则是不可取的，是不利于被管理者的自由发展的。没有异化的管理者对异化了的被管理者所采取的"严格""虎气"的管理方式是可取的，是有利于被管理者自由发展的，而异化了的管理者对异化了的被管理者所采取的"宽松""猴气"的管理方式则是不可取的，是不利于被管理者的自由发展的。从以上分析可以看出，教育管理活动的改革要做到有利于人的自由发展，从根本意义上来说，就是要使教育管理者努力做到自己不要异化，这样才能对没有异化和异化了的被管理者采取适当的管理方式。否则，如果是异化了的教育管理者，他们对没有异化的被管理者和异化了的被管理者就会采取不适当的管理方式。从这个意义上来说，教育管理活动的改革就是防止教育管理者的异化，就是要使异化了的教育管理者向没有异化的教育管理者回归。

---------- 思考题 ----------

1. 理解下列概念：

（1）教育管理活动效率

（2）教育管理活动效益

（3）教育管理活动效能

2. 简述教育管理活动的原理。

3. 简述教育管理活动的原则。

4. 教育管理活动有哪些职能？试解释每一种职能。

5. 谈谈你对教育管理活动效率评价的看法。

6. 影响教育管理活动效率的因素有哪些？如何提高教育管理活动的效率？

7. 如何考察教育管理活动的效益？

8. 评价教育管理活动的效能有何作用？

9. 提高教育管理活动效能的必要条件有哪些？

10. 怎样理解教育管理活动与人发展的关系？

第三论　教育体制论

第六章

教育体制理论

第一节 教育体制理论的基本内容

 对于国外的教育学者来说，中国的教育体制理论是一个容易引起歧义和误解的理论，因为教育体制翻译成英文，一般译成"education system"，而"system"又有"系统""体系""制度"等多种意思。把教育体制理解成教育制度是欠妥当的，因为中文里的教育制度和教育体制是在不同的意义上来使用的。如果说可以把教育体制理解成是一种教育系统或教育体系的话，那么它是一种什么样的教育系统或体系也不甚明白，因而需要加以探讨。对于中国的教育理论和教育实践工作者来说，这一理论又是提得比较频繁而研究得比较少的一个理论。如在中国的教育体制改革中，教育体制改革是谈得最多的一个热门话题，然而对什么是教育体制人们却少有研究，人们或简单地把它理解为教育制度的总称或教育组织的根本制度；或把它理解为教育机构职责权限划分的制度；或采取列举的方式，将教育体制分解为办学体制、教育管理体制（包括高等教育管理体制、基础教育管理体制、学校管理体制），以及招生制度和毕业生分配制度等几个组成部分。以上几种理解都未能将教育体制的各种要素和要素的结合方式，以及各要素之间的相互关系表达清楚，因而就不可能从理论上提供一个改革教育体制的科学思路。

一、教育体制理论的文字表述和图解说明

（一）教育体制理论的文字表述

教育体制（education tizhi）是教育机构与教育规范的结合体或统一体。① 教育机构指的是教育实施机构和教育管理机构。教育实施机构包括家庭教育机构、学校教育机构和社区教育机构。教育管理机构指的是教育行政机构和学校内部的管理机构。② 教育规范指的是建立并维持教育机构正常运转的规章制度。教育实施机构与一定的规范相结合，就形成了家庭教育体制、学校教育体制和社区教育体制（这里主要讨论学校教育体制）。教育管理机构与一定的规范相结合，就形成了教育管理体制。其中，教育行政机构与一定的规范相结合，就形成了教育行政体制；学校内的管理机构与一定的规范相结合，就形成了学校管理体制。

在教育体制中，由于教育实施机构主要包括各级各类学校，因而这些实施机构与一定的规范相结合，就形成了各级各类学校教育体制。从各级来看，有学前学校教育体制、初等学校教育体制、中等学校教育体制和高等学校教育体制。从各类来看，如果以受教育的对象来划分，有儿童学校教育体制和成人学校教育体制；如果以教育的内容来分，有普通学校教育体制、职业技术学校教育体制和特殊学校教育体制；如果以办学的主体来分，有公立学校教育体制和私立学校教育体制；如果以地区来分，有发达地区学校教育体制、欠发达地区学校教育体制和不发达地区学校教育体制等。在教育行政机构中，由于有各级各类教育行政机构，因而这些教育行政机构与一定的规范相结合，就形成了各级各类教育行政体

---

① 这里用汉语拼音的 tizhi 来代替 "system"，以免引起对体制的歧义和误解。我们可以用两种思路来对教育机构与教育规范的结合体或统一体做进一步分析：一是首先把教育机构看作是各级各类教育机构，再把各级各类教育机构分解成为教育实施机构与教育管理机构，然后再来分析这些机构与相应的规范相结合所形成的教育体制；二是首先把教育机构分解成教育实施机构和教育管理机构，再来看不同层级和不同类型的教育实施机构与教育管理机构，然后再分析由这些机构与相应的规范相结合所形成的教育体制。用这两种思路所表达的教育体制的内容虽然在形式上有所不同，但在实质上是没有什么区别的。这里是用第二种思路来分析教育体制的。

② 学校内部的管理机构虽然包含在学校这一机构之中，但这里的学校是把学校当作一个整体机构而言的，它并不涉及学校内部的机构，因此这里同时提到学校这一机构与学校内部的管理机构并无重复交叉之嫌。

制。① 从各级来看，有中央教育行政体制和地方教育行政体制；从各类来看，有教育财政体制、教育人事行政体制、教育业务行政体制（包括教学、德育、学校体育卫生、招生就业以及教育的对外交流等方面的行政体制）和教育督导体制等。在学校内部管理机构中，如果从学校管理过程来划分，有学校决策或领导机构、学校执行机构、学校咨询机构和学校监督反馈机构。这些机构与一定的规范相结合，就形成了学校领导体制、学校执行体制、学校咨询体制和学校监督体制。②

（二）教育体制理论的图解说明

为了对教育体制的构成要素和体系结构有一个更清楚、更系统的认识，以下让我们用教育体制基本要素结构图和教育体制子体制系统结构图将我们对教育体制理论的理解表示出来。

1. 教育体制基本要素结构图

图 6-1 教育体制基本要素结构图

---

① 对各级各类教育行政体制的划分也可以从两个角度来看，一是根据各级各类学校教育行政来划分，二是根据中央教育行政与地方教育行政以及教育行政的内容来划分。这两种划分教育行政体制的形式不同，但所表达的基本内容却是一样的。这里是从第二个角度来分析各级各类教育行政体制的。

② 从学校管理机构的性质来分，有学校教学、思想政治教育等业务管理机构，人事、财务、总务等行政管理机构和党群管理机构。这些机构与一定的规范相结合就形成了学校业务管理体制、学校行政管理体制和学校党群管理体制。这里是从学校管理过程的角度来分析学校管理体制的。

2. 教育体制子体制系统结构图

图 6-2　教育体制子体制系统结构图

二、教育体制理论的逻辑分析

（一）教育体制基本要素和子体制系统的关系分析

在教育体制理论中，教育机构与教育规范的结合或统一是教育体制的基础，教育机构与教育规范是教育体制的基本要素系统；各级各类学校教育体制和各级各类教育管理体制即各级各类教育行政体制和学校管理体制，是教育体制即教育机构和教育规范相结合的具体表现形式，它们是教育体制的子体制系统。也就是说，作为教育体制具体表现形式的学校教育体制、教育管理体制（包括教育行政体制和学校管理体制），都是一定机构与一定规范的结合或统一；一定机构与一定规范的结合和统一必定体现在具体的学校教育体制和教育管理体制之中。教育体制中的基本要素和子体制系统的这种关系使我们认识到，在理解教育体制时，我们不能仅仅注意教育体制的基本要素系统或子体制系统而忽视教育体制的子体制系统或基本要素系统。只有全面地理解这二者之间的关系，才能正确地理解教育体制。

（二）教育体制中两个基本要素的关系分析

在教育体制的两个构成要素即教育机构和教育规范中，教育机构是教育体制的载体，教育规范是教育体制的核心。没有教育机构，教育体制就失去了赖以存在的组织基础；没有教育规范，教育机构无法建立，即使建立了也难以正常运行。之所以这样，是因为教育规范一般都反映了占统治地位的阶级或集团的意志，反映了人们对教育规律的认识。教育机构的设立和运行，一般都要按国家或政党的意志和教育规律行事。世界各国的教育体制不同，并不主要是因为教育机构不同，而主要是体现国家意志的不同和对教育规律认识的差异而制定的不同教育规范所致。这就是人们在谈及教育体制时，把注意力更多地集中在教育规范上的道理之所在；这也是不同国家的教育体制不可能完全照搬他国的原因之所在。因为教育体制的建立不仅体现了教育规律，还体现了不同社会和国家政党的意志，而且即使体现了教育规律，不同社会、不同国家的人对教育规律的认识也会存在某些差别。教育体制的两个基本要素系统的这种关系告诉我们，我们理解教育体制不能仅仅注意体制中的"制度"或"机构"这个因素，而忽视了"制度"所作用的对象即"机构"这个因素，或忽视了机构所赖以建立的因素——"制度"这一因素。因为机构为什么建立、怎样建立、建立后怎么运行，都是由制度决定的。也就是说，机构是依制度而存在的，这时的制度是针对机构而制定的。显然，我们认识教育体制，只有从"机构"与"制度"两个方面去理解，才能全面地认识教育体制。

（三）教育体制中两个子体制系统的关系分析

在教育体制中，学校教育体制是整个教育体制得以构成和运行的基础，它是教育管理体制直接运作的对象；教育管理体制是整个教育体制得以构成和运行的保障，它对学校教育体制改革与发展的方向、速度、规模等有着直接的影响。我们在谈教育体制时，应看到教育管理体制在整个教育体制中的地位和作用，但也不能因此而忽视了学校教育体制的地位和作用。不能只把教育体制理解为学校教育体制或教育管理体制而忽视教育管理体制或学校教育体制。只有从学校教育体制和教育管理体制两个方面去认识教育体制，我们才能全面把握教育体制。

在教育体制的教育管理体制中，教育行政体制指的是国家对宏观教育的管理体制，它要解决的是国家管理教育的问题，主要包括国家对整个教育的宏观的办学体制，国家对各级和各类教育的管理体制，如国家的高等教育管理体制、中等教育管理体制，以及财政体制、人事行政体制和业务行政体制等。学校管理体制指的是微观教育的管理体制，它要解决的是学校内部的教育管理问题，它所涉及的是如何正确处理学校领导体制、学校执行体制、学校咨询体制和学校监督反馈体制的关系。由此可见，第一，由于教育行政体制和学校管理体制的内容不同，我们把教育管理体制仅仅理解为教育行政体制或学校管理体制都是不全面的。把教育行政体制仅仅理解为各级教育行政体制而忽视各类教育行政体制，以及在学校管理体制中，把学校管理体制仅仅理解为学校领导体制而忽视学校执行体制、学校咨询体制和学校监督反馈体制也是不全面的。第二，从教育行政体制与办学体制的关系来说，办学体制是教育行政体制的一个方面，它从属于教育管理体制，不能把它与教育管理体制并列。我们说那种认为教育体制包括办学体制及教育管理体制的看法不妥当，就是因为这种看法把本来应属于教育管理体制的办学体制独立于教育管理体制之外。

第二节 教育体制理论的论证

从上节教育体制理论的文字表述、图解说明及逻辑分析中我们不难发现，理解教育体制理论的关键是要弄清楚为什么说教育体制是教育机构与教育规范的统一体或结合体。换句话说，要论证上述教育体制理论的科学性，就要说明教育机构与教育规范不仅必须而且有可能结合。以下试从理论和实际两个方面对这一论题做一分析。

一、教育体制理论的理论论证

这里想借用迈耶（Meyer）、罗恩（Rowan）所主张的机构理论（institutional theory）和瑟尔（Searle）所创立的机构现实的建构理论（theory of construction of institutional reality）进行论证。首先从理论上对这一论题来加以讨论。[①] 由于机构理论的目的是解释组织与组织间的相互影响[②]，而机构现实的建构理论则主要是解释一个主观观念是怎样建构一个客观现实的[③]，因而运用迈耶和罗恩的理论主要是想从组织与组织之间的关系的角度对教育机构必须与教育规范相结合来加以探讨，而运用瑟尔的理论主要侧重于从哲学的角度对教育机构和教育规范为什么能够结合做出分析。

（一）关于机构理论的论证

机构理论认为，教育机构总是存在于一定的环境之中，为了得到环境的支持和在环境中得以生存，教育机构必须要与环境保持一致。[④] 环境不仅有物质资源的一面，还有文化的一面，因此，教育机构不仅应该得到环境中的物质资源，还应与环境中的文化保持一致。而环境中的文化总是以一系列的规范和要求为特征的，教育机构要得到环境的支持并在环境中得到合法的地位，就必须与环

[①] a. Meyer, J.W. and Rowan, B., Institutionalized Organizations: Formal Structure as Myth and Ceremony, *American Journal of Sociology,* 1977, No 83, pp.440-463.
b. Searle, J. R., *The Construction of Social Reality,* New York: The Free Press, 1995.
c. Searle, J. R., *Mind, Language and Society,* New York: Basic Books, 1998.

[②] Rowan, B. and Miskel, C. G., Institutional Theory and the Study of Educational Organizations, In Murphy, J. and Louis, K. S., *Handbook of Research on Educational Administration: A Project of the American Educational Research Association,* San Francisco: Jossey-Bass Publishers, 1999, pp.359-382.

[③] Searle, J. R. Mind, *Language and Society,* New York: Basic Books, 1998, p.113.

[④] Hoy, W. K. and Miskel, C. G., *Educational Administration: Theory, Research and Practice.* New York: Mcgraw Hill, 2001, pp.270-283.

境中的规范保持一致。① 在现代社会里，环境中的规范等文化因素主要表现为政府规范管理的因素，因此也可以说，教育机构要得到环境的支持并在环境中获得合法的地位而与环境中的规范保持一致，实际上指的是教育机构要得到政府的支持和认可而要与政府的规范保持一致。② 教育机构与环境中的规范保持一致一般有三种形式：一是强制一致（coercive conformity）。这是指教育机构遵循政府所颁布的规范而产生类似于政府所要求的组织结构和运行过程。二是模仿一致（imitative conformity）。这是指教育机构有可能把其他组织机构作为自己的模仿对象而使自己更合法化和更成功。三是标准一致（normative conformity），指的是教育机构中的个体遵循社会中的职业标准而使自己更社会化。③ 政府在要求教育机构与自己的规范保持一致时一般采取三种策略：第一种是无条件一致（categorical conformity）的策略。这种策略要求教育机构将政府的规范当作理所当然的规范加以接受。第二种是结构一致（structural conformity）的策略。这种策略是指政府在要求教育机构与自己所颁布的规范保持一致以得到政府的认可和支持时，一般要提出一些要求作为条件，如要求教育机构按照规范的要求而调整自己的结构等。第三种是程序一致（procedural conformity）的策略。这是指政府的规范要求教育机构以一种特殊的方式去执行和完成一些任务。④ 通过上述教育机构与政府规范保持一致的形式和政府要求教育机构与政府规范保持一致的策略，几乎所有的教育机构都产生了相同的结构和行为，各个教育机构之间变得非常相似——有大体一致的建筑、教室、教学过程和教学方法等。⑤

---

① Scott. W. R., *Organizations: Rational, Natural, and Open Systems*（4th. ed.），NJ: Prentice Hall, 1998.

② Hoy, W. K. and Miskel, C. G., *Educational Administration: Theory, Research and Practice,* New York: Mcgraw Hill, pp. 2001. 271.

③ a. DiMaggio, P. J. Interest and Agency in Institutional Theory, In L. G. Zucker（Ed.），*Institutional Pattern in Organizations: Culture and Environments,* MA: Ballinger, 1988, pp.3-21.
b. DiMaggio, P. J., and Powell, W. W., The Iron Cage Revisited: Institutional Isomorphism and Collective Rationality in W. W. Powell and P. J. DiMaggio（Ed.），*The New Institutionalism in Organizational Analysis.* Chicago: University of Chicago Press, 1991, pp.41-62.

④ Scott, W. R., *Organizations: Rational, Natural, and Open Systems*（3rd. ed.），NJ: Prentice Hall, 1992.

⑤ Ogawa, R. T., Institutional Theory and Examing Leadership in School, *Institutional Journal of Educational Management.* 1992, No 6（3），pp.14-21.

教育机构不仅为了使自己获得生存和发展而有必要与环境中的规范保持一致从而使教育机构与教育规范相结合,而且从根本上来说,教育机构与教育规范也是有可能结合的。这是因为,根据瑟尔的理论,机构是由规范来建构的,机构的目的和功能主要是由规范来限定的。机构形成的过程也是组织规范形成的过程。

(二)机构现实的建构理论论证

瑟尔认为,设定功能(assignment function)、集体意愿(collective intentionality)以及建构规范(constitutive rules)是构成机构现实的三个基本要素。设定功能不是由事物内部,而是由事物外部的人对事物所设定的功能;集体意愿是由集体中的个体共同认可的意愿;建构规范是集体所认可的,同时又对集体中个体的行为发生共同作用的一种规范。① 设定功能、集体意愿以及建构规范这三个要素在机构现实的形成过程中是紧密相连的,依靠集体的意愿而对某一现实设定一定的功用,建构规范也就随之形成了。例如,某村的村民要在村的周围建立一堵"墙",这堵墙的功用被设定为不让外人进入而只许村民自由出入。这种功用的设定是建立在村民集体意愿的基础之上的。这时的"墙"这个事实已经包含了"设定功能"和"集体意愿"两个因素。假定随着时间的推移,墙壁不断被风化,最后只剩下墙根,这时的墙根依然起着墙先前的作用。墙此时所起的作用和墙先前所起的作用的原因是不相同的,墙先前所起的作用虽然是建立在集体所设定的功用基础上的,但这种作用的发挥是因为物质的因素,即墙壁本身所起的作用所致。然而墙后来所起的作用就不同了,这时墙所起的作用虽然也是建立在集体所设定的功用基础上的,但这种作用的实现是集体所接受的建构规范而带来的。也就是说,即使没有墙壁这个物质条件的存在,人们也认可墙所发挥的作用,从而形成了一种限制人的行为的规范——建构规范。这种建构规范不是对墙本身作用的认可,而是对墙在没有墙壁的情况下那种状态作用(status function)的认可。至此,墙已成为一个社会现实。② 墙由设定功用的实现依赖于墙壁这一物质条件本身,到依赖于这一物质的状态作用的转变过程,就是建构规范形成的过程,也是墙作为一个准社会现实向完全的社会现实转变的过程。这时墙成了一个社会现实,因

---

①② Searle, J. R. *Mind, Language and Society,* New York: Basic Books, 1998, p.116, pp.19-40, pp.124-126..

为墙和建构规范已经合为一体了。从墙怎样成为一个社会现实可以看出，机构现实的形成一般要经历两个阶段：第一阶段，人通过集体的意愿对所要创建的现实设定某种功用，这种功用的实现一般是建立在一定的物质基础上的，从而形成一个准社会现实；第二阶段，人通过集体的意愿对所要创建的现实而设定的功用的实现不是以物质为基础的，而是以人们对这种物质结构的状态作用的认同而形成的建构规范来实现的，从而形成一种完全的社会现实。这种完全的社会现实的特征是，这种现实中的物质本身与这种物质所显现的状态性的东西，即建构规范，已经不可分割地结为一体了。

西方学者所说的机构现实（institutional reality）就是我们中国人所说的体制，因为西方学者所说的机构现实包括了机构和规范两个要素，而我们所说的体制也包括机构和规范两个要素，因此我们可以把教育体制当作一种机构现实。教育体制形成的过程也包括上述分析的两个过程，不过教育体制的形成在第一阶段和墙这个社会现实所形成的第一阶段有所不同。在教育体制形成的过程中，它的第一阶段首先是要建立教育机构。教育机构的功能被设定为实施教育、服务、管理和指导教育。在这一阶段，教育机构发挥它的作用不仅仅依据它的物质结构，如建筑、房间和设施等，还依靠政府部门已授予一定责任和权力的人，以及政府部门所制定的规范。这种规范也是一种建构规范，因为这种规范是被政府及教育机构的有关人员所认同的，也在一定程度上体现了教育机构的状态功能，因此可以说在这一阶段，教育机构至少在一定程度上成为一种准教育体制现实。因为在这一阶段，政府不仅给教育机构设定了一定的功能，而且还为这些功能的实现制定了一些规范，教育机构已体现出了设定功能、集体意愿和建构规范的统一。这些规范是被政府制定的，我们把这些政府制定的规范称为正式规范。随着时间的推移，我们发现，教育机构所发挥的功用不再只是凭借它的物质的结构和政府所设定的规范，而是凭借那些社会上集体行动着的个体以及教育机构内广大教职员工所接受和认可的教育机构的状态所具有的状态功能。这种转换所依赖的是另一种建构规范，即被政府以外的人所建构的规范，我们把这种规范叫作非正式规范。这一阶段就是教育体制形成的第二阶段。在这一阶段，由于社会个体、集体认同和接受教育机构的这种状态功能，从而形成了另一种建构规范，而使教育机构与教育规范结合在一起。经过第一和第二阶段，教育机构已经成为一个真正的机构现实，即我们所说的教育体制，因为这时教育机构与教育规范，包括正式的规范和非正式的规范，已与教育机构结合而形成统一体了。

二、教育体制理论的实证分析

（一）学校教育体制的实证分析

教育机构与教育规范不仅从理论上来说是必须且有可能结合的，而且从实际来看也是这样。以我国为例，首先看学校教育体制。我们知道，学校教育体制中有不同层次和不同类型的教育机构，这些机构的建立和运行都是要依据一定规范的。例如，为了使学校及其他教育机构更好地建立和运行，《中华人民共和国教育法》第三章"学校及其他教育机构"就对学校及其他教育机构的设立、变更和撤销，以及这些教育机构的权利和义务做出了规定。①《高等教育法》对高等教育机构的设置等事项也进行了规定。②

（二）教育管理体制的实证分析

我们知道，教育管理体制中有从中央到地方不同的教育管理机构，这些教育管理机构是怎样运行的，它们之间是什么关系，《中华人民共和国教育法》"总则"对这些都做了具体的规定。③《中共中央关于教育体制改革的决定》对学校领导体制即学校党支部和校长的关系做出了规定。《中华人民共和国高等教育法》对我国高等学校的领导体制即学校党委和校长的关系也做出了规定。④另外，由于教育管理体制是由教育行政体制和学校管理体制所组成的，因此我们可以从中国和西方教育行政体制和学校管理体制结构的对比进行分析，看看它们是不是由相应的机构与规范所组成，从而说明教育管理体制是否由教育管理机构与相应的规范所组成。就教育行政体制来说，西方和中国的教育行政体制不同。如美国的州和地方教育行政体制是议行分离制，即教育委员会下面设教育厅，教育委员会

---

①③ 参见《中华人民共和国教育法》，根据 2015 年 12 月 27 日第十二届全国人民代表大会常务委员会第十八次会议《关于修改〈中华人民共和国教育法〉的决定》第二次修正。

②④ 参见《中华人民共和国高等教育法》，根据 2015 年 12 月 27 日第十二届全国人民代表大会常务委员会第十八次会议《关于修改〈中华人民共和国高等教育法〉的决定》第二次修正。

与教育厅的关系是，前者是决策机构，后者是执行机构；我国的教育行政体制是议行合一制，即教育行政机构既是决策机构又是执行机构。显然，这两种教育行政体制不同，是由不同的教育行政机构，以及决定和影响这些机构建立和运行的规范不同而形成的。就学校管理体制而言，西方与中国也有差别。如西方高等学校的领导体制一般实行的是校董会领导下的校长负责制，而我国实行的是校党委领导下的校长负责制。不言而喻，这两种学校领导体制不同，也是由于领导机构与相应的规范不同而形成的。由上实证分析可以说，既然学校教育体制、教育管理体制都是由相应的机构与规范所构成，那么整个教育体制就是由教育机构与教育规范所构成这一命题的成立就没有什么疑义了。

综上分析可见，当一个教育组织机构作为社会现实而形成一定的教育体制以后，就没有脱离教育规范的教育机构，也没有脱离教育机构的教育规范，它们是教育体制中两个不可分割的组成部分。当我们说某一教育机构或教育规范时，它们一定是某一教育体制中的教育机构或教育规范。当人们建立、变更或撤销某种教育机构或教育规范时，那一定是在建立和变革某种教育体制。

第三节 教育体制理论的意义

一、教育体制理论的理论意义

（一）对教育学科理论建设的价值

从理论意义来看，我们认为它首先对教育科学的建设和发展有一定的价值。这表现在以下三个方面。第一，它有助于澄清对教育体制的模糊认识。现有的教育文献对什么是教育体制少有解释。在笔者检索的文献中，发现仅有两处对什么是教育体制进行过直接的解释。一处是《教育管理辞典》上的解释：教育体制是"国家各级教育行政机构和企、事业单位教育行政机构设置、隶属关系、权限划分等方面的体系及制度的总称"[1]。另一处是由原中央教育行政学院编著的《高等教育管理原理》中的解释:"教育体制是处理中央与地方、教育行政部门与学校领导之间重要领导权限关系的制度。"[2] 对于第一处的解释,笔者发现,这种对教育体制的解释与《教育大辞典》上对教育行政管理体制的解释是一模一样的。[3] 根据这种状况,我们认为,实际上第一处解释的是教育行政管理体制。因为第一处说的教育体制所要解决的问题都是教育管理体制要解决的问题而不是整个教育体制要解决的问题。第二处所解释的也是教育行政管理体制。因为这种解释也认为教育体制所要解决的主要是关于中央与地方、政府与学校的关系以及教育行政机构的设立、职责权限等宏观教育管理等问题。另外,这两种解释都认为解决这些问题主要靠制度,即教育体制是解决这些问题的制度,这种对教育体制的认识存在着较大的片面性,因为教育体制所要解决的问题不仅是教育管理问题,还有教育实施的问题。教育管理问题不仅是宏观教育管理中的问题,还有学校内部微观管理方面的问题。教育体制不仅涉及制度,还应涉及制度得以建立和实施的机构。很明显,这种看法虽然抓住了教育体制的核心——制度,却忽视了"制度"所作用的对象,即忽视了"机构"这一个因素,因而未能全面把握教育体制的基本要素。有的文献虽然对教育体制没有直接解释,但通过对教育体制改革的论述可以看出这些文献对教育体制的理解。如 1985 年的《中共中央关于教育体制改革的决定》所提到的教育体制包括基础教育管理体制、义务教育体制、中等教育体制、中等职业技术教育体制、高等教育管理体制、高等教育体制和学校内部领导体制等;1993 年《中国教育改革和发展纲要》在教育体制改革这一部分所提到的教育体制的内容有:办学体制(包括教育行政体制)、基础教育体制(包括基础教育行政体制和学校内部领导体制)、高等教育体制(包括高等教育行政体制)、学校内部管理体制、教育行政制度和学校内部管理制度;1999 年《中共中央国务院关于深化教育体制改革全面推进素质教育的决定》中关于教育体制改革的部分所提到的教育体制的内容包括:义务教育体制、高中教育体制、高等教

---

① 李冀主编:《教育管理辞典》,海南人民出版社 1989 年版,第 102 页。
② 中央教育行政学院编:《高等教育原理》,北京师范大学出版社 1987 年版,第 84 页。
③ 顾明远主编:《教育大辞典》,上海教育出版社 1990 年版,第 75 页。

育体制、高等职业技术教育体制、终身学习体制、高等教育行政体制、基础教育行政体制、学校内部管理体制、私立教育体制、高等教育入学制度、弹性学习制度、招生和考试制度与学校评价制度。上述这些文献列举了教育体制包括哪些子教育体制，这对我们认识教育体制的体系是有帮助的。但这些文献只是列举了这些子体制，并没有说明这些子体制之间的关系，这对我们形成对教育体制子体制系统性的认识还是不够的。事实上，教育体制的系统，不仅仅包括上述这些子教育体制，还包括我们在第一节中分析的其他子教育体制。另外，这些文献也没有说明这些子教育体制是由什么基本要素组成的。虽然这些文献认为教育体制包括一些制度，这对我们认识制度是组成教育体制的一个因素是有帮助的，但还没有说明组成教育体制的另一个因素——机构。可见，上述文献对教育体制的认识，也没有全面、综合地把握教育体制构成要素及这些要素之间的关系。用上述教育体制理论去指导教育体制改革，不可能提供一个全面、综合和完整的教育体制改革的思路。

第二，它有助于我们厘清教育理论中教育体制、教育机构、教育规范或制度、学校教育体制、教育管理体制、教育行政体制和学校管理体制等重要概念之间的关系。在我们所诠释的教育体制理论的概念中，哪些是种概念，哪些是属概念一目了然。这对我们思考教育现象和问题、从事教育研究、构建有关教育科学理论是很有帮助的。

第三，它还有助于理解教育理论中有关概念的科学表述。首先，有助于认识学校教育制度的科学表述。教育学教材在解释学校教育制度时有这样一段话：学校教育制度是一个国家各级各类学校的系统，它规定着各级各类学校的性质、任务、入学条件、修业年限以及它们之间的相互关系。对这段话稍加分析不难发现，它所解释的其实不是学校教育制度，而是学校教育体制。因为规定各级各类学校的性质、任务、入学条件、修业年限以及彼此间的相互关系是教育制度的任务，而各级各类学校的系统指的不仅仅是这些教育的制度，还应包括学校本身，教育制度只是为规定学校干什么、怎么干服务的。离开了学校这个机构，教育制度就无从发挥作用。由此我们可以说，教育的实施机构（各级各类学校）与相应的规范（如培养目标、入学条件、修业年限等）相结合的产物，如果用以往的学校教育制度这一概念来表达是不确切的，而应以学校教育体制这一概念来概括。在学校教育体制中，不同的教育实施机构与相应的规范相结合，就构成了一个国家纵横交错的学校教育体制网络。那么什么是学校教育制度呢？可以说，学校教育制度是那些规定各级各类学校教育活动的性质、任务、入学条件、修业年限的规范。

其次，有助于我们认识体制改革与制度创新的关系。我们现在经常说要进行体制改革和制度创新，这里所说的体制改革与制度创新是什么关系呢？根据我们对体制的理解，体制改革和制度创新不是互不相干的，而是相辅相成的。因为制度是体制的核心，要改革体制当然就要依赖于制度创新；而制度创新了，体制当然就改革了。所以我们要进行体制改革就一定要进行制度创新，而进行制度创新，就一定会推进体制改革。

最后，对正确认识"现代学校制度"与教育体制的关系也有帮助。现代学校制度是最近几年在中国教育界出现的一个新的概念，这一概念的出现是与现代企业制度有关的。我国的私立学校和有些公立学校转制现象出现以后，学校的产权归属问题成了一个突出的问题，于是有学者建议能否像中国企业改革后建立现代企业制度从而明确企业的产权关系一样来建立现代学校制度，从而明晰这些学校的产权关系。所以现代学校制度开始只是指划分中国私立学校和转制学校产权关系的制度，后来在教育理论界的研究中，伴随着对教育现代化的讨论，这一概念被泛化了，现代学校制度成了一个"筐"，凡是与现代教育有关的东西都往里面装。我们认为，制度只是对某个事物或活动的运行做出的规定，最初意义上的现代学校制度只是对学校产权关系做出的规定，泛化意义上的现代学校制度也只能指的是在现代化的背景下对学校教育活动及事业所做出的规定。如果这种理解是正确的话，根据我们对教育体制的理解，现代学校制度只是属于教育体制中学校教育体制的内容，即属于学校教育体制而与学校这个教育机构相对应的教育规范即教育制度的那一部分。这一部分不是学校机构，而是对学校这个教育机构如何设立及设立后如何运行所做出的规定。可见，如果把现代学校制度放在教育体制这一视野中来加以考察的话，它不是一个包罗万象的东西，它只是教育体制中学校教育体制的一部分。

（二）对其他相关学科理论建设的价值

这种教育体制理论对其他学科领域也有一定的理论意义。第一，这种体制理论对政治学、经济学中认识和分析什么是政治体制和经济体制提供了一个新的视角。从机构与规范的关系出发，我们可以得出，政治体制是政治机构与政治规范的结合体或统一体，改革政治体制就是改革政治机构与政治规范；经济体制就是经济机构与经济规范的结合体或统一体，改革经济体制就是改革经济机构与经济规范。

第二，对政策分析理论中政策内容的分析有一定的意义。从大的方面来说，政策分析理论包括分析什么和怎样分析两部分。分析什么包括政策内容分析（国家政策体系及每个具体政策的内容分析）、政策过程分析（政策决策、政策执行和政策反馈分析）、政策结果分析（政策的经济效益和社会效益分析）以及政策的价值和政策的环境分析。怎样分析包括分析方法与技术、分析过程与分析者的素质等。[1] 在上述政策分析内容中，现有的政策分析文献对怎样进行政策的内容分析少有涉及。[2] 对教育体制做出这种诠释，有利于对教育体制政策这一具体的政策内容进行分析。怎样分析一个国家的教育体制政策的内容呢？从哪些方面去分析一个国家的教育体制政策是否全面和系统呢？根据我们对教育体制的理解，我们要从教育机构与教育规范，以及由不同的教育机构和教育规范所组成的各级各类学校教育体制、各级各类教育管理体制（包括各级各类教育行政体制和各级各类学校内的管理体制）这几个方面去分析。

第三，丰富和发展了组织或系统理论。我们可以把教育体制当作一种组织或社会系统。[3] 在我们提出的教育体制理论中，我们论证了教育机构和教育规范是

---

[1] 孙绵涛：《关于教育政策分析若干基本理论问题的探讨》，载《教育研究与实验》2002年第1期。

[2] Nagel, S. S., *Policy Analysis Methods,* New York: Nova Science Publisher, Inc., 1999, p.2.

[3] 这里的组织或社会系统是同等程度的概念，它们都是按一定的宗旨建立起来的集合体。而机构有时指的就是这种组织或社会系统，这时的机构指的是一种大机构。然而机构多数是指构成这组织或社会系统的内部的单位，这时的机构指的是一种小机构。这样，根据我们对教育体制的理解，即机构和规范不可分离的观点，当我们用体制的眼光来看组织或社会系统时，任何组织和社会系统实际上都体现了某种体制。反过来说，某种体制实际上就是某种组织或社会系统。它有时是指由众多的机构与相应规范所组成的统一体，有时仅指由单一的机构和相应的规范所组成的统一体，只不过这种组织或系统不是一般人所理解的组织或系统，它是由机构和规范两个要素所组成的组织或系统。

教育体制的两个基本要素，因而我们可以认为，任何组织或社会系统也应该包含这两个基本要素。在社会系统理论的研究中，一些学者系统地讨论了社会系统的结构，列举了多种要素或子系统。在这些要素中，他们仅仅列举了规范作为这些要素中的一个要素，而并未提到机构作为社会系统的要素。[1] 在传统的组织理论中，韦伯发现，社会中那些层级低的组织机构总是被层级高的组织机构所控制。他把组织的这种结构称为层峰组织结构（bureaucratic organizational structure）。然而，韦伯所研究的只是组织的纵向结构，还未研究组织的横向结构，虽然他认为每一个层峰组织结构都有它的规范系统，但还未研究组织机构与组织规范的关系以及这种关系对组织形成的意义。[2] 格林菲尔德（Greenfield）认为，组织是一个人造的社会现实（invented social reality），组织是一个文化的产物而不是一个自然发生的物质或现象实体。[3] 格隆（Gronn）也认为，组织是人的智慧、意向和意志的产物。[4] 格氏的这些观点，相对于把组织看作是一个价值中立物来说，是有进步意义的。但他们并没有告诉人们，依据人的价值所创立的组织所具备的基本特点。一般来说，人所创立的组织是由两种因素——机构和规范所组成的。只要是社会组织或系统，都是这两种形式即一定机构和一定规范的结合体或统一体，只有以此作为一定组织或社会系统的基础，才有可能去谈组织或社会系统中个体的人及团体的活动，因为虽然组织或社会系统即组织或社会系统中的机构与规范都是人所建构的，但任何个体及团体的活动都是在一定的组织中进行的。

二、教育体制理论的实践意义

从其实践意义来看，我们认为这一理论可以为教育体制改革提供一个清晰、系统的思路。根据我们所诠释的教育体制理论，我们可以从两个角度来理解教

---

[1] Hoy, W. K. and Miskel, C. G., *Educational Administration: Theory, Research and Practice*, New York: Mcgraw Hill, 2001, pp.23-31.

[2] Weber, M., *Theory of Social and Economic Organization*, New York: Glence, Free Press, 1947.

[3] Greenfield, T. B., Organization as Social Inventions: Rethinking Assumptions About Change, *Journal of Applied Behavioral Science*, 1973, No 2, pp.545-556.

[4] Gronn, P. C., Subjectivity and the Creation of Organization, In Evers, C. W. and Chapman, J. D., *Educational Administration: An Australian Perspective*, Australia: Allen and Unwin, 1995, p.36.

育体制改革：第一个角度是教育机构与教育规范两个基本要素的改革，第二个角度是各级各类学校教育体制改革和各级各类教育管理体制两个子教育体制系统的改革。①

（一）两个基本要素的改革

在两个基本要素的改革中，教育机构的改革包括学校这个实施教育的机构的改革和教育管理机构的改革。教育规范的改革从层次上分，有宏观教育规范改革、中观教育规范改革和微观教育规范改革；从内容上分，有机构规范、工作规范和人员规范。这些规范的改革要做到统筹规划、分步制订，以保证教育规范的系统性、全面性，防止重复、缺漏和交叉，以发挥教育规范的整体功能。根据我们对教育机构与教育规范在教育体制中的关系的理解，教育机构与教育规范这两个要素的改革要配套进行，不可顾此失彼，只有这样才能收到良好的改革效果。

这里要说明的是，我们说这两个基本要素要配套改革，只是就这两个基本要素关系的一般意义来说的，如果说得具体一点，这种配套改革的情况是，当要改革教育机构时，教育规范就一定要配套进行改革，因为根据前面我们用瑟尔的理论对教育机构与教育规范为什么可能结合的论证，教育机构建立的过程也是教育规范形成的过程，因此我们也可以说，教育机构改革的过程也是教育规范改革的过程。这也就是说，教育机构改革了，教育规范也必须进行改革。然而当教育规范改革时，是否教育机构就一定得改革呢？对于这种情况要做具体分析。第一要看改革什么规范，第二要看教育机构是改革还是变革。当要改革的规范涉及教育机构的性质、职能或涉及教育机构的生存和发展时，教育规范的改革必然要引起教育机构的改革。这种改革是一种变革性的改革，而不是一般的改革。当要改革的规范没有涉及教育机构的性质、职能或教育机构的生存和发展时，教育机构就不会随之改革即变革，而是还保持相对的稳定性。如只是出台一些机构工作方面的新的制度，这只是对机构制度的一种完善，因此这时教育机构就不一定要发生变革了，这时教育规范与教育机构的改革就不一定是同步的了。当然如果说把机构内某些制度的改革也看作是机构的改革的话，那么这时只是教育机构改革引起

---

① 限于篇幅，这里只谈一下改革的基本内容。两个基本要素及两个子体制改革的具体内容请参见下面两章。

制度改革而已。从这个角度来说,规范的改革引起了机构的改革,规范改革与机构改革是同步的。

(二)两个子体制的改革

在两个子教育体制的改革中,各级各类学校教育体制的改革就是要正确处理好各级各类学校教育之间的关系。从各级来看,就是正确处理好学前教育、初等教育、中等教育、高等教育之间的关系。在高等教育中,要正确处理好专科教育、本科教育和研究生教育之间的关系。从各类来看,要正确处理好普通教育与职业技术教育和特殊教育之间的关系、儿童教育与成人教育之间的关系、私立教育与公立教育之间的关系,以及发达地区教育、欠发达地区教育和不发达地区教育之间的关系。各级各类教育管理体制的改革,就是要改革各级各类教育行政体制和各级各类学校内部的管理体制。从教育行政体制改革来说,就是要正确处理中央办学与地方办学的关系,政府办学与其他社会力量办学之间的关系,政府与教育行政部门的关系,教育行政部门与教育行政部门的关系,政府与学校的关系,以及学校与学校的关系。从学校内部管理体制改革来说,要建立和健全学校内部的管理机构与管理规范,要改革学校领导体制、学校执行体制、学校咨询体制以及学校监督反馈体制。根据我们对教育行政体制与学校管理体制关系的理解,这两种教育管理体制的改革要彼此照应,相互配合。根据我们对学校教育体制与教育管理体制关系的理解,这两个子体制的改革,也要配套进行,缺一不可。

(三)两个基本要素改革与两个子体制改革的关系

上述两个基本要素的改革与两个子体制改革的关系是,两个基本要素的改革是两大子体制改革的基础,而两个子体制改革是两个基本要素改革的表现形式,任何教育体制的改革都必须从两个基本要素入手而最后体现在两个子体制系统上。这种清晰、系统的教育体制的改革思路,对规划和反思我国教育体制改革,进一步改革和完善我国现行的教育体制具有重要的现实意义。不仅如此,这种教育体制理论,对其他国家的教育改革也是有价值的。教育体制在世界上是一个非常普遍的现象,每一个国家都有它们自己的教育机构和教育规范,以及由这两个基本要素所组成的学校教育体制和教育管理体制,它们只不过是没有用"体制"

这个概念而已，因而世界其他国家要改革自己的教育体制，既可以从两个基本要素入手，也可以从两个子体制入手。笔者曾在浙江师范大学举办的两期非洲国家教育部官员高级培训班上讲过这种教育体制理论，听过讲座的官员普遍反映这一理论对他们国家的教育改革也有意义。俄罗斯科学院远东研究所教授、中国教育问题研究专家娜·叶·鲍列夫斯卡娅教授在俄罗斯科学院主办的学术刊物《教育学》上发表文章《教育改革的体制理论：中国的经验与启示——读孙绵涛教授的〈中国教育体制论〉》，认为笔者创立的教育体制理论对俄罗斯的教育改革是有启示作用的，对世界其他国家的教育改革的设计也是有意义的。①

---------- 思考题 ----------

1. 怎样表述教育体制理论？
2. 试作简图对教育体制理论进行分析。
3. 试分析教育体制各要素之间的逻辑关系。
4. 试用机构理论和机构现实的建构理论对教育体制理论加以论证。
5. 认识教育体制理论有什么理论意义和实践意义？
6. 试用教育体制理论分析教育体制改革与制度创新的关系。
7. 试用教育体制理论分析教育体制与现代学校制度的关系。
8. 中国的教育体制理论与组织理论、系统理论是什么关系？为什么？

---

① ［俄］娜·叶·鲍列夫斯卡娅：《教育改革的体制理论：中国的经验与启示——读孙绵涛教授的〈中国教育体制论〉》，载俄罗斯科学院主办的学术刊物《教育学》2005年第7期，载中国的《教育研究》2006年第4期，第94—95页。

第七章

教育体制改革

第一节 教育体制两个基本要素的改革

一、教育机构的改革

（一）学校教育机构的改革

这里讲的学校教育机构的改革不是指学校内部机构的改革，而是把学校当作一个整体来看学校这个教育机构如何改革。虽然也有各级各类学校，但无论是哪一级和哪一类的学校，学校的性质都是一样的，即它们都是教书育人的地方。所以这里谈的学校教育机构的改革，并不是具体地讨论哪一级或哪一类学校教育机构的改革，而是从一般意义上主要针对如何保持学校教书育人的本性来进行讨论。

我们认为，学校教育机构的改革并不是改变学校的性质，而是要坚守学校的性质，把学校办得像学校。这一点在当前我国的教育改革中显得特别重要。我国有些学校特别是有些高等学校在行政权力的控制、市场经济的冲击和社会各种因素的影响下办得不太像学校，倒有些像政府、企业和小社会。所谓像政府是指大学官本位现象严重，大学按行政级别分等，教师的学术职称也要和行政级别对应。大学按行政的模式运行，教授的作用在大学发挥不够。要改变这种状况，把大学办得真像大学，必须从以下三方面做出改变。

第一，不要以行政组织的性质来给学校定位，学校要与行政级别脱钩；学校要根据学校自身的性质来定位。这种定位有性质定位、层次定位、功能定位、水平定位和管辖范围定位等。如以大学为例，性质定位有公立大学和私立大学，层次定位有专科性大学、本科性大学等，功能定位有单科性大学和多科性大学或综合性大学，水平定位有一流大学和一般性大学等，管辖范围定位有部委管的大学、省管大学和市管大学等。这里要说明的是，以管辖范围给大学定位并不能说明这些大学行政级别的高低，只能说明这些大学的政府经费来源而已。

第二，教师的学术职称也不能与行政人员的行政级别挂钩。我们知道，教师的学术职称和行政人员的行政级别的性质和获得的程序以及渠道都是不一样的，唯一相仿的就是在工资和某些待遇上，教师的某些学术职称和行政人员的某些级别可能大体上是相近的。这里且不讨论这种相近是否有道理，但这种相近并不能说明这二者就是对等的，就可以以一定的行政级别去取代在待遇上相近的学术职称。

第三，大学不能按行政模式进行管理，因为大学是学术组织，而不是行政组织。虽然大学也需要管理，但不是像管理行政组织那样来对它进行管理，而是要按学术组织的特点来对它进行管理。这种管理的核心是尊重学术，确立从事传播和创新知识的劳动者——教师和学生——在学校的主体地位。要充分发挥教授在大学学术管理中的作用。这里要说明的是，发挥教授在大学管理中的作用，并不是要教授去做管理人员，而是发挥教授在学校发展的决策和咨询中的作用。现在有些大学将一些有较大学术发展前途而本人又不太擅长管理的中青年教授安排在一些管理的工作岗位上，他们以为这种做法就是在发挥教授在学校管理中的作用，其实不然，这是在浪费人才，应该让这些有发展前途的学者集中精力去做学问，让他们朝着学术大师的方向发展。

所谓像企业，是指我国的一些学校特别是大学，从学校到各院系一直到教师个人都在设法弄钱。可以说，校长、院长、系主任和教师的大部分精力都花在弄钱上。校长（主要是地方的一些大学校长）弄钱，主要是因为学校经费不足。学校的经费不足，主要是因为政府对教育的投入不足。政府对学校的投入，只能保证学校的人头费用和行政费用。有些学校如贫困农村的中小学，连学校的人头费都难以保证。这些不足部分的费用只有靠学校自己想办法了。政府为了弥补经费投入的不足，也鼓励学校创收。然而，即使学校自己创收，也解决不了学校经费不足的问题。比如大学收取学生的学费，这是大学政府经费投入以外的主要经费来源，但有些学生交不起学费，学校学费的收入缺额比较大，解决不了学校经费紧张的矛盾。院系的院长和系主任忙于创收主要是为改善院系的办学条件，为教师谋福利。大学教师弄钱是因为教师的收入除了来自基本工资以外，还有学校和各院、系的创收及教师挣的外快。各院系创收得越多，教师挣的外快越多，教师的收入就越高。可以想象，一所大学的主要领导和教师把主要精力不是放在教学和科研上，而是放在怎样多挣钱上，这所大学会有真正一流的学术水平和教育教学质量吗？要改变学校目前的这种状况，当然最为主要的是要保证政府对教育有足够的经费投入。为此，首先还是要提高对教育的认识。教育是育人的事业，所以它是所有事业中最为重要的事业。政府要把对国家和社会事业的发展安排"一工交，二财贸，最后考虑的是文教"的思维定势转变成"工交财贸很重要，最先考虑的是文教"的思维模式。2018年召开的全国教育大会再次强调了教育的战略地位，把教育看作是国之大计、党之大计，这为新时代进一步重视教育提供了重要的保障。其次，要把对教育重要地位的认识转化为具体的教育政策。认识不转化为政策，再好的认识也是空的。在所有的教育投入政策中，政府教育投入的主渠道政策是最为重要的政策。要落实这一政策，最为重要的政策措施就是要规定政府对教育投入的比例，并要使政府的教育投入达到这个比例。据研究的结论和发达国家的经验，政府对教育的投入一般要达到占整个国民收入的4%、占整个财政支出的15%，才能保证政府对教育有充足的经费投入。从2012年起，我国政府对教育经费的投入连续几年都达到了这个比例，使我国的办学经费基本上有了保障。相信在新时代，随着我国经济的发展，政府对教育的投入会越来越多。

另外，目前一些学校办得有点像企业，还与受"教育产业化"思潮的影响有关。因为教育要产业化，所以学校要按企业的模式来经营，学校办得像企业就是理所当然的了。我们认为，教育可以作为产业来办，但教育不能产业化。把教育作为产业来办，是学校教学、科研和开发的需要，它是为学校更好地育人服务的。换言之，把教育作为产业来办，只是将一部分教育按产品的商业性质来经营，整个教育公益性事业的性质没有改变。然而教育产业化就不同了，整个教育的产品,包括学生都要按商品来经营,学校就不成其为学校,而成为生产商品的工厂了。这也就是说,教育产业化后,整个教育的性质就变了,教育就成了营利性事业而不是公益性事业了。教育是公益性事业而不是营利性事业,从根本上来说是因为学生不是商品。道理很简单,培养各层次、各类别学生的社会必要劳动时间是无法精确测量的,因而也就无法将学生拿到市场上进行等价交换。正因为教育的产品——学生——无法获得等价的经济回报,所以从经济学意义上来说,教育是公益性事业,办教育是政府的责任和义务,政府得拿钱办教育。有人说,教育的产品——学生——不能作为商品,但教育作为服务的活动是可以作为商品的,人们可以拿钱来等价交换教育服务,因此教育还是可以产业化和商品化的。我们不同意这种看法。是的,任何一种教育活动都可以用社会必要劳动时间来加以测量,也就是说,教育服务活动是可以在社会上来等价加以交换的。然而要注意的是,这种教育服务活动虽然是可以用来交换的商品劳动,但这种劳动的产品——学生——却不是商品。在教育活动中,教育服务活动的商品性与这种活动的最终产品——学生——的非商品性的不统一性,与在工厂的生产活动中,工人劳动所具有的商品性以及这种劳动的产品所具有的商品性的一致性是不同的。这种不同是因为前者劳动的对象是具有能动性的人,而后者劳动的对象是物。物的产品之所以可以比较准确地用社会必要劳动时间来测量,而人这一产品不适合用社会必要劳动时间来测量,是因为人这一产品的形成要远比物这一产品的形成所涉及的因素复杂得多。也就是说,虽然教师对学生这一产品的形成起了很大的作用,但它并不仅仅是教师劳动的结果。而工厂的工人劳动的产品,可以说既是工人劳动的直接对象,又是工人劳动的唯一结果。由上述分析我们可以说,虽然教育劳动可以作为服务性的商品劳动,但也不能据此认为教育就可以产业化或商品化。我们当前要把学校办得像学校而不像企业,应从理论上认清"教育产业化"这种提法在理论上是站不住脚的,从而自觉地坚守教育的公益性质,集中精力办好学、育好人。

所谓像小社会,是指学校除了管教育以外,还要管一些本该由社会来承担的事务。诚如一位大学校长在会见外宾时风趣幽默地说:"中国的大学什么都有,大学校长什么都要管,当然除了火葬场以外。不过作为大学校长,火葬场也是要经常光顾的。"学校校长成天要应付各种与教育教学无关的社会事务，不能集中精力思考和处理学校自身的发展问题，这对学校的发展是有害的。看来把学校主要领导从学校不该管的社会事务中解放出来也是当前学校教育机构改革中的一项重要任务。有人认为，学校是社会的一部分，学校是一个小社会也并不是什么奇怪的事情。然而，这里讲的小社会不是指把学校仅仅当成社会的一部分，而是指忽视学校作为社会一部分的特殊性。虽然学校是社会的一部分，学校与整个社会有共性的一方面，但学校有学校的特殊性，我们不能把学校与社会的共性方面当成了学校的全部而忽视了学校的特殊性方面，从而要求学校按一般的社会模式来运行，把本该由社会承担的东西全部由学校来承担。有人说，杜威不是也主张"学校即社会"吗？是的，杜威是主张"学校即社会"，但我们知道，杜威所说的"学校即社会"不是主张把学校办成社会，而是主张教育要与社会生活联系起来，杜威的"学校即社会"的主张与他的"教育即生活"的主张是一个整体，可见我们也不能从杜威主张的"学校即社会"那里找到把学校办成小社会的依据。

我们认为，从形式上来说，学校办得像小社会主要是由于学校的后勤没有社会化引起的。因此，要把学校办得像学校而不像小社会，就要使学校后勤社会化。在学校后勤没有社会化以前，学校的后勤确实做了很多本该是社会要做的事情。比如，学校教师和学生的住房、学校的医疗保健、学校的交通、学校的通信等工作全部由学校承担了，这些工作确实给学校增加了不少负担。学校后勤社会化改革以后，有些学校把这些本该由社会承担的工作又交给了社会。这样一来，学校的负担确实减轻了许多。然而要真正做到后勤社会化，还要研究和解决学校在实施后勤社会化改革过程中出现的一些新问题，如人员的安置问题以及学校教学和科研的需要与学校后勤承包商利益驱动之间的矛盾。前一个问题是指，学校的有关交通和通信部门交给社会以后，原来在这些部门工作的人员不愿意到社会上的这些部门去工作，而坚持要留在学校，这样学校就有一个重新安置这些人员的工作问题。后一个问题是指，一些后勤承包商受金钱利益的驱使，不是本着更好、更方便地为师生的教学和科研服务的原则做事，而是考虑如何多赚钱和如何多省钱。例如，学校放假后，有些承包商为了省钱，就不让学生住在学生宿舍，如果有的学生要利用假期学习或做一些科研工作，就得自己掏钱去租房子。承包商的这种做法引起了学生和教师的极大不满。当这些问题反映到学校以后，学校对这些承包商奈何不得，因为学生的生活设施已经承包给承包商了。看来要真正做到学校后勤社会化并不是一件轻而易举的事情。从思想根源上来说，一所学校办得小而全，像个小社会，希望不求外力而使所有事情都由学校自己来解决，这恐怕与自给自足的小农经济的影响有关。中国是一个历史悠久的农业大国，社会生活的各个层面受自给自足的小农经济的影响比较深。因此，要真正把学校办得像学校，还要自觉地从思想上清除小农经济的影响，坚持走后勤社会化的道路。

（二）教育管理机构的改革

关于教育管理机构的改革，我们先说一下改革的基本原则，然后再从国家宏观的层面和学校微观的层面谈教育管理机构改革的问题。

过去一直认为教育管理机构改革的基本原则是精简机构，这好像成了一个管理机构改革的不变的法则。有些研究组织变革的学者不同意这种简化管理机构的一成不变的法则，他们提出了一种组织设计的"权变的原则"。[①] 这种权变的原则是，机构的改革实质上是一种机构设计。管理机构的结构设计要根据具体情况而定，组织的结构并不都是精简就好，而是要对管理机构的情况以及组织的不同层次、不同任务和功能做具体分析。从组织的状况来说，有的臃肿需要消肿，有的不够则不仅不需要精简，反而需要增加机构。从组织的层次、功能和任务来说，处在国家层面的中央管理机构和处在地方的中间层次的管理机构，以及处在基层的管理机构的结构是不同的，因为处在这三个层次的管理机构的任务和所发挥的作用是不同的。中央的管理机构的功能一般是做决策的，做决策的机构一般要相对精简一些；地方的中间层次的管理机构既要发挥做决策的功能即要针对地方实际情况来做决策，也要发挥执行决策的功能即执行中央的决策功能和执行自己所做出的决策的功能，因此这一层次的机构相对来说要多一些；基层的管理机构的功能是微观决策的功能和执行功能，即执行中央和地方以及自身所做出的决策的功能。因此，基层的管理机构就更多一些。在改革教育管理机构时我们常说的"大政府小机构，中政府中机构，小政府大机构"，讲的就是这个意思。那么，

---

① Miller, L. F.: *Organizations: A Quantum View,* New Jersey: Prentice-Hall, Inc. 1984, p.68.

组织设计的标准是什么呢？米勒（Miller）和弗锐逊（Friesen）指出，组织设计有多个参数。它们是：工作的特殊性、行为的方式、培训和灌输、单位的构成、单位的大小、计划的控制系统、联络的方式和纵向分权。根据这些参数，他们设计了5种形式的组织结构：单一的结构、机械的官僚结构、职业的官僚结构、分权形式和附加形式。① 米勒和弗锐逊组织设计的参数的理论为我们进行教育管理机构的设计提供了一定的启示。这种启示是，进行组织设计时，要对影响组织结构的因素进行分析。然而，米勒和弗锐逊组织设计的参数主要是针对工业和商业组织而言的，对教育组织的设计并不完全适用。我们认为，对教育组织进行设计，其主要标准就是要针对教育管理机构的特点，使教育管理机构的设置合理和运行高效。而要做到机构设置合理和运行高效，就要按教育管理组织机构的层次、性质、任务和功能来进行设计。

在宏观层面上，教育管理机构的设计主要指的是国家和地方教育行政部门的机构设置。它要回答的问题是，国家和地方的教育行政部门到底要设置哪些机构。根据权变的组织设计原则及以上我们对组织设计参数的认识，国家和地方教育行政机构的设置主要根据其工作任务和工作性质来设计。下面以国家的教育行政主管部门为例加以说明。国家教育行政主管部门的主要任务是管理全国的教育。为了管好全国的教育，它要做的主要是四件事情：第一件事情是制定教育方针政策和教育法规，第二件事情是做好教育预测与规划，第三件事情是开展教育业务行政活动，第四件事情是开展教育督导和教育评估。与这些性质的工作任务相适应，国家教育行政主管部门要设立教育政策与教育法规部门，要设立教育计划部门，要设立开展教育业务行政部门，包括教育人事行政部门、教育财政部门、管理各级各类教育的部门，如管理基础教育和高等教育的部门、管理成人和职业技术教育的部门、管理学生招生就业的部门、管理学校体育卫生的部门、管理思想政治教育和科学研究的部门、管理对外合作与交流的部门等。除此之外，还要设立教育督导和评估部门，以及综合的职能部门等。

在微观层面上，教育管理机构的设计主要指的是学校内部管理机构的设置。

---

① Miller, L. F.: *Organizations: A Quantum View,* New Jersey: Prentice-Hall, Inc. 1984, p.68-86.

它要回答的问题是,学校内部到底要设置哪些管理部门。关于学校内部管理机构的设置问题,国外有的学者运用韦伯的科层组织结构理论来分析学校的组织结构。[1] 霍尔发现,学校有两种组织结构:一种是官僚组织结构,一种是专业组织结构。[2] 霍依和密斯克尔发现,在这两类组织结构之间还存在着潜在的冲突。他们指出,有的学者对学校是一个官僚组织结构的观点提出了质疑,认为学校的目标不确定,学校的质量无法准确地测量,所以学校应是一个无政府状态的组织或松散联结的组织。[3] 上述关于学校组织结构分为官僚组织结构和专业组织结构的观点,为我们认识学校内部组织结构的设置提供了借鉴。设置学校内部的组织结构,也可以从行政和业务两个方面来加以考虑。然而,我们不太同意把学校的组织结构看作是一个无政府状态的松散结构,因为学校是有目标的,学校的教育质量是可以测量的。国内有学者从组织的正式和非正式、内容和形式、固定和灵活、功能和结构等方面,对中小学的管理组织结构进行了探讨。[4] 我们认为,可以通过两种思路来设置学校内部的管理机构:第一种思路是通过学校管理工作的任务和性质来设置相应的管理机构,第二种是通过分析学校管理工作的过程来设置学校内部的管理机构。

从学校管理工作的任务和性质来看,我们知道,学校有三个方面的管理工作:第一方面是业务管理工作,包括教学管理工作、科研管理工作和学生管理工作等,为此要设立业务管理机构,包括教学管理机构、科研管理机构和学生管理机构等;第二方面是事务方面的管理工作,包括人事管理工作、财务管理工作和总务后勤管理工作等,为此要设立事务管理机构,包括人事管理机构、财务管理机构和总务后勤管理机构等;第三方面是党群方面的管理工作,包括党的管理工作、团的管理工作和工会管理工作,为此要设立党务管理机构、团的工作管理机构和工会工作管理机构等。从学校管理工作的过程来看,我们知道,学校管理过

---

[1] Bolman, L. G. and Deal, T. E.: *Reframing Organization: Artistry, Choice, and Leadership,* San Francisco, CA: Jossery-Base, 1997.

[2] Hall, R. H.: *Organizations: Structure, Process, and Outcomes,* Englewood Cliffs, NJ: Prentice Hall, 1991.

[3] Hoy, W. K. and Mislel, C. G.: *Educational Administration: Theory, Research and Practice,* New York: Mcgraw Hill, 2001, pp. 113-114.

[4] 张济正主编:《学校管理学导论》,华东师范大学出版社 1990 年版,第 280—290 页。

程一般包括决策过程、执行过程、反馈过程，与这三个过程有关的还有咨询过程和监督过程。与这些管理过程相适应，就要设立学校决策机构、学校咨询机构、学校执行机构和学校监督反馈机构等。学校决策机构指的是学校党政领导班子；学校咨询机构指的是学校咨询委员会；学校执行机构指的是校部各职能部门，在大学指的是各院、系、所，在中小学指的是教研组和年级组等；学校监督反馈机构在大学指的是党的纪律检查委员会和行政监察处，党的各级组织和工会也代行一些监督反馈方面的职能，在中小学没有专门的监督反馈机构，其职能是由党的组织和工会代为执行的。

可以说，按学校管理工作的任务和性质以及管理过程来设置学校内部的管理机构反映了学校内部组织机构设置的规律。按这样的规律去设置学校内部的组织机构，学校管理工作的运行就顺畅和高效，反之工作就会受到困阻。20世纪90年代初，我国在实行学校管理体制改革的过程中，有些学校在管理机构的改革中没有按这样的规律办事。如有的大学把党群机构中党的各个职能机构撤销，只保留一个党委办公室。后来发现这样改革不行，学校党的工作削弱了而使学校各方面工作受到比较大的影响，结果又恢复了党的组织部门、宣传部门和统战部门等。这一教训说明了学校内部的机构按学校管理工作的任务和性质来设置的重要性。

二、教育规范的改革

（一）教育规范概述

1. 教育规范的种类

从层次来分，有宏观、中观和微观的教育规范。宏观的教育规范指的是管理一个国家的教育规范，如一个国家的教育方针、教育政策与教育法规等；中观的教育规范指的是管理一个地区和国家某一个方面教育的规范，比如管理一个省、一个市和一个县的教育规范，以及管理国家基础教育、高等教育的规范等；微观的教育规范指的是管理教育行政机构和学校内部的教育规范，即教育行政机构和学校内部的规章制度。教育规范从内容来分有机构的规范、工作的规范和人的规范三种。机构的规范指的是规定机构的性质、职责权限等方面的制度，工作的规范指的是对机构所承担的各方面的工作要求所制定的制度，人的规范指的是对负责各种工作的人的岗位职责等所制定的制度。

以下所要谈的教育规范的改革只讨论宏观和微观教育规范的改革。这里不讨论中观的教育规范，一是因为篇幅所限，二是因为中观的教育规范在很多方面与宏观的教育规范是一致的，讨论了宏观的教育规范，中观的教育规范的许多问题也就自然比较明了了。宏观的教育规范只讨论教育方针、教育政策和教育法规，而不从宏观的教育规范内容的角度即国家机构的教育管理的职责权限、国家教育管理工作和国家工作人员的要求等方面进行讨论，因为这三个方面的内容基本上都体现在国家的教育方针、教育政策和教育法规当中。换言之，讨论了国家的教育方针、教育政策和教育法规，国家机构教育管理的职责权限、国家教育管理工作和国家工作人员的要求的主要内容大体上就比较清楚了。这里所讨论的微观的教育规范，只包括学校内部的管理制度和教育行政机关内部的管理制度。这个层次的管理制度打算从学校和教育行政机关机构的制度、工作的制度和人的制度三方面来讨论。

2. 教育规范改革的基本要求

我国当前的教育规范就现状而言，宏观的教育规范尚不健全，中观的教育规范各行其是，微观的教育规范全而无序，因而必须进行改革。首先，教育规范改革的标准是科学。所谓科学，就是要使教育规范能反映教育的规律。前面说过，教育规范一般体现了人的意志，它是主观上的意志。这种主观上的意志可以反映规律，也可以不反映规律。反映教育规律的规范，有利于促进教育事业健康发展，也有利于促进世界各国的教育体制互相学习和借鉴。新中国成立以来，我国的教育取得的成绩和出现的某些失误，都与我们制定的教育规范是否反映了教育规律有关。当前为了适应市场经济的需要而改革教育体制，要特别注意制定反映教育规律的规范。要做到这一点，从方法论的角度讲，就要注意发挥事实判断的作用，用事实判断去认识教育规律，防止用价值判断去干扰或取代事实判断。因为价值判断一般是以"是否有用"作为认识和判断事物的标准，而有用的东西不一定反映规律，它可能会奏效于一时，从长远来看却是十分有害的。最后，教育规范的改革，就其目的来说，要有利于发挥人的主动性和创造性。从一般意义而言，规范对人的行为是有一定约束性的，但规范对人的行为也可起到激励和推动的作用。比如政策也是一种规范，而正确的政策导向可以调动人的积极性。以高校教师评聘职称的政策为例，如果在教师的政治与业务、教学与科研、出国与不出国等方面有一个正确的政策导向，就能调动高校广大教师的积极性。最后，教育规范的改革就其程序而言，要做到总体规划、分步实施。整个教育规范改革要注意先健全宏观的教育规范，然后依据宏观的教育规范制定中观的教育规范，再制定微观的教育规范。某一方面的教育规范也要做到先后有序，如宏观的教育规范中的教育法规，首先要弄清一个国家教育法的体系与结构，在此基础上先制定教育基本法，再制定单项法，防止制定教育规范中出现上下无序、左右重复、交叉矛盾的现象。

（二）宏观教育规范的改革

1. 教育方针及其改革

（1）教育方针概述

教育方针规定了一个国家一定历史阶段教育事业发展的方向、基本指导思想和总的原则，是教育政策的总概括。

教育方针具有很强的社会历史性。不同的历史时期，社会政治经济发展的要求不同，甚至政治领导集团的教育意愿不同，都会产生不同的教育方针。由于教育的特殊社会作用，各个历史阶段的执政者都很重视教育方针的制定。

根据我国近代教育文献记载，自清末颁布新学堂章程到中华人民共和国成立之前，各个时期提出的所谓教育宗旨，实际上就是教育方针。1904年颁布的《奏定学堂章程》之"学务纲要"第一条"全国学堂总要"提出："京外大小文武各学堂均应钦遵谕旨，以端正趋向、造就通才为宗旨。"1906年，清廷学部在《奏请宣示教育宗旨折》中进一步把所谓"通才"的标准具体化为"忠君、尊孔、尚公、尚武、尚实"，并奏请清帝批准作为教育宗旨。这五项宗旨体现了当时"中体西用"的政治理想，受到光绪皇帝的赞赏，随即发出《上谕》指示："五项宗旨尚为扼要，着该部即照所奏各节通饬遵行"，要求"切实提倡、认真查核"。由于1906年教育宗旨的发布有其特定的程序与形式，因此有人认为这是我国近代教育史上第一次明确提出的教育宗旨。

辛亥革命以后，民国时期的三个政权都提出或正式制定过教育宗旨。1912年9月，南京临时政府教育部颁布教育宗旨为："注重道德教育，以实利教育、军国民教育辅之，更以美感教育完成其道德。"这一教育宗旨是在当时的教育总长蔡元培的主持下制定的，体现了蔡元培"兼容并包"的教育理想，他专门发表了《对教育方针之意见》论述之。但这一具有资产阶级色彩的教育宗旨，1915年1月被袁世凯废除，他发布了所谓的《颁定教育要旨》，提出以"爱国、尚武、崇实、法孔孟、重自治、戒贪争、戒躁进"取代之。袁倒台后，1919年4月，北洋政府时期的教育调查会组织以教育专家为成员的教育行政咨询委员会在北京召开第一次会议，提出"养成健全人格，发展共和精神"的教育宗旨，但未为当时政府认可。直到1928年5月15日，当时南京国民政府的中央教育行政机关——中华民国大学院——在南京召开第一次全国教育工作会议，会议通过了以"三民主义教育"作为中华民国的教育宗旨的决议。1929年3月15日，中国国民党第三次全国代表大会正式确立了国民政府的教育宗旨为："中华民国之教育，根据三民主义，以充实人民生活、扶植社会生存、发展国民生计、延续民族生命为目的，务期民族独立、民权普遍、民生发展，以促进世界大同。"

中国共产党领导的新民主主义革命的不同阶段，都制定了为新民主主义革命服务的文化教育方针，并分别在土地革命时期、抗日战争时期和解放战争时期指导革命根据地和解放区的教育实践。土地革命时期的教育方针，又称为苏维埃文化教育总方针，主要有四条："在于以共产主义精神来教育广大的劳苦民众，在于使文化教育为革命战争与阶级斗争服务，在于使教育与劳动联系起来，在于使广大中国民众都成为享受文明幸福的人"。抗日战争时期则提出了以"无产阶级领导的人民大众的反帝反封建的文化"作为文化教育方针。在解放战争时期，根据教育为新民主主义革命服务、教育同生产劳动相结合的原理，随着解放战争形势的发展，逐步调整和充实教育方针，使学校教育从主要培养革命和战争人才逐步转向培养建设人才。

新中国成立以后，曾几次对教育方针进行论述和讨论。1950年5月，教育部副部长钱俊瑞在《当前教育建设的方针》一文中指出："为工农服务，为生产建设服务，这就是当前实行新民主主义教育的中心方针。"1957年2月，毛泽东在

《关于正确处理人民内部矛盾的问题》一文中指出:"我们的教育方针,应该使受教育者在德育、智育、体育几个方面都得到发展,成为有社会主义觉悟的有文化的劳动者。"1958年9月,中共中央、国务院发布《关于教育工作的指示》,其中正式提出"党的教育工作方针,是教育为无产阶级政治服务、教育与生产劳动相结合",后来被概括为"两个必须",即"教育必须为无产阶级政治服务,必须同生产劳动相结合"。1978年以后开始的思想解放运动,对我国在社会主义建设时期究竟应制定什么样的教育方针进行了较为深入的讨论,一度使教育方针出现多种提法,1990年以后逐步趋向统一。1990年12月,《中共中央关于制定国民经济和社会发展十年规划和"八五"计划的建议》提出,我国现时期的教育方针是"教育必须为社会主义现代化建设服务,必须与生产劳动相结合,培养德、智、体等方面全面发展的建设者和接班人"。1993年2月13日,中共中央、国务院印发的《中国教育改革和发展纲要》再次指出,各级各类学校要认真贯彻上述方针,这意味着我国对教育方针的讨论已告一段落。1995年3月18日通过并颁布的《中华人民共和国教育法》,将这一教育方针以法律形式固定了下来(《中华人民共和国教育法》第五条)。2021年4月,经第十三届全国人大常委会第二十八次会议审议,《中华人民共和国教育法》第五条修改为"教育必须为社会主义现代化建设服务,为人民服务,必须与生产劳动和社会实践相结合,培养德智体美劳全面发展的社会主义建设者和接班人"。

从上述发展历程的简述中可以看到,教育方针具有如下特点。

第一,教育方针所概括的内容通常包括教育性质、教育目的以及实现教育目的的基本途径等。由于教育目的是关于把受教育者培养成为什么样的人的规定,因此教育目的是教育方针中最重要的内容,教育的性质也是通过它来体现的。

第二,教育方针表述方式的确立,是随着制定者对教育与社会发展关系的认识深化而逐步完善的。教育方针必须能够切实适应社会发展的需要,才能使之发挥正确指导教育实践发展方向的作用。

第三,当教育方针的内容(尤其是教育目的)为社会现实所证明在一定历史时期是必须坚持的,便需要以法律的形式规定下来,才能保证其一贯性和稳定性。我国当前的教育方针首先由中国共产党提出,尔后由国家认可,由政策的形式向法律的形式转化，从而对全党乃至全社会都具有了普遍的约束力。各级教育行政部门应当指导各级各类学校认真贯彻落实教育方针。

（2）关于教育方针改革

近十几年来，中国的政治经济形势发生了很大的变化，社会主义市场经济已初步确立，政治体制改革逐步深入，教育体制改革和制度创新正在向纵深发展。特别是进入新时代，中国的教育改革面临着新的形势和任务。根据形势的发展，党和国家领导人对国家的发展和教育改革，特别是为谁培养人、培养什么人、怎样培养人提出了一些新的指导思想和要求。为此，我们认为，对现行的教育方针进行适当的修改是必要的，建议将教育方针的表述改为："教育为人民服务，为社会主义现代化建设服务，与社会实践相结合，实施德、智、体、美、劳全面发展的教育，培养具有创新精神和创新能力的社会主义人才。"对教育方针进行这样的修改是基于如下几点考虑。

首先，教育方针新表述的形式结构更为合理。一般来说，教育方针表述的内容包括教育的性质和发展方向、教育的基本途径和基本内容，以及教育所要培养人的总目标规格三部分。这三个部分的关系是，国家办教育首先要明确教育所要培养人的规格要求，而这一规格要求是要通过一定的教育途径和内容才能实现的，这一途径和内容又要体现一定的教育性质和教育发展方向。因此，一个完整的教育方针的表述应该包括这三方面的内容。原教育方针只规定了教育的性质和教育发展的方向，即"教育必须为社会主义现代化建设服务，必须与生产劳动相结合"，以及教育培养人的总目标规格，即"培养德、智、体、美等方面全面发展的社会主义事业的建设者和接班人"。可见，原教育方针的表述在形式结构上是不太完整的。上述教育方针表述的结构为，前三句"教育为人民服务，为社会主义现代化建设服务，与社会实践相结合"规定了我国教育的性质和教育发展的方向，第四句"实施德、智、体、美、劳全面发展的教育"规定了我国教育的基本途径和内容，最后一句"培养具有创新精神和能力的社会主义人才"规定了我国教育培养人的总目标规格。

其次，表达的内容更为科学。第一，在教育的性质和发展方向上保留了"教育为社会主义现代化建设服务"，增加了"教育为人民服务"，将"教育与生产劳动相结合"改为"与社会实践相结合"。增加"教育为人民服务"这一条并把这一条放在了"为社会主义现代化建设服务"前面，不仅体现了党中央最近提出的以人为本的思想，而且从教育的价值角度来说，体现了教育的个体价值与社会价值的统一。将"与生产劳动相结合"改为"与社会实践相结合"，是因为一般来说，社会实践也包括了生产劳动。

第二，增加了"实施德、智、体、美、劳全面发展的教育"的教育的基本途径和基本内容的条款，将教育培养的总目标规格改成"培养具有创新精神和创新能力的社会主义人才"。增加教育的基本途径和基本内容这一条款，除了在教育方针所表述的形式结构上的必要性以外（关于这一点在上面已做了说明），还与教育的总培养规格的改动有关。我们认为原教育方针中的总目标规格有这样几个问题值得讨论：第一个是关于"德、智、体、美等全面发展的问题"。我们认为，在现阶段实现学生的全面发展是不可能的。根据马克思关于人的全面发展的观点，在生产力发展水平不高和存在社会分工的情况下，人的全面发展（当然也包括学生的全面发展）是不可能实现的。因此，与其说学生的全面发展，倒不如说建立创新型国家的创新精神，强调学生创新精神和创新能力的发展。而且，从最根本上的意义而言，人的发展，主要体现在人的创新精神和创新能力的发展上。学生创新精神和创新能力的发展，是学生发展的主要标志。我们认为，经过多年的教育，学生创新精神和创新能力的发展是可能的。国家所定的培养人的目标的总规格与其定一个在现阶段不可能实现的、比较遥远的"全面发展"的目标规格，倒不如定一个现阶段有可能实现的、党和国家大力提倡而当前学生又比较缺乏的，而且又最能体现学生根本性发展的学生发展目标规格。我们说，在现阶段实现学生的全面发展不太可能，然而在现阶段，对学生实施德、智、体、美、劳全面发展的教育不仅是必要的，而且也是可能的。从必要性来说，对学生实施全面发展的教育，是我们党一贯强调的，而且只有对学生施以全面发展的教育，才能使不同的学生在某一方面的个性特长得到发展。所谓"取法乎上，仅得其中"就是这个道理。从可能性来说，学校对学生施以德、智、体、美、劳全面发展的教育是可以办到的。我们以为，在国家教育培养的总目标规格上存在以上问题，是否与在认识上存在这样一个误区有关，即认为对学生施以德、智、体、美、劳全面发展的教育和学生德、智、体、美、劳全面发展之间是线性关系，以为只要对学生进行德、智、体、美、劳全面教育，学生就可以全面发展了，因此把实施德、智、体、美、劳全面发展的教育的基本途径当作学生德、智、体、美、劳全面发展的培养目标规格加以规定。其实，对学生施以德、智、体等方面全面发展的教育是一回事，学生能否全面发展是另外一回事。学生能否全面发展，不仅与实施全面的教育有关，还与其他因素有关。习近平在全国教育大会上强调要使学生德、智、体、美、劳全面发展。如何正确理解习近平的讲话精神？我们认为，正确的理解应是对学生进行德、智、体、美、劳的全面教育，而不是简单地理解为就是使学生德、智、体、美、劳全面发展。因为只有这样理解，学生才有可能在德、智、体、美、劳这些方面得到全面，或某些方面得到发展。第二个是关于目标规格的问题。作为国家教育方针中的培养人的目标规格，最好不要用容易引起歧义的语言。我们国家教育方针中所规定的培养人的目标规格中人才的属性在新的表述中规定得非常清楚，其政治属性是社会主义的，非政治属性是具有创新精神和创新能力的。这两个属性是必须的，而且是可能实现的。创新精神和创新能力是当前实现小康社会和振兴中华、实现中国梦所必需的。我国各级各类教育是可以培养出不同层次和不同类型的具有创新精神和创新能力的社会主义人才的。

2. 教育政策及其改革

（1）教育政策概述

教育政策是国家为完成一定的教育任务和实现一定的教育目标而协调教育内外关系所做出的战略性和准则性的规定。

教育政策的构成要素包括政策对象、政策目标和实现政策的手段三个要素。任何一项教育政策都必须具备这三个要素。教育政策对象是教育政策所要调动或约束的与教育事业或教育活动有关的力量。任何一项政策都有自身要约束或调动的对象，有的教育政策对象是不同范围的教育关系主体，包括各种与教育发生关系的自然人、法人和其他社会团体或组织；有的教育政策对象则主要是各种物质力量或者教育事业自身。教育政策目标是指教育政策实施所要达到的结果或者要完成的任务。任何一项教育政策，都必须有明确的政策目标，至于是单一目标还是多重目标，这要根据具体情况和需要来确定。一般来讲，带有决策性的教育政策方案都是多重目标的。教育政策手段是指为实现教育政策目标所必须采取的措施和方法。确定教育政策目标后，还必须研究为实现目标所要求具备的内部条件和外部环境，提出切实可行的教育政策手段，这是使教育政策目标得以实现的保证。在制定教育政策手段时，要对实现目标的指导思想、中心、重点、原则、条件、步骤、措施、方法等做出明确的政策性规定，便于教育工作者在行动中遵循。

从教育政策的制定主体来看，教育政策可以区分为政党的教育政策和国家的教育政策两种。在我国，中国共产党是社会主义建设事业的领导核心，党通过制定和执行正确的路线、方针和政策实现这一领导。因此，制定教育政策，并使之在教育领域得到贯彻，是党对教育事业领导的主要方式。中国共产党的教育政策是以马克思列宁主义、毛泽东思想、邓小平理论、"三个代表"重要思想、科学发展观和习近平新时代中国特色社会主义思想为指导思想，根据教育发展的客观规律，把握社会政治、经济对教育提出的要求，在总结教育实践经验的基础上提出和制定的。因为中国共产党是代表人民利益的，所以，党的教育政策反映了工人阶级为领导的全国人民的共同意志，同时也反映了我国社会政治、经济发展对教育工作提出的客观要求。中国共产党的教育政策对我国教育事业的发展起着极为重要的指导作用。国家在制定教育政策时必须以党的教育政策为依据。国家教育政策主要是由国家行政机关制定的教育政策，除了中央政府制定的全国性教育政策之外，还有地方各级政府和部门制定的地方性教育政策和部门性教育政策。

从教育政策的层次来看，教育政策可以区分为总政策和具体政策。如上所述，教育方针是国家的教育的总政策。具体教育策略是党和国家为了更好地为一定历史时期的政治服务而提出的对策，通常是针对较为重大的问题提出的，并具有比较原则的特点。如1985年的《中共中央关于教育体制改革的决定》中，提出"把发展基础教育的责任交给地方，有步骤地实行九年制义务教育""调整中等教育结构，大力发展职业技术教育""改革高等学校的招生计划和毕业生分配制度，扩大高等学校办学自主权""加强领导，调动各方面积极因素，保证教育改革的顺利进行"等，就是党在改革开放时期发展教育事业的具体政策，其目的在于促使教育更好地发挥作用，为社会主义现代化建设事业服务。

从一个国家教育政策的逻辑结构来看，一个国家的教育政策主要包括教育质量政策、教育体制政策、教育人员政策和教育经费政策。教育质量政策规定着一个国家人才培养的规格和实现人才培养规格的途径，它要处理的是人才培养规格各个要素之间的关系、各个人才培养途径之间的关系，以及人才培养规格和人才培养途径之间的关系。教育体制政策处理的是国家实施教育和教育管理之间的关系。在实施教育中，它要处理的是各级各类教育实施机构之间的关系；在教育管理中，它要处理的是各级各类教育管理之间的关系。教育人员政策要处理的是各级各类教育人员之间的关系，包括各级各类教学人员与非教学人员之间的关系、各级各类非教学人员之间的关系，以及各级各类教学人员之间的关系。教育经费政策所要处理的是筹措教育经费、分配教育经费及使用教育经费之间的关系。在筹措经费方面，它要处理的是政府主渠道与其他渠道之间的关系；在分配经费方面，它要处理的是各级各类教育经费的分配以及在各级各类教育经费的分配中教育事业费与教育基本建设费之间的关系；在教育经费的使用方面，它要处理的是重点开支与一般开支之间的关系等。教育质量政策是一个国家的教育的目标政策，教育体制政策是一个国家实现教育目标的途径政策，而教育人员政策和教育经费政策是一个国家实现教育目标的条件政策。这四大政策构成了国家教育改革与发展的比较完整的教育政策体系。①

（2）教育政策改革

对教育政策进行改革，首先要认识教育政策在国家教育管理或教育改革中的重要作用。国家对教育的管理，主要是通过教育政策的制定和实施来实现的；国家对教育的改革，实质上也是通过教育政策的改革来实现的。在此，教育政策对一个国家教育的改革与发展，起着举足轻重的作用。为发挥教育政策在国家教育改革与发展中的作用，对教育政策进行改革，应该加强对教育政策的研究。教育政策的研究在我国刚刚起步，要使教育政策的研究更加科学，就应该由教育政策研究逐步走向教育政策分析。教育政策研究和教育政策分析虽然有相似之处，但

---

① 详见孙绵涛：《关于国家教育政策体系的探讨》，载《教育研究》2001年第3期。

相对于一般的教育政策研究而言，教育政策分析要更加规范，因为教育政策分析对政策研究的内容、过程、方法和研究者的素质都有更加严格的要求。从教育政策分析的角度而言，或者说从教育政策分析的角度来看教育政策研究，教育政策分析或教育政策研究主要分析或研究教育政策的内容、教育政策的过程、教育政策的价值和教育政策的环境等。研究教育政策的内容，就要研究国家到底要制定哪些基本的教育政策才能满足国家教育改革与发展的需要，研究每一个具体的教育政策，特别是国家基本教育政策到底要包括哪些具体内容；教育政策过程的研究包括教育政策的决策、教育政策的执行、教育政策的评价等；教育政策的价值要研究教育政策的内在价值即教育政策的属性与主体需要之间的关系，以及研究教育政策的外显价值即教育政策所表现出的工具价值即政治价值和经济价值等与目的价值即有利于人的发展价值；教育政策的环境要研究教育政策决策、执行和评价的社会政治、经济和文化环境等。①

根据我们对教育政策的理解和对教育政策研究的探讨，对教育政策进行改革，就要从教育政策的内容、教育政策的过程、教育政策的价值和教育政策的环境四个方面着手。从教育政策的内容来说，首先要建立和健全国家教育政策的体系。正如上面所提到的，一个国家基本的教育政策是教育质量政策、教育体制政策、教育人员政策和教育经费政策，就从这四个方面去建立和健全国家的教育政策体系。其次要明确这四个教育政策的基本要素，也就是要明确这四个基本的教育政策由哪些具体的政策要素所构成。比如，根据我们对教育体制的理解，教育体制政策由各级各类学校教育体制政策、各级各类教育行政政策和各级各类学校内部的管理体制政策的政策要素所组成。建立健全教育体制政策，就要从这几个政策要素着手。从教育政策的过程来看，要建立健全科学的教育政策决策模式、教育政策执行模式和教育政策评价机制。从教育政策的价值来看，要处理好教育政策的内在价值和外在价值之间的关系、工具价值和目的价值之间的关系，努力做到教育政策的内在价值与外在价值、工具价值和目的价值的统一；在教育政策的环境方面，既要注意环境对教育政策的影响，即要注意环境对教育政策决策、

---

① 详见孙绵涛：《关于教育政策分析若干理论问题的探讨》，载《教育研究与实验》2002 年第 2 期。

执行和评价的影响，也要注意教育政策在改变环境中的作用。

就当前我国的教育政策改革而言，要注重以下政策的改革。[①] 在学前教育政策改革上，要创新学前教育普惠健康发展的体制。强调要鼓励多种形式办园，有效推进解决入园难、入园贵的问题。理顺学前教育管理体制和办园体制，建立健全国务院领导、省市统筹、以县为主的学前教育管理体制。省市两级政府要加强统筹，加大对贫困地区的支持力度。落实县级政府主体责任，充分发挥乡镇政府的作用。以县域为单位制定幼儿园总体布局规划，新建、改扩建一批普惠性幼儿园。鼓励社会力量举办幼儿园，支持民办幼儿园提供面向大众、收费合理、质量合格的普惠性服务。要加强科学保教，坚决纠正"小学化"倾向。遵循幼儿身心发展规律，坚持以游戏为基本活动，合理安排幼儿生活作息。加强幼儿园质量监管，规范办园行为。

在义务教育改革政策上，要完善义务教育均衡优质发展的政策。强调要建立以学生发展为本的新型教学关系。改进教学方式和学习方式，变革教学组织形式，创新教学手段，改革学生评价方式。要切实减轻学生过重课业负担。提高课堂教学质量，严格按照课程标准开展教学，合理设计学生作业内容与时间，提高作业的有效性。建立健全课后服务制度，鼓励各地各校根据学生身心发展特点和家长需求，探索实行弹性离校时间，提供丰富多样的课后服务。改善家庭教育，加强家庭教育指导服务，帮助家长树立正确的教育观念，合理安排孩子的学习、锻炼和休息时间。规范校外教育培训机构，严格办学资质审查，规范培训范围和内容。营造健康的教育生态，大力宣传普及适合的教育才是最好的教育、全面发展、人人皆可成才、终身学习等科学教育理念。要着力解决义务教育城乡发展不协调的问题。统一城乡学校建设标准、城乡教师编制标准、城乡义务教育学校生均公用经费基准定额，加快建立义务教育学校国家基本装备标准。实施消除大班额计划。切实改变农村和贫困地区教育薄弱面貌，着力提升乡村教育质量。要多措并举化解择校难题。加快义务教育学校标准化建设，加强教师资源的统筹安排，实现县域优质资源共享。改进管理模式，试行学区化管理，探索集团化办

[①] 见中共中央办公厅、国务院办公厅 2017 年印发的《关于深化教育体制机制改革的意见》。

学，采取委托管理、强校带弱校、学校联盟、九年一贯制等灵活多样的办学形式。完善入学制度，统筹设计小学入学、小升初、高中招生办法。

在职业教育改革的政策上，要完善提高职业教育质量的政策。强调要健全德技并修、工学结合的育人机制。坚持以就业为导向，着力培养学生的工匠精神、职业道德、职业技能和就业创业能力。坚持学中做、做中学，推动形成具有职业教育特色的人才培养模式。完善专业动态调整机制，完善教学标准，创新教学方式，改善实训条件，加强和改进公共基础课教学，严格教学管理。大力增强职业教育服务现代农业、新农村建设、新型职业农民培育和农民工职业技能提升的能力。要改进产教融合、校企合作的办学模式。健全行业企业参与办学的体制机制和支持政策，支持行业企业参与人才培养全过程，促进职业教育与经济社会需求对接。充分发挥行业主管部门的指导、评价和服务作用，支持行业组织推进校企合作、发布人才需求信息、参与教育教学、开展人才质量评价。明确企事业单位承担学生社会实践和实习实训的职责义务和鼓励政策。

在高等教育政策改革上，要健全促进高等教育内涵发展的政策。强调要创新人才培养机制。高等学校要把人才培养作为中心工作，全面提高人才培养能力。不同类型的高等学校要探索适应自身特点的培养模式，着重培养适应社会需要的创新型、复合型、应用型人才。把创新创业教育贯穿人才培养全过程，建立健全学科专业动态调整机制，完善课程体系，加强教材和实训基地建设，完善学分制，实施灵活的学习制度，鼓励教师创新教学方法。深入推进协同育人，促进协同培养人才制度化。要深化科研体制改革，坚持以高水平的科研支撑高质量的人才培养。加大基础研究支持力度，大力开展有组织的科研活动，完善创新平台体系，建设相对稳定的高等学校基本科研队伍，深化技术转移和成果转化机制改革。加大哲学社会科学研究支持力度，完善中国特色哲学社会科学学科体系、学术体系、话语体系，构建中国特色的学术标准和学术评价体系。加强高等学校智库建设，推进高等学校开展前瞻性、政策性研究，积极参与决策咨询。全面推进科研评价机制改革，加强学术道德建设。要完善依法自主办学机制。依法落实高等学校办学自主权，完善中国特色现代大学制度，坚持和完善党委领导下的校长负责制，发挥党委的领导核心作用。要改进高等教育管理方式。研究制定高等学校分类设置标准，制定分类管理办法，促进高等学校科学定位、差异化发展，统筹推进世界一流大学和一流学科建设。

在普通高中改革政策上，要推进普通高中育人方式改革，深化普通高中教育教学改革，稳妥推进高考改革；要完善民族教育加快发展机制，建立民族团结教育常态化机制，深入推进爱国主义教育和民族团结教育进教材、进课堂、进头脑，加大对少数民族和民族地区教育支持力度；要完善特殊教育融合发展机制，改进特殊教育育人方式，强化随班就读，建立健全融合教育评价、督导检查和支持保障制度；要健全支持和规范民办教育发展的制度，健全财政、土地、登记、收费等方面支持民办学校发展的相关政策，健全监管机制；要以拓宽知识、提升能力和丰富生活为导向，健全促进终身学习的制度体系。

在教师政策改革上，要创新教师管理制度。强调要健全加强师德建设长效机制。把教师职业理想、职业道德教育融入培养、培训和管理全过程，构建覆盖各级各类教育的师德建设制度体系。在准入招聘和考核评价中强化师德考察。实施师德师风建设工程，建立教师国家荣誉制度，加快形成继承我国优秀传统、符合时代精神的尊师重教文化，创造良好的教书育人环境。要改进各级各类教师管理机制。落实幼儿园教职工配备标准，严格中小学教师资格准入，健全职业院校双师型教师管理制度，深化高等学校教师管理制度改革，改进特殊教育学校教师管理制度。要切实提高教师待遇。完善中小学教师绩效工资制度，改进绩效考核办法，使绩效工资充分体现教师的工作量和实际业绩，确保教师平均工资水平不低于或高于当地公务员平均工资水平。落实艰苦边远地区津贴、乡镇工作补贴，以及集中连片特困地区和艰苦边远地区乡村教师生活补助政策。完善老少边穷岛等贫困艰苦地区教师待遇政策，依据艰苦边远程度实行差别化补助，做到越往基层、越往艰苦地区，补助水平越高。进一步完善特殊教育教师工资保障机制和职业院校内部收入分配激励机制，扩大高等学校收入分配自主权。

在教育投入政策上，要健全教育投入政策。强调要完善财政投入机制。合理划分教育领域的财政事权和支出责任，明确支出责任分担方式，依法落实各级政府教育支出责任，健全各级教育预算拨款制度和投入机制，合理确定并适时提高相关拨款标准和投入水平，保证国家财政性教育经费支出占国内生产总值比例一般不低于4%，确保一般公共预算教育支出逐年只增不减，确保按在校学生人数平均的一般公共预算教育支出逐年只增不减。各地应结合实际制定出台公办幼儿园、普通高中生均拨款或生均公用经费标准，逐步健全各级各类教育经费投入机制。国家财政性教育经费使用，坚持向老少边穷岛地区倾斜，向家庭经济困难学生倾斜，向薄弱环节、关键领域倾斜。要完善教育转移支付制度，合理安排一般性转移支付和专项转移支付，加大省级统筹力度。要加强经费监管，确保使用规范安全，提高经费使用效益。要完善学生资助体系，进一步完善各级各类教育全覆盖、奖助贷勤补免多元化的学生资助制度体系。完善国家奖学金、助学金政策，完善国家助学贷款机制，提高资助精准度。

在宏观管理政策改革上，要健全教育宏观管理体制。强调要完善教育标准体系，研究制定从学前教育到高等教育各学段人才培养质量标准，完善学校办学条件标准。要建立健全教育评价制度，建立贯通大中小幼的教育质量监测评估制度，建立标准健全、目标分层、多级评价、多元参与、学段完整的教育质量监测评估体系，健全第三方评价机制，增强评价的专业性、独立性和客观性。要完善教育督导体制，促进教育督导机构独立行使职能，落实督导评估、检查验收、质量监测的法定职责，完善督学管理制度，提高督学履职水平，依法加强对地方各级政府的督导，依法加强对学校规范办学的督导，强化督导结果运用。要完善教育立法和实施机制，提升教育法治化水平。要提高管理部门服务效能，建立和规范信息公开制度。

3. 教育法规及其改革

（1）教育法规概述

教育法规是有关教育方面的法令、条例、规则、规章等规范性文件的总称，也是对人们的教育行为具有法律约束力的行为规范的总和。

教育法规，作为规范教育行为的规则体系，它不仅对学校教育活动具有约束力，而且对通过其他途径进行的具有教育性的活动也具有约束力。如《中华人民共和国未成年人保护法》属教育法规范畴，其中不仅对学校教育做了规定，还对家庭教育、社会教育、司法教育等方面做了必要规定，其所涉及的教育是广泛的、全方位的。

教育法规与教育法律从广义上理解，意义是相通的，都是指以国家政权来保证强制执行的教育行为规则的总和。从狭义上理解，教育法律主要是指由国家权力机关（或称立法机关）制定或者认可的规范性文件；而教育法规仍是一个泛指概念，既包括国家权力机关制定、认可的教育法律，也包括国家行政机关制定的教育行政法规和规章，还包括地方权力机关和地方行政机关制定的地方教育法规和规章。

教育法规与教育法制也是一对相互联系并相互区别的概念。教育法制是指教育法律制度，是统治阶级按照自己的意志，通过国家政权建立，并用以维护符合统治阶级教育利益的教育秩序的教育法规体系及其所确立的教育制度。构成教育法制的要素有三个：①教育法规的制定方式；②以教育法规的形式确立的教育制度；③法定的推行教育制度的方式。可见，教育法规必须借助于教育法制手段而建立，而教育法制一旦建立之后，又对教育法规的制定、推行、实施等产生作用。教育法规和教育法治也是一对相互联系和相互区别的概念。我们通常说的教育法治，指的是依法治教，是要按照教育法规中所确立的行为规范来管理教育。

教育法规作为上层建筑，具有很强的阶级性。这是教育法规最根本的本质特征。教育法规既然是由国家政权机关按照一定权限和法定程序而制定的，它必然要反映掌握政权阶级的教育意志。我国的教育法规是由人民的政权机关制定的，它所体现的是工人阶级领导下的广大人民群众的教育行为，为促进个人的全面发展和社会主义现代化建设事业服务。

教育法规的实施具有普遍的约束力，无论是被统治阶级还是统治阶级内部成员，都必须毫无例外地遵守。违反教育法规的行为要依据具体情况承担相应的法律责任，即受到一定的法律制裁。教育法规的这种强制性特征的强度是其他任何社会规范都不可相提并论的。这表明教育法规与其他社会规范对人们的教育行为所起规范作用的性质是不同的。

我国的教育法规体系是以宪法指导下的国家教育基本法为母法，与其所派生的一系列单行教育法及其他各层次规范性文件所构成。它具有纵向形式层次和横向内容分类两个维度。

教育法规的纵向形式层次依据其制定机关和法律效力等级，依次分为教育基本法、单行教育法、教育行政法规、教育行政规章、地方教育法规和规章等形式。这一排列的原则是：同级国家机关之间，权力机关制定的规范性文件的法律效力等级高于行政机关制定的规范性文件；上下级国家机关之间，上级国家机关制定的规范性文件的法律效力等级高于下级国家机关制定的规范性文件。

教育基本法和单行教育法由国家最高权力机关制定，属于狭义的教育法律范畴，是教育法规体系的主干部分。教育基本法是一个国家有关教育的总法的形式称谓，一般一个国家只有一个。我国的教育基本法是我国第八届全国人民代表大会于1995年3月18日在第三次全体会议上通过并颁布的《中华人民共和国教育法》，2015年对这一教育基本法进行了修正。其内容直接以我国宪法中有关教育的条款为依据，在教育法规中具有仅次于国家宪法的效力。单行教育法主要是指依据宪法或国家教育基本法，由国家权力机关制定并公布实施的各项有关教育某一方面的法律，如《中华人民共和国教师法》《中华人民共和国义务教育法》《中华人民共和国职业教育法》等，另外还有其他直接含有教育行为规则的法律，如《中华人民共和国兵役法》《中华人民共和国国旗法》等。这一表现形式的规范性文件一般由全国人大制定，名称通常为"法"。

教育行政法规和教育行政规章是由国家行政机关根据宪法和法律（包括教育法律）授权，为贯彻实施国家教育法律而制定的规范性文件。根据我国宪法第八十九条的规定，我国有权制定行政法规的机关为国务院。因此，由国务院制定或批准的教育行政法规，如《学校体育工作条例》《学校卫生工作条例》《义务教育法实施细则》等，也是教育法规的形式之一。教育行政规章由国务院所属的各部、各委员会在法定的职权范围内制定，内容通常为贯彻国家教育法律或行政法规的具体措施。教育行政规章是由教育部单独发布的，也有由教育部和其他部委联合发布的，根据其规范对象的性质而定。一般来说，规范教育内部的事务由教育部单独发布规章，如《教师和教育工作者奖励暂行规定》；而当规范的对象具有综合意义时，则由相关业务管理机构联合发布。

地方教育法规和规章是指根据国家宪法、法律和行政法规的授权，由地方权力机关及其行政机关制定，并且只在其行政区域内有效的规范性文件。根据我国宪法第一百条和第一百一十六条的规定，我国有权制定地方性法规的机关是省、自治区、直辖市的人民代表大会及其常务委员会。如各省、自治区、直辖市根据《中华人民共和国义务教育法》第十七条第二款的授权，制定的本地方实施条例、规则、细则、实施办法等。地方教育法规制定后须报全国人大备案，其内容不得与国家教育法律和教育行政法规相抵触。地方教育行政规章由地方政府制定，内容一般为执行上述各层次教育法规的具体行政措施。

教育法规体系的横向内容分类主要从对教育领域的覆盖面考虑，确立哪些单行教育法作为教育部门法。由于现代教育已经成为一个多层次、多类型的开放系统，教育内部及其与外部的关系也呈现纵横交错的复杂状态，即使教育体系本身也存在纵向层次与横向类型的区分。各级各类教育之间既有各自独特的个性问题，又有综合性的共性问题。确立教育部门法系列，既要求全面涵盖教育系统，又要求避免教育部门法之间的交叉重复。因此，构建教育部门法系列，既要考虑各级各类教育的构成，又要考虑保障各级各类教育发挥教育功能的教育工作体系构成。从一个国家教育事业的运作状态来看，其存在、发展并作用于社会，至少应由两个子系统构成：各级各类教育实施系统、教育实施保障系统即教育管理系统。教育部门法的确立，可以从这两个系统出发，分为两大类，再依据宪法和教育法中所确立的教育体系及教育事务的分类将这两类教育法规具体细化。据此，教育法规的横向维度可由这样一些教育部门法构成：规范各级各类教育法规的学校教育法与社会教育法；学校教育法下有公立教育法与私立教育法；公立教育法下有学前教育法、基础教育法、高等教育法、职业教育法、成人教育法。规范教育管理的法规有教育行政法、教育财政法、学校设置法、教育人事法（教师法）、青少年保护法、义务教育法、学位法。教育行政法规和行政规章的制定，除对应单行教育的实施细则外，一般是从教育行政管理工作的项目出发确定其名称和内容，因而其文件的数量较为庞大。但每一个文件，除一些具有综合性或共性的教育工作的文件外，都可以归结为以单行教育法形式体现的教育部门法的下位法规。

1979年以前，我国没有由国家权力机关制定的教育法规，法律工作部门和法学著作一般将教育法规作为行政法下的一个小分类，其内容主要是关于教育管理活动方面的。改革开放后我国加快了教育立法的步伐，教育法规在数量上增长迅速，教育法规内容不断丰富，教育法规体系随之逐渐完善，其所调整的教育关系范围也在扩大。有些诸如公民个人或法人或其他社会组织、团体的有关教育权利的保障与教育义务的履行等问题，已经超出行政法规调整的范围。因此，把教育法规从行政法部门中独立出来，建立相对独立的教育法规体系，既具有可能性，也具有必然性。

教育法规作为相对独立的法律分支，与国家宪法和其他法律有明显而密切的关系。从教育法规与宪法的关系看，宪法是国家的根本大法，宪法中有关教育的条款是制定和规划教育法规体系的法律依据。因此，可以说宪法是教育法规的最高原则，教育法规是宪法中对教育各方面所做原则规定的具体化，是实现宪法中所确立的教育权利和义务的保障。

从教育法规与行政法规的关系看，教育法规中有相当一部分与行政法规交叉的教育行政法规。因为管理教育是国家行政机关的基本职能之一，制定教育行政法规是国家中央行政机关进行宏观管理的方式之一。而且教育行政作为国家行政之一部分，必然具备国家行政的一般特点。由此教育行政法规的内容、表现形式及其制定与实施等方面也会具有国家行政法规的一般特点，并要受到国家行政法规基本原则的指导。

从教育法规与国家其他部门法的关系看，教育法规与其他部门法的实施往往具有相互依存和支持的特点。具体说，就是一方面在其他部门法规中，如《中华人民共和国兵役法》《中华人民共和国国旗法》《中华人民共和国劳动法》等，有关于教育方面的行为规则，需要以教育法规的形式进一步明确规定施行细则，以便其在教育领域实施；另一方面，教育法规的实施，也需要其他法律部门的支持。如为了保证《中华人民共和国教育法》《中华人民共和国教师法》《中华人民共和国义务教育法》等教育法规的法律强制力，需要援用行政法、民法或刑法中某些追究法律责任的制裁手段。

（2）教育法规改革

第一，要建立健全中国特色教育法律法规体系。中国特色教育法律法规体系是指要形成以《中华人民共和国教育法》为核心，由各级各类部门法，包括相应的行政法规，以及配套的地方性法规、规章构成的内容完备、层次合理、功能清晰的教育法律法规体系。我国从 20 世纪 80 年代开始教育立法以来，已经出台了《中华人民共和国教育法》《中华人民共和国义务教育法》《中华人民共和国教师法》《中华人民共和国高等教育法》《中华人民共和国职业教育法》《中华人民共和国民办教育促进法》《中华人民共和国学位条例》等。但这些法规还远不足以形成完备的教育法律法规体系，还必须加大教育立法工作力度。根据我国当前教育改革与发展的需要，目前急需要制定的是学前教育法、学校法、教育考试法、终身学习法、教育投入法等教育法律法规。

①制定《中华人民共和国学前教育法》，明确学前教育的性质、定位，明确政府的主导责任与相关部门的职责及分工协调机制，明确学前教育管理体制和机构，明确建立学前教育财政投入体制和运行保障机制，确立以公办园、公办性质园和普惠性民办幼儿园为主体并共同发展的办园体制，明确幼儿教师的身份地位以及待遇、专业发展等基本权益保障，明确学前机构办园、管理与质量标准，建立学前教育督导评估问责制度，建立优先保障贫困地区和困难群体学前教育扶助制度。

②制定《中华人民共和国学校法》，推进现代学校制度的建立。明确各级各类学校的法律地位、办学目标和办学自主权，明确学校法人地位、规范学校内部各方权利义务，明确学校财产法律关系，建立适应不同类型教育的学校治理结构，为建立现代学校制度提供法制保障。

③制定《中华人民共和国教育考试法》，改革国家教育考试制度。实现招考分离，设立分层次、分类别的高等教育考试制度，建立公平、公正的选拔机制和多元化的考试测评机制，满足学校人才选拔多样化的需求。推动考试的标准化，延长考试成绩的有效期。改变单一以考试成绩录取学生的方式，根据不同学校的培养目标，实行综合评价的办法。

④制定《中华人民共和国终身学习法》，确立终身学习制度。建立国家学业证书认证制度。构建教育资源主动为社会服务、社会支持教育发展的互动机制，明确各级各类教育培训机构在承担终身教育职责方面的法律地位和作用，为形成学习型社会奠定法制基础。

⑤制定《中华人民共和国教育投入法》，完善教育经费的投入与保障机制。

明确各级政府教育投入的责任，按照事权与财权相统一的原则，建立规范的各级政府教育投入体制；建立政府对各类教育的投入标准，明确政府的投入重点和投入方式；健全鼓励社会资金投入教育事业的优惠政策，完善多种渠道筹措教育经费的投入体制；规范财政转移支付制度，将教育支出在政府预算中单独列项，建立有效的教育投入保障体制和监督机制，明确相应的法律责任。

建立健全中国特色教育法律法规体系，不仅要注意教育立法，还要注意对现有的教育法律和法规加以修订。由于《中华人民共和国义务教育法》《中华人民共和国教育法》《中华人民共和国高等教育法》《中华人民共和国民办教育促进法》等已经在全国人大通过修正案，当前主要应对《中华人民共和国未成年人保护法》《中华人民共和国职业教育法》《中华人民共和国教师法》《中华人民共和国学位条例》等教育法进行修改。

①修改《中华人民共和国职业教育法》，主要是要改变职业教育与社会需求相脱节的现象，完善多渠道筹资的渠道，解决职业院校教师队伍整体素质不高、行业企业参与的内生动力不足等问题。

②修改《中华人民共和国学位条例》，制定《中华人民共和国学位法》进一步完善学位制度。明确国务院学位委员会、国务院教育行政部门等行政机构在学位制度实施中的职责与权限，确立学位授予单位的资格制度，规范学位授予资格的许可制度，构建规范的学位授予行政许可、管理和监督机制，赋予学位授予单位在学位点设置、学位评价等方面更多的职责，使学位主要体现授予单位的水平与质量要求。以学位授予单位为主实行管理，建立规范、权威的质量保障体系和外部评估机制。

③修改《中华人民共和国教师法》，推进教师人事制度改革。要根据实践的发展，适当提高教师的任职资格条件，完善教师职务制度，建立完善、规范的教师职务制度和聘任制度，促进教师队伍整体素质的提高；增强有关教师权利、地位、待遇等法律规定的针对性和可操作性，健全教师申诉制度，切实维护和保障教师的合法权益，增加对在民办学校任职教师的相应规定，保护他们的权利。

第二，切实加强和推进教育行政执法。要转变教育行政管理方式，彻底改革主要依靠行政手段管理教育事业的传统管理方式，改变为主要依靠法制手段、经济手段，辅之以必要的行政手段管理教育事业。认真贯彻实施行政许可法，减少教育行政许可项目，规范行政许可行为，改革行政许可方式。要充分运用间接管理、动态管理和事后监督管理等手段对教育事务实施管理，充分发挥行政规划、行政指导、行政合同等方式的作用。

建立健全教育行政执法机制。实现政事分开，将政府的教育公共管理职能与履行出资人的职能分开，健全政府对各种教育主体、教育活动依法管理的规则、程序与手段，实现严格按照法定程序行使权力、履行职责，形成权责明确、行为规范、监督有效、保障有力的教育行政执法体制。

完善教育行政监督制度，健全对教育行政行为、学校管理行为的依法监督机制，强化教育法律责任体系和责任追究制度，形成政府依法实施指导、管理和监督，学校依法自主办学的新局面。

在教育领域建立健全教育、制度、监督并重的惩治和预防腐败体系。大力推进教育信息公开，教育行政机关应当依法公开政府教育信息，推动学校公开与学生、教师切身利益相关的信息。在招生、教材审定、职务评聘、资金拨付、学校收费等环节建立信息公开的制度。

指导学校完善内部依法治理的制度框架，推进各级各类学校管理理念与管理方式的转变，使依法治校成为学校的自觉行为。进一步完善学校安全工作机制，加强安全管理，建设安全校园。

不断提高教育行政部门工作人员依法行政、依法治教的观念和能力。建立教育行政机关公务员学法制度，定期或者不定期地进行依法行政、依法治教的知识培训。各级教育行政部门的领导要带头学习和掌握必备的法律知识，不断增强法律意识，提高法律素养，提高依法行政、依法治教的能力和水平。建立和完善行政机关工作人员依法行政情况考核制度。

不断提高各级各类学校校长及教师的法律素质，特别是要大力提高学校领导依法治校的意识和水平。采取自学与集中培训相结合的方式，系统组织校长、教师学习通用的法律知识以及与本职工作有关的专门法律知识。要把依法治校贯穿于学校管理的各个环节，列入学校工作的考核内容。

切实加强青少年学生的法制宣传教育工作。要把法制教育作为素质教育的重要内容，不断探索和完善法制教育的内容、模式和方法，切实把培养学生具备现代法律素质，成为社会主义法治国家的合格公民，作为学校教育的基本目的之一，落实到教育教学的各个环节当中。

积极营造全社会尊重和维护教育法律权威的良好环境，引导公民、法人和其他组织依法维护自身的合法权益，形成全面推进依法治教的良好社会氛围。

（三）微观教育规范的改革

微观教育规范的改革指的是教育行政机关内部和学校内部管理制度的改革，这里主要指的是学校内部管理制度的改革。我们主要以学校内部的管理制度为例来谈微观管理规范的改革，因为教育行政机关内部的管理制度和学校内部的管理制度虽然在内容上有所不同，但在形式上可以互相借鉴。

学校内部管理制度的改革关键是要弄清一所学校到底要制定哪些规章制度。一所学校到底要制定哪些规章制度呢？我们认为，一所学校的学校规章制度，首先应该有一个学校章程，在学校章程下制定学校机构的制度、学校工作的制度和学校人员的制度。每一所独立设置的学校都应有符合法律原则、反映自身办学理念和特色以及内部治理结构的学校章程，依据章程进行管理，自主办学。学校章程和学校章程下的学校机构的制度、学校工作的制度和学校人员的制度，组成了一所学校具有严密逻辑关系的完备的规章制度体系。学校章程规定着学校的校名、性质、任务、办学原则、校训、校歌、学校的运行体制即学校的组织机构及基本制度等。学校机构的制度规定着学校内部各级各类机构的职责权限，学校工作的制度是对学校各种工作的要求做出规定，学校人员的制度是对学校各类人员的职责岗位的要求做出规定。学校章程是一所学校的"宪法"，它是根据国家有关法律和教育法律、政策及学校的实际来制定的，学校内的其他规章制度应以学校章程为基础制定，要和学校章程保持一致，并将学校章程的内容进一步细化。学校作为一种社会组织，它是由不同类别和不同层级的机构所构成的。因此，考虑学校内部的规章制度，首先就得考虑这些机构的规范，看看这些机构的职责权限到底有哪些并以规章制度的形式将这些职责权限规定下来。机构的职责权限直接体现在机构所承担的工作之中，也就是说，一个机构要做某些方面的工作，它就要具有与这些工作相应的职责和权限。因此，当一个机构的职责权限明确以后，接下来就要明确这些机构所负责的工作的要求，即要制定学校各级各类机构所负责的工作的制度。而工作是由人来完成的，当工作的要求明确后，就要明确由谁去完成和怎样完成这些工作。这样就要对学校各类人员所承担的工作任务的要求做出规定，即制定各类人员的岗位责任。按照上述学校内部制度的逻辑来建立学校的规章制度，就是一种科学的学校内部的制度设计。这样来设计学校内部的制度，就可以使学校内部的制度全面系统，从而避免出现重复和缺漏。目前我国大多数学校内部制度的制定不是从总体上加以设计，而是由学校领导想到了什么问题或遇到了什么问题就制定一些规章制度，这样学校规章制度就会出现不全或交叉的现象，学校规章制度整体功能的发挥就会受到影响。

三、两个基本要素改革的关系

在教育体制改革中，教育机构的改革或教育规范的改革虽然都涉及教育体制改革，但它们都不是教育体制改革本身，而只是教育体制改革中的教育机构或教育规范的改革。要真正进行教育体制改革，教育机构的改革和教育规范的改革要配套进行，缺一不可。因为教育机构和教育规范是教育体制中两个紧密联系的要素，机构的建立和运行需要规范做保证，而规范只有依靠机构才能发挥实效。只改革教育机构而不改革教育规范，教育机构的改革不会彻底；只改革教育规范而不改革教育机构，教育规范的改革无法真正实现。只有教育机构和教育规范同时进行改革，才能真正地改革教育体制。当前在我国的教育体制改革中，存在着将二者分割进行的倾向。在教育机构的改革中，我国在调整实施教育机构的合理布局上进展缓慢，不能不说与没有注意制定宏观的调整规范有关。教育规范的改革也是如此，有些教育规范的改革进展不大，也是因为忽视了教育机构的配套改革而引起的。如在高校实行全员聘任制，就要注意在人员变动较大的情况下，撤销一些机构，建立一些机构，安排好岗位变动人员和富余人员，以使全员聘任制顺利实施。

第二节　教育体制两个子体制的改革

一、学校教育体制改革

学校教育体制的改革，一般理解为基础教育、高等教育、职业技术教育及成人教育这四大块教育体制的改革。其实这种理解是不全面的，学校教育体制的改革，应包括各级各类学校教育的体制的改革。从各类教育体制的改革来说，有青少年教育体制与成人教育体制的改革、普通教育体制与职业技术教育体制的改革、公立教育体制与私立教育体制的改革等。从各级教育体制改革来说，有学前教育体制、初等教育体制、中等教育体制、高等教育体制的改革。学校教育体制改革是当前我国教育体制改革的一个重要内容。各级学校教育体制的改革就是要正确处理各级学校教育体制之间的关系，包括正确处理学前教育、初等教育、中等教育和高等教育之间的关系，高等教育中的专科教育、本科教育和研究生教育之间的关系，以及研究生教育中的硕士教育与博士教育之间的关系。各类教育体制改革就是正确处理好青少年教育与成人教育、普通教育与职业技术教育、公立教育与私立教育之间的关系。对于一个国家来说，上述各级各类教育都要重视，不能顾此失彼。当然针对某一时期的实际情况，提出加强某一方面、某一层次的教育是应该的，但不能因此而忽视了另一方面、另一层次的教育。针对当前的情况，我们认为我国的学校教育体制改革，主要应从如下几方面着手。

（一）加强学前教育

学前教育对幼儿的身心健康、习惯养成、智力发展具有重要意义。学前教育应遵循幼儿身心发展规律，坚持科学保教方法，保障幼儿快乐健康成长。我国应积极发展学前教育，普及学前一年教育，基本普及学前两年教育，有条件的地区普及学前三年教育，重视0—3岁婴幼儿教育。

明确政府职责。把发展学前教育纳入城镇、社会主义新农村建设规划。建立政府主导、社会参与、公办民办并举的办园体制。大力发展公办幼儿园，积极扶持民办幼儿园。加大政府投入，完善成本合理分担机制，对家庭经济困难幼儿入园给予补助。加强学前教育管理，规范办园行为。制定学前教育办园标准，建立幼儿园准入制度。完善幼儿园收费管理办法。严格执行幼儿教师资格标准，切实加强幼儿教师培养培训，提高幼儿教师队伍整体素质，依法落实幼儿教师地位和待遇。教育行政部门加强对学前教育的宏观指导和管理，相关部门履行各自职责，充分调动各方面力量发展学前教育。

重点发展农村学前教育。努力提高农村学前教育普及程度。着力保证留守儿童入园。采取多种形式扩大农村学前教育资源，改扩建、新建幼儿园，充分利用中小学布局调整富余的校舍和教师举办幼儿园（班）。发挥乡镇中心幼儿园对村幼儿园的示范指导作用。支持贫困地区发展学前教育。

（二）推进义务教育

巩固提高九年义务教育水平。义务教育是国家依法统一实施、所有适龄儿童、少年必须接受的教育，具有强制性、免费性和普及性，是教育工作的重中之重。注重品行培养，激发学习兴趣，培育健康体魄，养成良好习惯。到2020年，全面提高普及水平，全面提高教育质量，基本实现区域内均衡发展，确保适龄儿童、少年接受良好义务教育。

巩固义务教育普及成果。适应城乡发展需要，合理规划学校布局，办好必要的教学点，方便学生就近入学。坚持以输入地政府管理为主、以全日制公办中小学为主，确保进城务工人员随迁子女平等接受义务教育，研究制定进城务工人员随迁子女接受义务教育后在当地参加升学考试的办法。建立健全政府主导、社会参与的农村留守儿童关爱服务体系和动态监测机制。加快农村寄宿制学校建设，优先满足留守儿童住宿需求。采取必要措施，确保适龄儿童、少年不因家庭经济困难、就学困难、学习困难等原因而失学，努力消除辍学现象。

提高义务教育质量。建立国家义务教育质量基本标准和监测制度。严格执行义务教育国家课程标准、教师资格标准。深化课程与教学方法改革，推行小班教学。配齐音乐、体育、美术等学科教师，开足、开好规定课程。大力推广普通话教学，使用规范汉字。

增强学生体质。科学安排学习、生活、锻炼，保证学生睡眠时间。大力开展"阳光体育"运动，保证学生每天锻炼一小时，不断提高学生体质健康水平。提倡合理膳食，改善学生营养状况，提高贫困地区农村学生营养水平。保护学生视力。

推进义务教育均衡发展。均衡发展是义务教育的战略性任务。建立健全义务教育均衡发展保障机制。推进义务教育学校标准化建设，均衡配置教师、设备、图书、校舍等资源。

切实缩小校际差距，着力解决择校问题。加快薄弱学校改造，着力提高师资水平。实行县（区）域内教师、校长交流制度。实行优质普通高中和优质中等职业学校招生名额合理分配到区域内初中的办法。义务教育阶段不得设置重点学校和重点班。在保障适龄儿童少年就近进入公办学校的前提下，发展民办教育，提供选择机会。

加快缩小城乡差距。建立城乡一体化义务教育发展机制，在财政拨款、学校建设、教师配置等方面向农村倾斜。率先在县（区）域内实现城乡均衡发展，逐步在更大范围内推进。

努力缩小区域差距。加大对革命老区、民族地区、边疆地区、贫困地区义务教育的转移支付力度。鼓励发达地区支援欠发达地区。

减轻中小学生课业负担。过重的课业负担严重损害儿童少年身心健康。减轻学生课业负担是全社会的共同责任，政府、学校、家庭、社会必须共同努力，标本兼治，综合治理。把减负落实到中小学教育教学全过程，促进学生生动活泼学习、健康快乐成长。率先实现小学生减负。

各级政府要把减负作为教育工作的重要任务，统筹规划，整体推进。调整教材内容，科学设计课程难度。改革考试评价制度和学校考核办法。规范办学行为，建立学生课业负担监测和公告制度。不得以升学率对地区和学校进行排名，不得下达升学指标。规范各种社会补习机构和教辅市场。加强校外活动场所建设和管理，丰富学生课外及校外活动。

学校要把减负落实到教育教学各个环节，给学生留下了解社会、深入思考、动手实践、健身娱乐的时间。提高教师业务水平，改进教学方法，增强课堂教学效果，减少作业量和考试次数。培养学生学习兴趣和爱好。严格执行课程方案，不得增加课时和提高难度。各种等级考试和竞赛成绩不得作为义务教育阶段入学与升学的依据。

充分发挥家庭教育在儿童、少年成长过程中的重要作用。家长要树立正确的教育观念，掌握科学的教育方法，尊重子女的健康情趣，培养子女的良好习惯，加强与学校的沟通配合，共同减轻学生过重的课业负担。

（三）加快发展高中教育

高中阶段教育是学生个性形成、自主发展的关键时期，对提高国民素质和培养创新人才具有特殊意义。注重培养学生自主学习、自强自立和适应社会的能力，克服应试教育倾向。加快普及高中阶段教育，满足初中毕业生接受高中阶段教育的需求。

根据经济社会发展需要，合理确定普通高中和中等职业学校招生比例，今后一个时期总体保持普通高中和中等职业学校招生规模大体相当。加大对中西部贫困地区高中阶段教育的扶持力度。

全面提高普通高中学生综合素质。深入推进课程改革，全面落实课程方案，保证学生全面完成国家规定的文理等各门课程的学习。创造条件开设丰富多彩的选修课，为学生提供更多选择，促进学生全面而有个性的发展。逐步消除大班额现象。积极开展研究性学习、社区服务和社会实践。建立科学的教育质量评价体系，全面实施高中学业水平考试和综合素质评价。建立学生发展指导制度，加强对学生的理想、心理、学业等多方面指导。

推动普通高中多样化发展。促进办学体制多样化，扩大优质资源。推进培养模式多样化，满足不同潜质学生的发展需要。探索发现和培养创新人才的途径。鼓励普通高中办出特色。鼓励有条件的普通高中根据需要适当增加职业教育的教学内容。探索综合高中发展模式。采取多种方式，为在校生和未升学毕业生提供职业教育。

（四）大力发展职业技术教育

发展职业教育是推动经济发展、促进就业、改善民生、解决"三农"问题的重要途径，是缓解劳动力供求结构矛盾的关键环节，必须摆在更加突出的位置。职业教育要面向人人、面向社会，着力培养学生的职业道德、职业技能和就业、创业能力。要尽早形成适应经济发展方式转变和产业结构调整要求、体现终身教育理念、中等和高等职业教育协调发展的现代职业教育体系，满足人民群众接受职业教育的需求，满足经济社会对高素质劳动者和技能型人才的需要。

政府切实履行发展职业教育的职责。把职业教育纳入经济社会发展和产业发展规划，促使职业教育规模、专业设置与经济社会发展需求相适应。统筹中等职业教育与高等职业教育发展。健全多渠道投入机制，加大职业教育投入。

把提高质量作为重点。以服务为宗旨，以就业为导向，推进教育教学改革。实行工学结合、校企合作、顶岗实习的人才培养模式。坚持学校教育与职业培训并举、全日制与非全日制并重。制定职业学校基本办学标准。加强"双师型"教师队伍和实训基地建设，提升职业教育基础能力。建立健全技能型人才到职业学校从教的制度。完善符合职业教育特点的教师资格标准和专业技术职务（职称）评聘办法。建立健全职业教育质量保障体系，吸收企业参加教育质量评估。开展职业技能竞赛。

调动行业企业的积极性。建立健全政府主导、行业指导、企业参与的办学机制，制定促进校企合作办学的法规，推进校企合作制度化。鼓励行业组织、企业举办职业学校，鼓励委托职业学校进行职工培训。制定优惠政策，鼓励企业接收学生实习实训和教师实践，鼓励企业加大对职业教育的投入。

加快发展面向农村的职业教育。把加强职业教育作为服务社会主义新农村建设的重要内容。加强基础教育、职业教育和成人教育统筹，促进农科教结合。强化省、市（地）级政府发展农村职业教育的责任，扩大农村职业教育培训覆盖面，根据需要办好县级职教中心。强化职业教育资源的统筹协调和综合利用，推进城乡、区域合作，增强服务"三农"的能力。加强涉农专业建设，加大培养适应农业和农村发展需要的专业人才力度。支持各级各类学校积极参与培养有文化、懂技术、会经营的新型农民，开展进城务工人员、农村劳动力转移培训。逐步实施农村新成长劳动力免费劳动预备制培训。

增强职业教育吸引力。完善职业教育支持政策，逐步实行中等职业教育免费制度，完善家庭经济困难学生资助政策。改革招生和教学模式。积极推进学历证书和职业资格证书"双证书"制度，推进职业学校专业课程内容和职业标准相衔接。完善就业准入制度，执行"先培训，后就业""先培训，后上岗"的规定。制定退役士兵接受职业教育培训的办法。建立健全职业教育课程衔接体系。鼓励毕业生在职继续学习，完善职业学校毕业生直接升学制度，拓宽毕业生继续学习渠道。提高技能型人才的社会地位和待遇。加大对有突出贡献的高技能人才的宣传表彰力度，形成"行行出状元"的良好社会氛围。

（五）稳步发展高等教育

全面提高高等教育质量。高等教育承担着培养高级专门人才、发展科学技术文化、促进社会主义现代化建设的重大任务。提高质量是高等教育发展的核心任务，是建设高等教育强国的基本要求。要使高等教育结构更加合理，特色更加鲜明，人才培养、科学研究和社会服务整体水平全面提升，建成一批国际知名、有特色、高水平的高等学校，若干所大学达到或接近世界一流大学水平，高等教育国际竞争力显著增强。

提高人才培养质量。牢固确立人才培养在高校工作中的中心地位，着力培养信念执着、品德优良、知识丰富、本领过硬的高素质专门人才和拔尖创新人才。加大教学投入。把教学作为教师考核的首要内容，把教授为低年级学生授课作为重要制度。加强实验室、校内外实习基地、课程教材等基本建设。深化教学改革。推进和完善学分制，实行弹性学制，促进文理交融。支持学生参与科学研究，强化实践教学环节。加强就业、创业教育和就业指导服务。创立高校与科研院所、行业、企业联合培养人才的新机制。全面实施"高等学校本科教学质量与教学改革工程"。严格教学管理。健全教学质量保障体系，改进高校教学评估。充分调动学生学习积极性和主动性，激励学生刻苦学习，增强诚信意识，养成良好学风。

大力推进研究生培养机制改革。建立以科学与工程技术研究为主导的导师责任制和导师项目资助制，推行产学研联合培养研究生的"双导师制"。实施"研究生教育创新计划"。加强管理，不断提高研究生特别是博士生培养质量。

提升科学研究水平。充分发挥高校在国家创新体系中的重要作用，鼓励高校在知识创新、技术创新、国防科技创新和区域创新中做出贡献。大力开展自然科学、技术科学、哲学社会科学研究。坚持服务国家目标与鼓励自由探索相结合，加强基础研究；以重大现实问题为主攻方向，加强应用研究。促进高校、科研院所、企业科技教育资源共享，推动高校创新组织模式，培育跨学科、跨领域的科研与教学相结合的团队。促进科研与教学互动、与创新人才培养相结合。充分发挥研究生在科学研究中的作用。加强高校重点科研创新基地与科技创新平台建设。完善以创新和质量为导向的科研评价机制。积极参与马克思主义理论研究和建设工程。深入实施"高等学校哲学社会科学繁荣计划"。

增强社会服务能力。高校要牢固树立主动为社会服务的意识，全方位开展服务。推进产学研用结合，加快科技成果转化，规范校办产业发展。为社会成员提供继续教育服务。开展科学普及工作，提高公众科学素质和人文素质。积极推进文化传播，弘扬优秀传统文化，发展先进文化。积极参与决策咨询，主动开展前瞻性、对策性研究，充分发挥智囊团、思想库的作用。鼓励师生开展志愿服务。

优化结构，办出特色。适应国家和区域经济社会发展需要，建立动态调整机制，不断优化高等教育结构。优化学科专业、类型、层次结构，促进多学科交叉和融合。重点扩大应用型、复合型、技能型人才培养规模。加快发展专业学位研究生教育。优化区域布局结构。设立支持地方高等教育专项资金，实施中西部高等教育振兴计划。新增招生计划向中西部高等教育资源短缺地区倾斜，扩大东部高校在中西部地区招生规模，加大东部高校对西部高校对口支援力度。鼓励东部地区高等教育率先发展。建立完善军民结合、寓军于民的军队人才培养体系。

促进高校办出特色。建立高校分类体系，实行分类管理。发挥政策指导和资源配置的作用，引导高校合理定位，克服同质化倾向，形成各自的办学理念和风格，在不同层次、不同领域办出特色，争创一流。

加快建设一流大学和一流学科。改进管理模式，引入竞争机制，实行绩效评估，进行动态管理。鼓励学校优势学科面向世界，支持参与和设立国际学术合作组织、国际科学计划，支持与境外高水平教育、科研机构建立联合研发基地。加快创建世界一流大学和高水平大学的步伐，培养一批拔尖创新人才，形成一批世界一流学科，产生一批国际领先的原创性成果，为提升我国综合国力贡献力量。

（六）积极发展继续教育

加快发展继续教育。继续教育是面向学校教育之后所有社会成员的教育活动，特别是成人的教育活动，是终身学习体系的重要组成部分。更新继续教育观念，加大投入力度，以加强人力资源能力建设为核心，大力发展非学历继续教育，稳步发展学历继续教育。重视老年教育。倡导全民阅读。广泛开展城乡社区教育，加快各类学习型组织建设，基本形成全民学习、终身学习的学习型社会。

建立健全继续教育体制机制。政府成立跨部门继续教育协调机构，统筹指导继续教育发展。将继续教育纳入区域、行业总体发展规划。行业主管部门或协会负责制定行业继续教育规划和组织实施办法。加快继续教育法制建设。健全继续教育激励机制，推进继续教育与工作考核、岗位聘任（聘用）、职务（职称）评聘、职业注册等人事管理制度的衔接。鼓励个人采用多种形式接受继续教育，支持用人单位为从业人员接受继续教育提供条件。加强继续教育监管和评估。

构建灵活开放的终身教育体系。发展和规范教育培训服务，统筹扩大继续教育资源。鼓励学校、科研院所、企业等相关组织开展继续教育。加强城乡社区教育机构和网络建设，开发社区教育资源。大力发展现代远程教育，建设以卫星、电视和互联网等为载体的远程开放继续教育及公共服务平台，为学习者提供方便、灵活、个性化的学习条件。

搭建终身学习"立交桥"。促进各级各类教育纵向衔接、横向沟通，提供多次选择机会，满足个人多样化的学习和发展需要。健全宽进严出的学习制度，办好开放大学，改革和完善高等教育自学考试制度。建立继续教育学分积累与转换制度，实现不同类型学习成果的互认和衔接。

（七）重视发展民族教育

重视和支持民族教育事业。加快民族教育事业发展，对于推动少数民族和民族地区经济社会发展，促进各民族共同团结奋斗、共同繁荣发展，具有重大而深远的意义。要加强对民族教育工作的领导，全面贯彻党的民族政策，切实解决少数民族和民族地区教育事业发展面临的特殊困难和突出问题。

在各级各类学校广泛开展民族团结教育。推动党的民族理论和民族政策、国家法律法规进教材、进课堂、进头脑，引导广大师生牢固树立马克思主义祖国观、民族观、宗教观，不断夯实各民族大团结的基础，增强中华民族自豪感和凝聚力。

全面提高少数民族和民族地区教育发展水平。公共教育资源要向民族地区倾斜。中央和地方政府要进一步加大对民族教育的支持力度。

促进民族地区各级各类教育协调发展。巩固民族地区义务教育普及成果，确保适龄儿童、少年依法接受义务教育，全面提高普及水平，全面提高教育教学质量。支持边境县和民族自治地方贫困县义务教育学校标准化建设，加强民族地区寄宿制学校建设。加快民族地区高中阶段教育发展。支持教育基础薄弱地区改扩建、新建一批高中阶段学校。大力发展民族地区职业教育。加大对民族地区中等职业教育的支持力度。积极发展民族地区高等教育。支持民族院校加强学科和人才队伍建设，提高办学质量和管理水平。进一步办好高校民族预科班。加大对人口较少民族教育事业的扶持力度。

大力推进双语教学。全面开设汉语文课程，全面推广国家通用语言文字。尊重和保障少数民族使用本民族语言文字接受教育的权利。全面加强学前双语教育。国家对双语教学的师资培养培训、教学研究、教材开发和出版给予支持。

加强教育对口支援。认真组织落实内地省市对民族地区教育支援工作。充分利用内地优质教育资源，探索多种形式，吸引更多民族地区的少数民族学生到内地接受教育。办好面向民族地区的职业学校。加大对民族地区师资培养培训力度，提高教师的政治素质和业务素质。国家制定优惠政策，鼓励支持高等学校毕业生到民族地区基层任教。支持民族地区发展现代远程教育，扩大优质教育资源覆盖面。

（八）关心支持特殊教育

关心和支持特殊教育。特殊教育是促进残疾人全面发展、帮助残疾人更好地融入社会的基本途径。各级政府要加快发展特殊教育，把特殊教育事业纳入当地经济社会发展规划，列入议事日程。全社会要关心支持特殊教育。

提高残疾学生的综合素质。注重潜能开发和缺陷补偿，培养残疾学生积极面对人生、全面融入社会的意识和自尊、自信、自立、自强的精神。加强残疾学生职业技能和就业能力培养。

完善特殊教育体系。基本实现市（地）和30万人口以上，残疾儿童、少年较多的县（市）都有一所特殊教育学校。各级各类学校要积极创造条件接收残疾人入学，不断扩大随班就读和普通学校特教班规模。全面提高残疾儿童、少年义务教育普及水平，加快发展残疾人高中阶段教育，大力推进残疾人职业教育，重视发展残疾人高等教育。因地制宜发展残疾儿童学前教育。

健全特殊教育保障机制。国家制定特殊教育学校基本办学标准，地方政府制定学生人均公用经费标准。加大对特殊教育的投入力度。鼓励和支持接收残疾学生的普通学校为残疾学生创造学习生活条件。加强特殊教育师资队伍建设，采取措施落实特殊教育教师待遇。在优秀教师表彰中提高特殊教育教师比例。加大对家庭经济困难残疾学生的资助力度。逐步实施残疾学生高中阶段免费教育。

二、教育管理体制改革

教育管理体制的改革包括各级各类教育行政体制的改革和各级各类学校管理体制的改革。

（一）教育行政体制改革

各级教育行政体制改革包括办学体制改革、宏观教育管理体制改革、投资体制改革，以及要正确处理各级教育行政体制之间的关系。

1. 关于办学体制改革

要深化办学体制改革，坚持教育公益性原则，健全政府主导、社会参与、办学主体多元、办学形式多样、充满生机与活力的办学体制，形成以政府办学为主体、全社会积极参与、公办教育和民办教育共同发展的格局。调动全社会参与的积极性，进一步激发教育活力，满足人民群众多层次、多样化的教育需求。

深化公办学校办学体制改革，积极鼓励行业、企业等社会力量参与公办学校办学，扶持薄弱学校发展，扩大优质教育资源，增强办学活力，提高办学效益。各地可从实际出发，开展公办学校联合办学、委托管理等试验，探索多种形式，提高办学水平。

改进非义务教育公共服务提供方式，完善优惠政策，鼓励公平竞争，引导社会资金以多种方式进入教育领域。

大力支持民办教育。民办教育是教育事业发展的重要增长点和促进教育改革的重要力量。各级政府要把发展民办教育作为重要工作职责，鼓励出资、捐资办学，促进社会力量以独立举办、共同举办等多种形式兴办教育。完善独立学院管理和运行机制。支持民办学校创新体制机制和育人模式，提高质量，办出特色，办好一批高水平民办学校。

依法落实民办学校、学生、教师与公办学校、学生、教师平等的法律地位，保障民办学校办学自主权。清理并纠正对民办学校的各类歧视政策。制定促进民办教育发展的优惠政策。对具备学士、硕士和博士学位授予单位条件的民办学校，按规定程序予以审批。建立完善民办学校教师社会保险制度。

健全公共财政对民办教育的扶持政策。政府委托民办学校承担有关教育和培训任务，拨付相应教育经费。县级以上人民政府可以根据本行政区域的具体情况设立专项资金，用于资助民办学校。国家对发展民办教育做出突出贡献的组织、学校和个人给予奖励和表彰。

依法管理民办教育。教育行政部门要切实加强民办教育的统筹、规划和管理工作。积极探索营利性和非营利性民办学校分类管理。规范民办学校法人登记。完善民办学校法人治理结构。民办学校依法设立理事会或董事会，保障校长依法行使职权，逐步推进监事制度。积极发挥民办学校党组织的作用。完善民办高等学校督导专员制度。落实民办学校教职工参与民主管理、民主监督的权利。依法明确民办学校变更、退出机制。切实落实民办学校法人财产权。依法建立民办学校财务、会计和资产管理制度。任何组织和个人不得侵占学校资产、抽逃资金或者挪用办学经费。建立民办学校办学风险防范机制和信息公开制度。扩大社会参与民办学校的管理与监督。加强对民办教育的评估。

2. 关于宏观教育管理体制改革

要健全统筹有力、权责明确的教育管理体制。以转变政府职能和简政放权为重点，深化教育管理体制改革，提高公共教育服务水平。明确各级政府责任，规范学校办学行为，促进管办评分离，形成政事分开、权责明确、统筹协调、规范有序的教育管理体制。中央政府统一领导和管理国家教育事业，制定发展规划、方针政策和基本标准，优化学科专业、类型、层次结构和区域布局。整体部署教育改革试验，统筹区域协调发展。地方政府负责落实国家方针政策，开展教育改革试验，根据职责分工负责区域内教育改革、发展和稳定。

加强省级政府教育统筹。进一步加大省级政府对区域内各级各类教育的统筹。统筹管理义务教育，推进城乡义务教育均衡发展，依法落实发展义务教育的财政责任。促进普通高中和中等职业学校合理分布，加快普及高中阶段教育，重点扶持困难地区高中阶段教育发展。促进省域内职业教育协调发展和资源共享，支持行业、企业发展职业教育。完善以省级政府为主管理高等教育的体制，合理设置和调整高等学校及学科、专业布局，提高管理水平和办学质量。依法审批设立实施专科学历教育的高等学校，审批省级政府管理本科院校学士学位授予单位和已确定为硕士学位授予单位的学位授予点。完善省对省以下财政转移支付体制，加大对经济欠发达地区的支持力度。根据国家标准，结合本地实际，合理确定各级各类学校办学条件、教师编制等实施标准。统筹推进教育综合改革，促进教育区域协作，提高教育服务经济社会发展的水平。支持和督促市（地）、县级政府履行职责，发展管理好当地各类教育。

转变政府教育管理职能。各级政府要切实履行统筹规划、政策引导、监督管理和提供公共教育服务的职责，建立健全公共教育服务体系，逐步实现基本公共教育服务均等化，维护教育公平和教育秩序。改变直接管理学校的单一方式，综合应用立法、拨款、规划、信息服务、政策指导和必要的行政措施，减少不必要的行政干预。

提高政府决策的科学性和管理的有效性。规范决策程序，重大教育政策出台前要公开讨论，充分听取群众意见。成立教育咨询委员会，为教育改革和发展提供咨询论证，提高重大教育决策的科学性。建立和完善国家教育基本标准。整合国家教育质量监测评估机构及资源，完善监测评估体系，定期发布监测评估报告。加强教育监督检查，完善教育问责机制。

培育专业教育服务机构。完善教育中介组织的准入、资助、监管和行业自律制度。积极发挥行业协会、专业学会、基金会等各类社会组织在教育公共治理中的作用。

改革宏观教育管理体制，要处理好政府与教育行政部门的关系，以及处理好教育行政部门之间的关系。前者指的是要明确教育行政部门的性质，确立它在政府中的应有地位。教育行政部门应是各级政府中管理教育的综合职能部门，政府中的其他部门和其他业务部门中的教育行政部门，应在自己的职权范围内，在政府教育行政部门的统一协调下，配合教育行政部门做好有关教育方面的工作。当前我国存在着"大教育""小教委"的现象，即教育行政部门要管普教、职教、成教、高教等在内的"大教育",而教育行政部门的职级只是政府的一个职能部门,其首长只是这一职能部门的首长。前几年我国教育行政部门的首长一般都是由政府的负责人兼任的,这种行政体制容易解决"大教育""小教委"的矛盾;这几年各级教育行政部门的负责人一般都不是由政府负责人兼任,这种体制,使各级教委面对"大教育"的局面,感到力不从心。特别是当前强调各级各类教育应由政府统筹,而教育行政部门又是统筹的具体实施部门,这就更需要提高教育行政部门在政府中的地位。

处理好教育行政部门之间的关系指的是要处理好以下两种情况:一种情况是平行的教育行政部门的关系,主要是指要处理好政府的教育行政部门与同级政府中其他业务部门中的教育行政部门的关系;处理好政府的教育行政部门与同一地区的大型企事业单位中教育行政部门的关系。这两类教育行政部门之间各行其是、互不来往或互相扯皮的现象时有发生,避免这种现象的方法是加强政府教育行政部门对其他教育行政部门的综合协调统筹能力。另一种情况是垂直的教育行政部门之间的关系。我国当前教育行政部门实行的是双重领导体制。教育行政部门既受同级政府的领导,又受上级教育行政部门的领导;各级政府一般行使的是人财物权,而上级教育行政部门一般行使业务指导权。这种状况使上级教育行政部门对下级教育行政部门缺乏有力的调控机制,这对中央的宏观调控职能的发挥不利。要改变这种状况,可借鉴日本在二战以后为防止地方分权在教育行政上造成弊端的做法,即下级教育行政部门的主要负责人的变更,除由同级政府决定外,还需报上级教育行政部门审核备案。或者采用由同级政府与上级教育行政部门商议后,再由政府决定的方法。这样可以加大上级对下级教育行政部门影响的力度,有利于提高纵向的教育行政效率。

3. 关于投资体制改革

要加大教育投入。教育投入是支撑国家长远发展的基础性、战略性投资,是教育事业的物质基础,是公共财政的重要职能。要健全以政府投入为主、多渠道筹集教育经费的体制,大幅度增加教育投入。

各级政府要优化财政支出结构,统筹各项收入,把教育作为财政支出重点领域予以优先保障。严格按照教育法律法规规定,年初预算和预算执行中的超收收入分配都要体现法定增长要求，保证教育财政拨款增长明显高于财政经常性收入增长，并使按在校学生人数平均的教育费用逐步增长，保证教师工资和学生人均公用经费逐步增长。

社会投入是教育投入的重要组成部分。充分调动全社会办教育的积极性，扩大社会资源进入教育途径，多渠道增加教育投入。完善财政、税收、金融和土地等优惠政策，鼓励和引导社会力量捐资、出资办学。完善非义务教育培养成本分担机制，根据经济发展状况、培养成本和群众承受能力，调整学费标准。完善捐赠教育激励机制，落实个人教育公益性捐赠支出在所得税税前扣除的规定。

完善投入机制。进一步明确各级政府提供公共教育服务职责，完善各级教育经费投入机制，保障学校办学经费的稳定来源和增长。各地根据国家办学条件基本标准和教育教学基本需要，制定并逐步提高区域内各级学校学生人均经费基本标准和学生人均财政拨款基本标准。

义务教育全面纳入财政保障范围，实行国务院和地方各级人民政府根据职责共同负担，省、自治区、直辖市人民政府负责统筹落实的投入体制。进一步完善中央财政和地方财政分项目、按比例分担的农村义务教育经费保障机制，提高保障水平。尽快化解农村义务教育学校债务。

非义务教育实行以政府投入为主、受教育者合理分担、其他多种渠道筹措经费的投入机制。学前教育建立政府投入、社会举办者投入、家庭合理负担的投入机制。普通高中实行以财政投入为主、其他渠道筹措经费为辅的机制。中等职业教育实行政府、行业、企业及其他社会力量依法筹集经费的机制。高等教育实行以举办者投入为主、受教育者合理分担培养成本、学校设立基金接受社会捐赠等筹措经费的机制。

进一步加大农村、边远贫困地区、民族地区教育投入。中央财政通过加大转移支付，支持农村欠发达地区和民族地区教育事业发展，加强关键领域和薄弱环节，解决突出问题。

健全国家资助政策体系。各地根据学前教育普及程度和发展情况，逐步对农村家庭经济困难和城镇低保家庭子女接受学前教育予以资助。提高农村义务教育家庭经济困难寄宿生生活补助标准，改善中小学生营养状况。建立普通高中家庭经济困难学生国家资助制度。完善普通本科高校、高等职业学校和中等职业学校家庭经济困难学生资助政策体系。完善助学贷款体制机制。推进生源地信用助学贷款。建立健全研究生教育收费制度，完善资助政策，设立研究生国家奖学金。根据经济发展水平和财力状况，建立国家奖助学金标准动态调整机制。

加强经费管理。坚持依法理财，严格执行国家财政资金管理法律制度和财经纪律。建立科学化、精细化预算管理机制，科学编制预算，提高预算执行效率。设立高等教育拨款咨询委员会，增强经费分配的科学性。加强学校财务会计制度建设，完善经费使用内部稽核和内部控制制度。完善教育经费监管机构职能，在高等学校试行设立总会计师职务，提升经费使用和资产管理专业化水平。公办高等学校总会计师由政府委派。加强经费使用监督，强化重大项目建设和经费使用全过程审计，确保经费使用规范、安全、有效。建立并不断完善教育经费基础信息库，提升经费管理信息化水平。防范学校财务风险。建立经费使用绩效评价制度，加强重大项目经费使用考评。加强学校国有资产管理，建立健全学校国有资产配置、使用、处置管理制度，防止国有资产流失，提高使用效益。

完善学校收费管理办法，规范学校收费行为和收费资金使用管理。坚持勤俭办学，严禁铺张浪费，建设节约型学校。

（二）学校管理体制改革

学校管理体制是学校管理组织机构与管理规范的结合体或统一体。学校管理组织机构包括：学校决策组织机构，它指的是我国以校长为首或以党委书记为首的领导班子；学校执行组织机构，它指的是学校的各职能部门，中等学校的教研组和年级组，高等学校的部、处、系、所等；学校咨询组织机构，它指的是校务委员会；学校监督反馈组织机构，我国高校一般是监察处和党的纪检部门，中小学无这方面专门的组织机构，它的监督反馈方面的职能是由党团组织和工会等来完成的。学校管理规范指的是现代学校制度，包括学校章程，以及各种机构的规范、各种人的规范、各种工作的规范。学校决策机构与一定的规范相结合，就构成了学校领导体制；学校执行机构与一定的规范相结合，就构成了学校执行体制；学校咨询机构与一定的规范相结合，就构成了学校咨询体制；学校监督反馈机构与一定的规范相结合，就构成了学校监督反馈体制。可见，学校管理体制是由学校管理机构与管理规范两个要素所构成的学校领导体制、执行体制、咨询体制、监督反馈体制四部分组成的。在这四种体制中，领导体制处于核心地位，它规定了学校管理体制的性质，以及学校由谁决策和怎样推行决策等。

我国当前的学校管理体制改革，在机构方面，主要是强调精简机构；在规范方面，主要集中在人事制度、分配制度等规范的改革上。如上所述，对于管理机构的改革，只强调精简机构是不全面的，同样，对于学校制度的改革，只强调上述几个制度的改革也是不全面的。改革学校管理体制，从最根本上来说，是要健全学校管理机构与管理规范。关于学校管理机构及管理规范的设置，上面已进行了说明，这里就不赘述了。我国当前的学校管理体制改革，还未从机构与规范结合的角度来进行学校管理体制改革，因而我国当前学校管理体制改革的深度和广度不够。从机构与规范相结合的角度来探讨我国的学校管理体制改革，就要改革学校领导体制、学校执行体制、学校咨询体制、学校监督和反馈体制。学校管理体制改革的要求是，改革并完善学校管理体制，形成学校民主决策体制、有力的行政执行机制和有效的民主监督反馈体制。要大力推行校务公开，完善学校自律和监督体制，加强学校公信力建设。学校的教育教学、管理工作等各方面的信息要向师生、家长和社会公开。要建立公开、透明、规范的教育收费制度、招生制度，使各项工作接受群众的监督、舆论的监督。建立学校年度自评制度，学校每年将自身的发展状况、教育教学情况、公共资源的使用情况等，向社会公布。保护和规范学校的正当财产权益。学校要依法对财产进行规范处置，完善会计、审计制度，维护国有教育资产的稳定和增值。

针对我国当前学校管理体制的实际，学校管理体制的改革可以用四句话来概括，即要明确领导体制，理顺执行体制，加强咨询体制，改善监督反馈体制。

所谓明确学校领导体制，是指学校是采用党政分工的领导体制，还是采用党政合一的领导体制。新中国成立以来，中小学实行过委员会制、校长负责制、党支部领导下的校长分工负责制等领导体制。高校则实行过校长负责制、党委领导下的校务委员会负责制、党委领导下的以校长为首的校务委员会制、党委领导下的校长分工负责制等。我国学校当前无论是中小学采取的校长负责制还是高校采取的党委（党支部）领导下的校长负责制，一般都是校长、书记由两人担任，这实际上是党政分工的领导体制。这种领导体制的主要特征是有两个领导主体，形成两个系统，它的好处是可以互相监督，它的弊端是易使机构庞大，工作中易产生矛盾和不协调。在中小学，这种体制不易协调和处理校长全面负责与党支部政治核心作用之间的关系；在大学，由于校部实行的是党委领导下的校长负责制，系所实行的是系主任（所长）负责制，难于协调和处理校部与系所两级领导体制之间的关系。我们认为，学校实行党政合一、"一岗双责"的领导体制为好。这种体制的显著特征是领导主体单一，机构简单，运行效率高。学校是基层组织，它的主要功能是执行功能，执行就要强调集中统一和速度效率。因此，这种体制是与学校基层组织的执行功能相适应的。实行这种体制，对领导者的素质要求更高，要配好党政方面的助手，同时还要有强有力的监督机制。

当前，我国学校特别是公立高等学校出现了利益主体多元化的趋势。高等学校由原来比较单一的政府投资主体变成了包括学生家长和其他社会力量在内的多重投资主体。根据治理理论、委托代理理论和公共选择理论，当一个组织出现多个利益主体后，其治理结构也要发生变化。我国公立高校实行的党委领导下的校长负责制是与政府单一投资主体相适应的。现在投资主体多元化了，高校的领导体制也要相应地进行改革。因此高等学校要进一步完善党委领导下的校长负责制，实行"党委领导，校长负责，教授治学，民主参与"的体制，使各种主体的利益在高校领导体制中都有所体现，以适应高校利益主体多元化的需要。中等职业学校建立由企业、行业代表参加的学校理事会或董事会，实行理事会或董事会领导下的校长负责制。民办学校要依法健全董事会或理事会领导下的校长负责制，明确校长的职权，广泛建立监事会，吸收家长、教师和社区代表参加。要加强民办学校的党建工作，充分发挥党组织的监督、保障作用。

所谓理顺执行体制，是指学校要把工作的重点真正放到大学的系所一级及中小学的年级组上来。现校部（特别是大学）机构越来越多，权力集中在校职能部门。几十年一贯制，许多事情都在系所和中小学的年级组织落实，这种"倒金字塔式"的执行体制，使系所和年级组所承担的任务及责任与所拥有的权力极不相称，不利于学校工作的高效运行。解决的办法就是要精简校级机构，限制校职能部门的权限，扩大系所及年级组的权力，校职能部门只能起参谋服务作用，不能起领导、指挥作用。

所谓加强咨询体制，是指建立并完善校咨询委员会，并真正发挥其作用。有些学校没有设立校咨询委员会，或者即使有，其代表性也不广泛，没有发挥咨询职能，其咨询的任务一般是由有关的职能部门给分管的校领导出主意而完成的，这种做法不利于学校内部决策的民主化与科学化。学校应建立由校领导、教师、学生、家长、社区代表及社会名流等组成的校咨询委员会，定期或不定期地对学校重大问题进行讨论，提出意见和建议，供校领导决策时参考。校咨询委员会与学校专门的咨询委员会（如分房咨询委员会）的任务是不同的，前者是对学校综合性的大问题、关键问题提供咨询，后者是对某一方面的局部问题提供咨询。校咨询委员会与教代会的任务也是不同的。教代会不仅有咨询任务，还有监督任务，它主要是定期咨询（如每年的教代会开会时间），而校咨询委员会可不定期咨询。因此，我们不能因为学校有教代会和一些专门的咨询委员会而忽视了校咨询委员会的作用。

所谓改善监督反馈体制，是指变消极监督为积极监督，变事后监督为事前监督和法律监督。学校专门的监督部门和党团工会组织，不仅要起监督作用，还要及时了解和反馈有关情况，防患于未然，而不是等出了问题以后再去监督。

三、学校教育体制改革与教育管理体制改革的关系

（一）学校教育体制改革与教育管理体制改革应配套进行

学校教育体制的改革与教育管理体制（教育行政体制、学校管理体制）的改革应配套进行。这是因为学校教育体制改革不仅会涉及教育管理体制改革，如学校教育体制中各级各类学校设置的问题本身就涉及管理问题，而且学校教育体制的改革还需要配套进行的教育管理体制改革做保证。教育管理体制的改革也不是以单一的方式进行的，它一般是围绕或针对学校教育体制改革而展开的。比如有人提出现在要把技工学校由劳动人事部门管理转为由教育行政部门管理，这是属于管理体制改革问题，但不难理解，这种改革本身就涉及学校教育体制问题。因此，我们在改革学校教育体制时，不能忽视教育管理体制的改革；在改革教育管理体制时，也不能忽视学校教育体制的改革。那种将本来有紧密联系的两种体制

的改革分割进行或顾此失彼的做法，不仅在实际上是行不通的，而且也是不利于教育体制改革的。

（二）教育行政体制改革与学校管理体制改革应配套进行

在教育管理体制的改革中，教育行政体制改革和学校管理体制改革也应是配套进行的。因为学校管理体制改革，往往会涉及教育行政体制改革，如果不改革教育行政体制，学校管理体制改革也难以展开。比如学校要实行党政合一的领导体制，理顺学校执行体制时精简校部机构等，无疑会涉及教育行政体制，因为学校是受教育行政部门领导的，教育行政部门对学校改革不支持，或制定一些不利于改革的规范以及与学校改革相反的规范，学校纵然有三头六臂，也是难以动弹的。反之，教育行政体制的改革，也会涉及学校管理体制的改革。因此，我们在改革教育行政体制时，一定要考虑它会给学校管理体制带来什么影响；改革学校管理体制时，要考虑它需要教育行政体制做哪些相应的变化，或要给哪些支持和保证，这样才会使两者的改革相得益彰，收到好的改革效果。

四、两个基本要素改革与两个子体制改革的关系

上面分别讨论了教育体制改革中两个基本要素的改革与两个子体制改革，那么这二者的改革是什么关系呢？或者说，进行教育体制改革是先进行两个基本要素的改革还是先进行两个子体制的改革呢？我们认为，进行教育体制改革，既可以从两个基本要素入手，也可以从两个子体制改革入手。不过，从两个基本要素改革着手，最后要落实到两个子体制的改革上，而从两个子体制改革着手，也要先改革教育机构和教育规范。

......思考题......

1. 试论教育体制中教育机构改革与教育规范改革及其相互关系。
2. 联系实际谈谈你对学校教育机构、教育管理机构改革的看法。
3. 谈谈你对当前我国教育方针、教育政策改革及教育法制建设的看法。
4. 试论学校教育体制改革与教育管理体制改革及其相互关系。
5. 联系实际谈谈你对我国学校教育体制改革的看法。

6. 联系实际谈谈你对我国当前教育行政体制改革的看法。

7. 联系实际谈谈你对当前我国学校管理机构与管理规范改革的看法。

8. 联系实际谈谈你对我国当前学校领导体制、学校执行体制、学校咨询体制及学校监督反馈体制改革的看法。

第四论 教育机制论

第八章

教育机制理论

第一节 机制理论概述

一、机制的含义
（一）机制的本义与引申义
1. 机制的本义

机制一词来源于希腊文"mechane"，意指机器的构造和工作原理。这也就是说，机制就是要弄清机器由哪些部分组成，这些部分之间是什么关系，机器是怎样工作的。我们认为，机器的构造与机器的工作原理之间有着内在的联系。这种内在的联系表现在，机器由哪些部分组成，这些部分之间是什么关系，它们影响和决定着机器怎么工作。我们知道，机器是由各种零部件组成的，每个部件发挥各自的功能而使各个部件之间发生一定的联系，从而使机器按一定的方式将这些部件联系起来运转以发挥机器的整体功能。一般来说，一部完整的机器由动力部分、传动部分和工作部分三部分组成。动力部分是发动部分，负责提供动力，传动部分是传送动力的，而工作部分是直接做功的。一部完整的机器就是按照"发动""传动""工作"运行的方式把机器的各个部分联系起来，从而发挥机器的作用。可见，弄清了机器由哪些部分组成，各个部分之间是什么样的关系，这种关系是用一种什么样的方式联系起来，就弄清了机器的构造及工作原理即机制。由此我们可以用另一种方式将机制的本义解读为，机制指的就是机器各个部分之间的相互关系及其运行方式。过去我们通常在机制前面加上"运行"两个字，称为运行机制。这种运行机制的称谓，就是由机器各部分之间的相互关系及其运行方式得来的。是机制，就必然是一种运行方式，所以机制和运行机制的含义是相等的。我们通常说的机制，其实就是运行机制；而运行机制，也就是机制。

2. 机制的引申义

把机制的本义引申到不同的领域，就产生了不同的机制。如引申到生物领域，就产生了生物机制，引申到社会领域，就产生了社会机制。生物机制是指生物体各部分之间的相互关系及其运行方式。如人是一个生物体，人这个生物体的机制是指，人的骨骼系统、肌肉系统、神经系统、消化系统、循环系统等各个系统之间的相互关系及其运行方式。人的骨骼系统、肌肉系统对人起支撑或承载作用，神经系统起指挥或控制作用，消化系统起提供能量的作用，而循环系统起新陈代谢的作用等，人就是在这些系统的共同作用下，并按照这样一种联系方式来形成人的生长发育机制的。社会机制指的是社会各个部分之间的相互关系及其运行方式。我们可以从不同的角度看待社会的各个部分从而来分析社会机制。如可以从经济、政治和文化三部分来看待社会，经济是社会的基础，政治影响社会的性质和方向，文化是社会的灵魂，社会就是在这些系统的共同作用下，并按照这样一种联系方式而形成社会运动和发展机制的。我们也可以从生产力、生产关系、经济基础和上层建筑这四个部分来看社会，从而分析社会的机制；我们还可以从社会活动、社会体制、社会机制和社会观念这四个部分来看社会，从而来分析社会机制。对于教育现象来说，我们也可以从教育活动、教育体制、教育机制和教育观念这四个部分来分析教育机制。由于上面的有关章节已经分析了上述社会现象和教育现象这几个部分之间的关系及运动方式，这里就不赘述了。

（二）机制含义的分析

由对机制的本义和引申义的分析，我们可以将机制定义为，机制是事物或现象各部分之间的一种内在的联系及其联系方式。

由上述对机制的本义和引申义的分析我们可以看出，机制的存在是以事物或现象各个部分的存在以及这些部分之间所具有的关系及其运行方式为前提的。换言之，如果事物或现象不是由各个部分所组成，或者即使是由各个部分所组成，但这些部分之间没有一定的关系，或者是虽然有一定的关系，但这种关系不是一种内在的联系或没有体现在一定的联系方式之中，这个事物或现象也是没有什么机制可言的。这告诉我们，并不是所有的事物或现象都具有机制，只有那些由各个部分组成的，而且这些部分具有一定的关系，并且这种关系体现了一定的内在联系或联系方式的现象或事物才具有机制。可见，事物或现象各个部分的存在，各个部分之间有一定的关系，并且这种关系表现为一定的内在的联系或联系方式是机制赖以存在的三个充分而必要的条件。因此，我们研究机制，首先要看这一事物或现象是否是由各个部分组成的；如果这一事物或现象是由各个部分组成的，还要看这些部分之间是否有一定的关系；如果这些部分有一定的关系，还要分析这种关系的内在联系或联系方式。只有这样，才能准确地判断一个事物或现象是否具有机制和具有什么样的机制。最近几年，机制成了一个非常时髦的词，好像什么现象或事物都有机制，其依据是因为世上的万事万物都是由各个部分组成的。其实世上的万事万物虽然都是由各个部分组成的，但这些部分之间并不都是有关系的，而且即使事物或现象各个部分之间是有关系的，也并不是有关系的事物或现象之间就一定有一种内在的联系或联系方式。因此我们不能因为世上的事物或现象都是由各个部分组成的而认为世上所有的事物或现象都有机制。由上述分析我们可以说，机制是客观存在的，但机制并不是普遍存在的。由于并不是所有的事物或现象本身都具有机制，因此我们认识机制，就不能以事物或现象本身为依据，而应该以事物或现象各个部分、各个部分的关系以及这种关系所体现的内在联系或联系方式为依据。

另外，由对机制含义的分析我们也可以看出，机制是一个能反映事物或现象各部分之间的内部联系的具体方式。机制既然是一种具体方式，它就是一个实实在在的东西而为人所知。过去我们一谈机制，总觉得它很玄，其实，机制是一个具体存在的东西，只是我们过去没有对它进行具体的研究而已，或是我们过去没有把事物或现象的内部联系及方式这种客观存在的东西看作是机制而已。

二、机制与体制、制度和规律之间的关系

（一）机制与体制的关系

机制与体制的关系是目前教育界经常谈及而又弄不太清楚的一个理论问题。从意义上来说，有的人认为机制等于体制，体制就是机制；从产生的次序来说，有的人认为先有机制后有体制，有的人则认为先有体制再有机制；从范围来说，有的人认为机制包含体制，有的人认为体制包含机制。那么，机制和体制究竟是什么关系呢？首先从意义上来看，我们认为这两个范畴是不能等同的。这是因为从对两个范畴的内涵和外延的考察来看，都是有区别的。体制是机构和规范的结合体，而机制是将事物或现象的各个部分连接起来使之发挥作用的方式。体制包括各级各类机构和各种规范或制度，以及包括由各级各类机构与相应规范相结合所形成的各级各类体制；而机制指的是事物或现象各部分之间的各种内在联系或联系方式。从机制与体制产生的次序来说，我们认为体制先于机制、机制先于体制的看法都有道理，我们甚至认为机制与体制是同时产生的看法也是站得住脚的。为什么呢？根据我们对现象中的活动、体制、机制和观念四个范畴的考察，在现象中最先产生的是活动，当活动发展到一定的程度，为了使这种活动有序而规范，就产生了与这种活动有关同时又居于这种活动之上的机构与制度，这就是体制。体制虽然是在活动的基础上形成的，然而当体制形成以后，对活动又有一定的制约作用。那么，活动是怎样决定体制的，体制又是如何来影响活动的呢？这里面就有一个决定和影响的方式问题，这个方式就是机制。从这个意义上说，机制和体制是同时产生的。当一定的体制产生时，机制也就随之产生了。我们有时说机制是一定体制下的产物，体制既是机制运行的保证，又决定了机制运行的方式，不同的体制有着不同的运行方式即机制，是从体制产生以后对活动的影响这个角度来说的。我们常说不同的机制与不同的体制相联系也是从这个意义上说的。也就是说，体制对机制有影响。然而，从实际情况来看，机制并不是与体制同时产生的，机制的产生要先于体制。可以说，机制是随着活动的产生而产生的，有了活动，就有了将活动的各个部分联系起来从而使活动得以运行的机制。这样就有两种机制了，一种是与活动同时产生的机制，另一种是与体制同时产生的机制。我们把前一种机制叫非规范

性的机制，而把后一种叫规范性的机制。因为前一种活动不与一定的体制相联系，因此这时的机制是没有机构和制度来对它加以规范的，这种机制的随意性比较大，而后一种活动是与一定的体制相联系的，这时的机制是用制度和机构来对它加以规范的。这两种机制可以对现实的状况进行较高程度的概括。比如说，我国改革开放以后农村联产承包制、企业的股份制、民办教育等，刚开始产生时是一种非规范性的活动，因为它们是在计划经济体制下产生，但又不同于计划经济体制下的活动，因此这些活动的运行机制是非规范性的。然而到社会主义市场经济体制确立以后，这些活动就与社会主义市场经济体制相联系了，也就是说，这些活动得到了社会主义市场经济体制的肯定和保护。这时的机制是由社会主义市场经济体制的机构的制度来保护和确证的，这些活动的运行机制就是规范性的了。由上分析我们可以发现，只与一定活动而不与一定体制相联系的机制存在的时间是比较短的、暂时的，而既与一定的活动又与一定的体制相联系的机制是普遍的，因为活动终究要与一定的体制相联系，从一定的意义上说，没有不与一定体制相联系的活动。我们在分析活动体制与机制的关系时，先讲活动，再讲体制，然后讲机制，也是从这个意义上来说的。我们在讲体制与机制的关系时，说体制决定和影响机制，也是从这个意义上说的。有人说机制这个范畴应先于体制这个范畴，按照我们的认识，这种说法多少是有道理的。然而按照我们的分析，虽然机制与活动同时产生，从发生学的角度来说，机制应先于体制，但这种机制只是暂时的，不具有普遍意义。这时的机制与体制产生以后所形成的机制是两回事，所以笔者认为分析活动、体制、机制和观念等几个范畴之间的关系，还是先讲活动，再讲体制，然后再讲机制为好。上面我们提到体制对机制的影响，那机制对体制有没有影响呢？很清楚也是有的。因为活动本身就有机制，因此活动对体制产生的影响也就是与活动同时产生的机制对体制产生的影响。即使体制产生以后，这时活动对体制影响的机制已不同于活动产生之初与活动同时产生的机制对体制的影响机制，但这时活动所具有的机制对体制的影响也是很明显的。虽然这两种影响不同，但它们都是活动的机制对体制的影响。从机制与体制的范围来看，我们认为机制包括体制和体制包含机制的看法都是成立的。因为，机制指的是事物或现象各部分之间的各种内在联系或联系方式,体制包括各级各类机构和各种规范或制度,以及包括由各级各类机构与相应规范相结合所形成的各级各类体制,那么,机制可以包括体制,体制也可以包括机制。说机制可以包括体制指的是,体制与其他事物或现象之间的内在联系也应包含在机制之列。比如我们所分析的教育活动、教育体制、教育机制和教育观念之间的内在联系或联系方式实际上就是一种教育机制。这种教育机制不同于仅仅是联系教育活动与教育体制之间的教育机制,它是联系教育活动、教育体制、教育机制和教育观念这四个部分的教育机制。这时教育体制只是这种机制中的一个因素,这时机制就包含了体制;说体制可以包括机制是指,由于体制是各级各类机构和相应规范的结合体,由此形成了各级各类学校教育体制和各级各类教育管理体制,这样就必然存在着各级各类教育机构和相应规范之间、各级各类学校教育体制和各级各类教育管理体制之间,以及各级各类学校教育体制之间和各级各类教育管理体制之间的内在联系及其方式。这也就是说,在教育体制中也有教育机制的存在,这时体制就包含了机制。另外,体制与机制的功能是互补的,因为体制要发挥作用,要依靠机构、规范,以及各子体制之间的相互作用及其方式。也就是说,体制发挥作用要依靠机制;而机制发挥作用,要在体制的机构、规范,以及各子体制这个范围内来进行。

(二)机制与制度的关系

机制是事物或现象内部的联系及其方式,我们这里说的制度指的是办事规程或行动准则,所以一般说来,机制与制度是有区别的。然而机制与制度也有相联系的一面。这种联系表现在两个方面:第一方面是指,根据上面的分析,由于机制可以看作是在体制之前或之后产生的,也就是有了机制才有体制,或有了体制就有了机制,而体制又是机构与规范即制度的结合体,机制与体制又是相互影响的,所以机制与制度也有着某种程度的联系,这种联系是指制度在某种程度上影响着机制,而机制也在某种程度上影响着制度。第二方面是指,制度作为一种符号的表现形式,机制即事物或现象各部分的内部联系或联系方式,可以通过制度的符号形式表现出来。换言之,机制可以用制度的形式加以表达或加以规定。这种表达或规定机制的制度,一定是一种反映了事物或现象各部分内部联系或联系方式的制度，不反映这种事物或现象各部分内部联系或联系方式的制度是不能用来表达或规定机制的。根据前面我们所分析的对体制中机构与规范即制度关系的理解，代表机制的这种制度也一定是某种体制中的制度，因为制度是体制的一部分。然而根据上面我们对机制与体制关系的理解，这时机制与制度的关系体现为两种情况：第一种情况是当体制包含机制时，制度就是这个体制中的制度；第二种情况是当机制包含体制时，制度就不是这个被包括的体制中的制度了，而是另外一个包含了这种体制的更大一个体制中的制度了。而且即使是这种制度，也要反映事物或现象各部分的内在联系，因为这时的制度是机制的符号表达形式。所以，当我们想用制度去表达或规定机制时，一定要用与这种机制相适应的体制中的制度或正确反映了事物或现象各部分内在联系的制度来加以表达或规定。否则，如果这种制度不能正确反映事物或现象各部分的内部联系或联系方式，用这种制度所表达的机制是不能促进事物或现象的健康发展的，这种制度以及与这种制度相联系的体制迟早要发生变革。

（三）机制与规律的关系

为什么要研究机制与规律的关系呢？因为规律是事物或现象各个部分之间的内在的、稳定的和必然的联系，而机制是事物或现象各部分之间的内在联系或联系方式。这两个范畴所说的内容相近，那么这两个范畴之间有没有一定的关系呢？我们说是有的，它们之间的关系是：一个说的是事物或现象各部分之间的联系，一个既说了事物或现象各部分之间的联系，还说了这种联系的方式。可以说，机制这一范畴把事物或现象各部分之间的联系说得更进了一步。也可以说，机制这一范畴将事物或现象各部分之间的联系说得更具体了，这不仅使机制成了一个具体而实在的东西，而且使规律也成了一个人们看得见、摸得着的东西了。我们认为，认识到这一点很有意义。大家知道，在马克思主义哲学和唯心主义哲学的众多论争中，有一个最为基本的争论观点就是，马克思主义哲学认为，事物或现象之所以能产生和发展，之所以能这样发展而不是那样发展，是由事物或现象内在的规律所决定的。而唯心主义哲学却认为，事物或现象之所以能产生和发展，事物或现象之所以这样发展而不那样发展，不是由事物或现象内在的规律所决定的，而是由上帝或宇宙中一种永恒的力量所决定的。马克思主义哲学认为唯心主义哲学的这种说法是荒唐的、不可信的，宇宙中根本没有一个上帝或永恒的力量。然而唯心主义哲学也说，马克思主义哲学说得不一定有道理，因为规律也是一个看不见、摸不着的东西，你说事物的产生和发展是由其内部的规律决定的，那这个规律是什么，你能说清楚吗？对唯心主义哲学的这种诘难，我们以前只是回答规律是客观存在的，至于规律存在的依据则只是列举事实来加以回答，并没有找到一个范畴来证明规律的存在。而现在我们可以用机制这一范畴来证明规律这一范畴确实是存在的，因为机制可以说是将事物或现象各个部分联系起来的具体方式。这种方式我们在上面已经做了分析，它们确实是客观存在的。比如说，我们说教育有两条基本规律，一条是教育与社会之间存在着内在的、稳定的、必然的联系，另一条是教育与受教育者之间存在着内在的、稳定的、必然的联系，现在我们就可以通过分析找到这种联系的方式而证明教育的两条基本规律的存在。我们知道，对于前一条规律来说，这种方式就是教育受制于社会，教育又反作用于社会；对于后一条规律来说，这种方式就在于教育要受受教育者身心发展的影响，同时教育又主导着受教育者的发展。再比如说，我们在前面讨论过，教育管理有基本的规律和特殊的规律。我们说教育管理存在着基本规律，就是因为我们分析了教育管理活动、教育管理体制、教育管理机制和教育管理观念几个部分之间内在的、稳定的、必然的联系及联系方式之后得出的；我们说教育管理存在着特殊规律，就是因为我们分析了上面四个部分中每部分的各要素之间内在的、稳定的、必然的联系及联系方式后得出的。既然将事物或现象各个部分联系起来的方式是客观存在的，那事物或现象各个部分之间内在的、必然的和稳定的联系是客观存在的就完全没有什么值得怀疑的了。由于机制这一范畴的出现和对这一范畴的这种理解，一个马克思主义哲学与唯心主义哲学的旷日持久的官司，就这么清楚而明白地了结了。

三、认识机制含义的意义

（一）理论意义

认识机制含义，对机制与体制、机制与制度，以及机制与规律关系的分析有着重要的理论意义和实践意义。在理论意义上，它构建了机制的基本的理论体系，从而有利于澄清一些对机制的模糊认识。第一，以往人们认为任何事物或现象都存在着机制，现在看来这种认识不一定有道理。第二，以往人们对机制类型的划分往往是以事物或现象的种类为依据的，现在看来，这种认识机制类型的方法也不一定科学。第三，以往人们关注的多是机制与体制的关系，而较少关注机制与制度的关系，对机制与规律的关系更是少有研究。在机制与体制的关系上，由于对机制与体制概念的理解及其他一些认识上的原因，对体制与机制的关系一直没有说得很明白，现在看来，对体制与机制的关系至少有了一个比较全面的、清楚的说法了，在机制与制度的关系上，现在也有了一个比较明确的认识了。在机制与规律的关系上，由于我们把机制与规律联系起来加以认识，这不仅加深了对机制认识的理论深度，而且由于把机制定义为事物或现象的内部联系或联系方式，这使规律和机制一样，成了一个看得见和摸得着的东西，从而在理论上更清楚地划清了马克思唯物主义与唯心主义之间的界限。

（二）实践意义

在实践意义上，它使我们对机制的改革有了一个清醒而恰当的认识。由于任何事物或现象不一定都存在着机制，因此事物或现象不一定都存在着机制的改革。而且，机制是客观存在的，它既不能被创造，也不能被消灭，我们不能人为地去创造事物或现象之间的联系，用一种强加的方式把本来没有联系的事物或现象的各个部分联系起来。因此从一般意义上来说，机制是不能改革的。然而，我们又经常说到机制改革，我们认为人们所说的机制的改革是在如下三种意义上来谈机制改革的：第一，是去发现以往人们没有发现的事物或现象之间的联系及其方式；第二，是去纠正那些没有正确反映事物或现象各部分之间的内部联系及其方式；第三，是去调整那些虽然过去正确反映了事物或现象各部分之间的内部联系及其方式，但由于情况发生了变化而使得这些联系及其方式不适应当下的事物或现象，从而找到能正确反映事物或现象各部分之间的内部联系及其方式。

第二节　教育机制及其类型

一、什么是教育机制

（一）教育机制的含义

根据我们对机制的认识，我们认为教育机制指的是教育现象各部分之间的相互关系及其运行方式。① 这种运行方式可以把教育的各个部分联系起来、统整起来，使教育能够发生作用。为了使我们对教育机制含义的理解得以成立，根据我们对机制含义的分析，我们就要考察教育机制是否满足教育是不是由各个部分组成的，这些部分之间是否存在着相互关系，这种关系是否体现在一定内在联系或联系方式之中三个条件。然而，由于事物或现象各部分的相互关系总是体现在一定的联系或联系方式之中，下面我们仅从教育现象是否由各个部分组成，以及这些部分之间是否具有内在的联系或联系方式两个方面对教育机制这一现象进行分析或考察。

（二）教育机制含义的分析

首先，我们来考察教育这种现象是否由各个部分所组成。这个答案是很清

---

① 我国学者王长乐出版了一本专著《教育机制论》（吉林人民出版社 2001 年版）。书中对有关教育机制的问题进行了比较系统深入的探讨。不过他所探讨的教育机制和我们这里所要研究的教育机制不完全是一回事。他所探讨的教育机制是用一种宏观的视野，在分析社会各因素与教育各因素的互动中来探讨教育是怎样产生、发展或运行的。我们这里所要探讨的教育机制是通过探讨教育内部各因素的相互作用来揭示教育是怎样运行的。我们认为他所探讨的机制不完全是教育机制，而应该是社会与教育的互动机制。如果硬要说我们探讨的都是教育机制的话，虽然王长乐在书的有关部分也分析了教育外部和内部有关要素的关系而把他所说的教育机制的结构分为外在结构和内在结构，但恐怕他所着力要说明的是教育与教育的外部因素有着怎样的内在联系或联系方式的外在教育机制，而我们所探讨的是教育的内部各因素有着怎样的内在联系或联系方式的内在的教育机制。我们之所以采取这种立场来探讨教育机制，是因为在我们看来：第一，探讨教育因素与社会因素的互动关系机制，虽然我们可以把它看作是教育机制，但还是放在社会机制中加以探讨为好。因为社会机制就是要研究社会各要素，当然包括教育和其他要素的关系。第二，探讨教育内部各要素之间的关系，从表面看来好像忽视了社会各因素对教育各因素的影响，其实，教育内部各要素及其相互关系本身就反映了社会各要素对教育各要素的影响，它是社会各要素对教育各要素影响的结果。如，当我们说有一种行政—计划式的机制，这种机制实际上是受集权式的体制等外部因素的影响而形成的。这样，当我们探讨教育内部各要素的关系时，实际上就已经探讨了社会各要素对教育各要素的作用，只不过这种探讨是间接的而不是直接的而已。

楚的，教育现象是由各种子教育现象组成的。然而要全面、系统而准确地说清楚教育现象到底由哪些子教育现象所组成，这的确是一件不太容易的事情。我们可以从不同的角度对教育现象进行分析，从而得出不同的教育现象结构框架。这里我们试从教育实施现象和教育管理现象两个方面来对教育现象做一下分析。在教育的实施现象中，从层次上看，有宏观教育（一个国家的）、中观教育（地区或某一方面的教育）和微观教育（学校内部的教学和德育）；从阶段上看，有学前教育、初等教育、中等教育和高等教育；从内容上来看，有普通教育、职业技术教育和特殊教育；从对象上看，有儿童教育和成人教育；从形式上看，有正规教育和非正规教育；从范围上看，有家庭教育、学校教育和社区教育；从主办者来看，有公立教育和私立教育；从地域上看，有发达地区教育、欠发达地区和不发达地区教育；从历史与逻辑统一的观点来看，有教育活动、教育体制、教育机制和教育观念。在教育管理现象中，从大的方面来说，有教育行政和学校管理。在教育行政中，有中央到地方（包括省、自治区、直辖市和市、地区、县、乡）各级教育行政；在各类教育中，有教育人事行政、教育财务行政、教育业务行政（包括教学、思想政治教育、体育卫生、招生和学生就业、教育的对外交流等）和教育督导行政等。在学校管理中，有管理体制（指管理机构与管理制度）、管理内容、管理过程、管理方法和管理的主客体等。由上分析可见，教育现象确实是由不同的部分组成的。

然后，我们来考察教育现象各个部分是否具有一定的关系即考察这种关系是否有一种内在的联系或联系方式。为了使我们对教育机制有一个更全面的认识，我们分别从教育现象各部分的内在联系和联系方式两个方面对教育现象各部分的相互关系进行考察。首先看教育现象各部分的内在联系。从教育实施现象和教育管理现象的关系来看，它们之间存在着某种内在的联系，教育实施现象是教育管理现象的对象，教育管理现象是教育实施现象的保障。在教育实施现象中，各级各类教育现象也有着内在的联系。因为各级和各类教育现象中的每一种教育都是以其他教育的存在为自己存在的前提的。每一种教育中的因素也有着内在的联系。如教学活动中的教师与学生和教学媒介之间也是有内在联系的，因为教师的教和学生的学是以教学内容、教学方法和教学媒体为中介而展开的。在教育管理现象中，教育行政与学校管理也是有内在联系的。由于教育行政对学校的作用主要是通过学校的管理来实现的，而学校管理主要依赖于教育行政，因此教育行政不能离开学校管理，而学校管理也不能离开教育行政。从各级各类的教育行政来看，各级教育行政形成了一个梯级结构，而各类教育行政由于相互影响而使各类教育行政之间形成一定的联系。在学校管理中，管理中的人（主客体）总是在一定的学校管理体制中，运用一定的管理方法，在一定的管理过程中作用于一定的管理内容而从事自己的管理活动的。因此，学校管理中的各要素也存在着一定的内在联系。由上分析可见，教育现象各子现象之间的关系确实是一种内在联系的关系。再看教育现象中各部分内在联系的方式。一般来说，事物和现象有一定的内在的联系，就会有一定的联系方式而将这些事物或现象联系起来，所以教育现象各个部分之间的内在联系方式是不言而喻的。然而这些客观存在的方式到底是哪些方式人们并不清楚，因此我们有必要分析教育现象中各个子教育现象内部联系的具体方式。找到了这些联系方式，教育机制就会更加清晰明了。

二、教育机制的类型
（一）教育机制类型划分的方法论分析

可以说，到目前为止，对教育机制类型划分的方法还没有人进行研究，但是，通过考察我们发现，人们一般是以三种方式来划分教育机制类型的。第一种是以事物或现象的名称来划分的，如政治机制是从社会现象中的政治现象的角度来认识机制的；第二种是从事物或现象各部分之间的内部联系或联系的方式来划分的，如分配机制是从"分配"这种运行方式的角度来认识机制的；第三种是既从现象或事物的角度，也从内部联系或联系方式的角度来对机制加以划分的，如教育机制，因为教育既是一种社会现象，也是一种运行方式。说教育是一种社会现象是好理解的，说教育是一种运行方式，是指用教育的方式将教育者、受教育者和教育的其他资源联系起来使教育发挥作用。再比如我们常说的资源配置机制也是从这个角度来划分的机制。因为"资源"是一种现象，而"配置"则是一种方式。当然，我们这里所说的从现象或事物的角度以及从联系方式的角度来划分只具有相对的意义。即使是方式，我们也可以把它当作一种现象，因为方式是事物或现象中的一个因素，可以说方式本身就是一种现象。如"分配"和"配置"，我们说它们是一种方式，但它们同时也是一种现象。因此我们在分析机制时所说的事物或现象以及事物或现象的内在联系或联系方式，不是说事物或现象就绝对不是方式，方式就绝对不是事物或现象。

划分教育机制的类型究竟是以上述三种方式中的哪一种方式为好呢？为了回答这一问题，让我们对每一种方式都做一下分析。我们先分析第一种方式。根据我们对机制的认识，只有某一现象或事物各部分都存在内在的联系或联系方式，这时机制的名称与事物或现象的名称是一致的，我们才可以用事物或现象的称谓来划分机制。当事物或现象各个部分有一部分有内在联系或联系方式而另一部分没有内在联系或联系方式，我们就不能用这种现象或事物的称谓来划分机制了。当然，我们更不能用那些不具有内部联系或联系方式的现象及事物的称谓来划分机制。当我们用具有各部分内部联系或联系方式的事物或现象的名称来称谓机制时，由于我们对这一机制只是根据事物或现象本身而不是根据事物或现象内部各部分的联系或联系方式来称谓的，那么这一机制的称谓体现的是现象或事物本身的什么呢？我们发现这种称谓体现的只是现象或事物的范围和属性。如果认为政治机制是以政治这种现象为依据的，政治机制的称谓只是说明认识这种政治机制是在政治现象这个范围内的，并具有政治方面的性质。这时机制所体现的只是与机制相对应现象的范围和性质。换言之，当我们用具有各部分内部联系或联系方式的事物或现象的名称来称谓机制时，它是从事物或现象的范围和性质的角度来认识机制的，而并不是从事物或现象各部分的内在联系或联系方式来认识机制的。

我们接着来分析第二种方式。由于这种方式是从事物或现象各部分的内在联系或联系方式来认识机制，事物或现象各部分的内在联系或联系方式是建立在事物或现象各部分及其相互关系基础上的，因此也可以说这种方式是从事物或现象的各个部分、各个部分的相互关系，以及这种关系中的内在联系或联系方式三个要素为依据来认识机制的。既然认识机制是以事物或现象中的三个要素为依据。那我们在认识机制的时候，怎样根据这三个要素来划分事物或现象的机制呢？首先，我们认为，这三个要素是一个整体，是不能拆开来分析机制的。也就是说，我们不能分别把事物或现象内部的各个部分、各个部分的关系以及这种关系所体现的联系或联系方式当作独立的要素来分析事物或现象具有什么样的机制，如果把这三个要素分别作为独立的要素来分析事物或现象的机制，是不能全面系统地分析事物或现象所具有的机制的。其次，在这三个要素中，从事物或现象的各个部分来看，由于事物或现象的各个部分只是事物或现象的组成部分，因此，在认识机制的类型时，这些部分和事物或现象一样，我们虽然也可以用这些部分来命名机制，但这种机制所要表达的只是事物或现象机制的范围和性质。如社会现象各个部分，我们虽然可以把某个部分说成是某种社会机制，但这种社会机制所代表的只是这一社会机制所在的社会范围和具有某方面的社会性质。从事物或现象各个部分的相互关系来看，我们知道，事物或现象各个部分之间的相互关系实际上指的是事物或现象各部分之间的内在联系或联系方式，因为事物或现象各部分之间的相互关系必然会体现在各个部分的内在联系或联系方式上。如果没有一定的内在的联系，事物或现象各部分的相互关系就不会存在。因此，从事物或现象各个组成部分的相互关系来考察机制，实际上是从这种相互关系的内在联系或联系方式来考察机制。

由上分析可见，由于事物或现象的各个部分只对机制的范围和性质发生影响，那么它对机制类型的认识也是有作用的，也就是说，我们可以根据事物或现象各部分的范围或性质来划分机制。然而根据我们前面的认识，在划分机制时，我们是不能用这三个要素中的某一个要素来划分机制的，还必须结合这些现象或事物各部分的相互关系来考虑机制。而从事物或现象各个部分的相互关系来考察机制，实际上是从这种相互关系的内在联系或联系方式来考察机制，而且这种联系或联系方式不同，事物或现象的机制类型是不同的。因此，我们可以说，决定机制不同类型的，不是事物或现象的各个部分以及这些部分之间的相互关系，而是这种关系所体现的内在联系或联系方式；划分机制的决定性的要素是事物或现象各部分相互关系的内在联系或联系方式。这样，由于不同事物或现象各部分相互关系的内在联系或联系方式相同，不同事物或现象或许具有相同的机制；而由于相同事物或现象各部分相互关系的内在联系或联系方式不同，相同的事物或现象或许会具有不同的机制。

最后，我们分析一下第三种方式。由于这种方式是说划分机制既可以以事物或现象的名称为依据，又可以以事物或现象各个部分的内在联系或联系方式为依据，所以很显然，以这两种方式划分的两种机制有相一致的一面。这种相一致的一面表现在，既然第一种机制是以现象或事物的名称来命名的机制，根据我们对机制的理解，这说明这种事物或现象各部分之间肯定存在着一种内在的联系或联系方式，否则这种事物或现象就不存在着机制，而第二种机制本身就是以事物或现象各部分的内在联系或联系方式为依据划分的，所以这两种机制实质上都是以事物或现象各部分的内在联系或联系方式为依据的。然而这两种机制也存在着不一致的地方。这主要表现在，以事物或现象的名称命名的机制虽然在内容上有可能反映事物或现象各部分的内在联系或联系方式，但对这种机制进行命名时，一般并不是以事物或现象各部分的内在联系或联系方式为依据的，而是以事物或现象所包含的范围和所体现的属性为依据的，以事物或现象各个部分的联系或联系方式命名的机制虽然也体现了事物或现象的范围和属性，但更主要的是体现了事物或现象各个部分的运行方式。因此，这两种机制虽然在称谓的形式上可能会一致，但在实际的内容上则是不同的。我们在运用这种方式划分机制时，就要注意所划分的这种机制在形式上的一致性和在内容上的差别性。

由上分析我们认为，由于第一种方式容易误认为那些各部分之间没有内在联系的事物或现象也有机制，所以在划分教育机制类型时，还是不单独以教育现象为依据来认识教育机制为好；由于第二种方式以事物或现象各部分的内在联系或联系方式为依据可以避免这种认识上的误区，所以我们主张以第二种方式即从教育现象各部分的内在联系或联系方式来认识教育机制；由于第三种方式既可以以事物或现象为依据，也可以以事物或现象各部分的内在联系或联系方式来认识机制，而且以事物或现象为依据从表面看来是以事物或现象的范围和属性来认识机制的，所以实际上这种认识也反映了人们对事物或现象各部分的内在联系或联系方式的认识，因此这两种认识方式在机制的认识上有融通之处，所以我们也可以以第三种方式即同时以教育现象或教育现象各组成部分的内在联系或联系方式为依据来认识教育机制。从实际情况来看，正如我们在上面指出的，由于"教育"这一词的特殊性，它既指现象，又可以指教育现象中内部联系的方式。还由于在教育现象中，正如我们在上面已经分析的，教育现象各部分之间确实存在着内在的联系，因此，对教育机制类型的划分，既可以从教育现象的角度，也可以从教育各个部分的内在联系或联系方式的角度来划分教育机制。从教育现象的角度来划分教育机制，有多少种教育就会有多少种教育机制。然而就一般人所具有的思辨的张力是很难以清晰的逻辑来分析所有的教育现象的，我们上面所分析的教育现象，实际上并没有囊括所有的教育，因而想用教育现象本身来清楚地划分教育机制实际上也是比较困难的。鉴于此，我们认为，虽然可以从教育现象来对教育机制的类型加以划分，而且这种划分看起来比较方便，但操作起来有一定的难度，我们主张还是以教育现象各部分之间的内在联系或联系方式为标准来划分教育机制的种类为好。由于教育现象比较复杂，要找到各种教育现象之间的内在联系或联系方式也并非易事，但我们这里所要分析的教育现象内部的联系或联系方式，并不是去分析每一种教育现象的具体的内在联系或联系方式，而只是分析那些基本的联系或联系方式，这种分析的方法相对来说要容易一些。虽然人们对这些基本的联系或联系方式的看法会存在着分歧，但我们深信，由于这些基本的联系或联系方式是客观存在的，人们最终会认识这些基本的联系和联系方式而形成共识。以下我们就是以教育现象内部的基本联系或基本联系方式为标准，来对教育机制的类型的划分进行分析。

（二）教育机制的三种类型

1. 教育的层次机制

教育的层次机制是从教育层次的角度来考察教育现象的内部联系所得出的机制，它包括宏观教育机制、中观教育机制和微观教育机制三种机制。

宏观的教育机制是从组织的高层着手，从整体出发，运用整齐划一的形式把教育的各个部分统一起来，从而使教育发挥作用。这里的宏观不单纯是指层次高和范围大，还指在一定的层次和范围内的统一。如从整个国家、整个地区、整个学校甚至整个班级的角度把教育的各个部分统一起来，使一个国家、一个地区、一所学校和一个班级的教育按统一的方式来运行，从而发挥不同层次或不同方面教育的作用，这些都可以看作是宏观的教育机制。宏观教育和宏观教育机制是不一样的。一般认为一个国家、一个地区的教育是宏观的教育，但宏观教育机制由于强调的不仅是范围和层次，而且强调的是在一定范围和一定层次上教育的统一，所以无论是哪个范围和哪个层次上的教育，只要采取的是整齐划一的方式，都可以看作是宏观的教育机制。如一个班主任或一个科任教师从全班的角度考虑来实施某种教育措施，这种做法从机制的角度也可看作是一种宏观的教育机制。从活动层面来说，这种机制一般是与独裁式的工作作风相联系的。一个喜欢说了算的领导和教师，比较倾向于用整齐划一的方式将其管辖范围内的教育统整起来使之发挥作用。比如，在课堂上，以"教师为中心"的教学，学生都要听从于教师，从教育机制的角度来说，这种教学体现的就是宏观的教育机制。从体制上来说，这种宏观教育机制一般是与集权的体制相联系的，因为只有这种集权的体制才有可能将教育的各个部分统一起来使之发挥作用。从观念上说，这种机制所体现的是个人服从组织、下级服从上级的管理观念。

中观的教育机制是从组织的中层着手，在中层的层面上用统一的方式将教育统整起来使教育发挥作用。如相对于全国来说，如果从地区这一层面着手将全国教育的各个部分统整起来使之发挥作用，可以说这种机制就是中观的教育机制。又如，相对于地区来说，如果从学校这一层面入手将这一地区教育的各个部分统整起来使之发挥作用；相对于学校来说，如果从班级着手来将学校教育的各个部分统整起来使之发挥作用；相对于一个班级来说，如果从小组入手来将全班教育的各个部分统整起来使之发挥作用，这些都可看作中观的教育机制。一般来说，在活动层面上，这种中观的教育机制是与既强调民主又强调集权的工作作风相联系的。说强调民主，是因为这种机制比较注重中层的积极性；说强调集权，是因为这种机制也强调中层各个方面步调一致或整齐划一。在体制层面上，这种机制是与合作制的体制即既强调分权又强调集权的体制相联系的。说强调分权，是指这种机制不是强调发挥高层而是强调发挥中层的作用；说强调集权，指的是这种机制强调的是中层这一范围内各个方面的集中统一。在观念层面上，这一机制反映的是既强调自主又强调服从的教育管理观。所谓自主是指，既然把重心放在中层上，相对于全国、地区、学校和班级来说，地区、学校、班级和小组这些中层就会有一定的自主权；所谓服从是指，在中层内部的各个层级之间，下级还是要服从上级，个人还要服从组织的。

微观的教育机制是指从教育的各个组成部分着手，充分调动各个组成部分的积极性来发挥教育的作用。这种机制有两个特点：一个是它的基层性，另一个是它的个别性。也就是说，这一机制是把着眼点放在某一层次或某一方面的每一个教育的基本组成单位上，通过把每一个基本的教育单位的积极性调动起来而发挥教育的整体功能。如相对于全国来说，调动每一个地区教育的积极性；相对于一个地区来说，调动每一所学校的积极性；相对于一所学校来说，调动每一个班级的积极性；相对每一个班级来说，调动每一个小组的积极性；相对于每一个小组来说，调动每一个学生和每一个教师的积极性，以上这些都属于微观教育机制的范畴。微观教育机制把着眼点放在这些教育的层面上，与中观的教育机制把着眼点放在这些层面上的意义是不一样的。中观的教育机制把着眼点放在这些层面上是要求这些层面的所有教育都必须步调一致，而微观的教育机制把着眼点放在这些层面上是要强调构成这些层面的教育的各个部分的独立性和自主性。从活动层面上来说，很显然这种机制一般是与民主的工作作风相联系的。比如，在课堂上，一个教师不是从全班的角度，而是从每一个小组的角度或从每一个学生的角度来组织课堂教学，从教育机制的角度来说，他所采用的机制就是微观的教育机制。从这一意义上来说，从教育机制的角度来看以"儿童为中心"的教育主张，这种教育主张实际上采用的是微观的教育机制；从体制层面上来说，这种机制是与分权制的体制是相联系的。如美国的教育从机制的角度来说，主要采用的是微观的教育机制，因为从全美国的角度来说，它强调的是要调动各个州的积极性；从各个州来说，它要强调的是要调动各个学区的积极性；从学区的角度来说，它强调的是要调动每所学校的积极性；从每所学校来说，它所强调的是要调动每个教师和每位学生的积极性。从观念层面上来说，这种教育机制体现的不是服从的教育管理观而是自主的教育管理观。

2. 教育的形式机制

教育的形式机制是从教育运行方式的角度来考察教育现象的内部联系所得出的机制。它包括行政—计划式的机制、指导—服务式的机制和监督—服务式的机制。

行政—计划式的机制是指用行政的手段和计划的手段将教育的各个部分统整

起来使之发挥作用。行政的手段指的是运用发放"红头文件"、开会、检查、评估和汇报等方式把教育的方方面面统管起来,从而使教育得以运行;计划的手段指的是运用招生指标和拨款指标等方式把教育的方方面面统整起来使教育得以运行。关于行政—计划式的方式,我们都比较熟悉,这是我们在教育管理中通常所采用的方式,从机制的角度来说,这就是一种行政—计划式的机制。这种机制的运用是以组织上严格的上下级关系为基础的,因为只有这种组织上的上下级关系,才能有效地实施这些行政手段和有利于计划指标的划拨和落实。一般来说,在活动层面上,这种机制一般与专断式的工作作风相联系,专断式工作作风的领导比较喜好用行政—计划式的手段来抓方方面面的教育工作;在体制层面,这种机制一般是与集权的体制相联系的,行政—计划式的手段是集权式体制的一个重要特征,集权式体制主要是采取行政—计划式的手段来推动各方面的教育工作的。

指导—服务式的机制是指用指导的手段和服务的手段将教育的各个部分统整起来使之发挥作用。这种机制与行政—计划式的机制的行政命令和计划调控手段不一样,这种机制在指导方面所体现的是管理者对管理的对象只是提供建议,被管理者可以听从,也可以不听从;在服务方面,管理者对管理的对象只是提供物质方面的支持和有关信息方面的参考等。一般来说,这种机制从活动层面上是与民主式的工作作风相联系的。如在教学中,如果教师的教学比较民主,在教学中把学生放在主体地位,教师的作用只是为学生提供指导和服务,那么这时候教课教师所采用的教育机制就是指导—服务式的机制。杜威所倡导的教师围绕学生转的"儿童中心"的教育思想所体现的教育机制正是这种指导—服务式的机制,在体制层面上所体现的是分权式的体制。美国是一个比较典型的地方分权制的国家,它对全国的教育管理主要采取的是指导和服务的方式进行的。美国的教育是当今世界比较先进的教育之一,它运用指导—服务式的机制管理全国教育的经验是值得我们认真研究和借鉴的。由于运用这种机制的管理者对被管理者只是提供指导和服务,被管理者有较大的主动权决定自己干什么和怎么干,很明显,这种机制在观念层面上体现的是一种自主性的管理观念。

监督—服务式的机制是指既运用行政—计划的手段,也运用指导—服务的手段将教育的各个部分统整起来使之发挥作用。在实际的教育活动或教育管理活动中，相对于上述两种机制，这种机制更为普遍。因为教育的改革与发展，有时候需要行政—计划式的方式，有时候需要的却是指导—服务的方式，教育的改革与发展不可能运用一成不变的单一方式。教育改革中形式机制的运行状态一般会呈现出要么采用的是以行政—计划式的机制为主、以指导—服务式的机制为辅的机制，要么采用的是以指导—服务式的机制为主、以行政—计划式的机制为辅的机制。从活动层面来说，这种机制是与既体现民主又体现独裁的"权变"式的工作作风相联系的。如一个教师在课堂上如果既考虑到对全班的统一要求，又考虑到不同学生的特殊情况；既发挥教师在全班组织教学中的主导作用，又注意调动每个学生的积极性，教师这时运用的就是监督—服务式的教育机制。从体制层面上来说，这种机制是与"权变"的体制即既强调集权又强调分权的体制相联系的。大家知道，日本现在是一个合作制的教育体制国家，二战以前，由于受敕令主义的影响，日本在教育上实行的是集权式体制，在教育运行机制上体现的是行政—计划式的机制；从二战结束至20世纪60年代，受美国民主教育思潮的影响，日本的教育体制是一种分权式的体制，在运行机制上体现的是指导—服务式的机制；20世纪60年代以后，日本发现这种受美国民主思潮影响而形成的体制和机制并不完全符合日本的国情，于是对日本的教育体制和教育机制实行了改革，形成了一种集权与分权相结合的教育体制和监督—服务式的运行机制。至今，这种体制和机制一直主导着日本教育的改革与发展。在观念层面上，这种机制体现的是既强调自主又强调服从的"权变"的管理观念。

3. 教育的功能机制

教育的功能机制是从教育机制所发挥作用的角度考察教育现象各部分的内在联系而得出的机制。它包括激励机制、制约机制和保障机制。

激励机制是指用激励的手段，发挥激励的功能，来调动教育各个方面的积极性，从而统整整个教育使其发挥作用。这里的激励手段包括我国思想政治工作的激励手段和西方行为科学的激励手段两种。前者是通过提高人的思想觉悟来调动人的积极性，后者是通过满足人的需要来调动人的积极性。这两种手段在前面教育管理活动的方法中做了比较详细的论述，这里就不赘述了。一般来说，在活动层面上，这种机制是与民主式的工作作风相联系的。因为只有具有民主的工作作风，才有可能做到不是领导者或管理者一个人说了算，而是调动各方面的积极性来做好教育工作；在体制层面上，这种机制是与分权式的体制相联系的。因为只有这种体制才有可能不只是发挥中央一个方面的积极性，而是调动各方面的积极性来办好教育；在观念层面上，这种机制是与自主性的教育管理观相联系的，因为只有强调自主性，教育方方面面的积极性才有可能被调动起来。

制约机制是指用制约的手段，发挥制约的功能，将各方面的教育统整起来使之发挥作用。这种制约从纵向上来说，有上级对下级的制约、下级对上级的制约以及平级之间的制约；从形式上来说，有行政制约、法律制约和舆论制约。从活动层面上来说，这种机制是与独裁式或民主式的工作作风相联系的。因为独裁式的作风比较倾向于采用行政制约的方式，由上级对下级进行监督，而民主式的作风比较倾向于采用法律制约和采取下级对上级或平级之间的制约。在体制层面上，这种机制是与分权制或集权制的体制相联系的。因为分权制的体制在纵向上一般倾向于下级对上级或平级之间的制约，在形式上一般倾向于采用法律监督和舆论监督，而集权体制则比较倾向于在纵向上采取上级对下级的监督，在形式上采取行政监督。在观念层面上，这种机制是与服从式的教育管理观念或自主性的教育管理观念相联系的。服从式的教育管理观念一般会采用上级对下级的监督和行政的方式进行监督，而自主性的教育管理观念一般在纵向上会强调下级对上级、平级与平级之间的监督，在形式上会采用行政式的方式进行监督。

保障机制是指用保障的手段，发挥保障的功能，将各方面的教育统整起来使之发挥作用。这种机制一般采用三种方式来发挥作用：一种是提供经费、设备等物质条件，二是提供观念的导向、政策支持和制度保障等精神条件，三是提供管理或服务。在教育运行过程中，一般来说，这三种方式是同时采用而发挥作用的，但有时也可以只采取其中的一种方式或两种方式来发挥作用。也就是说，要使教育的各个部分统整起来发挥作用，多数情况下是要同时采用这三种方式，而有时候只采用一种或两种方式就能达到把教育的各个部分统整起来使教育得以运行的目的。从活动层面来说，这种机制是与民主式的工作作风和独裁式的工作作风相联系的。因为无论是哪一种作风的管理者，都需要为他所从事的教育工作提供保障，只不过有时是物质的，有时是精神的，有时是管理的或服务的而已。从体制层面来说，这种机制是与分权式的体制和集权式的体制相联系的。因为无论是哪一种体制，都必须为所在体制内的各种教育提供各种形式的保障。从观念层面上来说，这种机制是与自主性的教育管理观和服从式的教育管理观相联系的。因为无论是哪一种教育管理观，教育都需要与各种形式的保障机制相配合，从而对教育发生作用。不能说只有服从性的教育管理观才需要上级为下级提供保障，而自主性的教育管理观由于自己能够自主就不需要上级或其他部门为自己提供保障。

（三）教育机制类型的逻辑分析

1. 教育机制类型的应然逻辑分析

上述对教育机制类型分析的一个基本的理论前提是：层次、形式和功能反映事物或现象各部分的内在联系及联系方式，考察事物或现象各部分的内在联系及联系方式要从事物或现象联系的层次、形式和功能三个方面来进行分析。为什么说层次、形式和功能反映事物或现象各部分的内在联系及联系方式，考察事物或现象各部分的内在联系及联系方式要从层次、形式和功能三个方面分析而不从其他方面来分析呢？这就是我们在教育机制类型的划分中必须探讨的一个理论问题。说清楚了这一问题，教育机制中层次机制、形式机制和功能机制三种机制类型的划分就立住脚了。下面我们对这一问题试做一分析。

首先，让我们分析为什么考察事物或现象各部分的内在联系只从层次、形式和功能三个方面来进行分析。诚然，我们可以从不同的角度去考察不同的现象和事物中那些将现象和事物中各个部分联系起来使之发挥作用的方式，从而得出某一现象和事物的不同机制，但层次、形式以及功能是考察事物和现象运行机制的三个最基本的角度，也是事物和现象得以发挥作用的三种基本方式。而且这三种方式构成了一个事物或现象各部分内在联系及联系方式的内在的逻辑结构，也是我们考察一个事物或现象各部分内在联系或联系方式的应然逻辑。从事物或现象的内在联系或联系方式的逻辑结构来看，这种联系或联系方式首先是在一定的范围内的，在这一范围内才能确定在这个范围内各部分的联系方式，有了这种联系方式才能知道这种方式的作用。从认识事物或现象各部分内在的联系或联系方式来看，我们看一个事物和现象各部分的内在联系及联系方式，首先也要确定考察的范围。确定了考察的范围以后，然后才能考察事物或现象各部分联系或联系方式的具体形式；弄清了这种形式以后，才有可能分析这种形式所发挥的作用。这就是人们考察事物或现象各部分联系或联系方式的应然逻辑，只有遵循这种逻辑，才有可能弄清事物或现象各部分之间的内在联系或联系方式。

其次，让我们分析一下为什么考察范围就只考察宏观、中观和微观三个方面，考察形式就只考察行政—计划、指导—服务和监督—服务三种形式，考察功能就只考察激励、制约和保障三种功能。考察范围只考察宏观、中观和微观三个方面，是因为这三个方面构成了认识事物或现象范围的应然逻辑。考察了事物或现象的宏观、中观和微观层面，就基本上明了了事物或现象的范围。考察形式只考察行政—计划、指导—服务和监督—服务三种形式，是因为这三种形式是表现事物或现象各部分内在联系或联系方式的三种最基本的形式。有人说，表现事物或现象各部分内在联系或联系方式的形式不止这三种，还有其他形式，比如还有评价的形式、分配的形式、配置的形式、决策的形式、执行的形式和竞争的形式等。我们说，这三种形式是最为基本的形式，而且其他形式也都与这三种基本的形式有关。也就是说，抓住了这三种形式，就可以比较容易地认识其他形式。如评价的形式其实已经包含在监督的形式之中，因为有监督必有评价。配置的形式和分配的形式其实与行政—计划的形式有明显的联系，行政—计划的形式当然要考察是用行政的手段还是用计划的手段来进行这种配置和分配，在计划的手段里面是用指令性计划还是用指导性计划进行配置和分配。决策的形式和执行的形式其实也与行政—计划的形式有关，因为行政和计划里面本身就有决策和执行的问题。而且，这种决策与执行也与宏观、中观和微观的形式有关，也就涉及是在宏观层面、中观层面还是在微观层面决策和执行的问题。至于竞争的形式，它涉及我们常说的竞争机制，这种机制和我们在下面要说到的激励机制是大体相同的，说激励机制就不宜同时说竞争机制，说竞争机制就不宜同时说激励机制，这也是我们在分析形式时没有同时提竞争形式的一个考虑。我们说考察功能只考察激励、制约和保障三种功能，是因为这三种功能是功能里面最为主要的功能。有人说还有评价功能、平衡功能、稳定功能、正向功能和负向功能等，我们说这些功能也可以包含或体现在这三种功能之中。比如，评价功能可以包含在制约功能里面，平衡和稳定功能可以体现在制约功能和保障功能里面，而正向功能和负向功能也可以体现在激励功能、制约功能和保障功能里面。因为从一般意义上理解，激励是正向的，而制约则是负向的。但也可理解为，激励、制约和保障既可以起正向的作用，也可以发挥负向的作用。由上分析可见，层次、形式和功能，以及层次里面的宏观、中观和微观，形式里面的行政—计划、指导—服务和监督—服务，以及功能里面的激励、制约和保障是事物或现象各部分之间内在的基本联系或基本联系方式，根据这些联系方式所划分的机制在理论上是成立的。

2. 教育机制类型的实然逻辑分析

以上我们从应然逻辑的角度分析了将教育现象各部分联系起来的层次、形式和功能三种方式的关系，论证了将教育机制划分为教育的层次机制、教育的形式机制和教育的功能机制，以及将教育的层次机制分为教育的宏观机制、中观机制和微观机制，将教育的形式机制划分为行政—计划式的机制、指导—服务式的机制和监督—服务式的机制，将教育的功能机制划分为激励机制、制约机制和保障机制在理论上是成立的。这种分析虽然是分析层次、形式和功能三种方式之间的应然逻辑，但根据我们对机制的理解，这种对层次、形式和功能三种方式之间应然逻辑的分析也是对教育的层次机制、教育的形式机制和教育的功能机制应然逻辑的分析。然而，在现实生活中，这三种机制并不是完全表现为应然的逻辑，还存在着一种实然的状况即实然逻辑。这种实然逻辑表现在，人们认识这三种机制，有时是首先从层次上去考察事物或现象各部分的内在联系及联系方式所表现出的教育的层次机制，有时是首先从形式上去考察事物或现象各部分的内在联系及联系方式所表现出的教育的形式机制，有时是首先从功能上去考察事物或现象各部分的内在联系及联系方式所表现出的教育的功能机制。然而无论着眼于什么机制，都必须注意其他两种机制的作用，因为这三种机制是相互联系的。我们只是为了便于分析，才将这三种机制分开进行分析。在层次机制上，三种机制的联系表现在，要考虑在某一层次上用什么方式来将教育的各个部分统整起来，这就涉及形式机制的问题。不仅如此，还要考虑运用这些方式会起到什么作用，这便涉及功能机制的问题了。因此实际上当说层次机制时，必然要涉及形式机制和功能机制。比如说，当我们采用宏观机制时，就要考虑在这种宏观机制上究竟是采用行政—计划式的机制、指导—服务式的机制还是监督—服务式的机制，还要考虑采用这些形式机制究竟是发挥激励作用、制约作用还是保障作用。在形式机制上，三种机制的联系表现在，要考虑在一个什么样的层次上运用这种形式，这就涉及层次机制的问题了。另外，还要考虑运用这种形式会产生什么作用，这便是功能机制的问题了。因此当说到形式的时候，它实际上已经涉及层次机制和功能机制的问题了。比如，当我们选用指导—服务式的机制时，就要考察它是在宏观层次、中观层次还是在微观层次上发挥作用，同时还要考虑在这些层次上使用这种机制所发挥的作用是激励作用、制约作用还是保障作用。在功能机制上，三种机制的联系表现在，要考虑在一个什么样的层次上运用什么样的方式来发挥某种机制的作用，这便涉及层次机制和形式机制的问题了。因此，当我们说要采用某种功能机制时，层次机制和功能机制的问题就自然地与功能机制联系起来了。比如说，我们要采用激励机制，这时就要考虑在宏观层次、中观层次还是在微观层次上采用这种机制，不仅如此，还要考虑采用这种机制时是用行政—计划式的机制，指导—服务式的机制还是监督—服务式的机制来发挥这种激励机制的作用。

有人或许会问，机制既然是将事物和现象各个部分联系起来使之发挥作用的方式，形式机制可以说是一种机制，因为行政—计划、指导—服务和监督—服务可以说是一种方式，这些方式可以把教育的各个部分统整起来使之发挥作用。然而"层次机制"和"功能机制"中的"层次"和"功能"就不能说是一种方式了，它们与机制的定义不是很相符。我们说"层次"和"功能"从表面上来看不是一种方式，但它们却是某一种或某几种方式的称谓。如功能机制中的激励、制约和保障，很显然就是把教育各个部分统整起来的具体方式。层次机制中的宏观、中观和微观，虽然从字面上说不是一种具体的方式，但它们所概括的内容其实就是把教育各个部分统整起来的方式。如这里的宏观所说的就是用整体统一的方式把教育的各个部分统整起来使教育发挥作用，这里的中观和微观所说的是从中层和基层上不用整齐划一的方式，而是用因地制宜的方式把教育的各个部分统整起来使教育发挥作用。可见，既可以直接以将教育各个部分统整起来的方式来命名，也可以用能概括这些方式的其他词语来命名。我们不能把直接以将教育各个部分统整起来的方式来命名的机制叫作机制,而不把用概括这些方式的其他词语来称谓的机制叫作机制。

·········· 思考题 ··············

1. 机制的本义与引申义是什么?
2. 如何理解机制与体制、制度和规律之间的关系?
3. 认识机制理论有什么理论意义和实践意义?
4. 什么是教育机制?如何划分教育机制的类型?
5. 教育机制的类型有哪些?
6. 试述教育的层次机制、形式机制和功能机制。
7. 怎样分析教育机制类型的应然逻辑?
8. 如何理解教育机制类型的实然逻辑?

第九章

教育机制改革

第一节 教育机制改革概论

一、什么是教育机制改革

根据前面对机制改革的论述，我们所说的教育机制改革指的是探索发现新的教育机制、修正和转换错的教育机制及调整和完善已有的教育机制三个方面。以下对这三个方面的教育机制改革分别进行分析。

（一）探索发现新的教育机制

所谓探索发现新的教育机制，是指在教育机制改革的过程中去探索和发现过去所没有的教育机制。这种探索和发现一般有两种情况。第一种情况是探索和发现已经存在的事物或现象中的机制。对已经存在的事物或现象，它所具有的机制一般来说已经被人们所研究或发现，但人们不一定都对它的机制进行过研究，所以在教育机制改革过程中，首先就要探讨和发现那些已经存在的事物中未被发现的教育机制。如在教育管理现象中的教育管理机制、教学现象中的教学机制、班主任工作中的班主任工作机制等，对这些教育机制，人们过去只是说说而已，并没有认真研究这些教育现象的机制。在教育机制改革的过程中，就应该把这些被人们忽视了的教育机制建立起来。第二种情况是，在教育改革过程中出现了新的教育现象，为了更好地认识这些新的教育现象，使这些教育现象不断地发展和完善，就需要对这些新的教育现象的机制进行研究，使适应这种新教育现象的教育机制得以建立和完善。比如，民办教育是我国改革开放以后出现的新的教育现象，为了使我国的民办教育更好地发展，就要对民办教育的运行机制进行研究，并在教育改革过程中建立民办教育的运行机制。

（二）修正和转换错误的教育机制

所谓修正和转换错误的教育机制，是指在教育改革过程中修正和转换那些错误的教育机制，即这些教育机制没有正确反映教育现象各部分的内在联系或联系方式。人们对教育机制的认识，即对事物或现象各部分的内在联系及联系方式的认识，虽然一般是正确的，但由于各种各样的原因，认识也有可能发生偏差，而对教育的机制产生错误的认识。在教育机制改革过程中，就应该注意把那些由于认识的偏差建立起来的教育机制加以纠正，使之转换到正确的教育机制上来。比如，过去人们一直认为，社会主义就应该是计划经济而不应该是市场经济，因而社会主义的经济就是计划机制而不是市场机制。现在人们认识到，社会主义也可以实行市场经济，甚至从本质上来说就是一种市场经济。因此，社会主义也可以实行市场机制。这样在改革过程中，人们就不得不修正过去对社会主义经济机制只是计划机制的错误认识，将社会主义经济机制由计划机制转换到市场机制。再比如，过去人们一直认为，教育管理就是强调"管"并把被管理的对象管住，因此，教育管理的机制就是行政式的机制。而现在人们认为，教育管理不是强调"管"，而是强调"服务"，教育管理的机制就应该是"服务"式的机制。这样在教育机制改革过程中，我们就应该注意将教育管理的行政式的机制加以修正，使之转换到服务式的机制上来。

（三）调整和完善已有的教育机制

调整和完善已有的教育机制有两种情况。第一种情况是，过去对教育机制有认识，但由于认识得不全面，需要加以调整和完善。这种情况是指，事物或现象各部分存在着内在的联系或联系方式，有时这种联系方式不止一种，而有多种联系方式并存，但人们在认识这种事物或现象的运行机制时，只认识到了其中一种方式，误认为这种事物或现象的机制就只存在着这样一种机制；或者是事物或现象各部分的内在联系比较复杂，人们可能只认识到了其中一部分联系，而对另一部分联系没有认识。因此就把已经认识到了的机制当作事物或现象的全部机制，而把没有认识到的但事实上已经存在的机制不当作是事物或现象的机制。如过去人们一直认为行政—计划式的方式是将教育现象各部分联系起来的唯一方式，因此，教育的机制就是行政—计划式的机制。然而事实上，将教育现象各部分联系起来的方式还有监督—服务式等方式，因而教育的运行机制还有监督—服务式的机制。这种现象还可解释为，由于教育现象各部分的内在联系比较复杂，人们只认识到了这种联系的一种方式即行政—计划式的方式，而对监督—服务式的方式没有认识到，误认为教育的运行机制就只有行政—计划式的机制。在教育机制改革过程中，我们就是要对过去没有认识到的机制加以重新认识，从而使机制更为完善。

第二种情况也有两种情形。第一种情形是，虽然人们认识到了许多教育机制，但还没发现这些机制之间的内在联系，这些机制还未形成一定的体系结构，这些已存在的教育机制还不能反映教育机制与教育现象各部分之间内在联系的一一对应的关系，这些教育机制对教育的运行还不能发挥有效的作用，因而就要对这些教育机制之间的内在联系和教育机制与教育现象各部分的内在联系进行调整，使之形成一个比较完整的教育机制体系。比如，现时很多教育机制，如宏观教育机制、决策机制、竞争机制、制约机制、教育资源的配置机制等，但我们并不知道这些机制之间的逻辑关系，在教育机制改革中，我们的重要任务就是要去发现这些教育机制之间的关系，建立一个比较完整的教育机制结构，使之更好地反映教育现象各部分的内在联系，从而更好地促进教育的运行和发展。第二种情形是，已有的教育机制比较完善，已经形成一定的教育机制运行的格局，但由于事物或现象发生了变化，已有的机制及其格局并不能完全适应变化了的情况，因此就要对过去已有的机制进行调整，使这种机制更符合新出现的情况。改革开放以来，我国无论是教育活动、教育体制，还是教育观念等这些与教育机制密切相关的领域都发生了很大的变化，这些变化必然要对教育机制发生影响，只有对教育机制及其运行的格局进行调整才能使已有的教育机制适应变化了的新情况。如新中国成立以来，在层次上我们已形成了宏观机制、中观机制和微观机制，在形式上已形成了行政—计划机制、指导—服务机制和监督—服务机制，在功能机制上已形成了激励机制、制约机制和保障机制，如何根据当前我国教育改革的实际，在充分利用这些教育机制的基础上，对这些教育机制的结构进行调整，使之更好地适应我国当前教育改革的实际，推动我国的教育进一步向前发展，这也是我国当前教育机制改革的一个重要课题。

二、教育机制改革的基本规律

（一）教育机制改革的内部规律

教育机制改革的内部规律指按教育机制的内部规律办事，处理好教育机制系统内部各种教育机制之间的关系。一种教育机制的改革要与其他教育机制的改革配套进行。按教育机制改革的内部规律办事有如下两种思路。

1. 教育机制改革内部的应然规律

教育机制内部的应然规律反映的是教育层次机制、教育形式机制和教育功能机制之间的内在的、稳定的、必然的联系中的应然关系。这种应然关系所反映的这三种教育机制之间的相互作用的起点是单一的，路径是稳定的，它是按教育的层次机制作用于教育的形式机制，教育的形式机制作用于教育的功能机制这样一种方式来表达这三种教育机制之间的稳定的、必然的联系。教育机制改革内部的应然规律是指如何按这种应然关系来改革教育机制。按这种应然的关系来改革教育机制，就要先改革教育层次机制，再改革教育形式机制，最后改革教育功能机制。然而，无论先改革哪一种教育机制，根据我们上面分析的这几种教育机制之间存在的相互联系，都必须考虑与其他两种机制之间的关系，都必须与其他两种机制配套进行改革。也就是说，改革教育的层次机制，同时要考虑改革这一层次上的形式机制和这一形式机制所发挥作用的功能机制。只有这样，按教育机制改革内部的应然规律所进行的改革才能取得好的效果。

2. 教育机制改革内部的实然规律

教育机制内部的实然规律反映的是教育层次机制、教育形式机制和教育功能机制之间的内在的、稳定的、必然的联系中的实然关系。这种实然关系所反映的这三种教育机制之间的相互作用的起点是多开端的，路径是变动不居的，它是按教育的层次机制、教育的形式机制与教育的功能机制之间相互作用这样一种方式来表达这三种教育机制之间的稳定的、必然的联系的。教育机制改革内部的实然规律是指如何按这种实然关系来改革教育机制。按这种实然关系来改革教育机制，就要有时先改革教育层次机制，有时可能先改革教育形式机制，有时还得先改革教育功能机制。然而，无论是先改革哪一种教育机制，根据我们上面分析的这几种教育机制之间存在的相互联系，都必须考虑与其他两种机制之间的关系，都必须与其他两种机制配套进行改革。也就是说，先改革教育的层次机制，同时要考虑改革这一层次上的形式机制和这一形式机制所发挥作用的功能机制；先改革形式机制，同时要考虑与这一形式机制相适应的功能机制和层次机制；先改革功能机制，同时也要考虑与这种功能机制相配套的形式机制和层次机制。只有这样，按教育机制改革内部的实然规律所进行的改革才能取得好的效果。

（二）教育机制改革的外部规律

教育机制改革的外部规律指的是要按教育机制的外部规律办事，要处理好教育机制与教育机制以外相关范畴的关系。它也包括两种情况：第一种是要处理好教育现象内部教育机制与教育机制相关范畴的关系，第二种是要处理好教育机制与教育现象以外的与教育机制相关范畴的关系。下面对这两种情况分别进行分析。

1. 教育现象内部的教育机制改革的外部规律

教育现象内部的教育机制改革的外部规律是指要按教育现象内部的教育机制的外部规律办事。教育现象内部的教育机制的外部规律指的是教育现象内部与教育机制相关的这些范畴之间的内在的、稳定的、必然的联系。根据我们前面的分析，在教育现象内部，与教育机制有着内在的、稳定的、必然的联系的范畴是教育活动、教育体制和教育观念。所以教育现象内部的教育机制的外部规律反映的是教育机制与教育活动、教育活动和教育观念之间的一种内在的、稳定的、必然的联系。这种联系有两种关系状态，一种是应然的关系状态，另一种是实然的关系状态。应然的关系状态指的是由教育活动到教育体制，再到教育机制，最后到教育观念这样一个起点单一、路径稳定的作用的过程；而实然的关系状态就是一个这四个范畴相互作用的、多开端的、不稳定的过程。不管是实然状态还是应然状态，改革教育机制这个范畴，如果要按教育现象内部的教育机制的外部规律办事，一方面就得考虑其他几个范畴如教育活动、教育体制和教育观念对教育机制改革的影响。也就是说，教育活动、教育体制和教育观念变了，教育机制就要跟着发生改变。另一方面，当改革教育机制时，还要考虑教育活动、教育体制和教育观念的配套改革。因为教育机制变了，教育活动、教育体制和教育观念就要跟着发生变化。

2. 教育现象外部的教育机制改革的外部规律

教育现象外部的教育机制改革的外部规律是指按教育现象外部的教育机制的外部规律办事。教育现象外部的教育机制的外部规律指的是教育机制与教育以外的社会现象和受教育的对象之间的一种内在的、稳定的、必然的联系。前一种规律表现为教育机制与社会的政治、经济和文化之间的内在的、必然的、稳定的联系。这是指，一方面一定社会的政治、经济和文化影响或决定着教育的运行机制，社会的政治、经济和文化不同，教育的运行机制是有差别的。如美国政治上的分权体制，经济上的市场资源配置和文化上的多元性，使得美国的教育运行机制呈现出在层次机制上注重中观和微观机制，在形式机制上注重指导—服务机制以及在功能机制上注重激励机制和保障机制的特色。我国从新中国成立至改革开放前夕，由于在政治上实行的是民主集中制，经济上是用计划来配置资源，这些使得中国教育的运行机制呈现出在层次机制上注重宏观机制，在形式机制上注重行政—计划式的机制，以及在功能机制上注重制约机制的特色。另一方面，教育的运行机制又具有一定的超越性，教育机制一旦形成，又具有相对的独立性，它并不是随着社会政治、经济和文化的变化而马上变化的，它有一定的滞后性。它对一定社会的政治、经济和文化又发生影响。如我国改革开放以后，政治、经济和文化状况发生了比较大的变化，然而教育的运行机制还比较明显地带有强调宏观机制、行政—计划式的机制和制约机制的特征。这些教育机制对我国的教育改革带来了一些负面的影响。教育机制与受教育的对象之间的内在的、稳定的、必然的联系表现在，一方面受教育者的状况影响或决定着教育的机制，另一方面，教育机制对受教育者的成长又产生着重要的影响。在教学教育活动中，教师采用什么样的教育机制，除了教师自身的特点以外，很大程度上取决于学生的年龄特征、学习的兴趣、学习的自觉性等条件。毫无疑问，教师所采用的教育机制对学生的发展起着至关重要的作用。在教育教学活动中采用行政—计划式的教育机制培养出来的学生与在教学教育活动中采用指导—服务式的教育机制培养出来的学生在主体性的发展上会表现出明显的差异。前者主体性的发展强一些，而后者主体性的发展差一些。上面的分析告诉我们，改革教育机制，一方面要考虑社会的政治、经济和文化以及受教育者的状况对教育机制的影响，另一方面也要考虑教育机制对社会的政治、经济和文化以及受教育对象的影响，这样，教育机制的改革才能取得好的效果。

第二节　三大教育机制的改革

一、教育层次机制改革

（一）教育层次机制改革的目标及内容

教育层次机制改革的目标是，要根据各国教育的实际，建立能有效推动各国教育改革的教育的宏观机制、教育的中观机制和教育的微观机制的动态结构。这种动态结构一般来说有三种：第一种是三种层次机制都着重强调的动态结构；第二种是以其中一个层次机制为主，另外两个层次机制为辅的动态结构；第三种是以两个层次机制为主，以另一个层次机制为辅的动态结构。建立这样的层次机制的动态结构，各国就能根据本国的实际情况，适时地调整这三种层次机制的结构，并选择其中一种层次机制结构，使这三种层次机制形成一种有机的组合，从而推动一个国家教育改革的发展。形成第一种机制结构，在内容上三种层次机制都不能忽视，三种机制要同时加强；形成第二种机制结构，就要强化其中一种机制，淡化另外两种机制；形成第三种机制结构，就要强化其中两种机制而淡化另外一种机制。结合中国的实际，中国教育层次机制改革的目标和内容是什么呢？我们认为，中国教育层次机制改革的目标和内容是，建立以中观和微观机制为主、以宏观机制为辅的教育的层次机制动态结构。为了达到这个目标，在这三种层次机制中，就要淡化宏观机制，强化中观和微观机制，这样才能形成以中观和微观机制为主、以宏观机制为辅的层次机制动态结构，推动我国教育改革不断深入地向前发展。

（二）教育层次机制改革的依据及要求

1. 教育层次机制改革的依据

我们提出要建立教育层次机制的动态结构有如下依据。第一，在教育机制改革中，不可能只建立一种层次机制的运行格局。宏观机制、中观机制和微观机制构成了事物或现象的层次机制结构，任何现象或事物在其范围上都是由宏观、中观和微观三个层次组成的，如果从这三个层次考虑事物或现象各部分的内在联系及联系方式，就会形成宏观、中观和微观三个层次的机制。可以说，宏观机制、中观机制和微观机制是事物或现象中不可或缺的层次机制。由此可见，在教育的层次机制改革中，不建立三种层次机制的动态结构，而是建立一种层次机制的运行格局，如要么建立宏观机制的运行格局，要么建立中观机制的运行格局，要么建立微观机制的运行格局，根据我们对事物或现象中层次机制结构的理解，这种想法实际上是不可能实现的。因为当你想建立一种层次机制运行的格局时，其他两种机制也是客观存在的，不管你是否采用这两种机制，它们实际上也在发挥作用。当你想建立一种层次机制的格局时，实际上所形成的是以一种层次机制为主、以另外两种机制为辅的教育层次机制运行的格局。

第二，教育机制除受制于教育机制以外的教育因素诸如教育活动（包括受教育的对象）、教育体制和教育观念的影响外，还受制于社会政治、经济和文化等诸因素的影响，教育活动、教育体制和教育观念不同，不同国家、不同地区的政治、经济和文化不同，教育运行的层次机制是有差异的。在教育层次机制改革的过程中，只有建立教育层次机制的动态结构，才有可能适应与教育机制范畴紧密相关的教育活动、教育体制和教育观念的需要，以及不同国家和地区政治、经济、文化的需要，从而使教育的层次机制在促进教育活动的发展，包括促进受教育者的成长，教育体制的改革和教育观念的更新，在促进不同国家和地区的政治、经济和文化的发展中发挥积极的作用。

第三，我国当前教育改革中的教育活动、教育体制和教育观念，以及我国的政治、经济、文化以及受教育者的状况，决定了我国教育层次机制的改革应是一种以中观和微观机制为主、以宏观机制为辅的层次机制的动态结构。与改革开放以前相比，改革开放以来，我国的教育活动、教育体制和教育观念，以及我国社会的政治、经济、文化和受教育者的状况发生了比较大的变化。在教育领域内，从教育活动层面上看，我国对教学、德育的内容和方法都进行了改革。如在教学改革方面，在教学内容上进行了以更新传统知识观为核心的基础教育课程改革，在教学方法上以教师为主导、学生为主体的教学方式普遍得到了重视。在教育改革过程中，受教育者的主体性不断增强，他们有积极参与教育教学和管理过程的强烈愿望。在教育体制层面上，1985年，《中共中央关于教育体制改革的决定》发布，教育体制改革全面启动；1993年，中共中央、国务院印发《中国教育改革和发展纲要》，开始全面探索建立与社会主义市场经济相适应的教育体制；2010年，中共中央、国务院印发《国家中长期教育改革和发展规划纲要（2010—2020年）》，2017年，中共中央办公厅、国务院办公厅印发《关于深化教育体制机制改革的意见》，全面深入地推行了各级各类教育体制改革，初步确立了具有中国特色社会主义的教育体制机制，推动了各级各类教育的发展。在教育观念层面上，教育中的民主、公平、效益及以人为本的观念正在深入人心，在教育改革与发展中发挥着重要的作用。在社会领域中，政治体制、行政体制改革正在不断向前推进，社会主义市场经济体制已经基本形成，在强调弘扬传统文化精粹的同时，不断汲取西方的先进文化，多元文化的格局正在形成。上述变化，既是对以集中和统一为特征的传统的宏观教育机制进行改革的结果，也是强化中观和微观教育机制所需要的。这种变化表明，以集中统一为特征的宏观教育机制已经不适应教育内外形势发展的需要，必须要对这种宏观的教育机制进行改革，建立适应教育内外形势发展需要的，能推动我国教育改革不断深入发展的新的教育层次机制结构。当前，改革我国的宏观教育机制，是不是就不需要宏观教育机制了呢？当然不是。我们这里讲的是要淡化宏观教育机制而不是不要宏观教育机制。这是因为，从理论上来看，这三种层次机制在教育中是同时存在的。加强中观和微观教育机制，不是说宏观教育机制就不存在了，它还会存在，还会发挥作用，在改革中，不是人为地消灭它，而是在于你怎样发挥它的作用和发挥它的什么作用。我们改革宏观教育机制，不是像以前那样发挥它的主导作用，而只是要发挥它的辅助作用。从国外的情况来看，过去强调以集中统一为特征的宏观教育机制的西方发达国家，这种机制现在正在松动，而强调中观和微观教育机制。如法国在中央教育行政机关之外，建立了各种审议机构，以限制中央的宏观管理，将国家管理教育的部分权限交给学校，这些就是明显的例子。过去强调中观和微观教育机制的西方国家，现在正在改革以中观和微观教育机制为主的模式，而加强宏观教育机制。如我们所熟悉的美国20世纪中期以后强化国家宏观管理的一系列政策措施，就是过去强调中观和微观教育机制的西方发达国家现在要加强国家宏观教育机制的最好例证。两种相反的教育机制改革的趋势说明，无论是过去以宏观教育机制为主的国家，还是过去以中观和微观机制为主的国家，都没有完全放弃宏观的教育机制。这两种类型的国家都是需要教育的宏观机制的。我国过去是一个以宏观教育机制为主的国家，我们改革这种宏观的教育机制，当然不是不要宏观的教育机制，而是要把这种宏观的教育机制放在辅助的地位。从我国的具体国情来看，我国是一个长期实行宏观教育机制为主的国家，由这种长期以宏观教育机制为主过渡到以中观和微观教育机制为主不是一件轻而易举的事情，还要经过相当长的时间，所以在现阶段，在我国实行以中观和微观的教育机制为主的时候，宏观教育机制存在并发挥作用就是必然的了。另外，我国人口众多、幅员辽阔，在这种情况下完全实行中观和微观教育机制而没有宏观教育机制的配合，恐怕是不可能的。还有，从管理者的情况来看，每一个管理者的管理风格也是不一样的，有的可能比较擅长于运用宏观机制进行管理，有的可能擅长于运用中观机制进行管理，有的还可能擅长于运用微观机制进行管理，这样要求每一个管理者都实行一种或两种统一管理机制也是不现实的。只有三种层次机制都有所兼顾，才有可能满足不同管理者不同管理风格的需要。

2. 教育层次机制改革的要求

要实现教育层次机制改革的目标，结合教育层次机制改革的依据，当前我国层次机制的改革应注意如下四点。

第一，要注意教育层次机制的改革与教育形式机制和教育功能机制改革的配套进行。也就是说，当我们采取以中观和微观的教育机制为主、宏观教育机制为辅的层次机制结构时，需要考虑用什么样的教育形式机制和教育功能机制相配合。在与形式机制的配合中，我们认为，它要与以指导—服务式的教育机制为主、以行政—计划式的教育机制为辅的形式机制相配合。因为，在教育功能机制与教育层次机制的关系中,制约的教育机制一般是与宏观的教育机制相联系的。也就是说,当你在功能机制中采用制约的教育机制时,一般会采用宏观的教育机制与之配合,从而更好地发挥制约教育机制的作用。而激励和保障的功能机制一般是与中观和微观教育机制相配合的,因为激励和保障机制有利于中层和基层积极性的发挥。这样当你在功能机制中采用以激励和保障的教育机制为主,而以制约教育机制为辅的时候,在层次机制上,当然就得选用以中观和微观教育机制为主、以宏观教育机制为辅的层次机制结构与之相配套,从而更好地发挥这一功能机制结构的作用。在与教育形式机制的配合中,以中观和微观教育机制为主、以宏观教育机制为辅的教育层次机制结构要与以教育激励机制和教育保障机制为主、以教育制约机制为辅的功能机制结构相配合。这里先讨论一下在教育层次机制结构中所采用的教育形式机制结构与教育功能机制结构的关系。因为按照教育层次机制、教育形式机制和教育功能机制的应然逻辑,教育的层次机制确定之后考虑的是教育的形式机制。事实上,上面已经讨论了教育层次机制结构所配套的教育形式机制结构问题,所以这里首先探讨教育层次机制结构中教育的形式机制结构与教育的功能机制结构的关系问题。与以指导—服务式的教育机制为主、以行政—计划式的教育机制为辅的形式机制结构相配套的教育功能机制的结构应该是,以教育的激励机制和教育的保障机制为主、以制约机制为辅的教育功能机制结构。一般来说,采用指导—服务式的机制一般有利于被管理对象积极性的发挥和从物质上与精神上特别是精神上保障被管理者主体性的发展。而采用行政—计划式的教育机制压抑人的积极性,不利于人的主体性发展。再来讨论我们所主张的以教育中观和教育微观机制为主、以教育宏观机制为辅的层次机制结构与与之配套的教育功能机制结构之间的关系。之所以要讨论这种关系,是因为我们所选用的以中观和微观教育机制为主、以宏观教育机制为辅的教育的层次机制结构,最后还要考虑这种结构的作用。我们认为,与这种以中观和微观教育机制为主、以宏观教育机制为辅的教育的层次机制结构相配套的教育功能机制的结构是以教育激励机制和教育保障机制为主、以教育制约机制为辅的教育功能机制结构。也就是说,当你采用中观和微观教育机制时,只有采用教育激励机制和教育保障机制,才有可能把教育的方方面面的积极性调动起来,从而更好地发挥中观和微观教育机制的作用；当你采用宏观的教育机制时，只有采用制约机制，才有可能从宏观上把各方面的教育统管起来，从而有效地发挥宏观教育机制的作用。

第二，要注意与教育要素中的教育活动、教育体制和教育观念的配套改革。从教育活动来看，适应以中观和微观教育机制为主、以宏观教育机制为辅的层次机制结构的教育活动应该使教学、德育和管理活动的内容、过程和方法有利于受教育者和被管理者的主体性的发展。如上所述，在教育改革过程中，这些方面已经取得了一些重要的成果，适应这种层次机制的结构，一方面要巩固现有的成果，另一方面还要在教育活动的内容、过程和方法等方面深入进行改革，以取得更大、更好的效果。教育体制也要适应这种层次机制的结构，虽然在教育体制改革上已经取得了突破性的进展，具有中国特色的社会主义教育体制已基本形成，但还存在一些体制性障碍。如，教育优先发展的战略地位还缺乏明确的制度保障和政策支持；教育经费投入不足；各级政府对义务教育的职责尤其是投入职责没有明确，各级教育管理体制在一些地方还没有完全落实；与实施素质教育有关的体制、制度有待完善；一些阻碍素质教育的深层次矛盾和问题不断显现，教育界和全社会合力推进素质教育的有效体制还没有建立起来；各级政府教育职能分工不明确，教育行政部门管理过于集中，缺乏整合教育资源和促进新的教育资源增长的有效方式；各级各类学校的办学活力没有得到充分的显现，高等学校的法律地位和办学自主权需要进一步落实；学校内部管理体制中存在着管理行政化过强的倾向；学校的自我发展机制和自我约束机制还不够完善；社会支持教育的体制尚不健全完善，社会资源进入教育领域的渠道不畅；教育体制还不能主动适应经济社会发展的要求和人民群众对优质教育、多样化教育的需求；《中华人民共和国民办教育促进法》还有待通过更有效的措施进一步落实；依法治教的环境尚未形成，依法治校有待深入推进；教育部门和各级各类学校的法制意识还需要进一步提高，学校安全管理等工作有待加强和规范，等等。这些问题都需要在教育层次机制的改革中逐步得到解决。在教育观念的改革中，虽然民主的管理观念、以人为本的管理观念有所增强，但在教育管理中，个人说了算的独裁式的工作作风、缺乏人文情怀的现象还比较普遍。所以与这种层次机制结构相配套的教育观念的改革要进一步强化民主管理的观念和人本管理的观念，管理就是服务，把一切为了人的发展的管理观念落实到具体的管理工作中。

第三,要注意与教育以外的社会的政治、经济、文化等要素进行配套改革,为教育层次机制的改革创造良好的社会政治、经济和文化环境。从社会的政治因素来说,还要进一步深化政治体制和行政体制改革,要进一步调动地方和广大人民群众参政议政的积极性,要进一步转变政府的职能,由全能型的政府转变为以指导—服务、宏观调控为主的职能型的政府;从社会的经济因素来说,要进一步深化经济体制改革,进一步完善社会主义市场经济体制,规范市场行为;从文化因素来说,要进一步创造有利于中华民族复兴和广大民众创新能力发挥的先进文化,不断清除中国传统文化和西方文化中的一些消极因素,克服西方文化中的一些负面影响,使文化在社会的和谐发展和人的主体性发展中发挥精神的先导作用。

第四,要注意教育层次机制改革的制度创新。我们知道,机制是可以用制度的形式加以表达的,所以我们可以将教育层次机制的改革用制度的形式固定下来。而且,制度是体制的核心,改革体制关键是要改革制度,制度变了,与制度相关的机构也要发生变化,体制当然也要发生变化。不过,这种制度必须反映教育现象各部分在层次上所体现出的内在联系。当然,教育层次机制结构改革与教育其他机制的配套改革,与教育内部的教育活动、教育体制和教育观念的配套改革,以及与教育外部的社会政治、经济和文化的配套改革的方式也可以以制度的形式加以创新,因为教育层次机制结构与这些方面的配套改革也反映了教育机制改革的规律。以制度创新的形式来改革教育机制,可以使教育机制的改革便于操作,而且易于使已经建立起来的教育机制保持相对的稳定性。

二、教育形式机制改革

(一)教育形式机制改革的目标及内容

教育形式机制改革的目标是,要根据国家教育的实际,建立能有效推动国家教育改革的行政—计划式的机制、指导—服务式的机制和监督—服务式的机制的动态结构。这种动态结构一般来说有三种:第一种是三种层次机制都着重强调的动态式结构,第二种是以其中一个层次机制为主、另外两个层次机制为辅的动态结构，第三种是以两个层次机制为主、另外一个层次机制为辅的动态结构。建立这样的层次机制的动态结构，国家就能根据本国的实际情况，适时地调整这三种层次机制的结构，并选择其中一种层次机制结构，使这三种层次机制形成一种有机的组合，从而推动一个国家教育改革的发展。形成第一种机制结构，在内容上三种层次机制都不能忽视，三种机制要同时加强；形成第二种机制结构，就要强化其中一种机制，淡化另外两种机制；形成第三种机制结构，就要强化其中两种机制而淡化另外一种机制。结合中国的实际，中国教育形式机制改革的目标和内容是什么呢？我们认为，中国教育形式机制改革的目标和内容是，建立以指导—服务式的教育机制为主、以行政—计划式的教育机制为辅的监督—服务式的教育形式机制。为了达到这个目标，在这三种层次机制中，根据中国的实际情况，就要淡化行政—计划式的教育机制，强化指导—服务式的教育机制，这样才能形成以指导—服务式的教育机制为主、以行政—计划式的教育机制为辅的监督—服务式的教育机制，推动我国教育改革不断深入地向前发展。

（二）教育形式机制改革的依据及要求

1. 教育形式机制改革的依据

我们提出要建立教育形式机制的动态结构有如下依据。

第一，在教育机制改革中，不可能只建立一种形式机制的运行格局。行政—计划式的机制、指导—服务式的机制和监督—服务式的机制构成了事物或现象的形式机制的一个对立统一的结构。任何现象或事物在其形式机制上有行政—计划式的机制，就必须有指导—服务式的机制，也就必须有这两种机制对立统一的产物——监督—服务式的机制。可以说，行政—计划式的机制、指导—服务式的机制和监督—服务式的机制是一个事物或现象中不可或缺的形式机制。在教育的形式机制改革中，不是建立三种形式机制的动态结构，而是建立一种形式机制的运行格局，即要么建立行政—计划式机制的运行格局，要么建立指导—服务式机制的运行格局，要么建立监督—服务式机制的运行格局，根据我们对事物或现象中形式机制对立统一关系的理解，这种想法是不可能实现的。因为当你想建立一种形式机制运行的格局时，其他两种机制也是客观存在的，不管你是否采用这两种机制，它们实际上也在发挥作用。因而当你想建立一种形式机制的格局时，实际上所形成的是以一种形式机制为主、以另外两种形式为辅的教育形式机制运行的格局。

第二，和教育层次机制一样，教育形式机制除受制于教育机制以外的教育因素诸如教育活动（包括受教育的对象）、教育体制和教育观念外，还受制于社会政治、经济和文化等诸因素，教育活动、教育体制和教育观念不同，不同国家、不同地区的政治、经济和文化不同，教育运行的形式机制是有差异的。在教育形式机制改革的过程中，只有建立教育形式机制的动态结构，才有可能适应与教育机制范畴紧密相关的教育活动、教育体制和教育观念的需要，以及不同国家和地区政治、经济、文化的需要，从而使教育的形式机制在促进教育活动的发展，包括促进受教育者的成长方面、教育体制的改革和教育观念的更新方面，在促进不同国家和地区的政治、经济和文化的发展中发挥积极的作用。

第三，我国当前教育改革中的教育活动、教育体制和教育观念，以及我国的政治、经济、文化和受教育者的状况，决定了我国教育形式机制的改革应是一种以指导—服务式的教育机制为主，以行政—计划式的教育机制为辅的服务—监督式的教育机制。与教育层次机制改革一样，教育形式机制改革所面临的我国的教育活动、教育体制和教育观念，以及我国社会的政治、经济、文化和受教育者的状况发生了比较大的变化。这些变化，既是淡化我国长期以来实行的行政—计划式教育机制的结果，也是强化指导—服务式教育机制所带来的结果。这种变化表明，行政—计划式的教育机制已经不适应教育内外形势发展的需要，必须要对这种行政—计划式的教育机制进行改革，建立适应教育内外形势发展需要的、能推动我国教育改革不断深入发展的新的教育形式机制。当前，改革我国的教育形式机制，淡化指导—服务式的教育机制，是不是就不需要行政—计划式的教育机制了呢？我们说不是的。我们这里讲淡化行政—计划式的教育机制，就是还需要这种机制。由于我国过去过分强调这种机制，现在到了淡化这种机制的时候了。我们这里讲强化指导—服务式的教育机制，是因为过去我们不重视发挥这种机制的作用。过去强调指导—服务式的教育机制的西方国家，现在正在改革这种机制，而加强行政—计划式的教育机制。如我们所熟悉的美国20世纪中期以后强化国家宏观管理的一系列政策措施就是例证。前面我们分析过，日本现阶段是一个采用监督—服务式教育机制的国家，日本运用这种形式机制管理全国的教育也比较成功。日本的文化传统与我国有很多相近之处，既然日本采用这种教育机制能够办好教育，我国更能运用这种机制办好我国的教育。我国过去是一个以行政—计划式教育机制为主的国家，我们改革这种教育机制，当然不是不要这种教育机制，而是要把这种教育机制放在一个恰当的位置上，即要发挥这种机制的作用，但要与指导—服务式的机制相配合。

2. 教育形式机制改革的要求

要实现教育形式机制改革的目标，结合上述教育形式机制改革的依据，当前我国教育形式机制的改革应注意如下几点。

首先，要注意教育形式机制的改革与教育层次机制和教育功能机制改革的配套进行。也就是说，当我们采取以指导—服务式的教育机制为主、以行政—计划式的教育机制为辅的监督—服务式的教育机制时，需要考虑用什么样的教育层次机制和教育功能机制相配合。在与层次机制的配合中，我们认为，它要与以中观和微观的教育机制为主、以宏观的教育机制为辅的层次机制相配合。因为，在教育形式机制与教育层次机制的关系中，行政—计划式的教育机制一般是与宏观的教育机制相联系的，也就是说，当在形式机制中采用层次机制时，一般会采用宏观的教育机制与之配合，从而更好地发挥行政—计划式教育机制的作用。当在形式机制中采用以指导—服务式的教育机制为主、以行政—计划式教育机制为辅的教育机制时，在层次机制上，当然就得选用以中观和微观的教育机制为主、以宏观教育机制为辅的层次机制结构与之相配套，从而更好地发挥这一形式机制的作用。在与教育功能机制的配合中，以指导—服务式的教育机制为主、以行政—计划式的教育机制为辅的教育形式机制结构要与以教育激励机制和教育保障机制为主、以教育制约机制为辅的功能机制结构相配合。一般来说，采用指导—服务式的机制一般有利于被管理对象积极性的发挥和从物质上与精神上，特别是精神上保障被管理者主体性的发展，而采用行政—计划式的教育机制易于压抑人的积极性，不利于人的主体性发展。

其次，要注意与教育要素中的教育活动、教育体制和教育观念的配套改革。从教育活动来看，以指导—服务式的教育机制为主、以行政—计划式的教育机制为辅的形式机制结构更有利于受教育者和被管理者的主体性的发展。因为在教育教学活动中，以指导—服务式的教育机制为主、以行政—计划式的教育机制为辅本身就把受教育者和被管理者放在了主体地位。在教育体制上要适应这种形式机制的结构，应该建立一种以分权式的教育体制为主、以集权式的教育机制为辅的教育体制结构。在教育观念的改革中，因为这种形式机制的结构更有利于下属主体性的发挥，所以更要强调民主的观念和以人为本的管理观念。

再次，与教育层次机制改革一样，也要注意与教育以外的社会的政治、经济、文化等要素进行配套改革，为教育形式机制的改革创造良好的社会政治、经济和文化环境。

最后，与教育层次机制的改革一样，也要注意教育层次机制改革的制度创新。

三、教育功能机制改革

（一）教育功能机制改革的目标及内容

教育功能机制改革的目标是，要根据各国教育的实际，建立能有效推动各国教育改革的教育的激励机制、教育的制约机制和教育的保障机制的动态结构。这种动态结构一般来说有三种：第一种是三种功能机制并重的动态结构，第二种是以其中一种功能机制为主、以另外两种功能机制为辅的动态结构，第三种是以其中两种功能机制为主、以另外一种功能机制为辅的动态结构。建立这样的机制的动态结构，就能根据本国的实际情况，适时地调整这三种功能机制的结构，并选择其中一种功能机制结构，使这三种功能机制形成一种有机的组合，从而推动一个国家教育改革的发展。形成第一种机制结构，在内容上三种功能机制都不能忽视，三种机制要同时加强；形成第二种机制结构，就要强化其中一种机制，淡化另外两种机制；形成第三种机制结构，就要强化其中两种机制而淡化另外一种机制。结合中国的实际，中国教育功能机制改革的目标和内容是什么呢？我们认为，中国教育功能机制改革的目标和内容是，建立以激励和保障机制为主、以制约机制为辅的教育的功能机制动态结构。为了达到这个目标，在这三种层次机制中，就要淡化制约机制，强化激励机制和保障机制，这样才能形成以激励机制和保障机制为主、以制约机制为辅的功能机制动态结构，推动我国教育改革不断深入地向前发展。

（二）教育功能机制改革的依据及要求

1. 教育功能机制改革的依据

我们提出要建立教育功能机制的动态结构有如下依据。

第一，在教育机制改革中，不可能只建立一种功能机制的运行格局。激励机制、制约机制和保障机制构成了功能发挥的内在逻辑结构。任何活动的功能，对一部分人可能是正向激励的，对一部分人可能是负向制约的，对一部分人可能是中性保护的。可以说，激励机制、制约机制和保障机制是一个事物或现象运动功能中不可或缺的功能机制。在教育的功能机制改革中，不是建立三种功能机制的动态结构，而是建立一种功能机制的运行格局，如要么建立激励机制的运行格局，要么建立制约机制的运行格局，要么建立保障机制的运行格局，根据我们对这三种功能机制关系的理解，这种想法实际上是不可能实现的。因为当你想建立一种功能机制运行的格局时，其他两种机制是客观存在的，不管你是否采用这两种机制，它们实际上都在发挥作用。因而当你想建立一种功能机制的格局时，实际上所形成的是以一种功能机制为主、以另外两种机制为辅的教育功能机制运行的格局。或者当你想建立以两种功能机制为主的格局时，实际所形成的是以两种功能机制为主、以另外一种功能机制为辅的功能机制运行的格局。

第二，教育机制除受制于教育机制以外的教育因素诸如教育活动（包括受教育的对象）、教育体制和教育观念外，还受制于社会政治、经济和文化等诸因素，与教育层次机制和教育形式机制一样，教育活动、教育体制和教育观念不同，不同国家、不同地区的政治、经济和文化不同，教育运行的功能机制也不同。在教育功能机制改革的过程中，只有建立教育功能机制的动态结构，才有可能适应与教育机制范畴紧密相关的教育活动、教育体制和教育观念的需要，以及不同国家和地区政治、经济、文化的需要，从而使教育的功能机制在促进教育活动的发展，包括促进受教育者的成长方面、教育体制的改革和教育观念的更新方面，在促进不同国家和地区的政治、经济和文化的发展中发挥积极的作用。

第三，我国当前教育改革中的教育活动、教育体制和教育观念，以及我国的政治、经济、文化以及受教育者的状况，决定了我国教育层次机制的改革应是一种以激励机制和保障机制为主、以制约机制为辅的功能机制的动态结构。改革开放以来，我国的教育活动、教育体制和教育观念，以及我国社会的政治、经济、文化和受教育者的状况发生了比较大的变化。这些变化，既是对我国以制约为特征的传统的教育机制进行改革的结果，也是强化激励机制和保障机制所带来的结果。

这些变化表明，以制约为特征的教育机制已经不适应我国教育内外形势发展的需要，必须要对这种机制进行改革，建立适应教育内外形势发展需要的、能推动我国教育改革不断深入发展的新的教育功能机制结构。在当前，要改革我国的制约教育机制，是不是就不需要这种机制了呢？我们说不是的。我们这里讲的要淡化制约教育机制，就是还需要这种机制，而不是不要这种机制。这是因为，从理论上讲，三种功能机制在教育中是同时存在的。加强激励和保障的教育机制，不是说制约机制就不存在了，它还会存在和发挥作用。我们说改革制约机制，不是去人为地消灭它，而是看怎样发挥它的作用和发挥它的什么作用。改革教育的制约机制，就是由以前发挥它的主导作用转到现在发挥它的辅助作用上来。从国外的情况来看，过去强调以制约为主要特征的教育机制的西方国家，现在这种机制正在松动，而强调激励和保障的教育机制。如法国在教育管理上所做的一些改革就是明显的例子。过去强调以激励和保障的教育机制为主要特征的西方发达国家，现在正在改革这种机制的模式，而加强制约机制。如美国近半个世纪以来强化国家宏观管理的一系列政策措施，就可以说明这一点。两种相反的教育机制改革的趋势说明，无论是过去以制约的教育机制为主的国家，还是过去以激励和保障的教育机制为主的国家，都没有完全放弃教育的制约机制。这说明这两种类型的国家都是需要教育的制约机制的。这两种类型的国家都是以强调市场经济为主的国家，这说明市场经济也是需要制约机制的。因为市场经济是竞争经济，但也是有序的经济，只有实行制约，才能保证有序的竞争。我国过去是一个以制约的教育机制为主的国家，这种特征是与计划经济相适应的。我国现在实行的是市场经济，当然也要发挥这种机制在市场竞争中的制约作用。从我国的具体国情来看，我国是一个长期实行以制约的教育机制为主的国家，由这种长期以制约的教育机制为主过渡到以激励和保障的教育机制为主需要经过一个相当长的时间。所以在现阶段，我国实行以激励和保障的教育机制为主的功能机制结构，还必须注意发挥制约机制的作用。另外，我国人口众多，幅员辽阔，在这种情况下只有实行以激励和保障机制为主、以制约机制为辅的功能机制结构，才能既鼓励各地因地制宜地发展，也使全国得到协调发展。还有，从管理者的情况来看，管理者的管理风格是不一样的，有的可能比较擅长于运用制约机制进行管理，有的可能擅长于运用激励机制进行管理，有的还可能擅长于运用保障机制进行管理，所以，要求每一个管理者都实行一种或两种统一管理机制也是不现实的。只有三种功能机制都有所兼顾，才有可能满足不同管理者不同管理风格的需要。

2. 教育功能机制改革的要求

要实现教育功能机制改革的目标，结合上述教育功能机制改革的依据，当前我国功能机制的改革应注意如下四点。

第一，要注意教育功能机制的改革与教育层次机制、教育形式机制改革的配套进行。也就是说，当我们采取以激励和保障的教育机制为主、以制约的教育机制为辅的功能机制结构时，需要考虑用什么样的教育层次机制和教育形式机制相配合。我们认为，在与层次机制的配合中，它要与以中观和微观的教育机制为主、以宏观的教育机制为辅的层次机制相配合。因为，在教育功能机制与教育层次机制的关系中，激励和保障的教育机制一般是与中观和微观的教育机制相联系的。也就是说，当在功能机制中采用激励和保障的教育机制时，一般会采用中观和微观的教育机制与之配合，从而更好地发挥激励和保障的教育机制的作用，因为激励和保障的教育机制一般是有利于中层和基层积极性的发挥的。而制约式的教育机制一般是与宏观的教育机制相配合的，因为采用制约机制一般有利于教育各个部分的集中和统一。当在功能机制中采用以激励和保障的教育机制为主、以制约的教育机制为辅的时候，在层次机制上，当然就得选用以中观和微观的教育机制为主、以宏观的教育机制为辅的层次机制结构与之相配套，从而更好地发挥这一功能机制结构的作用。在与教育形式机制的配合中，以教育激励机制和教育保障机制为主、以教育制约机制为辅的功能机制结构要与以指导—服务式的教育机制为主、以行政—计划式的教育机制为辅的形式机制结构相配套。因为一般来说，采用指导—服务式的教育机制是为了更好地发挥被管理对象的积极性，而激励和保障的教育机制也正是为调动被管理对象的积极性所需要的。因为激励机制和保障机制一般有利于被管理对象积极性的发挥以及从物质上和精神上，特别是精神上保障被管理者主体性的发展。而采用行政—计划式的教育机制一般会压抑人的积极性，不利于人的主体性发展，这与制约的教育机制所发挥的作用是一致的。所以，当在功能的教育机制上采用以激励和保障的教育机制为主、以制约的教育机制为辅的教育机制结构时，在形式的教育机制上一般就要采用以指导—服务式的教育机制为主、以行政—计划式的教育机制为辅的教育机制结构与之相配套，这样才能更好地发挥这种功能的教育机制结构的作用。

为了更好地发挥这种功能机制结构的作用，在现阶段，采用激励机制应将我国思想政治工作的激励方式与西方行为科学的激励方式联系起来。我国思想政治工作的激励方式是以提高人的思想觉悟为主的，而西方行为科学的激励理论是以满足人的需要为主的。现在在采用激励机制调动人的积极性时，到底是提高人的思想觉悟还是满足人的需要？我们认为二者不是对立的，在当前调动人的积极性中都是需要的。因为从理论上讲，思想与需要并不是两个完全不相干的范畴，它们是有内在联系的。我们知道，思想有三个方面的意思，一是"想要"的意思，因此这时的思想实际上就等于需要；二是思维，思维是人主观上的东西，是人产生需要所必需的，这时的思想虽然与需要有关，但由于这时的思维是看不见的，因此在考虑思想与需要的关系时，思维可以忽略不计；三是观念，观念与需要不是一个范畴，它们是有区别的。这样，当我们研究需要与思想的关系时，由于想要等于需要，思维可以忽略不计，需要与思想的关系就变成了需要与观念的关系了。需要与观念是什么关系呢？当我们对它们进行仔细考察后，发现它们之间也是有联系的。现代心理学研究证明，人的动机是一个系统，这个系统是由人的需要、兴趣、爱好、信念或观念所组成的。可见，人的需要和观念都是人的动机系统的一个部分，只不过它们在这个系统中所处的层次不同而已，需要处于最低的层次，而观念处于最高的层次。需要与观念的关系是，需要决定观念，人有什么样的需要就会产生什么样的观念，而观念一旦产生，它对需要也起控制或调节作用。这就告诉我们，我们调动人的积极性，当然首先要满足人的低层次动机因素——需要，然后再来满足人的高层次动机因素——观念。当人的低层次的动机因素需要不能调动人的积极性时，可以用人的动机的高层次因素观念来调动人的积极性。因为观念作为高层次的动机因素，可以控制低层次的需要，从而也能调动人的积极性。这就是在革命战争时期，无数的革命先烈在人的最基本的生存需要得不到满足的情况下，依然以共产主义必胜的坚定信念和高昂斗志，积极投身到火热的革命斗争中去争取革命最后胜利的原因。当前在改革开放中，我们要注意从需要和观念即思想两个方面来调动人的积极性。当人的需要得不到满足的时候，提高人的思想认识，转变人的观念照样可以调动人的积极性。

运用保障的教育机制，主要是要提供政策保障。有了政策保障，在政策的范围内，可以创造条件去克服教育改革中的困难。运用制约的教育机制，既要注意运用法律制约，也要注意运用行政制约和舆论制约，不能太过分地强调法律制约。由于我国当前的法制不太健全，有些法律在实体法和程序法方面还需要不断地修改和完善。而且即使是法制比较健全的国家，过分依赖法律制约也会产生这样或那样的问题。因为当法律上升为国家意志以后，如果国家的意志违背了促进人自由发展的自然法的本质，这样的法律只能维护少数统治阶级的利益而并不能起到保护广大人民自由发展的作用。也就是说，这时的法律制约的是广大人民的自由，保护的只是少数人的特殊利益。

第二，与教育的层次机制和教育的形式机制一样，要注意与教育要素中的教育活动、教育体制和教育观念的配套改革。从教育活动来看，这种以激励和保障的教育机制为主、以制约的教育机制为辅的功能机制结构，应更有利于受教育者和被管理者的主体性的发挥；从教育体制来看，这种功能机制的结构，应更有利于中层和基层积极性的发挥；从教育观念来说，这种功能机制的结构，应该更有利于民主的管理观念和以人为本的管理观念发挥作用。所以，这种功能教育机制的结构更需要教育活动、教育体制和教育观念改革的配套进行。

第三，与教育的层次机制和教育的形式机制一样，要注意与教育以外的社会的政治、经济、文化等要素进行配套改革。一方面，这种教育功能机制的改革会进一步推动社会的政治、经济和文化的改革与发展；另一方面，这种教育功能机制的改革也需要社会政治、经济和文化的改革，从而为这种教育功能机制的改革创造良好的教育的外部环境。

第四，与教育的层次机制和教育的形式机制一样，要注意以制度创新来推进教育功能机制的改革。

思考题

1. 如何理解教育机制改革？
2. 如何理解教育机制改革的内部规律和外部规律？
3. 联系实际谈谈你对当前我国教育层次机制改革的看法。
4. 联系实际谈谈你对当前我国教育形式机制改革的看法。
5. 联系实际谈谈你对当前我国教育功能机制改革的看法。

第五论　教育管理观念论

第十章

教育观概论[①]

第一节 教育观的体系及其逻辑

一、教育观体系

教育观是人们在实践的基础上对教育的系统的理性认识。在这种认识中,有对各种教育的认识而形成的教育观,我们把由这种教育观所组成的体系称为广义的教育观体系;有对整个教育或不同教育的一些共同问题或基本问题的认识而产生的教育观,我们把这种教育观所组成的体系称为狭义的教育观体系。一般来说,教育观的体系可以包括广义的教育观体系、狭义的教育观体系和由广义与狭义的教育观所共同组成的综合的教育观体系三种。

(一)广义的教育观体系

广义的教育观体系既然是对各种教育的认识而形成的,因而可以说,有多少种教育,就会有多少种教育观。这就要求我们在建构教育观体系时,应对各种教育有一个全面系统的把握。以下我们从不同的角度去全面地认识教育现象并以此来构建广义教育观的体系。从静态的角度来说,从层次上看,有宏观教育观、中观教育观和微观教育观;从教育阶段看,有学前教育观、初等教育观、中等教育观、高等教育观;从教育内容看,有普通教育观、职业技术教育观、特殊教育观;从教育对象看,有青少年儿童教育观和成人教育观;从教育形式看,有正规

---

① 本章内容参见孙绵涛:《关于教育观的思考》,载《教育理论与实践》1999年第4期。

教育观和非正规教育观；从范围来看，有家庭教育观、学校教育观和社区教育观；从主办单位来看，有公立教育观和私立教育观；从地域来看，有发达地区教育观和欠发达地区教育观以及不发达地区教育观等。我们也可以用历史与逻辑相统一的方法把教育现象分成教育活动、教育体制、教育机制和教育观念，从而形成教育活动观、教育体制观、教育机制观和教育观念观；从动态的角度来说，可以有教育发展观、教育过程观（包括教学观、德育观、教师观、学生观、课程观、教材观），以及保证教育发展和教育过程正常运行的教育管理观。

广义的教育观体系包括了所有对教育的认识。这里所做的分类，力图按分类的规则进行。如每次分类的标准是统一的，每次分类是按属种包含的层次进行的，每次分类的各种概念也是不相容的，其目的是想包含所有的教育。但我们这里所进行的分类，由于是一种多分法的划分，这种分类当属概念所包含的种概念众多，甚至无限多时，就很难做到使被划分的种概念与属概念的外延相称。教育的种概念是极其复杂的，要想运用多分法进行分类而做到完全划分，是相当困难的。因而，我们这里所构建的教育观体系，就很难说是一个非常完整的教育观的体系。另外，这种教育观并没有针对某些教育的基本问题加以认识，而只是就教育认识教育，因而这种对教育的认识就容易流于空泛而不可能对教育有一个比较深刻的认识。

（二）狭义的教育观体系

由于狭义的教育观体系是对整个教育或不同教育中的基本问题或共同问题的认识而形成的，因此明确这些问题是构建这种教育观体系的首要条件。哪些问题是整个教育或不同教育中的基本问题呢？中外教育理论界对这个问题的回答不尽相同。西方的科学主义、人文主义的教育观是围绕教育理想、教育目标、教育内容、教学方法和师生关系等基本问题的认识而展开的。在这些认识中，有一类认识具有唯科学的性质，而另一类认识具有人文的特征，于是就有了科学主义教育观及人文主义教育观。20世纪50年代的中国教育的本质是上层建筑还是生产力的讨论，以及延续到20世纪80年代的由教育本质的大论战而形成的教育本质观，显示出中国教育理论界对教育中的教育本质这一根本问题的极大关注。20世纪80年代末90年代初兴起的对教育的主体性问题的讨论而产生的主体教育观，则又显示出中国教育理论界对教育中的主体性问题的浓厚兴趣。笔者不揣浅陋，认为对教育基本问题的认识包括四个方面：一是教育是什么的问题，二是教育的作用问题，三是怎样发挥教育的作用问题，四是教育作用的结果问题。对教育是什么的认识而形成教育本质观；对教育作用的认识而形成教育价值观；对如何发挥教育作用的认识而形成教育实践观；对教育作用结果的认识而形成教育质量观。笔者认为以上四个问题是教育的基本问题，因为教育的本质问题、价值问题是教育的基本问题，这在教育界已取得了共识，而教育实践问题及教育质量问题是教育的基本问题也是没有什么疑问的。实践是人们认识世界和改造世界的基本形式，对教育本质及价值的认识离不开教育实践。而且，我们认识教育而产生的教育的本质观和价值观，归根结底要指导教育实践，所以教育实践活动问题就成了仅次于教育本质问题和教育价值问题的又一个重要问题了。人类的实践活动是一种有目的的实践活动，在教育实践活动之始，人们就有了对这种活动所要达到的目的的认识，其中主要是对教育所要培养人的规格的认识，即对教育质量的认识；当教育实践活动之后，人们还要对其结果加以认识，看它是否达到了预想的目的。因此，对教育实践结果的认识就成了一个与教育实践问题有紧密联系的另一个重要问题了。可见，狭义的教育观体系是由对教育是什么的认识而产生的教育本质观、由对教育作用的认识而产生的教育价值观、由对怎样发挥教育作用的认识而产生的教育实践观以及由对教育作用结果的认识而产生的教育质量观所构成的体系。

狭义的教育观是对教育的基本问题或共同问题加以认识而形成的，相对于广义的教育观来说，它对教育的认识会比较深刻。然而，它不是去认识整个的教育，因此，作为教育观的体系，它没有广义的教育观体系对教育的认识那么全面、系统。

（三）综合的教育观体系

广义的教育观体系对教育的认识比较全面，狭义的教育观体系对教育的认识比较深刻，因而由这两种体系所构成的综合教育观体系应该是一种比较理想的教育观体系。以下我们用一幅简图（图10-1）把这一教育观的体系表示出来。

图 10-1 教育观体系图

从图中可以看出，广义的教育观与狭义的教育观是相互联系的。探讨广义的教育观及其每一种教育观，有利于加深对狭义教育观的认识，而探讨狭义的教育观，有利于加深对广义教育观和每一种广义教育观的认识。一种动态的教育观可以影响另一种动态的教育观。在狭义的教育观体系中，各种教育观也是相互联系的，其中一种教育观也可以影响另外几种教育观。

上述教育观的体系虽然比较理想，但由于广义的教育观体系很难包含所有的教育，而由于人们对教育基本问题的认识不同，使得人们对狭义的教育观体系的认识也不尽一致。因此，构建一个科学、公认的由广义和狭义的教育观所组成的综合教育观体系，一般来说是有一定困难的。这里所构建的教育观的这种体系，从主观上说，是试图去建立一个全面系统的教育观体系，但很难说已实现这一愿望。

（四）狭义的教育观体系的优势分析

综上分析可见，上述构建的三种教育观的体系各有利弊。一般来说在构建教育观体系时，我们比较倾向于从认识教育基本问题的角度去构建狭义教育观的体系。这是因为：首先，狭义的教育观要比广义的教育观对教育的认识深刻，它在整个教育观的体系中处于核心地位。广义的教育观虽然比较全面系统，但它并没有回答这些教育观的具体内容。没有回答教育是什么、教育的作用是什么、怎样发挥教育的作用，以及教育作用的结果是什么。因此，要真正认识各种教育所产生的教育观，就要从本质观、价值观、实践观、质量观的角度弄清楚这些问题。有人会说，我们认识某种教育观，不会停留在对某种教育仅仅是一般认识的程度，而是会去探究它的具体内容。然而，当我们去深究这些教育观究竟包含了什么内容的时候就会发现，还是要从它们的本质、作用、怎样发挥它们的作用以及它们作用的结果四个方面去进行研究，从而产生相应的教育的本质观、价值观、实践观及质量观。可见，谈论任何教育的教育观，都离不开对这些教育的本质、价值、实践和质量问题的探讨。教育本质观、教育价值观、教育实践观和教育质量观是我们对教育认识的核心之所在。当我们认识教育观体系的时候，不能仅仅把握认识不同教育所产生的相应的教育观，还应把握这些教育观背后的本质观、价值观、实践观和质量观。只有这样，才能对教育有深刻的认识。其次，正因为广义的教育观要包含所有的教育，无论谁去构建这种体系，其标准只有一个：看它是否囊括了所有的教育。要把教育的方方面面都包揽无遗，从而构建一种体系，就一般人所具有的思辨张力来说几乎是不可能的。狭义的教育观不是去认识所有的教育，而只是去认识教育的基本问题。由于人们对教育的基本问题的认识不同，所以构建的教育观的体系不同，因此，这种体系的构建有较大的活动余地，可以充分发挥每一个研究者的聪明才智。每一个研究者可以根据自己的理解去构建狭义教育观的体系，这样，经过一段时间碰撞，一个公认的狭义的教育观体系终究会产生。笔者就是基于这种认识，提出了一种狭义的教育观体系，希望这种体系能对狭义教育观体系的建构有所帮助。

二、教育观体系的逻辑分析

在上述三种教育观的体系中，既然我们比较倾向于狭义的教育观体系，以下我们对教育观的逻辑进行分析时，把重点放在狭义教育观体系逻辑的探讨上。

（一）教育观体系的应然逻辑

在由教育本质观、教育价值观、教育实践观、教育质量观所组成的体系中，存在着一种事实的逻辑关系。所谓事实逻辑关系是指这四种观念之间存在的一种相互作用、相互影响的关系。这种关系是客观存在的，是不以人的意志为转移的。人们可以改变对教育观的认识，也可以改变教育观之间相互影响的通路，但不能改变这四种观念之间的相互作用和影响。一般来讲，这种事实的逻辑关系存在着应然和实然两种状态。应然的事实逻辑是：有什么样的教育本质观，就有什么样的教育价值观，从而有什么样的教育实践观和教育质量观。因为，这种逻辑符合人们认识事物的一般规律。人们在认识教育时，只有弄清楚了教育是什么，才能弄清楚它的作用是什么；只有弄清楚了它的作用是什么，才能弄清楚怎样发挥它的作用；只有弄清楚了怎样发挥它的作用，才能弄清楚它作用的结果。这种逻辑反映了人们认识教育的一般规律，是人们认识教育的一种理想逻辑，或者说是人们认识教育的一种理想状态。

（二）教育观体系的实然逻辑

实然的事实逻辑不是从教育是什么开始认识教育，而是呈现出一种多开端认识教育的复杂状态。因为在现实生活中，人们对教育认识的价值取向是多种多样的，并不一定是从教育是什么开始的，它有可能从教育的作用开始认识教育，也有可能从怎样发挥教育的作用开始认识教育，还有可能从教育作用的结果开始认识教育，从而使这种认识对教育的其他几种认识产生影响。在这种实然逻辑中，比较普遍的是教育的价值观影响教育本质观，从而影响教育实践观与教育质量观。这种现象在社会当权者对教育的认识中比较明显。当权者在认识教育时，由于受其功利价值的驱使，他们往往是从教育有什么作用来认识教育，然后再认识教育是什么，怎样去发挥教育的作用及怎样看待教育作用的结果。既然这种逻辑反映了人们认识教育的一种现实状态，因而我们把实然逻辑称为现实逻辑，或者说是人们认识教育观的一种现实状态。

（三）教育观体系两种逻辑之间的关系

在上面分析教育观的逻辑体系中，当我们说应然逻辑与实然逻辑是教育观事实逻辑的组成部分时，应然的逻辑和实然的逻辑都只是事实逻辑的两种存在形式。显然，我们这里揭示教育观结构中存在的这种事实逻辑所使用的只是事实判断。然而当我们说教育观的事实逻辑存在着两种逻辑状态，一种是应然逻辑，一种是实然逻辑时，这种认识显然同时又反映了人们的一种主观上的价值追求，因为把教育观中统一的事实逻辑关系划分为应然和实然两种逻辑状态，人的主观的价值尺度是体现得非常明显的。这样，应然逻辑和实然逻辑又是人们在价值判断基础之上所构成的价值逻辑。这里，我们也试做一幅简图（图10-2），把上述对狭义教育观体系的逻辑结构的认识表示出来。

在图10-2中我们表达了一种思想：用事实判断所得出的事实逻辑，同时又是用价值判断所得出的价值逻辑。为什么呢？这首先是由事实与价值的关系所决定的。对于事实与价值的关系，我们可以有两种理解：第一种是某事物与这一事物所具有的某种使用价值的关系。由于世界上的任何事物一般都具有某种使用价值，这时事物存在的这个事实就蕴含着某种价

图 10-2 教育观体系的逻辑结构

值。第二种指的是客观世界与人的主观世界（价值世界）之间的关系。怎样理解这一种关系中事实与价值的关系呢？我们说在现实的社会生活中，事实不是一种纯粹的事实，而是一种价值的事实。无论从哪个角度理解，事实与价值的关系是不可分割的，当你认识事物时，当你认为它是什么的时候，你所陈述的才有可能是一个事实问题，而当你认为它应该是什么时，你所表达的才有可能是一个价值问题。如果事实与价值是分离的，也就是说事物只是一种事实形式而无价值状态，人们只能对它做事实的陈述而不可能对它做价值的判断。如果硬要说这个事物具备某种价值，那只是认识者脱离事实的主观臆断而已。正因为如此，在对教育观体系这一事实的分析中，当我们说它是一种什么逻辑时，就产生了教育观的事实逻辑，而当我们说它应该是一种什么逻辑时，就产生了教育观的价值逻辑。其次，这与人们在认识事物过程中所使用的事实判断与价值判断的关系有关。这种关系表现在两方面：第一，人们认识事物，一般先用事实判断对事物客观存在的状态做出描述，随后就会在事实判断的基础上用价值判断对事物的性质等做出判断。当我们用事实判断说明教育观之间存在着相互影响、相互作用的客观的事实状态以后，再用价值判断说明哪种相互影响的关系是应然的，哪种相互影响的关系是实然的，这样当我们用事实判断得出教育观的事实逻辑时，就必然和我们用价值判断所得出的教育观的价值逻辑联系在一起了。第二，人们在认识事物时，特别是在社会科学领域，纯粹的事实判断是没有的，人们认识事物，总是伴随一定的价值追求。因而，当我们用事实判断说明教育观的事实逻辑时，实际上也伴随着我们用价值判断所得出的教育观的价值逻辑。上述这一思想告诉我们，要对教育有科学的认识，要注意事实与价值两个方面，不能只注意其中一个方面，甚至用价值去取代事实。在使用事实判断和价值判断对教育进行认识时，不仅要注意在事实判断的基础上使用价值判断，而且在使用事实判断时，还要注意减少价值判断的干扰。

这里要说明的是，遵循教育观的应然逻辑去认识教育观，并不一定会获得对整个教育观的科学认识，关键要看对教育是什么的认识是否科学。如果对教育是什么的认识是科学的，那么就有利于正确认识其他教育观。反之，则不利于正确认识其他教育观。教育观的实然逻辑也并不一定会使人们获得对整个教育观的不正确的认识，关键也要看对起始的教育观的认识是否科学。如果对起始的教育观的认识是科学的，也有利于正确认识其他教育观，反之，则不利于正确认识其他教育观。要正确认识教育观，不能认为应然逻辑一定优于实然逻辑，关键在于对起始的教育观是否有科学的认识。

（四）认识教育观逻辑的意义

探讨狭义教育观体系的内部逻辑关系有重要意义。因为只有弄清楚教育观内部的逻辑关系，才能更好地说明教育观的内部结构，才能更好地去理解什么是教育观，从而对教育观真理性的认识达到更为深刻的程度。过去我们谈教育观，没有研究它的体系，更没有分析它的逻辑关系，因而谈不上对教育观有什么真理性的认识。亚里士多德创立的逻辑学认为逻辑只是思维的形式，而黑格尔认为，思维的形式与思维的内容是同时存在的，他指出，逻辑就是真理本身。[①] 我们认识事物就是要认识事物内在的逻辑而获得对事物真理性的认识。要对教育观获得一种真理性的认识，不仅要回答教育观是什么，弄清楚它的体系，还要探明各种教育观之间的关系。否则，就不可能获得对教育观的真理性的认识。由于狭义教育观中的应然与实然逻辑是教育观结构中客观存在的两种逻辑关系，因而认识了这两种逻辑关系，就获得了对教育观真理性的认识。有了这种对教育观结构的真理性的认识，就能更好地用教育观指导教育实践。过去我们说用教育观指导教育实践，但不知道有哪些教育观，更不知道用教育观之间的科学逻辑去指导教育实践。现在我们用教育观指导教育实践，就应按教育观体系所体现的逻辑办事。一般来说，最好用教育观体现的应然逻辑去指导实践，即用科学的教育本质观以及在其基础上产生的教育价值观、教育实践观和教育质量观去指导教育实践，当然我们也可以用教育观的实然逻辑去指导教育实践。无论我们用哪一种教育观的逻辑去指导教育实践，都应该注意对起始的教育观有正确的认识。而要对起始的教育观有一个科学的认识，就要正确处理事实判断与价值判断的关系，这样才能保证有一个科学的教育观体系去指导教育实践，从而使教育取得理想的效果。我们认为，现在是以教育观所体现的科学的逻辑去认识、指导我国教育实践的时候了。

---

① ［德］黑格尔著，杨一之译：《逻辑学》（上卷），商务印书馆1977年版，第31页。

第二节 教育观逻辑的实证分析

由于狭义教育观逻辑中的应然逻辑比较单一,以下让我们联系教育界对教育观认识的实际,对这一逻辑做实证分析,并以此对传统的教育观和当前我国市场经济条件下所需要的现代教育观进行探讨。

一、传统教育观的逻辑及实证分析

(一)教育本质的社会上层建筑说或生产力说的教育观的逻辑及实证分析

以往对教育的认识中,有的教育观认为,教育的本质是社会的上层建筑或生产力,教育的价值是为社会政治经济服务,要发挥教育为政治经济服务的作用,在实践上就要对教育直接干预、控制、实行严格管理,以教育培养出的人是否是听话的驯服工具作为教育质量的标准。这些观点能否构成教育观的应然逻辑呢?我们说是可以的。因为教育的本质是社会的上层建筑和生产力,所以必然强调教育要为社会的政治经济服务,而要使教育成为为社会的政治经济服务的工具,必然要对教育实行直接控制和严格管理,中央对地方、政府对学校、校长对教师、教师对学生,一层一层都管得严严的,在这种实践中培养出来的人只能是听话的驯服工具。这种应然的教育观的逻辑是否科学呢?我们说是不科学的。我们知道,教育本质不完全是社会的上层建筑。教育的观念、某些教育内容、教育的组织管理机构属于上层建筑,但教育方法、教育设施、自然科学的教育内容不属于上层建筑。另外,说教育是上层建筑,也没有抓住教育这种社会现象与其他社会现象的根本区别,因为其他社会现象也有属于上层建筑的因素。教育的本质也不是生产力,教育只是把间接的生产力变为直接的生产力。教育的价值是为社会的政治经济服务也不完全正确,教育应该为社会教育的另一基本功能即为人的发展服务,教育只有在为人的发展服务的基础上才能更好地为社会的发展服务。这种把教育仅仅当作社会政治经济服务工具的观念在实践上造成了很大的危害。国家对教育、中央对地方、政府对学校进行直接干预,校长对教师、教师对学生实行严格管理也不是一种科学的实践观。一般来说,这种实践观是与中央集权制的体制和计划经济的体制相联系的。中央集权制的国家，如法国已认识到这种集权的实践模式所带来的弊端，集权式的管理模式正在松动，而强调民主式、参与式的管理。中国过去实行的是计划经济，现在已建立了市场经济体系，显然，这种过分集中统一式的实践模式已不适应市场经济的需要了。用这种实践模式培养出来的人可能缺乏竞争性、创造性，这是与市场经济的需要不相适应的。

（二）教育本质的培养人的活动说的教育观的逻辑及实证分析

还有的教育观认为，教育的本质是培养人的一种活动，教育的价值就是促进人的潜能充分而自由地发展，要发挥教育的这种作用，在中央与地方、政府与学校、校长与教师、教师与学生的关系上，应体现出一种指导服务、宽松、和谐的特点，培养出的人是一种注重独立性的自由自在的人。这样的教育观也体现出了一种应然的逻辑。因为既然教育的本质是一种培养人的活动，教育的价值当然就要注重为人的发展服务；为了使教育更好地促进人的潜能充分而自由地发展，在教育实践的方式上，主张上级为下级提供指导服务；在教师与学生的关系上，强调以学生为主，不主张对下属和学生进行严格管理，管理与教学氛围比较宽松、愉悦。这种教育实践显然是有利于人的自主性和独立性的发展的。然而这种应然逻辑的教育观也是不科学的，因为它认为教育的本质是培养人的活动，这一本质虽然抓住了教育这种现象与其他现象的根本不同点，但没有指出这种培养人的活动的特点。为人的发展服务是教育的基本功能之一，但不是唯一的功能，教育的另一功能是促进社会的发展。教育实践完全实行指导服务，一味强调宽松、和谐也是不行的。一般来说，强调间接管理、指导、服务是与地方分权制相联系的。地方分权制的国家现在也认识到了这种分权的实践模式的不足，已强调加强集权的实践模式。如美国过去没有联邦一级的教育部，1979年正式成立教育部，试图加大联邦教育部的权力，加强对地方和学校教育的控制。这种间接管理、指导服务实践下培养的人也不是社会所需要的人。美国培养的学生很强调独立性，使得美国校园里一些不良现象屡有发生，美国人现在也意识到在培养人的问题上只强调独立性、自主性也是不行的，还必须辅之以相应的规范和纪律。

（三）两种传统教育观逻辑弊端的原因分析

通过以上分析我们可以看出，以往存在的各种教育本质观、教育价值观、教育实践观、教育质量观并不是杂乱无章的，它们之间体现了一种应然的逻辑。不过这种应然的逻辑是不科学的，其原因就应然逻辑本身来说，在于对起始的教育本质观的认识不科学，而导致了对其他教育观缺乏正确的认识，从而对教育实践起了负面的作用。然而人们对教育本质观的认识不正确，不能说与教育观的实然逻辑不无关系。正如上面我们在分析教育观的实然逻辑时提到的，人们认识教育时，并不一定是从教育是什么开始的，而可能是从教育的作用开始的，这时人们对教育作用的认识又不是很科学，认为教育的作用就是为社会的政治经济发展服务，或为人的发展服务，这种对教育价值的错误认识，使得在教育观的实然逻辑中，干扰和影响了人们对教育本质观、教育实践观和教育质量观的正确认识。这样，人们在把教育观的实然逻辑当作应然逻辑（即还是从教育是什么开始去认识其他教育观）加以分析时，发现这种应然逻辑也是不科学的就不足为奇了。为什么在应然逻辑和实然逻辑中，人们对起始的教育观的认识会不科学呢？从方法论的角度来说，这与人们使用价值判断即用主观的价值尺度去认识教育而忽视用事实判断对教育的本来面目加以认识有直接关系。看来，对教育观逻辑中起始教育观的正确认识，对教育观逻辑的科学性有着决定性的意义，对教育实践也有着至关重要的影响。我们要用科学的教育观逻辑来指导教育实践，就要对教育观逻辑中的起始教育观有一个科学的认识，这样，教育观对教育实践才能起到积极的作用。

二、现代教育观的逻辑及实证分析

（一）现代教育观的逻辑

现代社会的发展需要我们构建一种新的科学的教育观体系。这种教育观体系的内容是，教育的本质是培养人的社会过程；教育的价值在于促进人的发展和促进社会的发展，要发挥教育的这种作用，在教育实践上就要把直接干预与指导服务，把严格管理与宽松、和谐的方式统一起来，把受教育者培养成为具有主体性特征的人。这种教育观体系体现了一种科学的应然逻辑。这首先是因为教育的本质是培养人的社会过程这种观点是科学的。它不同于以往两种教育观对教育本质的认识。它不仅抓住了教育这种现象与其他社会现象的根本不同就在于培养人，还指出了人的培养是一个社会过程，这一过程是受教育者个性化与社会化统一的过程。受教育者的个性化，是指受教育者的心理特征和行为方式区别于社会其他成员；受教育者的社会化，是指受教育者接受社会规范而成为社会的一员。这两个过程在受教育者的成长过程中是统一实现的，人的受教育的成长过程，正好体现了个性化与社会化统一的过程。正因为这种教育观对教育本质的认识是科学的，所以有利于对教育的价值观、实践观和质量观的科学认识。教育的功能有两个：为人的发展服务和为社会的发展服务。这两个功能是相互联系、缺一不可的。因为人的发展离不开社会的发展，人的发展是在社会的发展中实现的；社会的发展要依赖人的发展，社会的发展是在人的发展中体现出来的。既然教育既要为人的发展服务，又要为社会的发展服务，那么在教育实践上，教育要为社会的发展服务，就要适应社会的需要，体现国家意志，对受教育者灌输统一的社会规范；教育要为人的发展服务，就要适应受教育者发展的需要，实行宽松的管理，创造一种有利于受教育者发展的氛围，从而使受教育者得到充分发展。在这种教育实践下，培养出来的人既不是无法无天的独立的人，也不是缺乏创造性的听话的驯服工具，而是具有主体性特征的人。所谓主体性特征的人，是一种具有高度自觉性的人。这种具有高度自觉性的人一方面能按社会的要求，不断进行自我调节，以适应社会的需要；另一方面，还要不断改造社会，创造新的环境以使自身和社会得到更好的发展。这种主体性特征的人是市场经济所需要的人。市场经济既是一种竞争的经济，也是一种有序的规范的经济。在市场经济条件下，规范有序需要人有高度的自觉性，竞争性则需要人有主动性、创造性。这样看来，在这种教育观指导下培养出来的人是与市场经济的需要相适应的。

（二）现代教育观逻辑的实证分析

当前我国实行社会主义市场经济体制，这对教育改革提出了许多新的要求。转变传统的教育观念，树立新的教育观念是教育改革的关键，而认识传统的教育观应然逻辑的弊端，将传统的教育观的应然逻辑改变到现代教育观科学的应然逻辑上来，则是当前我国在教育观念层面上改革的当务之急。在这场教育观变革的过程中，我国在教育管理活动层面上的改革，如在对受教育的对象——学生——的要求上，既强调对他们的严格要求，又要让学生得到生动、活泼、主动的发展。在教育体制改革特别是教育管理体制改革上，在中央与地方办学的关系上，在强调多给地方办学自主权的同时，也强调中央办学的责任；在政府、学校与社会的关系上，强调多给学校办学的自主权，允许社会力量积极参与办学。在教育机制的改革中，在教育层次机制上，既强调中观和微观教育机制的作用，也注意发挥宏观教育机制的作用；在教育形式机制上，既强调指导—服务式的教育机制，也注意发挥行政—计划式的教育机制的作用；在教育功能机制上，既强调激励和保障的教育机制，也注意发挥制约的教育机制的作用等。这些都是现代教育观逻辑在教育改革实践上的具体运用。我国前段教育改革所取得的成绩，从实践上也说明了这种教育观逻辑的科学性。相信随着教育改革实践的深入，现代教育观所体现的科学的逻辑将会在教育改革中取得更加明显的效果。

三、传统教育观逻辑与现代教育观逻辑的对比分析

从上面两种教育观逻辑的实证分析中可以看出，传统的教育观逻辑主要有两种表现形式：第一种形式所体现的教育观的应然逻辑是，教育的本质观是上层建筑或生产力，教育的价值观是教育为社会的政治经济发展服务，教育的实践观是直接干预、严格管理，教育的质量观是培养听话的驯服工具；第二种形式所体现的教育观的应然逻辑是，教育的本质观是培养人的一种活动，教育的价值观是促进学生的潜能充分而自由地发展，教育的实践观是指导服务和宽松、和谐，教育的质量观是培养自由自在的人。现代教育观的应然逻辑是，教育的本质观是培养人的一种社会过程；教育的价值观是既为人的发展服务，也为社会的发展服务；教育的实践观是直接干预与指导服务相结合，严格管理与宽松、和谐相结合；教育的质量观是培养具有主体性特征的人。前两种教育观的逻辑由于对起始的教育本质观的认识不科学，从而导致整个教育观的逻辑也缺乏科学性，对教育实践造成了危害。后一种教育观的逻辑由于对起始的教育本质观的认识是正确的，因此，整个教育观的逻辑也是科学的。用这种教育观的逻辑去指导教育实践，对教育改革起到了积极的推动作用。

下面让我们用一张表（表10-1），对上述教育观应然逻辑的实证对比分析做一个小结，对传统教育观和现代教育观的内容进行简要归纳。

表 10-1 教育观应然逻辑实证分析表

	教育本质观	教育价值观	教育实践观	教育质量观
传统教育观	教育是上层建筑或生产力	为社会的政治经济发展服务	直接干预、严格管理	培养听话的驯服工具
	教育是培养人的一种活动	促进学生的潜能充分而自由地发展	指导服务、宽松、和谐	培养自由自在的人
现代教育观	教育是培养人的一种社会过程	既为人的发展服务，也为社会的发展服务	直接干预与指导服务相结合，严格管理与宽松、和谐相结合	培养具有主体性特征的人

········ 思考题 ········

1. 什么是教育观？

2. 什么是广义的教育观体系？什么是狭义的教育观体系和综合的教育观体系？试分析这三种教育观体系的利弊。

3. 什么是教育本质观、教育价值观、教育实践观和教育质量观？

4. 试分析狭义教育观体系的实然逻辑和应然逻辑。

5. 怎样理解"用事实判断所得出的事实逻辑，同时又是用价值判断所得出的价值逻辑"这个哲学命题？认识这一哲学命题的意义是什么？

6. 什么是传统的教育观的逻辑？

7. 当代中国教育改革需要什么样的教育观的逻辑？为什么？

第十一章

关于教育管理观[①]

第一节 教育管理观概论

一、关于教育管理观的体系

（一）教育管理观的体系及其逻辑分析

教育管理观是人们在实践的基础上对教育管理的一种系统的理性认识。在这种理性认识中，有对教育管理是什么的认识而形成的教育管理本质观；有对教育管理作用的认识而形成的教育管理价值观；有对怎样发挥教育管理作用的认识而形成的教育管理实践观；还有对教育管理作用结果的认识而形成的教育管理质量观。教育管理观就是由这四种观念所组成的一种逻辑体系。

有人从不同层次和类型的教育管理角度去认识教育管理观。从教育层次来看，有学前教育管理观、初等教育管理观、中等教育管理观和高等教育管理观。从教育的类型来看，有普通教育管理观和职业技术教育管理观，有青少年教育管理观和成人教育管理观，有私立教育管理观和公立教育管理观，有学校教育管理

[①] 本章的内容参见孙绵涛著：《教育管理哲学——现代教育管理观引论》，武汉工业大学出版社1997年版；《试论教育管理观》，载《教育研究与实验》1997年第2期；《主体教育管理观初论》，载《教育研究与实验》1993年第1期；《关于教育管理实践观的探讨》，载《教育研究与实验》1999年第2期；《关于西方科学主义与人文主义教育管理观的探讨》，载《教育理论与实践》2003年第11期；《论人类生活方式的本质及其复归——关于知识、信息社会生活方式的探讨》，载《浙江社会科学》2003年第6期。在上述论著中，作者提出了主体教育管理观和从属教育管理观，以及教育管理本质观、价值观、实践观和质量观的思想。

观和社会教育管理观，有正规教育管理观和非正规教育管理观，有农村教育管理观和城市教育管理观等。从管理的层次看，有宏观教育管理观、中观教育管理观和微观教育管理观。从教育管理工作来看，有教学管理观、德育管理观、学校后勤工作管理观、教育财务管理观、教育人事管理观。然而在上述各级各类的教育管理观中，都要涉及对它们是什么的看法，即各级各类教育管理的本质观；对它们的作用的看法，即各级各类教育管理的价值观；对如何发挥它们的作用的看法，即教育管理实践观；对它们作用结果的看法，即教育管理质量观。也有人从教育管理的不同方面去认识教育管理观，如有教育管理活动观、教育管理体制观、教育管理机制观等。但研究这些方面的教育管理观，也要涉及对这些方面是什么的认识，作用是什么的认识，怎样发挥它们作用的认识，以及它们作用结果的认识，而这些认识又不属于教育管理本质观、教育管理价值观、教育管理实践观及教育管理质量观研究的范畴。由此我们可以认为，教育管理的本质观、价值观、实践观和质量观是各级各类教育管理观的核心之所在。我们要弄清楚教育管理的本质观、价值观、实践观和质量观，离不开研究各级各类教育管理观，它们是各级各类教育管理观在一个更高层次上的抽象。反过来，我们研究教育管理本质观、价值观、实践观和质量观，又有助于我们研究各级各类教育管理观。正是基于这种认识，我们在探讨教育管理观的内容和结构的时候，把重点放在探讨教育管理的本质观、价值观、实践观和质量观上。

教育管理本质观、教育管理价值观、教育管理实践观、教育管理质量观之间存在着两种逻辑状态：一种是理想的逻辑状态，另一种是现实的逻辑状态。理想的逻辑状态是这四种观念之间存在的一种逻辑状态，它是由人的理想的价值所决定的。这种应该存在的逻辑状态是这四种观念之间所存在的一种事实逻辑关系，这种事实逻辑关系指的是这四种观念之间所客观存在的一种逻辑关系，它是不以人的主观认识为转移的，但又是通过人的事实判断而得出的。这四种观念的事实逻辑是，有什么样的教育管理本质观，就有什么样的教育管理价值观，从而有什么样的教育管理实践观和教育管理质量观。因为人们在对教育管理的认识中，只有在明确了教育管理是什么的基础上，才能弄清楚教育管理的作用是什么；只有在弄清楚教育管理的作用是什么的基础上，才能弄清楚怎样发挥教育管理的作用；而只有在认识了怎样发挥教育管理作用的基础上，才能认识教育管理作用的结果。这种事实的逻辑关系是一种理想的逻辑关系，这种理想的事实逻辑关系是人们所普遍追求的。当我们认为这种事实的逻辑关系是一种理想的逻辑关系，是人们所普遍追求的时候，这时人们所采用的判断就不再是在探讨这四种观念的事实逻辑时所采用的事实判断，而采用的是一种价值判断。因为这时我们认为的这种事实关系是四种教育管理观念之间应该存在着的理想的逻辑关系。

这四种观念之间的现实的逻辑状态是指这四种观念之间现实呈现或存在的一种逻辑状态。这种现实的逻辑状态是指这四种观念之间所存在的一种价值的逻辑关系，这种价值的逻辑关系不像事实的逻辑关系那样，是它们内部所固有的一种逻辑关系，它是由人的价值判断而形成的。这四种观念的价值逻辑不像事实逻辑那么单一，呈现比较复杂的状态。事实逻辑和价值逻辑的建构虽然都是由人的主观认识（事实判断和价值判断）而得到的，但在事实逻辑的建构中，人们采用的事实判断尽可能避免功利的色彩，力求按事物的本来面目去认识事物，这就有可能使人们的认识沿着事物内在的、固有的逻辑而展开。而对同一类事物来说，这种逻辑只有一个，就像对同类事物真理性的认识只有一个一样，因而用事实判断所得出的事物的事实逻辑是单一的。而在价值逻辑的建构中，人们采用的价值判断这种主观认识带有较强的功利色彩，它往往是由人的某种功利的价值追求所决定的。功利的驱使容易使人们不可能按事物的本来面目去认识事物，人们的认识不是沿着事物内在的、固有的逻辑而展开，而是随着自己主观上的认识而展开的。这样，由人的主观认识而形成的对事物逻辑关系的认识就见仁见智、复杂多变了。在教育管理观念的价值逻辑中，由于价值取向不一样，其价值逻辑可能是教育管理价值观影响教育管理本质观，进而影响教育管理实践观和教育管理质量观；也可能是教育管理实践观影响教育管理本质观，进而影响教育管理价值观和教育管理质量观；还可能是教育管理质量观影响教育管理实践观，进而影响教育管理价值观和教育管理本质观；等等。在上述几种价值逻辑中，一般来说第一种状态最为普遍。因为一般的管理者最关心的是教育管理的作用问题，他们往往是按照教育管理的作用来认识教育管理（教育管理本质观），来从事教育管理（教育管理实践观），来期望教育管理达到一个什么结果（教育管理质量观）。教育管理之间的价值逻辑关系是由人的价值判断所造成的，然而，我们说教育管理观之间存在的这种现实的逻辑状态却是人们用事实判断去客观地描述这四种观念之间由价值判断所造成的这种价值逻辑存在所得出的结果。从这个意义上说，人们对这四种教育管理观的关系的认识所使用的价值判断，与人们由于使用价值判断对这四种教育管理观的关系所产生的认识结果的客观描述所使用的事实判断又是有联系的。

我们在这里分析教育管理观的逻辑结构，是从两个视角思考的。当我们说这四种观念之间存在着事实的逻辑关系和价值的逻辑关系时，前者用的是事实判断，后者用的则是价值判断；而当我们说这四种观念之间存在着理想的逻辑状态和现实的逻辑状态时，前者用的是价值判断，后者用的是事实判断。下面我们将上面的分析试做一幅简图（图11-1），来说明教育管理观研究的逻辑结构：

图 11-1　教育管理观研究的逻辑结构

这里要说明的是，我们这里分析的教育管理观结构中存在的事实逻辑与价值逻辑的关系，并不是说事实的逻辑关系就一定会导致人们对教育管理观有科学的认识，而价值的逻辑关系就一定会导致人们对教育管理观有错误的认识。在教育管理观的事实逻辑中，当人们用事实判断去揭示教育管理的本质时，就有利于人们正确地认识其他教育管理观；当人们用价值判断去认识教育管理的本质时，就不利于人们正确认识其他教育管理观。而在教育观的价值逻辑中，当人们用事实判断去认识某种教育管理观从而对这一教育管理观有科学的认识，也是有利于人们正确认识其他教育管理观的；而当人们用价值判断去认识时，就不利于人们对其他教育管理观有正确的认识。教育管理观的事实逻辑与价值逻辑在影响人们对教育管理观的认识上的作用是有区别的。事实逻辑容易导致人们对教育管理观有科学的认识，这不仅因为人们认识这种事实逻辑运用的是事实判断，从而有利于人们在认识这种逻辑中的教育管理观时也使用事实判断，还因为人们对教育管理的认识是从教育管理是什么开始的。只要人们对教育管理的本质有科学的认识，人们对其他教育管理观有正确的认识就不是很困难的事情。价值逻辑容易导致人们对教育管理观产生错误的认识，这不仅因为人们认识这种价值逻辑运用的是价值判断，从而使人们在认识这种逻辑中的教育管理观时易于受制于人的主观意志，还因为这种价值的逻辑不是从教育管理是什么开始的，在没有认识教育管理是什么的基础上去认识其他教育管理观，就不易对这些教育管理观有正确的把握。可见，教育管理观中的事实逻辑虽然有利于人们对教育管理观有科学的认识，但不能直接导致人们对教育管理观形成科学的认识，它还要看人们在认识这种逻辑结构中的教育管理观时使用的是事实判断还是价值判断；教育管理观中的价值逻辑虽然不利于人们对教育管理观有科学的认识，但并不一定就导致人们对教育管理观形成错误的认识，关键看人们在认识这种逻辑结构中的教育管理观时使用的是事实判断还是价值判断。

（二）探讨教育管理观体系及其逻辑的方法论问题

以上对教育管理观的逻辑结构的分析，运用的是事实判断与价值判断的方法。为什么运用事实判断和价值判断就能达到对教育管理观事实逻辑与价值逻辑的认识呢？这里有必要对这两种方法及相关的问题做一下探讨。

事实判断和价值判断是两种认识事物的方法，无所谓孰优孰劣。事实判断有助于我们认识事物的属性和规律，而价值判断有助于我们对事物做出取舍。因为事实判断是根据"事实"来做出判断；而价值判断则是根据"价值"做出判断。当我们说某事物是什么时，只是对事物的属性这个事实做出判断，因此，这时使用的判断是事实判断。但当我们说某事物"有价值"时，这不是对事物的属性做出判断，而是对事物属性的价值，即事物价值的"有无""大小"等做出判断，因而此时的判断是价值判断。当我们说某事物"有价值"时，这实质上反映的是事物的这个客体的价值属性与主体的价值追求的关系。客体具有某种属性，是主体价值判断的前提。而人们认识客体的某种属性，是用事实判断获得的。从这个意义上来说，价值判断一般需要建立在事实判断的基础之上。由上所述，我们认为，认识教育管理观内部的事实逻辑要采用事实判断的方法，而不能采用价值判断的方法。因为前者是对事实逻辑的这个"事实"做出判断，而后者不是对教育管理观内部逻辑做出判断，而是对那种逻辑是否对主体有用做出判断，因而它不可能揭示教育管理观内部的事实的逻辑关系。要使这种价值判断准确而有意义，首先要用事实判断对教育管理观内部的逻辑关系做出判断，然后再用价值判断做出选择，看看这种逻辑关系是否有用。这时的价值判断就是建立在事实判断的基础上了。

一般来说，在现实生活中人们采取哪一种方法去认识教育管理观的内部结构，与人们所从事的工作或所担负的任务有重要的关系。学者多采用事实判断来获得对事物事实逻辑的认识，因为学者的主要任务是认识世界，为了获得对事物真理性的认识，他们一般采用不易受功利价值干扰的事实判断去认识事物。当然，学者有时也会受功利的价值驱使去认识事物，但一般来说，在认识事物时，事实判断是占主导地位的。我们必须强调的是，这里只是从一般意义上使用事实判断，因为严格意义上的事实判断是没有的（特别是在社会科学研究中），人们在使用事实判断时，总是要受到许多主客观条件的限制，因而学者在使用事实判断时，应尽量避免价值判断的干扰。当权者容易采用价值判断来获得对事物价值逻辑的认识，这不仅是因为当权者的主要任务是改造世界而使功利的价值取向在当权者那里占主导地位，还因为虽然有时当权者想用事实判断去认识事物，但当权者在实践活动中追求功利的价值取向往往会影响他们的事实判断而使事实判断不能正常发挥作用，而最终还是导致用价值判断取代事实判断。当权者可以用其有利条件在社会上推行其在价值判断基础上制定的政策，而学者用事实判断研究出的成果往往只是被当权者有选择地采用（尤其是在社会科学领域）。然而学者忧国忧民的本性使得他们通过各种渠道去影响当权者的价值判断，他们希望自己的成果为当权者采用，或希望当权者采用事实判断去认识事物，从而使其制定出反映客观规律的科学的政策。从这个意义上来说，人类社会的文明史，就是价值判断与事实判断相互碰撞的历史，既是当权者自身的价值判断与事实判断相互干扰、影响的历史，也是学者自身的事实判断和价值判断相互影响的历史，还是当权者的价值判断和学者的事实判断相互影响的历史。在这三种碰撞中，学者与当权者的事实判断与价值判断的相互影响是这种碰撞的主要形式。在一定的历史阶段，由于当权者处于有利地位，社会上处于支配地位的往往是当权者的价值判断。但从历史发展的长河来看，社会总是按事实判断所揭示的规律前进的。社会文明发展缓慢，就是因为在一定历史阶段，当权者价值判断的影响太重、太深，尤其是在强调政治主宰一切的国度里更是如此。可以说，如果当权者多用事实判断处理问题，少用价值判断去干扰事实判断，社会的发展可能要顺利得多。社会发展的最大悲剧莫过于当权者有意无意地偏爱价值判断，不按事实判断去认识事物，而学者对社会真理性的认识也不易被这些当权者所用。虽然不可能使每一位学者都成为当权者，但当权者必须是学者。事实上，从方法论的角度来说，政绩斐然的当权者，他们一般都是善于运用事实判断，或是在事实判断的基础上再运用价值判断，或是善于汲取学者对社会的真理性认识。然而可惜的是，这种学者型的当权者目前不是太多，而是太少。而且即使是学者型的当权者，被仕途所累及政治功利所迫，其事实判断往往受到功利的干扰。现实所提倡的尊重知识、尊重人才，领导者要知识化，特别重视咨询机构在领导决策中作用的一些做法，从一定意义上讲，都是为减少当权者的价值判断所带来的不利影响而提出来的。在教育界，要使人们对教育管理观有一个科学的认识，不仅要求从事教育理论研究的专业工作者要善于运用事实判断进行研究，而且也要求从事教育管理的领导善于和教育理论工作者一道，运用事实判断来研究教育管理观，认真吸取教育理论工作者的研究成果，这样才能获得对教育管理观及其结构的真理性的认识。

这里要强调说明的是，我们说当权者多采用价值判断，并不是说每一个当权者都采用价值判断，也不是说价值判断是不好的方法，更不是说当权者不应该使用价值判断。正如前面所提到的，事实上，有不少学者型的当权者，善于用事实判断去认识事物。价值判断也是一种重要的认识事物的方法，当权者由于其工作的性质，一般用他们的价值追求对事物做出选择。问题是当权者在对事物做出选择的时候，要对事物的属性有一个科学的把握，这就要求当权者的价值判断应建立在自身对事物的事实判断或借助于他人对事物的事实判断的基础上。

(三) 研究教育管理观的体系及其逻辑的意义

以上对教育管理观体系真理性的探讨是在三个层次上展开的：教育管理观是什么，教育管理观的内容结构是什么，教育管理观的内容逻辑结构是什么。在这三个层次中，第三个层次的探讨是最为重要的。因为只有弄清楚了教育管理观内部的逻辑关系，才能更好地说明教育管理观的内部结构，才能更好地去理解什么是教育管理观，从而对教育管理观真理性的认识达到更深刻的程度。过去我们谈教育管理观，没有研究它包括一些什么内容，更没有分析这些内容之间的逻辑关系，从而谈不上对教育管理观有真理性的认识。由于教育管理观中的事实逻辑与价值逻辑是教育管理观结构中客观存在的两种逻辑关系，因而认识了这两种逻辑关系，就获得了对教育管理规律性的认识。我们研究教育管理观结构体系中的逻辑关系，目的就是要达到对教育管理观规律性的认识，并用这一认识去指导教育管理实践。我们过去常说按教育管理规律办事，在观念层面上，就应该按教育管理观的逻辑所体现的规律办事。用教育管理观的事实逻辑去指导实践，有利于用科学的教育管理本质观、教育管理价值观、教育管理实践观和教育管理质量观指导教育管理实践。因为人们认识教育管理观是从教育管理是什么开始，然后渐次认识教育管理观的，这样不易受其他教育管理观的干扰，容易获得对教育管理观的科学的认识。如果我们对教育管理是什么有科学的认识，对教育管理的价值、实践及实践的结果就会有正确的认识。用教育管理观的价值逻辑去指导教育管理实践，只要我们用事实判断去认识这种价值逻辑中的某种教育管理观，从而获得对这种教育管理观的正确认识，我们就能获得对其他教育管理观的正确认识，从而也可以使我们用科学的教育管理观去指导教育管理实践。

二、教育管理观在整个教育观中的地位和作用

(一) 教育管理观在整个教育观中的地位

教育管理观是一个相对完整的、比较庞大的理论体系，相对于教育观来说，它只是教育观的一个组成部分。教育管理观在整个教育观中处于什么地位呢？要回答这个问题，首先对整个教育观要有一个科学的认识。如上所述，教育观是人们对整个教育理性认识的一种观念体系，在这一体系中，有对各级各类教育的看

法而形成的各级各类教育观。然而，在教育观的体系中，起核心作用的是对教育是什么的认识而产生的教育本质观，对教育作用的认识而产生的教育价值观，对怎样发挥教育作用的认识而产生的教育实践观，及对教育作用结果的认识而产生的教育质量观。由于发挥教育的作用要依靠教学、德育、教育管理等活动，因此教育实践观就要包括教学观、德育观、教育管理观，以及对教育活动主体的认识而产生的教师观、学生观和对教育活动如教学活动内容的认识而产生的课程观等。教育观也是由上述四种教育观所组成的一个结构体系，在这一体系中，也存在着事实逻辑与价值逻辑的关系，只是这两种逻辑的具体内容与教育管理观中的具体内容不同罢了。教育观的事实逻辑关系是，有什么样的教育本质观，就有什么样的教育价值观；有什么样的教育价值观，就有什么样的教育实践观；有什么样的教育实践观，就有什么样的教育质量观。教育观的价值逻辑关系由于人们的价值取向不同呈现多开端的复杂状态，但主要的还是教育的价值观影响教育本质观，进而影响教育实践观和教育质量观。可见，教育管理观在整个教育观中处于教育实践观这个层次，它是教育实践观中的一种。

（二）教育管理观在整个教育观中的作用

教育管理观在整个教育观中起着重要的作用。第一，在教育实践观这一层次上，教学活动、德育活动的开展都离不开管理活动。而从教学活动、德育活动本身是一种有组织的管理活动而言，我们说的教学观、德育观在这个意义上来说也是一种教学管理观、德育管理观。因此我们认为，教育管理观较之于教学观、德育观，对教育活动的影响更大。第二，在整个教育观的体系中，教育本质观、教育价值观对教育实践的作用没有教育实践观那么直接，它们对教育的作用是间接的，一般要转化为相应的实践观才能奏效。如教学活动是受教学观指导的，而教学观又是受教育本质观和教育价值观制约和影响的，教育本质观、教育价值观对教学实践活动的影响一般要通过教学观才能实现。由此可以说，教育本质观、教育价值观对教育实践的作用是间接的，它们对教育实践的作用，总是通过教学观、德育观、教育管理观等实践观来实现的。由第一点的分析我们认为，由于教育管理观在教育实践观这一层次较之于教学观、德育观对教育实践的作用更大，因而教育本质观、教育价值观对教育实践的作用除依赖教学观、德育观以外，更多地要依赖教育管理观。我们这样说并没有否认教学观、德育观对教育实践的作用，甚至在某种意义上说，它们对教育实践起着决定性作用。我们这样说显然不是说教育管理是唯一的实践活动，而否认教学和德育也是教育实践活动，我们只是想强调教育管理活动由于有着管理的独特功能，它在整个教育实践活动中起的作用更大一些而已。

三、研究教育管理观的意义和方法

（一）研究教育管理观的意义

研究教育管理观有着重要的理论意义和实践意义。从理论意义上说，第一，它有助于我们全面认识教育观，提高教育的理论水平。教育观是教育理论的一种观念形态。教育理论反映人们对教育理性认识的不同方面和不同层次，教育观念只是这种理性认识的最高形态。可见研究教育观是有助于我们提高教育理论水平的。教育理论水平的提高有赖于全面认识、研究教育观。在以往的教育观研究中，人们对教育本质观、教育价值观、教育质量观，以及教育实践观中的教学观、德育观研究较多，而对教育管理观研究较少。这种现象既不利于全面、科学地认识教育观，更不利于提高教育理论的水平。研究教育管理观，有助于弥补过去我们对教育观研究的不足，从而全面系统地去把握教育观，提高教育理论水平。第二，研究教育管理观，有助于教育管理哲学的学科建设。教育管理哲学是有关教育管理观的学问。它要研究的内容主要包括教育管理的本质问题、教育管理的价值问题、教育管理的实践问题及教育管理的质量问题。它一般分为教育管理本质观、教育管理价值观、教育管理实践观和教育管理质量观四部分。这样的教育管理哲学体系克服了现时的一般的教育管理哲学（尽管现时的教育管理哲学还少见）中存在的管理学、教育学、教育管理学、哲学四张皮贴在一起的现象，而真正有一点"哲学"味道。研究教育管理观，不仅有助于教育管理哲学的学科建设，而且对整个教育管理学科理论水平的提高都将大有好处。教育管理学科的理论水平不高，恐怕与教育管理观研究不够有关，构建教育管理观的理论体系，将有助于提高整个教育管理学科的理论水平。从实践意义来说，它有助于教育改革以科学的教育观和教育管理观为指导。从整体上说，我国的教育改革需要科学的教育观的体系做指导。上面我们分析了研究教育管理观有助于建构整个教育观,显然研究教育管理观对整个教育改革的意义是不可低估的,更何况教育改革本身是一个有组织的管理活动,它需要教育管理观做指导就更加不言而喻了,特别是教育管理本身的改革需要教育管理观做指导也是人所共知的。然而长期以来,人们对教育观,特别是对教育管理观研究不够,对在教育改革中到底要转变哪些教育观念,树立哪些新教育观念不甚了了。我国过去教育改革中存在这样或那样的问题,恐怕在很大程度上与对教育观特别是对教育管理观研究不够有关。要改变这种状况,就应该认真研究教育管理观,这对于我国的教育改革有着十分重要的现实意义。

(二)研究教育管理观的方法

研究教育管理观可以采用实证的方法和逻辑思辨的方法。前者是在研究教育管理实践的基础上获得大量材料,进而概括出反映这种实践的教育管理观,它多采用归纳的方式进行。后者是在占有大量材料的基础上,从理论上推演出一定的教育管理观,它多采用演绎的方式进行。研究教育管理观,可同时采用上述两种方法,也可采用其中一种方法。笔者是采用后一种方法来研究的,并主张以占有现有的教育理论方面的资料作为研究的起点和基础。这不仅是因为教育理论是一定教育实践(包括教育管理实践)的产物,还因为一定的教育理论还折射了一定社会的政治、经济、文化、哲学等方面的思想,这就使得教育管理观的研究有坚实的实践和宽广的理论做基础。然而在已有的教育理论的材料中,反映教育管理实践的教育管理观的材料比较少见。在一些教育家的论著中,论及教育的本质及教育价值的材料随处可见,而论及教育管理观问题的材料却寥若晨星。这种状况,就使得我们希望从现存的教育理论材料中去研究教育管理观的想法遇到一定的困难。然而,根据我们对教育观结构体系中的事实逻辑和价值逻辑的认识(上文已提到教育观结构中的事实逻辑和价值逻辑与教育管理观结构中存在的事实逻辑和价值逻辑是一致的),我们可以从教育观的结构体系中存在的事实逻辑去研究教育管理观。这种事实逻辑是:教育本质观决定或影响教育价值观,教育价值观决定或影响教育实践观(主要是教育管理观),教育实践观决定或影响教育质量观。因而,只要我们弄清了某一社会或某一教育家所主张的教育本质观和教育价值观，就可以推导出某一社会或某一教育家所主张的教育管理观。当然，我们也可以通过教育管理观结构中的价值逻辑来研究教育管理观。以下在探讨教育管理观的时候，就是运用上述这一思路（即按教育观和教育管理观的事实逻辑和价值逻辑）来进行研究的。

第二节 教育管理观内容的逻辑分析

一、教育管理观内容的对应逻辑分析

教育管理观的对应逻辑指的是迄今为止的教育管理实践存在着两种对立的教育管理观，一种是从属教育管理观，一种是主体教育管理观。

（一）从属教育管理观

从属教育管理观使教育带有一种"从属"性。这种教育管理观受不同的教育本质观和教育价值观的影响，形成了两种不同的从属教育管理观：一种是从属社会教育管理观，另一种是从属儿童教育管理观。从属社会教育管理观赖以建立的教育本质观注重教育的社会属性，认为教育的本质是社会的上层建筑或生产力。它所赖以建立的教育价值观注重教育价值的社会取向，认为教育的价值就是促进社会政治和经济的发展。这种教育管理观认为，在宏观上，国家应对教育直接管理，并实行强有力的干预；在微观上，学校领导对学校也要实行严格管理，教师对学生要严格，应以教师为中心来组织教学，在上下级关系上，下级只能服从上级，没有多少自主性。这种教育管理观的目的是要把受教育者培养成为一定社会政治经济服务的驯服工具。从属儿童教育管理观赖以建立的教育本质观注重培养人的属性，认为教育的本质是培养人的活动。它所赖以建立的教育价值观注重教育价值的个人取向，认为教育的价值就是促使儿童的天性自由自在地发展。这种教育管理观认为，在宏观上，国家不应直接干预教育，只能实行间接的管理，只起指导服务的作用；在微观上，学校领导对学校实行宽松的管理，教师要充分重视学生的兴趣，教学应以儿童为中心来组织，要给管理者、施教者以充分的自主

权，以使儿童的天性得到充分而自由的发展。从属社会教育管理观在教育本质观上注重教育的受动性的一面而忽视教育主体性的一面；在教育价值观上注重教育为社会发展服务的价值取向而忽视教育为人的发展服务的价值取向；在教育管理观上一味强调严格管理，忽视管理者、施教者的创造性和受教育者的主动性，将社会的规范强加给儿童，这种规范就不易内化为儿童自身的东西。在这种教育管理观下，受教育者易丧失主体性特征而成为驯服的工具。可见这种教育管理观存在着片面性。从属儿童教育管理观在教育本质观上只看到了教育的主体性的一面，而忽视了教育受动性的一面；在教育价值观上只注重教育为人的发展服务的价值取向而忽视教育为社会发展服务的价值取向；在教育管理观上片面强调宽松管理，对儿童不加约束和引导，听任儿童盲目发展，因而他们不可能成为教育活动和社会生活中能动的主体。可见这种教育管理观也存在着片面性。

（二）主体教育管理观

主体教育管理观，是一种把受教育者培养成为教育活动的主体和社会生活的主体的教育观。这种教育管理观，不仅着眼于受教育者的主体性问题，要求教育管理有助于他们主体性的发挥，还要承认管理者、施教者的主体地位，使教育活动、教育事业更有生命力，真正成为推动社会发展的积极力量。这种教育管理观的教育理论基础是，在教育本质观上，它认为教育的本质是促使个体个性化与社会化统一的过程。在教育价值观上，它认为教育的价值在于把个体培养成为具有能动性的社会生活的主体，从而使教育达到促进个体发展与社会发展的统一。这种教育管理观认为，在宏观上，国家应以指导服务为主、监督管理为辅的方式来管理教育；在微观上，应把严格管理与宽松管理结合起来，使地方和学校有更多的自主权，能更好地发挥管理者、施教者的主体性。这种教育管理观在教育本质观上，既注重教育的社会属性（受动性），也注重教育的相对独立性。因为个体社会化的过程，也就是个体接受和掌握社会行为规范，并按这一规范去行动，从而成为合格的社会成员的过程。这一过程的完成，显然是由教育受制于社会这一属性决定的。这体现在：管理者、施教者在教育实施过程中，将社会规范传递给儿童。个体的个性化也就是个体的个别化，它指的是个体独特性的形成，包括个体自我意识和区别于他人行动方式的形成。教育要有利于个体个性化的形成，只有尊重个体身心发展的特点,将社会规范有选择地传递给儿童才能完成。教育的这种选择、构建功能,是教育在教育活动层面上主体性的具体表现。可见,教育的社会性(受动性)与教育的主体性(相对独立性)正好反映在教育是个体个性化与社会化统一的过程这一本质特性中的。这种教育管理观在教育价值观上,强调教育在促进人的发展基础上来促进社会的发展,这就弥补了社会本位与儿童本位各执一端的不足。主体教育管理观一方面强调严格管理,同时注重创造一种宽松的气氛与环境,注重发挥管理者、施教者的创造性,注重在尊重儿童个性特征的基础上将社会规范传递给儿童,这样就有利于儿童将社会的要求内化为自身的东西,使儿童在个性化与社会化统一的过程中得到发展。用主体教育管理观来管理教育,能真正做到教育促进人的发展与促进社会发展的统一。因为一个人在实践中获得主体性本身,就是人的发展的根本标志,而只有具有这种主体性的人,才能有效地推动社会的发展。

新中国成立以来的教育管理观,主要是一种从属于社会的教育管理观。对待教育,主要看重教育本质的社会属性(这里要说明的是,马克思主义也重视教育的社会属性,但马克思主义并没有否认教育的主体性。我们不能对马克思主义的论断做机械的理解,以为马克思主义重视教育的社会属性就抹杀了教育的相对独立性)。在价值取向上,有时只看重教育的经济价值,有时又竭力突出教育的政治价值。教育管理强调教育为政治经济服务并没有错,问题在于管理理论及管理行为上缺乏对社会发展规律与社会现实的理性思考和把握,看不到教育的政治价值与经济价值的辩证关系。片面强调教育对社会的从属关系,忽视了教育的特点、规律和相对独立性;片面强调管理上的集中统一,忽视了受教育者、教育者、管理者的能动性。这种管理观和管理行为与我国的社会发展是不相适应的。我国实行社会主义市场经济,必然会对教育产生重大影响。要适应这种经济的转轨,就必须改变在计划经济体制下形成的教育模式,要完成这一转变,就需要更新教育观念,把传统的教育本质观、教育价值观、教育实践观、教育质量观转变到主体教育本质观、主体教育价值观、主体教育实践观、主体教育质量观上来。根据上面我们对教育管理观对教育的作用比其他教育观更直接的分析,我们认为,当前特别要树立主体教育管理观。因为,社会主义市场经济的建立,对人的素质提出了更高的要求。一方面，人要在市场经济中得到生存和发展，就需要有进取精神和竞争精神；另一方面，人要在商品经济中不成为金钱的奴隶，也要善于自我控制和调节，而要做到这一点，不具备主体性特征的人是难以做到的。从培养人这个实践层面上来说，这种主体性特征的人的形成，只有在主体教育实践观（主体教学观、主体德育观，特别是主体教育管理观）的指导下才能完成。当前在教育改革中提出的素质教育，从观念上讲，实际上是提出了一种主体教育观。因为素质教育本身就是重视人的培养和发展，教育的核心是提高人的素质，人的素质发展的根本特征是人的主体性的发展。因此实施素质教育，在观念上就要研究与实施与之相适应的主体教育本质观、主体教育价值观、主体教育实践观和主体教育质量观。以科学的观念指导实施素质教育，充分发挥管理者、施教者的主动性，使学生的主体性得到发展，这样才能把学生培养成为适应社会主义市场经济需要的具有主体性特征的人。

实现主体教育管理观在教育管理上的改革，首先要把教育当作一个相对独立的系统，使之具有相对自主的运行机制，使教育有一个科学的、相对稳定的价值取向，而不至于使教育的价值取向从一个极端跳到另一个极端。要做到这一点，就需要建立一种宏观有序的管理行为。这种宏观有序的管理行为是：国家要发展教育，首先要制定教育方针，然后根据教育方针制定教育政策（这里指的是狭义的教育政策。西方一些学者所主张的教育政策是广义的，它包括教育方针、教育发展原则、教育法规和教育政策过程等），根据教育政策制定教育法规，依据教育法规进行教育决策分析，在科学决策的基础上构建一个国家的教育体制，然后在一定的体制内开展诸如教育督导与评价、教育人事行政、教育财政、教育业务行政等方面的活动。这一套宏观有序的管理行为体现了国家对教育的要求，按照国家要求建立起这套管理行为以后，可以使国家的教育保持一种相对自主、稳定的运行状态。二战后，日本的教育一直在稳步发展，这与日本战后迅速颁布了教育宗旨，确立了以教育财政政策、教师政策为重点的教育政策，健全了教育法规，构建了适合日本经济发展的学校教育体制这一套有序的管理行为有关。新中国成立以来，我国在教育上的某些失误，如果从管理行为上找原因，不能不与上述这些管理行为中的某些行为不科学，或在整体上这些行为不配套，处于一种无序状态有关。可见，宏观有序的管理行为是使教育保持一种相对自主、稳定运行状态的重要措施。其次，国家应给地方及学校以更多的办学自主权。国家决定基本的学制、课程标准及教育人员的编制标准，地方可以根据本地区的需要决定本地区的学制、年度招生规模及审定地方自编教材。学校要改变从属于政府的地位，实行政校分开，政府颁布教育质量标准，通过督导评价等手段督促学校提高教育质量。学校特别是高等学校应有权决定专业的设置、人员的聘任、人员工资结构的调整、教学计划的确定、教材的选用等。最后，要给管理者和施教者以更多的自主性。管理者、施教者无疑要遵守国家一般要求，但怎样在这一要求之下把工作做得更好，则需要发挥管理者、施教者的主动性和创造性。可以说，没有管理者、施教者的主动性、创造性的工作，就没有受教育者主体性的发展。管理者要摒弃照章办事、依葫芦画瓢的工作态度和工作方式；施教者要努力形成自己的教学风格，这样才有助于受教育者主体性的发展。

二、教育管理观内容的递进逻辑分析

教育管理观内容的递进逻辑，指的是由教育管理本质观到教育管理价值观，再到教育管理实践观和教育管理质量观所存在的一种递进的应然逻辑关系。以下以教育管理观内容的对应逻辑为基础，即分别从从属教育管理观和主体教育管理观的角度，对教育管理本质观、教育管理价值观、教育管理实践观、教育管理质量观的具体内容进行分析。

（一）关于教育管理本质观

在对教育管理本质的研究中有一种流行的做法，就是以马克思的一段论述作为依据，说明管理的本质属性是自然性与社会性的统一，然后以此推论出教育管理的本质属性也是自然性与社会性的统一。我们不赞成这种简单的做法以及由此得出的结论。我们认为，研究教育管理的本质是可以用马克思的论述作为依据的，但是对马克思的论述要实事求是地加以理解，准确地把握其精神实质，并用这种精神实质指导我们研究教育管理的本质，这样才能科学地把握教育管理的本质。那种认为马克思关于管理的两重性的论述讲的是管理的两重性，是自然性与社会性的统一的观点，没有抓住马克思论述的精神实质，以这种理解作为依据去说明教育管理的本质属性是自然性与社会性的统一是站不住脚的。

那么，马克思是怎样论述管理的两重性的呢？马克思在《资本论》中多处论述了管理问题，比较集中论述管理及其属性的是在第二十三章"利息和企业主收入"。马克思在其中分析了企业主收入是劳动的监督工资，这部分工资是利润不可缺少的部分后指出："凡是直接生产过程具有社会结合过程的形态，而不是表现为独立生产者的孤立劳动的地方，都必然会产生监督和指挥的劳动①。不过它具有二重性。一方面，凡是有许多个人进行协作的劳动，过程的联系和统一都必然要表现在一个指挥的意志上，表现在各种与局部劳动无关而与工场全部活动有关的职能上，就像一个乐队要有一个指挥一样。这是一种生产劳动，是每一种结合的生产方式中必须进行的劳动。另一方面——完全撇开商业部门不说——，凡是建立在作为直接生产者的劳动者与生产资料所有者之间的对立上的生产方式中，都必然会产生这种监督劳动。这种对立越严重，这种监督劳动所起的作用也就越大。"②仔细阅读这段论述，按照它的原意去理解，这段论述讲了两层意思。第一层意思是，凡是共同劳动的地方必然产生管理（马克思称之为监督劳动和指挥劳动）；第二层意思是，这种管理在一般共同劳动的条件下表现为统一的意志和指挥，在特殊的共同劳动条件下（劳动者与生产资料所有者之间的对立条件下），这种管理就表现为一种监督劳动。通观马克思的这段论述，我们不难发现，第一，马克思在这段论述中并没有讲管理的本质问题。就其本意而言，他是想通过论证管理是共同劳动所必需的，从而论证监督劳动是必然的。特别是在阶级社会中，企业主的劳动作为一种监督劳动是不可少的，因而他们的收入也应是企业收入的一部分。我们之所以有这种看法，是因为马克思的这段论述是马克思在分析了企业主的工资（监督劳动所得）问题而引起的。这段论述后，马克思接着指出，这种监督劳动"在奴隶制度下所起的作用达到了最大限度，但它在资本主义生产方式下也是不可缺少的，因为在这里，生产过程同时就是资本家消费劳动力的过程。这完全同在专制国家中一样，在那里，政府的监督劳动和全面干涉包括

---

① 马克思在这里有一个注释，内容是："'在这里（在农民是土地所有者的地方），监督是完全不必要的。'约·埃·凯尔恩斯：《奴隶劳力》，1862年伦敦版，第48、49页。"

② 马克思著，中共中央马恩列斯著作编译局译：《资本论》第3卷，人民出版社2018年版，第431页。

两方面：既包括由一切社会的性质产生的各种公共事务的执行，又包括由政府同人民大众相对立而产生的各种特有的职能"[1]。很清楚，马克思在此处并不是想去论述管理的本质问题。如果马克思要论述管理的本质问题，此处他在管理的后面一定会加上"本质"二字的。如马克思在论述人的本质时，他说："人的本质不是单个人所固有的抽象物，在其现实性上，它是一切社会关系的总和。"[2] 把马克思不是关于管理本质的论述硬要说成是管理本质的论述未免牵强。由此我们可以说，马克思此处论述的管理的两重性不是管理本质的两重性，而是在论述在阶级对立的状态下监督劳动产生的必然性过程中，分析了管理现象所具有的属性。管理现象所具有的属性与管理的本质属性是有联系的，但二者毕竟不是一回事。如教育现象具有受动性（受一定社会的政治、经济所制约）和相对独立性（教育的继承性、超越性等）的属性。这种属性不是教育的本质属性，但它又与教育的本质属性相联系。教育的本质属性是培养人的社会过程，这一过程要受教育的受动性及相对独立性的影响，要体现教育的受动性和相对独立性，因而我们不能把某一现象所具有的属性与某一现象所具有的本质属性混为一谈。第二，马克思的这段论述并未讲管理的两重性是自然性与社会性的统一，用自然性与社会性概括马克思所讲的管理的两重性是不准确的。我们认为马克思讲的管理的两重性是指管理所具有的共性和个性（一般性和特殊性）。所谓共性（一般性），是指无论是阶级对立的状态还是无阶级对立的状态，凡是共同的劳动都需要管理这种活动去行使统一和指挥的职能；所谓个性（特殊性），是指在阶级对立的社会形态下（劳动者与生产资料占有者之间对立的社会形态下），这种统一指挥就变成了一种监督劳动，从而使管理行使监督的职能。根据对马克思的论述理解的第二层意思，我们以为这样来理解马克思关于管理两重性的论述是符合马克思原意的。既然用自然性与社会性来概括马克思讲的管理的两重性不准确，那么有些学者又是怎样将马克思的论述加以阐发，从而说明管理的本质属性是自然性与社会性的统一的呢？就现有的资料来看，这种阐发有两种。第一种是，管理既有与生产力和社会

---

[1] 马克思著，中共中央马恩列斯著作编译局译：《资本论》第3卷，人民出版社2018年版，第431—432页。
[2] 《马克思恩格斯选集》第1卷，人民出版社2012年版，第135页。

化大生产相联系的自然属性，又有同生产关系和社会制度相联系的社会属性。管理之所以具备这种自然属性，首先，它是劳动过程的一般要求，凡是共同的劳动都需要管理，这在任何生产方式下都是相同的，与生产关系的性质和社会制度没有直接联系。其次，管理可以把劳动过程中的各种要素组合成为有机体，使之发挥应有的作用，管理的这种职能也是与生产关系、社会制度没有直接联系的。管理的社会属性是同生产关系和社会制度相联系的，表现在：管理必须，也只能在一定的社会历史条件下和一定的社会关系中进行，社会生产关系的性质不同，生产劳动的结合方式不同，管理的社会性质也不同。管理的社会属性还表现在，它执行着维护和巩固生产关系、实现特定生产目的的职能。对管理本质的自然属性与社会属性的第二种理解是，任何管理都具有两重性，即管理的手段性、技术性和管理的目的性、社会性。其中管理的技术性、手段性反映了管理的客观规律，表现了管理的科学性，属于管理的自然本性；管理的目的性、社会性反映了管理者的主观意图和价值取向，代表着某种特殊的社会关系。上述两种阐述所说的意思大体一样，只不过是具体的表达方式不同而已。对马克思关于管理的两重性所做的这两种阐述与马克思所讲的本意大体上是吻合的，问题是这两种推论和阐述把马克思讲的管理的第一方面的属性归结为自然属性，把马克思讲的管理的第二方面的属性归结为社会属性使人费解。因为马克思并没有讲管理的两重性是自然性和社会性，更重要的是，虽然管理与生产关系、社会制度具有相互联系的一面，管理的目的性等社会性非常明显，然而，管理有与生产力和社会化大生产相联系的一面，管理的技术性、手段性难道就不体现社会性吗？正如这种阐述和推论自己所理解的，管理是离不开一定的社会历史条件和一定的社会关系的，即便是管理的技术和手段，也只能是在一定的社会条件和一定的社会关系中产生和发挥作用。在管理中，纯粹的自然性而不与社会发生联系的东西是没有的，人们说的管理中自然属性的东西实际上也就是社会属性的东西。我们如果把自然属性和社会属性理解成马克思讲的两重性，实际上管理的两重性就变成了一重性，即管理只具有社会性，这显然是背离马克思关于管理的两重性的原意的。可见，我们不能用自然性与社会性理解马克思所讲的管理的两重性。如果硬要把马克思讲的管理的两重性用两个词来表达，与其用自然性与社会性，不如用共性（一般性）

和个性（特殊性），或者用非政治性（非阶级性）和政治性（阶级性）为好。这里讲管理中的非政治性是指一切社会形态的管理中所体现出来的特性，如指挥、统一、协调等，管理的政治性是指在阶级对立的社会中在管理上所体现出的特性，如强迫、监督、压制等。

虽然马克思的论述没有分析管理的本质，但马克思的论述为我们研究管理和教育管理的本质提供了方法论的启示，并奠定了坚实的理论基础。这种方法论的启示是，我们在分析某事物的性质的时候，要把它放在一个历史的发展过程中加以考察，既要考察它在这个历史过程中从总体方面所体现出的共性（一般性）的方面，也要考察它在特定的历史条件下所表现出的个性（特殊性）的方面，这样才能历史地、全面地把握事物的性质。马克思就是这样分析管理的两重性的。管理所具有的共性（一般性或非政治性），就是把管理放在整个历史进程中，从总体上加以考察而得出的；管理所具有的个性（特殊性或政治性），就是把管理放在一个特定的历史条件下（阶级对立的条件下）加以考察而得出的。我们研究教育管理的本质属性，也同样既要把教育管理放在历史的进程中从总体上去分析，也要把教育管理放在某一特定的历史条件下进行分析，以求全面、准确地把握教育管理的本质属性。我们说马克思的论述为我们分析教育管理的本质属性奠定了坚实的理论基础，是指马克思虽然只是分析了管理的属性，管理的属性与管理的本质属性虽然有区别，但它们二者之间又是有联系的。弄清楚了管理的属性，就容易弄清楚管理的本质属性。同理，弄清楚了教育管理的属性，就有助于弄清楚教育管理的本质属性。下面用马克思的论述给我们的启示和为我们分析问题所奠定的理论基础去探讨教育管理的本质属性。

如果把教育管理放到历史的进程中从总体上加以考察，也把教育管理放在一个特定的历史条件下加以考察，不难发现，教育管理也是共性（一般性或非政治性）与个性（特殊性或政治性）两重性的统一。教育管理的共性表现在，教育是一种有组织的活动，凡是有教育的地方就有教育管理，它不因为社会形态和社会性质的不同而不同。如教育管理中的计划、组织、指挥、协调、评价等手段及管理技术、某些课程的设置、质量、校舍、设备的管理等，它们与社会的性质没有直接的联系。教育管理的个性表现在，在不同的社会形态和不同的社会性质下，教育管理的某些内容、方法、管理的体制、机制、观念等总是有所不同的。教育管理中的教育方针、政策、法规的制定与实施、教育体制的构建、领导班子的建设、教育人员的管理等总是与一定社会的制度、性质紧密相连，体现了某一社会形态和制度的特点。

上述教育管理所具有的属性虽然与教育管理的本质属性不是一回事，但它们是有一定联系的，正像我们由教育所具有的属性来推断出教育的本质属性一样，我们也可以由教育管理的属性推断出教育管理的本质属性。教育现象的属性表现为受动性与相对独立性的统一。如果单从教育现象受动性一面来认识教育的本质属性，教育的本质属性就体现为上层建筑的属性；如果单从教育现象相对独立性的一面来认识教育的本质属性，教育的本质属性就表现在培养人的属性上。因为教育是培养人的活动，这是教育之所以具备相对独立性的基础；如果从教育的受动性与相对独立性统一的角度来看教育的本质属性，教育的本质属性就体现为培养人的社会过程。因为教育是培养人的活动更多地体现了教育的相对独立性的属性；而把教育当作是培养人的社会过程，这一社会过程则更多地体现教育的受动性。教育的本质是社会的上层建筑和培养人的活动这一认识是不科学的，由上分析可知，这种对教育本质不科学的认识，是建立在对教育现象属性的片面把握基础之上的。教育的本质是培养人的社会过程这一认识是科学的，因为它是建立在对教育现象属性的全面把握基础之上的。由此可见，由于事物的属性和事物的本质属性是有联系的，认识了事物的属性便可以由此认识事物的本质属性。教育管理这种现象是共性与个性的统一，如果我们单从教育管理的共性方面去分析教育管理的本质，教育管理就是遵循教育管理自身的规律，注重运用科学的技术与方法，为更好地促进人类自身再生产而服务的一种活动。教育管理的这种本质反映了教育管理现象的共性方面，因为教育管理的这种本质属性适应任何社会形态的教育管理现象，它是任何社会形态下的教育管理现象所共同具有的本质特征。如果从教育管理现象的个性方面去分析教育管理的本质属性，教育管理就是教育管理者按照一定社会的要求，为实现一定社会占统治地位的阶级或集团的特定的教育目的而服务的一种活动。教育管理的这种本质属性只适应特定社会形态（阶级社会形态）下的教育管理现象。如果从教育管理现象共性与个性统一的角度来分析教育管理的本质，教育管理的本质就是教育管理者按照一定社会的要求和教育管理自身的规律，为促进人类自身再生产而使教育更好地为一定社会服务的一种活动。教育管理的这种本质属性反映了教育管理现象共性与个性的统一，它既适用于一般社会的教育管理现象，也适用于特定社会的教育管理现象。上述对教育管理本质的三种理解中，哪一种科学呢？显然是第三种。因为第一、第二种理解是建立在对教育管理现象属性的片面把握基础之上的，而第三种理解是建立在对教育管理现象属性的全面把握基础之上的。教育管理现象既有一般社会的教育管理现象，也有特殊社会的教育管理现象，我们不能把反映一般社会教育管理现象的本质属性当作整个教育管理现象的本质属性，同样也不能把反映特殊社会教育管理现象的本质属性当作整个教育管理现象的本质属性。只有那种既反映一般社会教育管理现象的本质属性，同时又反映特殊社会教育管理现象的本质属性，才是整个教育管理现象的本质属性。

探讨教育管理的本质属性问题有助于我们科学地认识教育管理观。教育管理的本质属性问题属于教育管理本质观的范畴，它要解决的是教育管理是什么的问题。根据我们对教育管理观结构的事实逻辑的认识，弄清楚教育管理是什么，有助于我们认识教育管理的作用，这属于教育管理的价值观问题；弄清楚教育管理的作用，有助于我们认识怎样发挥教育管理的作用，这属于教育管理实践观的问题；弄清楚怎样发挥教育管理的作用，有助于我们对教育管理作用结果的认识，这又属于教育管理质量观的问题。总之，探讨教育管理本质观，是我们认识整个教育管理观的起点，它对我们科学地认识其他教育管理观有重要意义。比如，如果我们认为教育管理的本质是教育管理者依据一定社会的要求，为实现一定社会占统治地位的阶级或集团的特定的教育目的服务的一种活动，那么教育管理的价值观就明显地体现出一种社会本位的价值取向，即教育管理的作用就是为社会居统治地位的阶级或集团服务的工具，教育管理的实践观就明显地体现出国家对教育的强有力的干预，以及对教育的严格管理，以使教育管理更好地为社会的政治经济服务，教育管理质量观就体现出以做好各项教育工作作为衡量教育管理质量的标准。如果认为教育管理的本质是教育管理者按照教育者自身的规律，为更好地促进人类自身再生产而服务的一种活动，那么教育管理的价值观就明显地体现出一种个体本位的价值取向，即教育管理的作用就是为培养人而服务的工具；教育管理实践观就体现出国家以指导服务的方式管理全国教育，教育管理的过程比较宽松；在教育管理质量观上，就会以培养人的质量的高低作为衡量教育管理质量高低的标准。如果认为教育管理的本质是教育管理者按照一定社会的要求和教育管理自身的规律，为促进人类自身再生产而使教育更好地为一定社会服务的一种活动，教育管理的价值观就体现出社会本位与个体本位统一的倾向，即教育管理的作用体现在为培养人服务的基础上为社会的发展服务；在教育管理实践观上，强调处理中央与地方、政府与学校、集权与分权的关系；在教育管理质量观上，把教育工作的效率和育人效益作为衡量教育管理质量的标准。

由于第一、第二种教育管理本质观使教育管理明显地带有一种从属性质，我们把这两种教育管理本质观称为从属教育管理本质观。第一种为从属个体本位的教育管理本质观，因为这种教育管理活动不是着眼于某一社会的需要，而是着眼于为各种社会形态培养人服务；第二种则属于从属社会教育管理本质观，因为这种教育管理活动不是着眼于为各种社会形态培养人服务，而是着眼于为特定社会特定阶级的利益而服务的一种教育管理活动；第三种教育管理本质观是主体教育管理观中的主体教育管理本质观，这不仅因为它反映了不同社会形态的教育管理的属性，更重要的是，这种教育管理观能发挥各级各类管理者的积极性，有利于把受教育者培养成为教育活动和社会活动的主体。很明显，教育管理如果一味按社会的要求办事，它既不利于管理者积极性的发挥，也不利于受教育者主体性的形成。而只有把社会的要求与管理活动自身的规律结合起来，才有利于管理者在这一结合过程中，发挥主观能动性和聪明才智。教育管理的这种观念使得管理者在教育过程的具体操作中，既要向学生灌输社会的规范，同时也要尊重学生自身的志趣，这样才使社会的要求易为学生所接受，使学生的人格特征真正体现出自觉能动的品质。显然这种教育过程是有利于学生主体性的形成的。

（二）关于教育管理价值观

研究教育管理价值观，首先要弄清楚"价值"这个概念。马克思在《评阿·瓦格纳的"政治经济学教科书"》一文中指出："'价值'这个普遍的概念是从人们对待满足他们需要的外界物的关系中产生的。"① 他还在《以李嘉图理论为依据反对政治经济学家的无产阶级反对派》一文中提到，价值"表示物的对人有用或使人愉快等等的属性"。② 马克思上述两段话指出了价值的基本含义，即价值是客体对主体需要的满足，它反映的是主客体之间的一种关系。价值取决于客体，但又不完全决定于客体，是客体对主体的效益；价值也取决于主体，但又不能完全归结为主体，是主体对客体的一种需要。教育管理的价值则是指教育管理对人和社会以及自然发展的效用，它反映的是教育管理这个客体同作为主体的人的个体或群体及其所置身的社会及自然发展需要之间的一种关系。教育管理的价值观就是人们对上述关系的一种认识。

由于教育管理适应与满足自然环境的平衡与发展的需要，主要是通过教育管理在适应与满足人的发展需要及社会发展的需要中实现的，因此，我们主要从教育管理满足人的需要及社会需要两个方面来考察教育管理的价值。一方面是教育管理对人的发展的价值，我们称之为教育管理的人本价值。这方面的价值反映的是作为人的个体与群体的发展的需要，与教育管理所能适应与满足的程度之间的关系。另一方面是教育管理对社会发展的价值，我们称之为教育管理的社会价值。它指的是人类社会在政治、经济、科学技术和文化等方面发展的需要，与教育管理所能适应与满足程度之间的关系。由于教育管理主要是在教育活动中进行的，因此，教育管理的人本价值和社会价值可以在教育活动当中体现出来；我们考察教育管理两方面的价值，主要考察教育管理在教育活动中对管理者、施教者、受教育者的价值及对教育工作本身的价值。前者指的是教育管理的人本价值，后者指的是教育管理的社会价值。后者之所以是教育管理的社会价值，是因为教育管理对社会各方面需要的适应与满足，主要是通过教育工作来实现的。教育管理对教育工作的价值在于，它能使教育活动有序化、规范化、效率化；教育管理对管理者、施教者、受教育者的价值在于，它能发挥管理者、施教者、受教育者的主体性，从而使人自身得到发展。教育管理的前一种价值是通过建立组织

---

① 《马克思恩格斯全集》第19卷，人民出版社1963年版，第406页。
② 《马克思恩格斯全集》第26卷，人民出版社1974年版，第326页。

机构及相应的规章制度而实现的，教育管理的后一种价值则是教育及教育管理活动的主体参与教育活动和教育管理活动而实现的。教育管理活动只有在一定的组织机构当中，在一定的规章制度的支配下，才能有序地进行。教育活动和教育管理活动的主体也只有参与教育活动和教育管理活动，才能发挥自己的主体性，使自身得到发展。

从教育管理观体系结构的事实逻辑来说，教育管理的社会价值与从属社会的教育管理本质观相联系，教育管理的人本价值与从属儿童教育管理本质观相联系。从属社会的教育管理本质观认为，教育管理是教育管理者按照一定社会的要求，为实现居统治地位阶级的特定的教育目的而服务的一种活动。教育管理的社会价值之所以与从属社会的教育管理本质观相联系，是因为实现教育管理社会价值的组织机构及规章制度都体现了一定社会占统治地位的阶级或集团的意志。一定社会占统治地位的阶级对教育的管理，总是通过设置组织机构和建立规章制度来实现的。而教育管理的社会价值，按照我们的界定，它是使教育活动有序化、规范化，这种有序化和规范化，也正是通过占统治地位的阶级设置的组织机构和建立的规章制度来实现的。从属儿童教育管理观认为，教育管理的本质是教育管理者依据教育及教育管理活动的规律，为更好地促进人类再生产而服务的一种活动。教育管理的人本价值就是促进人的发展。一般来说，教育管理活动既可以促进人的发展，也可以阻碍人的发展。教育管理活动要有利于人的发展而不阻碍人的发展，就要使教育管理活动遵循教育及教育管理的规律。在现实生活中，有些教育管理活动之所以使人感到压抑，束缚了人的发展，就是因为这些教育管理活动违背了教育及教育管理自身的规律。可见，教育管理的人本价值的发挥，有赖于教育管理活动按教育及教育管理规律办事；教育管理人本价值的确立，是与人们对教育管理的本质是教育管理者依据教育及教育管理的规律，从而更好地促进人类再生产这一认识相联系的。正因为教育管理的社会价值和人本价值分别与从属社会的教育管理本质观和从属儿童的教育管理本质观有联系，所以，我们把对教育管理的社会价值和人本价值称为从属社会的教育管理价值观和从属人的教育管理价值观。

正如我们认识到从属社会教育管理本质观及从属儿童教育管理本质观具有

片面性一样，教育管理的社会价值和人本价值同样也有片面性。教育管理促进人的主体性发挥及促使教育工作有序化、规范化、效率化的价值是统一的，不可分割的。教育工作要做到有序化、规范化、效率化，也只有在发挥了管理者、施教者、受教育者主体性的基础上才有可能实现；而管理者、施教者、受教育者的主体性也只有在教育工作的有序化、规范化、效率化的活动中才能得到正常发挥。从属教育管理的两种价值观在教育管理的价值上各执一端，其片面性是显而易见的。

　　什么是全面的科学的教育管理价值观呢？全面的科学的教育管理价值观是主体教育管理价值观。这种教育管理价值观认为教育管理的价值在于，它既可以发挥管理者、施教者、受教育者的主体性，使人得到发展，也可以使教育工作有序化、规范化、效率化。这种教育管理的价值观之所以是科学的，是因为：第一，从教育管理价值观本身来说，这种教育管理的价值观既看到了教育管理育人的价值（有利于发挥人的主体性，使人得到发展），同时又看到了教育管理对社会活动（教育活动）的价值（使教育工作有序化、规范化、效率化），把从属教育管理价值观分割的教育管理价值观统一起来。第二，从这种教育管理价值观所赖以建立的教育管理本质观来说，与这种教育管理价值观相联系的教育管理本质观是科学的。这种科学的教育管理本质观就是主体教育管理本质观，这种教育管理的本质观认为教育管理的本质就是教育管理者依据教育管理的规律和一定社会的要求，为促进人类自身再生产而为一定社会服务的一种活动。依据教育管理观结构的事实逻辑，有什么样的教育管理本质观就有什么样的教育管理价值观，教育管理的本质属性影响着教育管理的价值属性。教育管理的这种依据教育管理自身的规律和一定社会的要求，使教育管理更好地促进人类自身再生产，从而为一定社会服务的本质属性决定了教育管理要发挥两方面的作用：一方面，要使教育管理更好地促进人的发展；另一方面，要使教育管理更好地为社会发展服务（具体在教育活动中，就要使教育活动有序化、规范化、效率化）。可以这样说，从属教育管理价值观对教育管理整体价值的分割性，源于从属教育管理本质观对教育管理本质认识的片面性。主体教育管理价值观对教育管理价值认识的全面性，源于主体教育管理本质观对教育管理本质把握的科学性。

从教育管理观结构的价值逻辑关系来分析,我们认识了教育管理的价值观,有助于我们认识教育管理的本质观、实践观和质量观。在教育管理观结构的价值逻辑中,教育管理价值观影响教育管理本质观、教育管理实践观和教育管理质量观是比较普遍的现象(关于这一点,本书在前面已做了分析)。那么,与我们上面分析的教育管理价值观相适应的教育管理本质观、实践观和质量观又是什么呢?首先,让我们看与从属社会教育管理价值观相联系的其他几种教育管理观:由于从属社会教育管理价值观看重的是教育管理的社会服务功能,那么,教育管理的本质就应该是教育管理者依据社会的要求,为居统治地位的阶级的特定教育目的而服务的一种活动;教育管理实践观在宏观上要求国家对教育要加强控制和干预,在微观的教育管理活动中应该是严格的;教育管理质量观就以教育管理对教育工作和对教育管理本身工作的作用作为衡量教育管理的质量标准。其次,让我们分析与从属儿童的教育管理价值观相适应的其他教育管理观。从属儿童的教育管理价值观注重教育管理育人的功能,因而在教育管理的本质属性上认为教育管理就是教育管理者遵守育人的规律而促进人类自身再生产的一种活动。就教育管理的实践观而言,在宏观上,国家对教育只是指导服务,在微观的教育管理过程中提倡一种宽松的、民主式的管理,在教育管理质量观上以育人质量的高低作为衡量教育管理质量的标准。最后,让我们分析与主体教育管理价值观相适应的其他教育管理观。主体教育管理价值由于注重教育管理的育人价值和社会价值,因而在教育管理本质上,它既注重教育管理自身的东西,也注重教育管理赖以依存的东西,因而把教育管理看成是教育管理者依据教育管理自身的规律和社会的要求,为促进人类社会自身再生产和社会的发展而服务的一种活动。在教育管理的实践观上,在宏观上既注重国家的监督干预,也注重国家的指导服务;在微观上把统一、规范、严格,与灵活、宽松有机地结合起来。在教育管理的质量观上,把育人的效益与教育工作的效益结合起来。

认识教育管理价值问题不仅具有上述分析的重要的理论意义,而且具有重要的实践意义。教育管理从一定意义上来说,是一种价值取向活动,任何一种教育管理活动,不是这种价值取向,就是那种价值取向。认识教育管理价值观,可以使我们自觉地明确教育管理要采用哪一种价值取向,这种价值取向的弊端是什么,优越性在什么地方,从而使教育管理活动更好地达到预期的目的。

(三) 关于教育管理实践观

教育管理的初始形态是和教育活动混杂在一起的,学校教育产生以后,才有了教育管理实践的独立形态。由于教育管理实践纷繁复杂,教育管理实践观也很复杂。但综观教育管理实践观的历史发展,可以说,教育管理实践观是沿着两个方向发展起来的,形成了教育管理实践观的两大源流,这就是行政的教育管理实践观和经营的教育管理实践观。行政的教育管理实践观来源于德国,是强调用行政、法律的手段对教育进行管理的一种教育管理实践观;经营的教育管理实践观来源于美国,是强调教育管理本身的方法、技术、效率等问题的一种教育管理实践观。

1. 两种教育管理实践观的主要内容和特点

(1) 行政的教育管理实践观的内容和特点

行政的教育管理实践观就是用行政的观念和方法管理教育而形成的教育管理实践观。行政的教育管理实践观是受行政管理思想的影响而发展起来的。在原始社会,人们为了生存,就要组织起来同自然做斗争,要组织生产、组织分配,这就是最原始的管理,这时的管理只有一般社会属性,不具有政治属性。原始社会解体后,产生了剥削,出现了阶级和国家,这时的管理主要是国家行政组织行使国家权力对社会事务进行有效控制的政治活动,这就是行政。进入现代社会以后,行政的思想、理论、方法、措施都发生了很大的变化,但其本质并没有变,它仍是政治性行为。从教育管理的发展史来看,行政一直是教育管理的一种主要方式,许多人致力于教育行政的研究,不断总结教育行政的经验,为教育行政实践积累了丰富的管理观念和理论。

随着教育管理实践的发展,行政的教育管理实践观也在不断丰富和发展,其内容主要有以下两方面。

第一,关于教育行政的观念。

教育行政就是教育行政主体对教育行政客体发生的作用。因此,研究教育行政首先要明确教育行政主体、教育行政客体及其相互关系。教育行政主体是教育行政行为的发出者,主要包括国家和由国家授予行政权的机构和人员,如中央教育行政机关和地方教育行政机关及其人员,他们都有一定的教育行政权,因此,他们都可以成为行政主体。但行政主体是相对而言的,某一层次的教育行政机关及其人员对下是行政主体,对上又是行政客体。教育行政客体是教育行政行为作用的对象,既包括下级行政机关、行政人员及其活动,又包括经费、财产、设备等物质的分配和利用。行政客体也是相对而言的。教育行政主体对教育行政客体具有促进或限制的作用。教育行政主体要宣传教育行政的目的,使教育行政客体向着一定的目标发展;教育行政主体要通过提供经费、技术等方式帮助教育行政客体达到教育目标;教育行政主体还要按照规范限制教育行政客体的行为,防止发生违法乱纪现象。

教育行政的观念涉及的内容就是根据教育行政主体、教育行政客体及其活动的特点来确定的,主要有以下方面:教育目的的确定、教育行政机构和人员的设置及其行政权限的划分、学校教育制度的设计以及教育决策、教育计划、教育督导、教育人事管理、教育经费管理、教育业务管理,等等。

第二,关于教育法的观念。

教育行政与教育法是紧密联系的。早期的教育行政是一种人治思想的行政行为,随意性很大,因而遭到人们的普遍反对。现代教育行政是一种法治思想的行政行为,主张国家管理教育应以法律法规明确规定其权力和责任。国家的教育目的、教育行政体制的设立、学校教育体制的建立、人财物等资源保障条件的筹备都必须有法律予以明确规定,以法律为依据开展教育行政。凡是教育组织或人员的行为不合乎法律规定的,均被视为违法。例如,在西方国家中,立法、司法、行政三权是分立的,行政权由法律所赋予,法律规定行政机构有多大的行政权,它就必须,也只能执行多大的行政权。行政是否忠实地履行了法律所规定的权力又受司法部门监督,由司法部门追究法律责任。在教育方面,宪法和教育法规定各级教育行政部门都要为之奋斗的教育目的,教育法还规定各级教育行政机构的行政权及其相应的责任等。

伴随法治的教育行政思想的出现,教育法的制定和执行也成为一项值得研究的问题,如教育法的法律地位、制定教育法的指导思想、教育法的法律体系、教育法的立法程序、教育法的实施和执行、违法问题的处理,等等。这些方面的研究也有非常丰富的观念，构成行政的教育管理实践观的重要部分。

从行政的教育管理实践观的内容来看，它有以下一些共同的特点：①行政的教育管理实践观强调国家对教育的干预。它认为教育事业是国家的公共事业，只有通过国家权威去介入学校教育，才能建立良好的教育秩序，保证教育的发展方向，改变受教育机会不平等的问题。在阶级社会中，统治阶级掌握着国家政权，统治阶级要求教育为自己的利益服务，则必须通过国家政权来干预教育，才能达到这一目的。②行政的教育管理实践观偏重于教育管理的宏观方面，它是关于国家政权如何干预教育的问题，涉及的范围是国家的整个教育事业，而不是某一个学校或某一个教育部门的具体管理。如确立教育目标、制定教育方针政策和法规、建立教育管理体制和学校教育制度、进行教育督导等活动都同整个教育事业相联系，是对教育的宏观管理。③行政的教育管理实践观在方式上表现为行政手段和法律手段。行政手段是建立在权力和责任的基础上，由上级对下级下达工作任务和提出要求的方法。行政手段要求建立领导与被领导、上级与下级之间的正确关系，形成不同等级的职责权力体系，依靠这种等级权力体系来保证整体意志的贯彻执行。法律手段指国家运用教育法律法令、决定命令、指示规章等对教育活动予以强有力的指导和控制，这种方法对于保证教育管理的制度化、规范化具有重要作用。行政手段和法律手段的本质都是统治阶级意志的反映，是为维护统治阶级的利益服务的。它们的特征是具有强制性和权威性，以国家政权为后盾强制推行统治阶级的意志，任何个人都必须服从而不能违背，否则，将受到惩治。④行政的教育管理实践观忽视人的因素。行政的教育管理实践观主要强调对整个教育事业的宏观管理，其重点是研究教育管理体制的设置和教育立法的问题，因此不涉及教育管理中的个人因素。行政的教育管理实践观强调运用行政法律手段对教育进行严格干预，在这种教育管理实践观的指导下，个人意志必须服从国家的权威，个人以严格执行国家的方针政策为基本原则。这种情形对个人精神和主观能动性是一种压抑。

（2）经营的教育管理实践观的内容和特点

经营的教育管理实践观就是运用经营的观念和方法去管理教育而形成的教育管理实践观。经营的教育管理实践观是从企业经营管理思想发展而来的。18世纪中叶，欧洲爆发了第一次科学技术革命即工业革命，蒸汽机的发明和推广应用大大促进了资本主义生产力的发展。19世纪末20世纪初，资本主义进入帝国主义阶段，国与国之间的竞争变得更加激烈了，这种激烈的国际竞争，使得各国企业界致力于发展生产力和提高生产效率。为了在竞争中获胜和获取高额利润，一批企业家和学者致力于管理的研究，这样，企业经营管理思想和理论大大地发展起来，特别是泰勒的科学管理理论的产生，标志着管理科学进入了一个崭新的阶段。企业经营管理的思想给教育家和教育管理人员以很大的启示，他们把企业经营管理的理论迁移到教育管理中，这就是经营的教育管理实践观产生的最初动因。

经营的教育管理实践观在近百年的发展史中出现了各种各样的理论学说，但实际上其基本内容只包括以下两个方面。

第一，关于管理方法和技术的观念。

关于管理方法和技术的观念是经营的教育管理实践观的重要内容，其要点就是要求通过提高管理方法的科学化和管理技术手段的现代化，从而达到提高管理效率的目的。科学管理时期，泰勒通过对时间与动作的研究，形成了一套标准化的操作程序，为提高生产效率找到了科学的方法。泰勒这种讲求科学方法的思想给教育管理以直接的影响，使得教育管理开始走出经验主义的误区，注重科学方法的探索。许多教育管理理论工作者把科学管理方法的探索作为提高管理效益的手段，因而，在教育管理中掀起了一种注重方法、研究方法的热潮。后来的管理科学学派继承和发展了泰勒科学管理理论的思想精华，也主张运用科学的方法，探求有效的工作方法，以达到提高工作效率的目的。而且管理科学的研究突破了操作方法的范围，向整个组织的所有活动方面扩展，对管理进行整体性、系统性的研究。其基本特征就是以系统的观点，运用数学、统计学的方法和计算机技术手段，为现代管理的科学决策提供依据，以解决各项经营管理问题。因此，这一理论学说使教育管理方法和技术达到一个新的境界。

第二，关于人和组织管理的观念。

现代管理科学认为，人是管理中的重要因素，提高人的积极性是提高管理效率的关键。因此，对人的管理的观念成为现代管理观中的一个重要方面。例如，行为科学认为，人的行为起始于某种需要，需要导致行为动机，动机引发出人的某种行为。管理者要调动人的积极性，必须从人的特点出发，通过满足人的某种需要来激发人的某种行为。行为科学中关于"人性假说"，关于人的需要理论，关于人的激励理论，都是围绕对人的管理问题的研究而产生的。

除了人的管理之外，由人所构成的社会团体——组织，也是教育管理中的重要问题。在教育管理思想发展史上，组织理论是一条重要的理论线索，组织问题的研究构成教育管理实践观的一个重要方面。传统的组织理论把整个管理系统的结构作为研究对象，偏重于静态组织的研究，注重组织的层次结构、分工协作和有效性。行为科学的组织理论把构成组织的个人看作是最重要的因素，重视组织成员的个人动机和组织成员之间的人际关系，侧重于动态组织的研究。系统科学的组织理论是在吸收上述两种组织理论的思想精华的基础上发展而来的，认为组织不仅有静态的结构功能，而且有动态的运动过程，并且组织是社会系统中一个有机的组成部分，它同社会系统不断进行着物质、能量、信息的交流，从而成为一个随时代、环境的演变而不断调整、不断适应的社会团体。这种组织理论重视组织和社会环境间的相互影响和适应，组织不再是一个封闭的系统，而被视为一个开放的系统。

从经营的教育管理实践观的内容来看，它有一些共同特点：①经营的教育管理实践观强调教育管理本身的技术和效率问题。这种教育管理实践观主张把一所学校或一个教育部门作为一个经营单位看待。通过提高管理的技术手段，通过对人财物的合理组织利用，以提高教育管理的效率和效益。因此，以管理技术为手段，以提高管理效率为目的是这种教育管理实践观的基本特征。②经营的教育管理实践观偏重于教育管理的微观方面。经营的教育管理实践观把视线集中在一所学校或一个教育单位而不是整个国家的教育事业，着重探讨如何配置各种教育管理资源，如何充分地利用各种设施设备，如何协调好人际关系来调动各方面人员的积极性，如何进行科学有效的管理等具体问题。它所追求的是各种具体的教育管理工作的合理化、科学化、效率化。③经营的教育管理实践观在管理方式上表现为各种具体的方法和技术手段。如科学管理强调教师和教育管理者的工作技能，主张通过训练，提高教师和管理人员的能力，从而提高教育管理效率。行为科学注重对人的行为方式进行研究，主张通过激励，调动教师和管理人员的积极性来提高教育管理效率。管理科学主张运用数学方法、统计方法和计算机技术来探索最优的决策方法。系统科学则要求综合运用各种有效的方法和技术手段进行教育管理。④经营的教育管理实践观重视人的因素。经营的教育管理实践观注重教育的微观领域，探讨具体管理工作的规律，必然会关注教育管理中最重要的因素——人力资源。科学管理强调教育管理中的科学方法，实际上是强调教育管理人员的操作技能和方法。这一理论学派把人看作被动执行命令的工具和只受经济利益驱动的"经济人"，尽管这种认识过于简单化、片面化，但它重视人的因素是无疑的。行为科学则弥补了科学管理的这种片面认识，注意到人的心理和社会性方面，注意到人的多种需要，十分强调调动人的积极性，把人的因素提高到教育管理的中心地位。

（3）对两种教育管理实践观的内容特点的评析

行政的教育管理实践观强调国家对教育的干预作用，在教育管理方面最重要的贡献就是：①建立制度。这种实践观主张积极立法，依法行政，使教育上的一切措施、方法都纳入法制的轨道，通过法律的形式固定下来，使国家对教育的管理走上制度化。如教育行政机关的设置原则、组织规范使教育管理体制得以确立起来。各级各类学校教育法，将教育年限、课程内容、招生、毕业等都予以制度化。②统一标准。由于法的统一规定，使教育目标一致、期限一致、课程一致，因此，教育的标准是一致的。教育能有统一的标准，是实行统一法令的结果。③维持秩序。由于颁布了教育法律法规，一切教育活动都必须遵照法律规定，有条不紊地进行，因此，教育活动都有良好的秩序。如教育法规定高等学校招收普通高中毕业生，因此，其他学校毕业生便不能参加高考。又如法令规定进入高等学校必须经过入学考试，因此，想进入高校的学生必须经过入学考试，录取后才能入学。④保障权利。受教育是公民应有的权利，国家对人民受教育的权利有意予以积极保障。借法律的权威，依法强制实施，就能使人民的权利不致因某个人的好恶或专断而受到损害。

行政的教育管理实践观的这些优点是应该肯定的，但是行政的教育管理实践观也有一些负面影响，表现在：①由于行政的教育管理实践观强调国家的统一管理，强调国家的直接干预，因此不易调动地方各级部门和学校办学的积极性；②由于强调国家政权干预，教育行政机关及其人员必须依法行事，这就容易造成教育行政机关和行政人员只知消极地管理教育，不知积极地发展教育；只知有教育法令，不知有教育事业；在教育管理中易于违反教育的客观规律，不利于受教育者乃至整个教育事业的发展。

经营的教育管理实践观由于强调教育管理本身的技术和效率问题，因此，在教育管理方面主要有以下优点：①有利于提高教育管理的效率。提高教育管理的效率是教育管理的重大问题，特别是在资源有限的情况下，要取得更大的教育效果，提高管理效率就显得更加重要。经营的教育管理实践观以教育管理的效率为目的，各派管理理论从不同的角度探讨了教育管理的科学方法和技术，为提高教育管理效率提供了有效的途径。②有利于教育管理的合理化。要提高教育管理工作的效率，必须重视对教育管理中人财物等资源的合理组织，充分发挥这些资源的作用。经营的教育管理实践观着重于为完成教育目标去配备、运用各种条件，因此，经营的教育管理实践观在促进教育管理的合理化方面起了重大作用。③促进了教育管理的科学化。科学化是保证教育管理合理有效的重要途径，只有将教育管理决策、教育管理方法建立在科学的基础上，才能保证教育管理的有效性。经营的教育管理实践观以其丰富的科学研究成果，使教育管理走上科学化的道路。④注重教育的规律和特点。教育教学工作的规律、教师脑力劳动的规律、学生身心发展的规律以及学校自身的特点和条件都会对教育管理产生影响，教育管理者只有深刻认识和把握这些规律和特点，才能取得良好的管理效果。经营的教育管理实践观要求认真研究这些规律，从客观规律中引申出必要结论，来指导教育管理实践。

经营的教育管理实践观强调对教育管理中人财物的合理组织利用，追求教育管理的科学化、合理化、有效化，这是它的优点。但是，这种教育管理实践观侧重于为完成教育目标去配备、运用各种条件，把教育管理看作是教育体系内部的事务，忽视教育的外部环境如政治、经济、文化对教育的影响，强调合理性，忽视合法性。从这方面来讲，它也是存在一定的片面性的。

2. 教育管理实践观的教育理论基础

教育管理实践观的理论基础是教育管理本质观和教育管理价值观。上述两种教育管理实践观具有不同的内容和特点，因为它们具有不同的教育管理本质观和教育管理价值观基础。

（1）行政的教育管理实践观的教育管理本质观和教育管理价值观

行政的教育管理实践观在教育管理本质观上强调教育管理的政治性，在教育管理价值观上倾向于社会本位教育管理观。

从教育管理的本质观来看，教育管理的政治性是指教育管理要受一定的生产关系和社会制度的制约，要满足某种社会需要或服从于某阶级集团的利益，为实现特定的教育目的服务。具体来说，它表现在两个方面：其一，教育管理的指导思想不能超越特定的社会形态、特定的历史阶段和特定的文化背景，要求教育部门和学校根据特定社会的需要培养具有一定思想意识和道德品质的人。在阶级社会中，教育管理必然要体现统治阶级的利益和意志，表现为阶级性。其二，教育管理体制是社会制度的一个重要组成部分，是为一定的政治制度服务的。如我国的社会主义教育管理，强调人民受教育机会均等，强调民主集中制，这是同我国社会主义的根本制度相一致的。行政的教育管理实践观强调国家对教育的管理和直接干预，正好满足了一定社会的生产关系和社会制度对教育管理的要求，使教育能服从于统治阶级的利益，因而这种教育管理实践观的政治属性是十分明显的。

从教育管理的价值观来看，社会本位教育管理价值观受社会本位教育价值观的影响，注重教育与教育管理的社会价值，教育管理强调教育为社会的政治经济服务。这种教育管理的价值观在具体的管理行为上表现出一种从属社会的倾向。行政的教育管理实践观强调国家应对教育直接管理，实行强有力的干预；强调领导者的严格管理；在上下级关系上，只有下级管理者服从上级管理者，受教育者服从施教者，下级没有自主性；教育管理的目标在于把受教育者培养成为一定社会政治经济服务的驯服工具。所有这些都是从属社会教育管理价值观的具体体现。

（2）经营的教育管理实践观的教育管理本质观和教育管理价值观

经营的教育管理实践观在教育管理本质观上强调教育管理的非政治性，在教育管理价值观上倾向于个人本位教育管理价值观。

从教育管理的本质观来看，教育管理的非政治性是指教育管理要遵循教育工作和管理工作的客观规律，采用科学的管理方法，组织协调各方面教育力量，提高工作效率，更好地促进人类自身生产方面的发展。具体来说，它表现在两个方面：其一，教育管理是人类社会普遍共有的活动。不论哪个国家，不论在何种社会制度下，只要教育活动存在，就必然有相应的教育管理。而且，即使各个国家在政治、经济、科技、文化上有许多背景差异，但仍然有许多共同之处，这是由教育管理活动所具有的内在规律决定的，体现了教育管理活动所应遵循的共同原则。其二，教育管理必须遵循教育对象活动和管理客体活动所具有的规律。学生身心发展的规律，教师传道授业的规律，乃至教师的职业道德都制约着教育管理活动，这些都不因政治、经济、文化、历史的差异和变化而变化，体现了教育管理的非政治性。经营的教育管理实践观强调管理本身的方法、技术及效率问题，强调管理中人的因素，恰好遵循管理的非政治性对教育进行管理。

从教育管理的价值观来看，个人本位教育管理价值观受个人本位教育价值观的影响，注重教育和教育管理促进人的发展的价值，教育管理强调教育为个人的身心发展服务。这种教育管理价值观在具体的管理行为上表现出一种从属个人的倾向。经营的教育管理实践观不重视国家对教育的直接干预，注重管理中人的因素，如人的精神、人的需要等，强调对被管理者的尊重，都是这种从属个人价值取向的具体体现。

（3）对两种教育管理实践观的理论基础的评析

上述两种教育管理实践观的教育理论基础既有一定的合理性，又具有某种片面性。

马克思主义认为教育管理的本质具有两重性，即教育管理的非政治性和政治性，它们是相互联系、相互制约的关系。一方面，教育管理的非政治性不可能独立存在，它总是要在一定的社会生产关系、社会组织形式下发挥作用。同时，教育管理的政治性也不能脱离其非政治性而存在，否则，管理的政治性就会成为没有内容的形式。另一方面，教育管理的非政治性要求具有一定政治性的社会组织形式和生产关系与之相适应。同样，教育管理的政治性也对管理的科学技术等方面产生影响和制约作用。教育管理的两重性表明教育管理的本质是由这两重基本属性共同规定的，缺一便不成其为管理。如果只看到教育管理某一方面的属性，就会对教育管理的本质做出错误的判断，在教育管理实践上就会造成误导。行政的教育管理实践观强调教育管理的政治性，忽视其非政治性，经营的教育管理实践观强调教育管理的非政治性，忽视其政治性，因而，两种教育管理实践观都具有片面的真理性。我国以往的教育管理在教育管理本质观上比较重视教育管理的政治性，因而在教育管理实践观上是以行政的教育管理实践观为主导。在这种教育管理观的指导下，我国教育管理必然会出现许多偏差，影响我国社会主义教育目的的全面实现。

从教育管理的价值观来说，不论是个人本位论还是社会本位论，都是一种片面的教育管理价值观。社会本位论着眼于教育管理的社会价值，个人本位论着眼于教育管理的个人价值。产生这种分歧的原因是私有制条件下社会利益和个人利益之间不可克服的矛盾在教育上的反映，因而在私有制条件下这种分歧是不可避免的。个人本位论者出于代表所有个人利益的假定，社会本位论者出于代表整个社会利益的假定，实际上他们都把个人与社会抽象化、简单化了。所谓"个人"是虚构的个人，所谓"社会"也是虚构的社会，因而其理论前提是不科学的。马克思主义正确解答了个人与社会、个人价值与社会价值之间的关系，认为"社会"是以生产关系总和为经济基础的社会，"个人"是一切社会关系总和意义上的个人，社会与个人之间不是截然分开的，而是对立又统一的关系。因此，不论对社会还是对个人都要做现实的具体分析。我们不赞成脱离社会现实背景而孤立地考察个人问题，也不认为可以离开社会现实条件去造就出理想的个人。在社会主义条件下，社会利益与个人利益虽然还存在一定的矛盾，但是这是根本利益一致基础上的矛盾，这就决定了在社会主义条件下不能将社会价值与个人价值割裂开来，而应将二者有机地结合起来。行政的教育管理实践观偏向社会本位教育管理价值观，经营的教育管理实践观偏向个人本位教育管理价值观，因而都具有某种程度的片面性。我国社会主义教育管理价值观要求把社会本位论和个人本位论有机结合起来，在教育管理实践观上也必然要求将行政的教育管理实践观与经营的教育管理实践观有机结合起来，形成行政—经营式的教育管理实践观。

行政—经营式的教育管理实践观，克服了行政的教育管理实践观及经营的教育管理实践观在教育管理本质观及价值观上各执一端的片面性，这种实践观的教育理论基础是全面的、科学的。这种教育管理实践观既注重教育管理的宏观方面，也注重教育管理的微观方面；既强调教育管理中的行政和法律手段，也注重采用一般的技术和方法来进行管理；既注重教育管理中制度的因素，也注重教育管理中人的因素。这样，这种教育管理实践观也就克服了行政的教育管理实践观与经营的教育管理实践观在管理行为上的不足，能发挥科学地指导教育管理实践的作用。

我国自新中国成立以来的教育管理实践观主要是注重行政式的，而忽视经营式的，这种实践观已不适应当前形势的需要了。在当前的教育改革中，我们应该发挥行政—经营式的教育管理实践观在指导教育改革和教育管理改革中的作用，克服行政式的教育管理实践观和经营式的教育管理实践观的片面性，这样才能使我国当前的教育改革收到好的效果。

（四）关于教育管理质量观

研究教育管理质量观，首先要弄清楚什么是教育管理质量。教育管理质量可以从两面一点来考察。所谓两面，一面是教育管理作用的对象——各种教育工作——的质量，包括学校的教学工作质量、德育工作质量、科研工作质量、总务后勤工作质量等；另一面是教育管理工作本身的质量，它是通过教育管理的要素——人、财、物、信息、时空——的管理和教育管理过程而体现出来的。所谓一点，是指无论是教育管理作用的对象——各种教育工作——的质量，还是教育管理工作本身的质量，最终都要落到育人的质量上，而培养人总会带来一定的经济效益和社会效益。

可以说，教育管理的质量又是通过育人的效益，即通过培养人而带来的社会效益和经济效益而体现出来的。上述对教育管理质量的理解可如图11-2所示：

图 11-2　教育管理质量图解

　　教育管理质量观，包括对上述教育工作的质量、教育管理工作的质量，以及教育工作质量和教育管理工作质量的体现——育人质量——的认识。在这种认识中，有的偏重于对教育工作质量及教育管理工作质量的认识，以教育工作质量和教育管理工作质量作为衡量教育管理质量的标准；有的则偏重于对教育工作质量及教育管理工作质量的结果——育人质量——的认识，以育人的质量作为衡量教育管理质量的标准；有的则从总体上去认识教育管理质量，即既从教育工作和教育管理工作去认识教育管理的质量，也从教育工作和教育管理工作的结果——育人的质量——去认识教育管理的质量。我们把第一种对教育管理质量的认识称为"工作质量观"，把第二种对教育管理质量的认识称为"育人质量观"，把第三种对教育管理质量的认识称为"工作—育人质量观"。"工作质量观"以工作效率作为教育管理质量的标准。这种质量观所关注的是以最小的投入，取得最佳的工作效果。为此，它的着眼点是工作本身，力求充分发挥人、财、物、信息、时空等管理要素的作用，力求使计划、执行、检查、总结等管理过程有序、高效。"育人质量观"以人的素质是否得到发展作为教育管理质量的标准。这里人的素质的发展指的是管理者、被管理者、施教者、受教育者的素质的发展。这种质量观所关注的是工作最终的结果是否使人的素质得到提高。为此，它的着眼点不是工作本身，而是人的素质发展。说得更准确些，"工作质量观"是以工作为中心，并不顾及工作以外的东西；"育人质量观"是以育人为中心，以育人的标准来组织设计各项工作，要求各项工作围绕"育人"来展开，为提高人的素质而服务。"工作—育人质量观"既以工作的协调、有序、高效作为教育管理的质量标准，也以人的素质是否得到提高作为教育管理的质量标准。它既关注工作，也关注育人，它以育人作为工作的落脚点，也把工作作为育人的保证。

"工作质量观"和"育人质量观"在教育管理质量观中存在着片面性。"工作质量观"只注重教育管理质量中工作的质量而忽视工作结果——育人的质量。"育人质量观"虽然注重了育人的质量，但忽视了与育人质量直接相关联的工作质量。两种质量观的片面性是显而易见的。"工作—育人质量观"注重工作的结果——人的素质的提高，也注重工作本身的质量，是一种全面的教育管理质量观。

不同的教育管理质量观会给领导者的行为带来不同的影响。"工作质量观"强调领导者多以关心工作为主；"育人质量观"强调领导者多以关心人为主；"工作—育人质量观"强调领导者在行为上既关心工作，又关心人。在教育组织行为学中，行为科学家在分析领导行为的时候，从关心工作和关心人两个维度去分析领导者的行为，即领导者的行为有四种类型：高关心工作，高关心人；低关心工作，低关心人；高关心工作，低关心人；低关心工作，高关心人。如果深究一下这些领导者行为的管理思想的话，这些管理思想与领导者的管理质量观有很大关系。从质量观来说，那些高关心工作、高关心人的领导，注重的是"工作—育人质量"；那些高关心人、低关心工作的领导，注重的是"育人质量"；那些低关心人、高关心工作的领导，注重的是"工作质量"；那些低关心工作、低关心人的领导，在质量观上既不注重工作质量，又不注重育人质量。教育管理质量观不仅对领导者的行为产生影响，而且对教育管理的结果也会产生直接影响。"工作质量观"虽然注重工作本身，但由于不注重人的素质的提高，到头来工作也是做不好的；"育人质量观"虽然注重了人的素质的提高，但这种素质的提高离开了工作的依托，人的素质也是难以提高的。只有全面的教育管理质量观才能既做好工作，又使人的素质得到提升。

如果从教育管理观的事实逻辑来看教育管理质量观，"工作质量观"是与从属社会教育管理本质观、教育管理价值观、行政的教育管理实践观相联系的；"育人质量观"是与从属儿童教育管理本质观、教育管理价值观、经营的教育管理实践观相联系的；而"工作—育人质量观"则是与主体教育管理本质观、教育管理价值观、行政—经营的教育管理实践观相联系的。

从属社会教育管理本质观认为教育管理就是教育管理者按照一定社会占统治地位的阶级或集团的要求，为实现其特定的教育目的服务的一种活动。这种占统治地位阶级的要求，总是通过一定的组织工作程序而实现的，因而在执行这种要求时强调工作的质量势在必行。从属教育管理价值观注重教育管理的社会价值，注重教育管理使教育工作有序化、规范化、效率化，这种价值观当然就要注重教育管理的"工作质量"了。行政的教育管理实践观注重教育管理中制度的因素而忽视人的因素，它与"工作质量观"联姻也是不言而喻的。

从属儿童教育管理本质观认为教育管理是教育管理者按照教育及教育管理本身的规律，为促进人类自身再生产而服务的一种活动，这种本质观注重人的再生产，它作为"育人质量观"的理论逻辑基础是很清楚的了。教育管理的个体本位价值观注重教育管理在人的发展中的作用，这种价值观当然就要求教育管理以育人为其主旨。经营的教育管理实践观注重教育管理中的效率及人的因素，这种实践观所直接产生的结果当然是人的素质的发展和提高，这一点与"育人质量观"的联系是显而易见的。单就效率而言，效率的提高需要高素质的人，因而效率提高的过程也是人的素质提高的过程。

主体教育管理本质观要求教育管理者既注重社会中占统治地位阶级的要求，也注重教育及教育管理规律本身的要求，使教育管理更好地促进人类自身再生产，从而为实现占统治地位的阶级的特定的教育目的服务。这种本质观当然要求教育管理工作要符合统治阶级的规范，同时也要求工作的结果是使人的素质得到发展，从而使教育管理更好地为社会中占统治地位的阶级服务，而这正是"工作—育人质量观"所追求的。主体教育管理价值观既注重教育管理的社会价值，也注重教育管理的人本价值，这种价值观显然为"工作—育人质量观"奠定了理论基础。行政—经营式的教育管理实践观，既注重教育管理中的制度因素，也注重教育管理中的人的因素，这就使得在教育管理实践中既注重工作，又注重人，其结果必然是工作质量与育人质量的提升。

如果按教育管理观的价值逻辑来分析教育管理质量观，"工作质量观""育人质量观""工作—育人质量观"分别与从属教育管理观（包括从属社会、从属儿童教育管理本质观，教育管理的社会价值观、人本价值观，行政、经营的教育管理实践观）和主体教育管理观（包括主体教育管理本质观、主体教育管理价值观、行政—经营式的教育管理实践观）相适应。它们之间的内在的理论逻辑，这里就不展开分析了。

研究教育管理质量观不仅具有理论意义——有利于我们从教育管理观的事实逻辑或价值逻辑去认识其他的教育管理观，完善教育管理观的理论体系，更重要的是有利于我们用科学的教育管理质量观去指导教育管理工作，使我们的教育管理真正取得工作、育人双丰收。

┈┈┈┈思考题┈┈┈┈

1. 什么是教育管理观的体系？如何分析教育管理观的逻辑结构？
2. 试述教育管理观在整个教育观中的地位和作用。
3. 什么是从属教育管理观的主体教育管理观？
4. 当代中国的教育改革与发展需要什么样的教育管理观？为什么？
5. 什么是教育管理本质观、教育管理价值观、教育管理实践观和教育管理质量观？
6. 当代中国的教育改革与发展需要什么样的教育管理本质观、价值观、实践观和质量观？为什么？

第六论　教育管理人论

第十二章

教育管理人性理论概论

第一节 什么是教育管理人性理论

一、教育管理人性理论的研究内容

教育管理人论即教育管理人性理论，它是以教育管理中的人性及其管理为研究对象，探讨如何看待教育管理中的人性及其相应管理措施的一种理论。由教育管理人论的研究对象可以看出，教育管理人性理论主要研究两个方面的内容：一是教育管理中的人性，回答教育管理中的人性是什么的问题；二是探讨在教育管理人性的基础上所要采取的管理措施。

（一）研究教育管理中的人性

要研究教育管理中的人性，首先要弄清人性与人的本质、需要与人性、人性与管理，以及教育管理中的人性等概念及其相互关系。人性，即人的性质；人的本质，即人的根本性质。由于人的性质有本质属性和非本质属性，所以研究人性，既可以研究人的本质属性，又可以研究人的非本质属性。我们这里研究的人性，主要研究的是人的本质属性。因此，我们这里所指的人性，是与人的本质同等程度的概念。这里所论的人性，也就是人的本质。

我们提出要讨论需要与人性的关系，是因为西方在人性的探讨中有两种情况：一种是探讨一般的人性，这种对人性的探讨并没有刻意去研究人性与管理的关系；另一种是谈管理中的人性或人性与管理的关系时，不只是从一般的人性出发，而多数是从需要出发来谈人性，进而谈管理与人性之间的关系的。这里就有两个问题必须要回答：第一个问题是需要与人性是什么关系，第二个问题是一般的人性与管理中的从需要的角度理解的人性到底有没有区别。在我们看来，需要与人性没有区别，需要体现了人的本性，人有什么需要，人就体现了什么样的本性。如西方行为科学在探讨人性时，一般是从人的需要来认识人的本性的。行为科学提出关于"物质人"或"经济人"的假设，关于"精神人"或"社会人"的假设等，其中前一种人是以"物质"或"经济"需要为主，而后一种人是以"精神"或"社会需要"为主。① 大家知道，马克思对人的本质有一个著名的论断，即认为人的本质是一切社会关系的总和。② 从表面来看，马克思的这个论断所认为的人的本质好像与人的需要没有什么关系。其实不然，马克思是非常重视人的需要的，马克思就是在分析人的需要的基础上而得出上述结论的。马克思认为，"在现实世界中，个人有许多需要"③。马克思的另一段著名的历史唯物主义的论断，对我们理解需要与人性之间的关系更有帮助。他说："我们首先应当确定一切人类生存的第一个前提，也就是一切历史的第一个前提，这个前提是：人们为了能够'创造历史'，必须能够生活。但是为了生活，首先就需要吃喝住穿以及其他一些东西。因此第一个历史活动就是生产满足这些需要的资料，即生产物质生活本身。"④ 如果从需要与人性的关系来理解这段论述，不难发现，马克思讲了需要与人的活动之间的关系，即人有了某种需要，就会产生满足这种需要的活动。根据马克思的生产力与生产关系的思想，即人们在生产活动中要结成一定的生产关系的思想，人们在活动中总要发生一定的联系而形成一定的社会关系。可见，人的社会关系是在人的社会活动中形成的，而人的社会活动又是为满足人的需要而产生的。马克思讲的人的本质是社会关系的总和这一论断，就是在分析人的需要以及满足这种需要的活动中产生的。

由上分析我们认为，从字面来看，我们谈人性，是指一般的人性，而谈管理和教育管理中的人性，好像管理和教育管理中是特别的人性。其实管理中的人性

---

① 孙绵涛等著：《行为科学新论》，华南理工大学出版社1992年版，第69—93页。
②④ 《马克思恩格斯选集》第1卷，人民出版社2012年版，第4、158页。
③ 《马克思恩格斯全集》第3卷，人民出版社1960年版，第326页。

和一般的人性是没有本质区别的。管理和教育管理中的人性只不过是把一般的人性放在教育管理中来加以考察而已。也就是说，它只是考察管理和教育管理如何对待一般的人性问题，如何按一般的人性来对人进行管理。只不过管理和教育管理只是从需要的角度来看待人性，按照人的需要来对人进行管理而已。然而，尽管管理中的人性与一般的人性没有根本区别，但由于研究视角不同，我们既从一般人性的角度，也从管理中的人性的角度来探讨教育管理中的人性问题，可以进一步扩大我们的研究视野，从而加深对教育管理中人性的认识。

（二）研究基于人性的基础上所采取的管理措施

这里有一个理论前提，即教育管理中所采取的任何措施，都是与人们对人性的看法有关的。也就是说，教育管理的任何措施都是建立在一定的人性理论基础之上的，只不过有时人们是自觉地意识到这个问题，有时候并没有自觉地意识到这个问题而已。我们所说的教育管理的措施，包括教育观念、教育体制（包括教育机构与教育规范，教育规范又包括教育政策和教育法规等）、教育机制和教育管理活动（包括教育管理活动的内容、过程和方法等），以及具体的管理行为。因此，研究基于人性基础上所采取的管理措施，实际上就是研究人性与管理措施之间的关系，即研究人性和人们所提倡的教育观念、所建构的教育体制、所选用的教育机制和所进行的教育管理活动之间的关系，以使我们的教育观念、教育体制、教育机制以及教育管理活动和行为符合人性。

人性与管理措施之间的关系，可以从两个视角来加以研究。第一个视角是研究在一定的人性理论基础上需要采取什么样的管理措施。换言之，当你对人性有了一定的认识或假设以后，要研究采取什么样的管理措施才能与这一人性的理论相配套。这就告诉我们，采取任何管理措施之前，首先要对人性有一个看法，不能脱离对人性的看法而盲目地采取管理措施。第二个视角是研究一定的管理措施需要什么样的人性理论来相配套。这种情况是指，有些领导者事先并没有去思考人性的问题，他们首先考虑的是要制定管理措施。在这种情况下，根据我们对人性与管理措施的关系的看法，当你制定完教育管理措施以后，就要想一想这些措施反映了什么样的人性。当然这种管理措施一定是还没有出台的措施，如果一项管理措施已经出台了，再来思考它的人性论基础，恐怕时间就晚了。

这里要特别指出的是,在人性与教育管理措施这两个因素中,人性既是制定管理措施的基础,又与管理措施互为前提。人性是管理措施的基础是指,对人性有了一个正确的认识才有可能采取正确的管理措施,管理措施有效与否取决于对人性是否有正确的看法。人性与管理措施互为前提是指,人性虽然决定管理措施,但一定的管理措施里隐含了人们对人性的看法,当然这种看法不是错误的看法就是正确的看法。要使管理的措施所隐含的人性观是科学的人性观,在制定管理措施前和过程中,就要对人性的问题进行研究来获得对人性的科学认识。

二、教育管理人性理论研究的意义

(一)教育管理人性理论研究的理论意义

研究教育管理中的人性问题有着重要的理论意义。首先,教育管理中人性的问题,是教育管理理论中的核心问题。对教育管理中的人性问题进行研究,有利于提高教育管理研究的理论层次。我们知道,对教育管理进行理论研究,要追问的问题有很多,如教育管理是什么即教育管理的本质观问题,教育管理的作用是什么即教育管理的价值观问题,怎样发挥教育管理的作用即教育管理的实践观问题,教育管理作用的结果即教育管理的质量观问题。然而所有这些问题的回答都离不开对教育管理中人的问题的追问,因为管理的主体是人,管理客体中最为重要的因素也是人。只有对教育管理中人的问题有了一个明确的认识,才能对教育管理的其他理论问题有一个清楚的认识。对教育管理中人的问题研究也涉及很多方面,但最为重要的是研究人的问题中的人性问题,因为人性是人之所以为人的根本。正因为人性的问题在教育管理的理论中有如此重要的作用,所以我们可以说,对教育管理中的人性理解得越深透,教育管理理论根基就会越厚实。我们过去总认为我国的教育管理学的理论水平不高,产生这种状况固然有很多原因,然而从教育管理理论自身的研究来说,与教育管理中的人性问题研究不高不无关系。因此,要提高教育管理的理论层次,就应该加强对教育管理中的人性问题进行研究。

其次，研究教育管理中的人性问题，可以进一步完善笔者所创立的教育管理的理论体系。大家知道，笔者创立的教育管理的理论体系就是本书的理论体系，包括教育管理学科论、教育管理活动论、教育管理体制论、教育管理机制论、教育管理观念论和教育管理人论等六论。笔者在开始思考教育管理学的理论体系时，主要由对教育管理学科论的探讨引出对教育管理活动论、教育管理体制论、教育管理机制论和教育管理观念论的探讨。笔者在这一探讨中发现，研究教育管理现象中的教育管理活动、教育管理体制、教育管理机制和教育管理观念四个范畴，不应该忽视人的问题的研究。因为教育管理现象是一种社会现象，社会现象是由活动着的人所创造的，所以研究社会现象之一的教育管理现象中的任何一个范畴都离不开对教育管理现象中的人进行研究而形成的教育管理人论这一理论范畴。可以说，教育管理人论，是上述教育管理几个理论范畴的核心范畴之所在。当我意识到研究教育管理中人的问题的重要性，并对这一问题进行研究而形成了教育管理人论即教育管理人性理论这一范畴之后，笔者所创立的教育管理理论范畴就更加完整了。

（二）教育管理人性理论研究的实践意义

研究教育管理中的人性问题也有实践意义。教育管理的实践活动中，教育管理所要采取的措施与很多因素有关，但最为重要的是与对教育管理中人性的看法有关。教育管理的效果与许多因素有联系，但它与基于人性的基础上所采取的管理措施有直接的关系。一般来说，对人性的看法不同，所采取的管理措施不同，所收到的管理效果也不同。正因为人性的问题在教育管理的实践中有如此重要的作用，所以我们也可以说，对教育管理中的人性理解得越科学，教育管理的措施就会越正确，教育管理的效果就会越好。反观我国的教育管理实践中教育管理措施不力、教育管理效果不佳的现象，恐怕与我们所采取的教育管理措施不顾及人的需要、不尊重人性有很大的关系。现时党中央提出的尊重人、以人为本的管理理念，从人性与管理的关系来说，其实就强调了在对人性要有科学认识的基础上，针对人性来做好管理工作的重要性。

然而，尽管教育管理中的人性问题研究对教育管理的理论和实践有着重要的意义，但是目前有关这一问题的研究还显得比较薄弱。在有限的文献中，大都只是借鉴管理学中的有关人性假设理论来探讨其对教育管理学研究的意义。① 而这对教育管理的人性研究是远远不够的。教育管理中的人性研究，不仅仅要关注管理中的人性问题，更为重要的是研究中外学者对一般人性的探讨，这样才有可能从更深和更系统的层次上去探索教育管理中的人性问题，从而对教育管理学的理论建设和教育管理改革实践起到应有的作用。根据这一想法，在下面的两个章节中，希图在对中外一般人性理论进行梳理的基础上，对一般人性理论的结构进行探讨，从而为探讨教育中的人性问题奠定理论基础。

第二节　中外主要人性理论概说

一、西方思想家的人性理论

西方学者对人性的探讨可以说是见仁见智，几乎每一个思想家对人性都有自己的看法。② 按英国学者莱斯利·史蒂文森的观点，对一般人性的探索而形成一定理论体系的有代表性的人性理论有七种。它们是：柏拉图的人性理论、基督教的人性理论、马克思的人性理论、弗洛伊德的人性理论、萨特的人性理论、斯金纳的人性理论和洛伦兹的人性理论。③ 以下对这几种人性理论进行简要探讨。④

---

① 这些为数不多的研究教育管理中的人性问题的文献，参见葛新斌：《试论人性假设问题的教育管理学意义》，载《清华大学教育研究》1997年第2期；李朝晖、陈芳：《人性假设与高等教育管理理论创新》，载《山西财经大学学报（高教版）》2004年第1期；祁型雨：《论科学的人性观与学校管理方法的选择和运用》，载《教学与管理》1999年第3期；李慧：《科学的人性观与教师管理》，载《高等函授学报（哲学社会科学版）》1997年第3期；安文铸著：《现代教育管理学引论》，北京师范大学出版社1995年版，第91—106页；杨迺虹著：《现代教育管理原理》，中国人事出版社2001版，第71—83页。
② 姜国柱和朱葵菊对中国和西方思想家的人性理论做过系统的探讨，见姜国柱、朱葵菊著：《论人·人性》，海洋出版社1988年版；黎鸣总结了中外44位重要思想家的人性论观点，见黎鸣：《问人性》，团结出版社1998年版。
③ ［英］莱斯利·史蒂文森著，袁荣生、张蓁生译：《人性七论》，商务印书馆1996年版。
④ 以下内容除注明外，主要选自注释③中提到的《人性七论》这本书中的内容。

（一）柏拉图的人性理论

柏拉图的人性观点是建立在他的"形"论基础上的。他认为在可变的世界之外，还有一个不变而永恒的"形"的世界。他的人性理论主要表现在如下四个方面。第一，他认为善不仅是人道德性的源泉，而且是世界本体的依据。善本体产生了人和人性，因此人的本性是善的。① 第二，人性的结构是二元的。灵魂是能够脱离肉体而存在的一种非物质实体。它在人出生前就已存在，人死后也照样存在。第三，人的灵魂由三个因素组成：一是欲望或情欲，二是理性，三是意志。这三种因素存在于每个人身上，由于占主要地位的因素不同，就形成了三种不同的人。人的理想状态应是三种因素和谐一致，由理性来控制一切，因此应强调理智，它是人获得理论和道德知识的能力。人只有获得这样的知识，才能达到人生真正的目的。第四，单个的人是不能自给自足的，因为个人的许多需求是不能自己来满足的，所以人必然是社会性的。

（二）基督教的人性理论

基督教的人性的观点主要从人与上帝的关系来看待人。第一，人是按上帝的形象，用地上的尘土即物质材料造成的。人只有物质的躯体而没有非物质的灵魂，认为基督教主张物质躯体和非物质灵魂之间存在着双重性，这是普遍而经常发生的一种误解。人死后只能通过肉体的复活而复生。第二，基督教强调人的自由和仁爱，而这是上帝给予的。第三，与柏拉图强调人的理智不同，基督教强调人的品质和人格。因为不管理智如何，人人都可达到人生的真正目的——爱上帝并按上帝的旨意生活。第四，基督教"原罪"的主张，这并非指人完全堕落而不会做任何好事，而是指按上帝的标准，人所做的任何事情都不可能是完美无缺的。罪恶的真正本质主要不是指肉体的，而是指人的意志，人罔顾上帝的意志而同上帝疏远。

（三）马克思的人性理论

马克思运用唯物史观对资本主义社会进行了系统深入的考察，建立了马克思

---

① 姜国柱、朱葵菊著：《论人·人性》，海洋出版社1988年版，第415页。

主义的人性理论，其观点主要包括两个方面。①第一，对人的一般本质进行了探讨，认为人的一般本质就是人为满足人自身需要的劳动。劳动是人区别于动物的本质特征。劳动的对象化就是人的本质的对象化。第二，进一步从不同的劳动条件所结成的人的关系对人的本质进行了探讨。马克思认为："个人是什么样的，这取决于他们进行生产的物质条件。"②"人的本质不是单个人所固有的抽象物，在其现实性上，它是一切社会关系的总和。"③

（四）弗洛伊德的人性理论

弗洛伊德在大量心理治疗临床经验的基础上，创立了自己的人性理论。其主要理论观点如下。第一，人所说的和所做的，没有一样是真正偶然和意外的，它们是由个人的精神因素决定的。第二，强调人的无意识精神实体的存在，这些精神实体都有某种生理学基础。第三，把人的心灵分为三大结构系统：本我，它包括要求得到眼前满足的一切本能的驱动力；自我，是指人以外的真实世界，在本我和真实世界中起媒介作用；超我，是自我的一个部分，它包括良心和儿童时期学到的社会准则。第四，关于人性本能或驱动力的理论。人有几种基本的本能："生"的本能（包括性本能、自我保护的本能）和"死"的本能。第五，发展或历史人性观：他强调婴儿和幼儿的经历对成人的性格有着极其重要的影响。

（五）萨特、斯金纳和洛伦兹的人性理论

萨特的人性理论具有典型的存在主义哲学的特征。他认为人的存在先于人的本质。我们只是发现了自己的存在，然后确定把自己造就成什么样子，因此人生来就应当是自由的。人的全部意识就是自由。人可以按照自己的自由意识来选择自己的生活方式。

斯金纳运用心理实验来解释人的行为。他认为不能按照所谓的精神实体来解释人的行为，人的行为与环境之间存在着一种因果关系。斯金纳虽然也承认存在着与人的行为相关的生理条件，但认为可以绕过生理条件而直接从环境上寻找人

---

① 关于马克思主义的人性观主要参考了袁贵仁主编的《对人的哲学理解》（河南人民出版社1996年版，第443—581页）和章海山著的《善的发现——人性和道德》（辽宁人民出版社2000版，第295—311页）中的观点。

②③《马克思恩格斯选集》第1卷，人民出版社2012年版，第147、135页。

的行为的原因。

洛伦兹在大量观察实验的基础上提出了对人性的看法。他认为人是由其他动物进化而来的。人的一切行为不是由环境的作用而形成的,而是由内在的本能促成的。人同其他动物一样,也有一种对自己同类采取攻击行为的天生动力。

二、西方近现代企业管理的人性理论

西方学者对近现代企业管理的人性进行了总结归纳,其中比较有代表性的管理人性学说主要有:道格拉斯·麦格雷戈的"X理论—Y理论"、埃德加·沙因的"复杂人假设"理论、约翰·莫尔斯和杰伊·洛希的"超Y理论",以及威廉·大内的"Z理论"。

(一)麦格雷戈的X理论—Y理论[①]

1960年,麦格雷戈在《企业的人性面》中提出两类管理人性观——X理论和Y理论。

X理论的主要观点是:(1)一般的人,天性就是好逸恶劳,只要他们能够做到,就设法逃避工作;(2)绝大多数的人必须用强迫、控制、指挥并用处罚、威胁等手段,使他们做出适当的努力去实现组织的目标;(3)一般的人,情愿受人指导,希望避免担负责任,缺乏进取心,而把个人的安全看得更重要。

Y理论的主要观点是:(1)人性并非天生就厌恶工作;(2)人们对自己所参与的目标能实行自我指挥和自我控制,外在的控制与惩罚不是促使人们为实现目标而努力的唯一方法;(3)对目标的参与是同获得成就的报酬直接相关的,这些报酬中最重要的是自我实现需要的满足;(4)大多数人具有相当高度的用以解决组织问题的想象力、创造力和独创性;(5)在适当条件下,人们能主动承担责任;(6)人们对组织采取消极抵制的态度不是天生的,而是他们在组织内的遭遇造成的。

---

① 本部分主要参考了赵文明、黄成儒编著的《百年管理思想精要》(中华工商联合出版社2003年版,第82页)和戴木才著的《管理的伦理法则》(江西人民出版社2001年版,第157页)中的内容。

（二）沙因的复杂人假设理论[①]

1965 年，沙因在《组织心理学》中将以往的管理人性观归纳为四种：理性—经济人假设、社会人假设、自我实现人假设及复杂人假设。

理性—经济人假设认为：（1）企业员工基本上都是受经济性刺激物激励的，不管什么事，只要能向他们提供最大的经济利益，他们就会干；（2）员工本身是被动的，要受组织的左右、驱使和控制；（3）员工的感情是非理性的，强调必须加以防范，以免干扰了人们对自己利害的理性权衡；（4）组织能够而且必须按照控制人们感情的方式设计，以便控制人们那些无法预计的品质。

社会人假设认为：（1）社交需要是人类行为的基本激励因素及人们身份感的基本因素；（2）从工业革命中延续过来的机械化，其结果是使工作丧失了许多内在的意义，这些丧失的意义现在必须从工作中的社交关系里寻找回来；（3）跟管理部门所采用的奖酬和控制的反应比起来，职工更易于对同级同事所组成的群体的社交因素做出反应；（4）职工对管理部门的反应能达到什么程度，视主管对下级的归属需要、被人接受的需要以及身份感的需要能满足到什么程度而定。

自我实现人假设认为：（1）人的需要有低级和高级的区别，其目的是为达到自我实现的需要；（2）人们力求在工作上有所成就，实现自治和独立，发展自己的能力和技术，以便适应环境；（3）人们能够自我刺激和自我控制，外来的激励和控制会对人产生一种威胁，造成不良的后果；（4）个人自我实现同组织目标并不冲突，而且是一致的，在适当的条件下，个人应调整自己的目标，使之与组织目标配合。

"复杂人"假设认为：（1）人类的需要是分等级层次的，而这种等级层次是变化的，会因人、因情境和因时间而异；（2）需要与动机彼此作用并组合成复杂的动机模式、价值观与目标，所以人们必须决定自己要在什么样的层次上去理解人的激励；（3）人在组织中可以学到新的需求和动机，因此人在组织中表现的动机模式是他原来的动机模式与组织经验交互的结果；（4）人们在不同的组织和部

[①] 参见［美］沙因著，余凯成等译：《组织心理学》，经济管理出版社 1987 年版，第 1—118 页；郭咸纲著：《西方管理学说史》，中国经济出版社 2003 年版，第 235—237 页；葛新斌：《试析西方管理理论中"人性假设"的基本形态及其关系》，载《华南师范大学学报（社会科学版）》1999 年第 2 期。

门中可能有不同的动机模式,在正式组织中与别人不能合群,可能在非正式组织中能满足其社会需要和自我实现需要;(5)人们可以在许多不同类型动机的基础上,成为组织中生产效率很高的一员,全心全意地参加到组织中去;(6)人们可以依自己的动机、能力及工作性质对不同的管理方式做出不同的反应。

(三)莫尔斯和洛希的超Y理论[①]

莫尔斯和洛希于1970年发表《超Y理论》一文,提出了具有权变性质的超Y理论。这一理论认为:(1)人们带着各式各样的需要和动机来到工作单位中,但主要的需要是取得胜任感;(2)取得胜任感的动机尽管人人都有,但不同的人可以用不同的方式来实现,这取决于这种需要同一个人的其他需要——如权力、独立、结构、成就和交往——的力量怎样起着相互作用;(3)如果任务和组织相结合,胜任感的动机可能得到实现;(4)即使胜任感达到了目的,它仍继续起激励作用,一旦达到目标后,一个新的更高的目标就会树立起来。

(四)大内的Z理论[②]

20世纪80年代初,日裔美籍学者大内在《Z理论》一书中对以美国为代表的西方和以日本为代表的东方两种不同的文化背景进行了比较研究,他认为日本企业成功的秘诀在于其拥有独特的企业文化,美国企业应以美国的文化为背景,吸收日本企业组织的长处,形成一种既有高生产率,又有高度职工满意感的企业组织,从而迎接日本企业在国际市场上对美国企业的挑战。

从表面看,Z理论主要是一种"比较组织理论",而非一种关于人性的假设,但是它所蕴含的人性假设基础是"文化人"假设,它认为个人的行为要受到所处组织的文化影响,组织文化中的核心价值观对人的行为起着支配作用。

三、中国传统文化中的人性理论

中国传统文化中关于人性的理论,主要是以中国的人学为基础,并以"善"与"恶"为主线来展开讨论的。

[①] 本部分内容参见张仁:《人性、需求及互动适应型激励研究》,华中科技大学博士学位论文,2003年。
[②] 本部分内容主要参考了下列文献。孙彤主编:《组织行为学教程》,高等教育出版社1990年版,第177页;陈昆玉、陈昆琼:《经济学与管理学中人性假设的分析与比较》,载《同济大学学报(社科版)》2002年第5期。

（一）性善论

孟子是性善论的主要代表人物，其主要观点如下。①

第一，关于人性结构的观点。他认为："口之于味也，目之于色也，耳之于声也，鼻之于臭也，四肢之于安佚也，性也，有命焉，君子不谓性也。仁之于父子也，义之于君臣也，礼之于宾主也，知之于贤者也，圣人之于天道也，命也，有性焉，君子不谓命也。"（《孟子·尽心下》）可以看出，孟子认为人性包含了两层意思：一是口、目、耳、鼻、四肢之"性"，即"生之谓性"——"人性是人的先天的、自然的属性"。孟子认为与其将这些耳目之欲等称为"性"，还不如谓之"命"。二是他认为与其将仁、义、礼、智、天道等称为"命"，还不如谓之"性"，即人与物相区别、人之所以为人的特殊属性。看来，对于人的自然性和人的特殊性，孟子主要是以仁、义、礼、智、天道等为代表的人的"道德心"来讨论人性的，"即道德心以言性"。

第二，孟子认为人的本性是善良的。"人性之善也，犹水之就下也。人无有不善，水无有不下。今夫水，搏而跃之，可使过颡；激而行之，可使在山。是岂水之性哉？其势则然也。人之可使为不善，其性亦犹是也。"（《孟子·告子上》）

第三，孟子言及的"性善"指的是"心善"。他认为仁义礼智不是后天社会实践的产物，而是人先天所固有的，他说："恻隐之心，人皆有之；羞恶之心，人皆有之；恭敬之心，人皆有之；是非之心，人皆有之。恻隐之心，仁也；羞恶之心，义也；恭敬之心，礼也；是非之心，智也。仁、义、礼、智，非由外铄我也，我固有之也，弗思耳矣。"（《孟子·告子上》）

第四，孟子认为人性本善，而恶一是来自耳目之欲。"耳目之官不思，而蔽于物。物交物，则引之而已矣。"（《孟子·告子上》）二是来自不良环境。"富岁，子弟多赖；凶岁，子弟多暴，非天之降才尔殊也，其所以陷溺其心者然也。"（《孟子·告子上》）

---

① 本部分内容主要参阅了徐复观著:《中国人性论史·先秦篇》，上海三联书店2002年版，第145页。

(二)性恶论

荀子是性恶论的主要代表人物,其主要观点如下。①

第一,荀子认为人性是自然生成的,而不是后天的学习、人为所能有的。"凡性者,天之就也,不可学,不可事。"(《荀子·性恶》)他主张从人的自然属性出发认识人性,即"以生言性"。

第二,荀子认为人性包含了生理之性和心理之性两部分。他说:"生之所以然者谓之性。性之和所生,精合感应,不事而自然谓之性。"(《荀子·正名》)这里的前一个"性",相当于《性恶》篇中讲的"目可以见,耳可以听……"的生理之性。后一个"性",指人与外界事物接触后所产生的自然反应,相当于《性恶》篇中讲的"目好色,耳好声,口好味……"的心理之性。

第三,荀子认为人性本恶,并把人的生理欲求与心理欲求视作性恶的根源。在荀子看来,凡是人都是"饥而欲食,寒而欲暖,劳而欲息,好利而恶害,是人之所生而有也,是无待而然者也,是禹、桀之所同也"(《荀子·非相》)。他还说:"今人之性,生而有好利焉,顺是,故争夺生而辞让亡焉;生而有疾恶焉,顺是,故残贼生而忠信亡焉;生而有耳目之欲,有好声色焉,顺是,故淫乱生而礼义文理亡焉。然则从人之性,顺人之情,必出于争夺,合于犯分乱理,而归于暴……用此观之,然则人之性恶明矣。"(《荀子·性恶》)

第四,荀子认为人的本性是恶的,善是后天人为的。他指出:"今人之性恶,必将待师法然后正,得礼义然后治。"(《荀子·性恶》)这里他归纳了"化性起伪"的两种方法:一是靠老师的教育,二是靠礼义的引导。

(三)其他与善恶有关的人性论②

一是告子的性无善无不善论。他认为:"性无善无不善也。"(《孟子·告子上》)他说:"性犹湍水也,决诸东方则东流,决诸西方则西流。人性之无分于善

---

① 本部分内容参阅了下列文献。于述胜、于建福著:《中国传统教育哲学》,江苏教育出版社1996年版,第42、40页;黎红雷著:《儒家管理哲学(第2版)》,广东高等教育出版社1997年版,第195—199页;唐子畏、宋晓著:《人性与人际关系》,湖南大学出版社1997年版,第25页。

② 本部分内容参考了下列文献。唯高编著:《恶性管理》,中国华侨出版社1999年版,第14页;杨波著:《中国人的人格结构》,新华出版社1999年版,第37页;姜国柱、朱葵菊著:《中国人性论史》,河南人民出版社1997年版,第247页。

不善也，犹水之无分于东西也。"（《孟子·告子上》）

二是道家的人性自然论。道家的人性论建立在"人法地，地法天，天法道，道法自然"（《老子》第二十五章）的基础之上。他们认为，性即生，是人生之初；道或无是始，是宇宙之源。人之性不过是道性在人身上的体现，由道的"无形无名"可证明人性的无善无恶，由道的"法自然"可推论人性的自然。善恶只是人的后天"有为之动"所致。

三是扬雄的性善恶混论。他说："人之性也善恶混，修其善则为善人，修其恶则为恶人。"（《法言·修身》）他认为人性具有善恶两种因素，经后天熏陶学习，发展善的因素就成为善人，发展恶的因素就成为恶人。

四是董仲舒的性三品论。他认为人性来自天的阴阳。他所说的性包括性与情两部分，其中的"性"是指精神方面的属性，以仁义礼智为内容；"情"是人的肉体方面的特征，以人的情感和欲望为内容。性属阳为善，情属阴为恶。他说："天地之所生，谓之性情。性情相与为一瞑。情亦性也……身之有性情也，若天之有阴阳也。言人之质而无其情，犹言人之阳而无其阴也。"（《春秋繁露·深察名号》）他将人性分为三种：一是情欲很少，不教自善的"圣人之性"；二是情欲很多，教也不能为善的"斗筲之性"；三是有情欲，而可以为善亦可以为恶的"中民之性"。

五是张载等人的性二元论与戴震的性一元论。宋代的张载、程颐、朱熹等人认为人性有二：一为"天地之性"（亦称天命之性、本然之性、义理之性），是纯善的；一为"气质之性"，是有善有恶的。清代的戴震在前人观点的基础上提出了人性即"血气心知"的性一元论。

第三节　中外人性理论研究方法论及研究内容的启示

以下对上述中外人性观从研究方法和研究内容两方面加以分析，以便为我们探讨教育管理中的人性观提供一些方法论的启示。

一、中外人性理论研究的方法论启示

（一）采用思辨的方法和经验的方法来研究人性

从方法论的角度对中外人性观加以分析，我们发现有三个特点：第一个特点是，对人性问题，这些学者大体上是采用思辨的方法和经验的方法来加以研究的。从思辨的方法来看，西方柏拉图的人性理论、基督教的人性理论、萨特的人性理论和中国传统文化中的人性理论所体现出的研究方法主要带有一种思辨式的特征。从经验的研究方法来看，马克思的人性理论、弗洛伊德的人性理论、斯金纳的人性理论、洛伦兹的人性理论以及企业管理中的人性理论，体现的主要是经验研究式的特征。经验式的研究方法既指调查研究的方法，也指实验的方法。弗洛伊德采用临床实验的方式研究人性，斯金纳采用心理实验的方式和洛伦兹采用观察实验的方式来研究人性，其经验性的特点是比较明显的。有人说，马克思的人性理论主要是用思辨的方法得来的，因为马克思也是哲学家，哲学家一般都是以思辨的特征为主的。的确，作为哲学家，马克思的人性理论从表面看来，思辨的特征比较明显，然而马克思的这种思辨是在调查了资本主义社会政治经济状况，特别是经济状况以后，在大量的实证材料的基础上抽象得来的，所以马克思的人性理论与柏拉图和基督教的纯抽象的人性理论是不同的。基于这种分析，我们认为马克思的人性理论主要是基于经验的方法而得来的。企业中的人性理论是从大量的企业管理实践基础上抽象得来的，所以把企业管理的人性理论放在经验的研究方法里面也是有道理的。

（二）多角度地研究人性问题

首先是从人自身来寻求人的人性。这方面主要表现在从人的不同方面来考察人性。如弗洛伊德从人的本能和人的幼儿期来考察人性，洛伦兹从人的本能来研究人的本性等。萨特从人的非理性方面来考察人性，他认为对人只能从人的非理性的情感和意志等方面来加以研究。马克思是从人的感性的实践活动中来考察人性的，因为他是从人的劳动这一感性的实践活动出发，考察人在社会实践过程中所形成的各种社会关系来发现人的本性的。其次是从人与外界的关系的角度来考察人性。有的是从人与人的外界因素来探求人的本性，如西方的基督教是从人与上帝的关系，斯金纳是从人与环境的关系研究人性；而中国的道家和董仲舒则是从人与自然和人与天的关系来探讨人性的。有的是既从人自身的因素，也从外界的因素来研究人的本性。如马克思从有生命的个人存在出发，研究了满足人自然需要的社会生产活动来发现人的本质是劳动及在其中所形成的社会关系。企业管理虽然是从人的需要出发来看待人性，但人的需要产生既受人自身条件的影响，也受外界因素的影响，所以关于管理中人性的探讨不应看作是只从人自身来探讨人性，而应看作是从人及人与外界的关系来探讨人性。孟子和荀子既探讨了人的生理之性，也探讨了人的道德和心理之性，所以也可把孟子和荀子对人性的探讨视作从人自身和人与外界的关系来探讨人性。

（三）与人或人格交织在一起研究人性

在上述学者对人性的探讨中，有的是在人或人格的研究中来谈人性的问题，有的则是在研究人性中来谈人或人格的问题。① 西方的柏拉图从研究人的角度来谈人性，又从人性来探讨人。基督教研究上帝造人即从人的角度来研究人性。马克思是为认识人而研究人的本性，通过研究人的本性来更好地认识人。弗洛伊德是通过研究人及人的心理来发现人性的某些奥秘。萨特是从研究人来说明人的本性。斯金纳是通过研究人的行为而达到认识人性的某些特点。洛伦兹是通过研究人的进化过程而发现人性也有攻击的本能。西方企业管理中的人性理论从表面上看是从研究人入手来探讨人性，但实际上是通过研究人的需要即人性来研究人的特点的。中国古代学者虽然是以中国传统文化中的人学为基础来研究人性问题的，但一般来说是通过研究人性的善恶与否来说明人的有关伦理道德方面的人格特质的。

二、中外人性理论研究内容的启示

从研究内容的角度来看，我们发现中外学者无外乎从人性起源论、人性结构

---

① 这里所理解的人格，一是指人的性格、气质、能力等个性心理特征，二是指个人的道德品质。所以这里讲的人性与人格的关系，指的是人们研究人的个性心理特征或人的道德品质时所涉及的人性问题或人们在研究人性问题所涉及的人的个性心理特征和人的道德品质。

论、人性价值论、人性属性论和人性发展论等几个范畴来讨论人性问题。他们不是只研究这几个范畴中的一个范畴的人性问题，而是同时对这些范畴或其中的几个范畴进行研究。有的是直接对这些范畴的人性问题加以讨论，有的虽然没有同时直接涉及这些范畴的人性问题，但可以从这些学者对其中某一个或几个范畴人性的研究来看出他们对其他相关人性范畴所持有的看法。

（一）人性起源论

人性起源论有两种情况：第一种情况是有些学者在探讨人性时，他们并没有说人性是什么，而是说人性的起源问题；第二种情况是有些学者在探讨人性是什么的同时，也谈到人性的起源问题。例如，在中国，孟子和荀子在探讨人性时也探讨了人性的起源问题。孟子在探讨人的自然属性和人的"道德心"的人性时，认为"仁义礼智"，非外铄而人固有之；荀子主张人性是自然生成的，而不是后天的学习、人为所能有的；道家认为人性来自自然；扬雄认为人性是与生俱来的；董仲舒也认为人性是由天赋予人的。在西方，柏拉图认为人性中的灵魂在人出生前就已存在；基督教认为上帝创造了人，人的自由和仁爱从根本上来说是神授的，是上帝给予的；马克思认为人性虽然有生物性的基础，但人性主要是在后天的生产实践中形成的；弗洛伊德认为人性是由人的本能驱动的；萨特认为人既不是被上帝，也不是被进化或其他任何东西为任何目的创造的，人自身就是人的存在；斯金纳认为人性是由环境决定的；而洛伦兹与弗洛伊德一样，认为人性是由人的某些本能如攻击本能所决定的；Z 理论认为人性是由人所在的文化环境决定的；等等。所有这些都是人性起源论的内容。

（二）人性结构论

人性结构论是指研究人性的要素及其结构。孟子主张的口、目、耳、鼻的生之性和仁、义、礼、智的德之性，荀子的生理之性和心理之性，董仲舒的"性三品论"即"圣人之性""斗筲之性"和"中民之性"，张载的"性二元论"即"天地之性"与"气质之性"，以及戴震的"性一元论"即"血气心知之性"等，属于这一研究范畴。柏拉图的人的肉体与灵魂并存的二元结构论、人的灵魂的三要素组成论，基督教认为人只有物质的躯体、没有非物质灵魂的理论，马克思关于人的本质是社会关系总和的理论，弗洛伊德的人格是由本我、自我、超我三大结构系统组成的理论，管理人性中麦格雷戈的 X 理论和 Y 理论、沙因的复杂人理论以及莫尔斯和洛希的超 Y 理论等，也是这一范畴所研究的问题。

（三）人性价值论

人性价值论不是直接回答人性是什么，而主要是研究人性所具有的善恶价值取向。西方的柏拉图认为善是世界本体的依据。善本体产生了人和人性，因此人的本性是善的。基督教认为上帝造的万物都是善的，人作为上帝的创造物，人的本性是善的，一切不善的事只是人违背了上帝的旨意。这些观点都是人性价值论的具体体现。洛伦兹认为人有攻击的本能，从人性的价值观来说，他所主张的应是人性性恶论。管理中的人性假说理论中的 X 理论和 Y 理论，如果从人性价值论的角度来说，带有比较明显的人性恶和人性善的特征；复杂人的假说和超 Y 理论，体现的是人性无善恶的价值取向。至于中国孟子的性善论、荀子的性恶论、告子的人性无善无恶论、扬雄的性善恶混论、董仲舒的性三品论以及张载的性二元论，则体现了明显的人性价值倾向。

（四）人性属性论

人性属性论是指对人性中的动物属性、社会属性和精神属性问题，或对"智性"即知识和智慧与"德性"关系问题的探讨。西方的柏拉图认为人具有社会性，强调人的灵魂即人的精神性的存在，并认为人的知识与智慧对人的道德的形成有重要作用。马克思认为人的自然属性虽然是人性的一个因素，但不能作为人性的决定因素，也不是人性的现实基础。人性的现实基础是人在满足人需要的生产活动中所形成的社会关系，所以马克思是把人的社会性作为人的现实基础的。弗洛伊德强调人的本能对人的行为的影响，所以他比较注重人的生物性。斯金纳虽然没有直接讨论人性的属性问题，但由于他强调环境对人的行为的作用，从这一意义上来说，他还是重视人的社会属性的。洛伦兹用人的攻击本能来解释人的行为，从这一点来看，他也是强调人的生物属性的。中国的孟子注重人的生之性即人的生物性，但更注重的是人的德之性即人的社会性。荀子认为恶是人的自然本性，主张人既有生理之性，又有心理之性，可见他的人性属性观是既强调人的生物性，又强调人的社会性。道家的人性观强调人性的自然性，但这种自然性不是生物性，而是天性。董仲舒一方面注重人的情感、欲望所体现的生物性，同时也注重人在仁、义、礼、智等方面所体现出的精神性。

(五) 人性发展论

人性发展论是指如何看待人性发展变化。西方的柏拉图强调人的理智、人获得理论和道德知识的能力在人性发展中的重要作用。基督教把人性的善看作是一个回归的过程。上帝原创之人是善的，人误用自己的意志而陷入罪恶，经过上帝的拯救赎了自身的罪，人性又恢复为善。马克思强调劳动及在劳动中所形成的社会关系在人性发展中的作用。不同社会条件下所结成的社会关系不同，人性是不相同的。弗洛伊德强调人的早期经验在人性发展中的重要作用。管理中的复杂人的假说及超Y理论，体现的是人性发展的一种权变理论。孔子主张"性相近也，习相远也"(《论语·阳货》)，是说人的本性是相近的，只是由于环境的影响和教育的不同而使人的本性有所差别。孟子在分析人由善向恶变化时强调生理的作用和不良环境的影响。荀子强调在人性的发展中可以化恶为善。这些理论都可看作是在人性发展论范畴里讨论的问题。

中外关于人性的探讨给我们的启示是，从方法论的角度来看，在研究方法上，探讨人性既可以采用主要以思辨为特征的研究方法，也可采用主要以经验为特征的研究方法。这是因为没有纯粹思辨性的研究，也没有纯粹经验性的研究。思辨研究中也带有一定经验研究的性质，因为思辨离不开经验所得来的材料；而经验研究也离不开思辨，因为经验研究要借助于思考和逻辑将经验材料加以组织和提炼。在研究角度上，不能从抽象的意义来看待人，从而来探讨人性，也不能从人的一个方面如本能的方面或人的非理性方面来考察人性，因为这样所得出的人性是片面的，而不是全面的。应将人放在具体的实践活动中来考察人性，因为人只有在实践活动中，本性才有可能全部展现出来。在人的实践活动中来揭示人性，才有可能全面深刻地揭示人的本性。将人自身的因素和人以外的因素分开来探讨人性，不能全面地揭示人的本性，要么只能揭示人的生物性，要么只能揭示人的社会性。只有将这两个因素结合起来，才能较为全面地揭示人的本性。因为，人性与人自身有关，但人是不能脱离环境而单独生存的，人所具有的人性是通过人自身的因素和人以外的因素体现出来的，所以我们研究人性应尽量将这两个因素结合起来考虑。在人性与人格的关系上，研究人性要考察人性与人格的关系，因为没有脱离人性的人格，也没有脱离人格的人性。人性是人格的基础，人格是人性的表现形式。

从人性的研究内容上看，应该说，中外学者所研究的人性的起源、人性的因素及结构、人性的善恶等价值取向、人性的属性以及人性的发展，基本上构成了一个较为完整的人性内容的逻辑体系。因为研究人性首先要弄清楚人从哪儿来，又上哪儿去，因此要研究人性的起源和人性的发展问题。研究了人从哪儿来以后，接着就要研究人来到世上干什么，这涉及要弄清人性是什么，即人性的结构、人性的价值及人性的性质问题。为此，在回答了人性的起源以后，就要弄清人性的结构、人性的价值及人性的性质。就人性的结构、人性的价值和人性的性质来看，只有明确了人性要素及组成，才有可能弄清人性的善恶及其属性。可见，人性起源论、人性结构论、人性价值论、人性属性论和人性发展论这几个范畴确实能构成一个较为完整的人性观体系。基于对人性观范畴的认识，在探讨人性时，我们当然可以单独探讨上述范畴中某一个范畴或几个范畴方面的人性问题，但这种研究对人性还不能形成一个整体的认识。因此，我们探讨人性，最好能揭示出一个较为完整的人性观。也就是说，我们所提出的人性观，最好能包含人性起源、人性结构、人性价值、人性属性及人性发展这样几个范畴的人性问题。

我们这里探讨教育管理中的人性，在研究方法上，由于条件的限制，主要采用的是以思辨为主要特征的研究；从研究角度来说，把人放在感性的物质实践活动中来考察他的人性，并试图兼顾人自身的因素和人以外的因素；在人性与人格的关系上，试图在阐述我们所主张的人性观的同时来说明我们对人格观的一些认识；从研究内容来说，这里并不单独去研究人性的起源、人性的结构、人性的价值及人性的发展等，而是希望通过提出一个关于人性的基本命题，从不同的侧面反映笔者对人性起源、人性结构、人性价值、人性属性及人性发展的基本看法。

············ 思考题 ············

1. 什么是教育管理人性理论？
2. 人的本质、需要及人性之间是什么关系？

3. 简述西方主要思想家的人性理论。

4. 简述西方近现代企业管理中的人性理论。

5. 简述中国传统文化中的人性理论。

6. 中外人性理论给了我们哪些研究方法论的启示？

7. 中外人性理论给了我们哪些研究内容的启示？

8. 什么是人性起源论、人性结构论、人性价值论、人性属性论和人性发展论？它们之间有什么关系？

第十三章

人的本性与教育管理

第一节 求生存、求发展的人之本性的分析

我们认为求生存、求发展是人的本性。让我们从人性理论研究的方法论角度和人性理论内容的角度来分析这一人性观的合理性。

一、人的求生存、求发展本性的人性理论研究的方法论分析

（一）以思辨为主的研究方法和多角度研究的结果

从方法论的角度看，这一人性观的提出，采用的是以思辨为主要特征的研究方法。根据我们对思辨研究与经验研究关系的理解，说是以思辨为主，本身就说明了这一人性观的提出是有一定的经验基础的。笔者虽然没有专门为人性的问题做过调研，但是平常有较多的观察和较丰富的生活积累，以及对人的问题的长期关注和思考，应该说都为这一人性观的提出在理论和实践两个方面奠定了较好的基础。

这一人性观的提出在研究角度上兼顾了人自身的因素和人以外的因素。人求生存和发展，这首先是人自身的问题，因此这一人性命题的提出，本身就是从人自身出发的。然而，人要求生存和发展，绝不是人自身所能解决的，他必须要与他以外的环境，包括环境中的他人及有关活动发生联系。因此，这一人性命题，

显然又是与人自身以外的其他因素有关的。而且最为重要的是，这一人性命题的提出，是建立在人的感性的实践活动基础上考察人的本性而得出的。因为人的生存发展活动，是一种人的感性的实践活动，离开了人的实践活动，人也就无所谓生存和发展了。有人或许会说，你提出的求生存和求发展的人性的命题和马克思的人性命题一样，都是建立在人的感性的实践活动基础上提出的，那为什么你提出的这一人性的命题与马克思提出的"人的本质是社会关系的总和"不一样呢？我们说，这里所提出的人性的这一命题是建立在马克思所提出的人性的方法论，即从感性的实践活动来考察人性的基础上的。我们认为，我们所提出的人的求生存和求发展的本性与马克思讲的人的本质是社会关系的总和并不矛盾。因为马克思提出人性的这一命题也是建立在考察人的感性的实践活动——劳动基础上的，人在劳动的基础上才能结成一定的社会关系，从而使人性在人的社会关系中体现出来。譬如说，人通过实践活动可以形成性爱关系、伦理道德关系、法律关系以及学术交往的关系等，人的本性都可以在这些关系中体现出来。如人的动物性可以在人的性爱关系中体现出来，人的伦理道德关系和法律关系则体现了人的社会性，而人的学术交往关系则更多地体现了人的精神性。由于人的求生存和求发展的活动本身就是一种感性的实践活动，人在这些实践活动中也可以结成上述各种关系，人的本性当然也可以通过这些关系体现出来。所以我们认为，我们这里所提出的人的求生存和求发展的命题与马克思讲的人的本质是社会关系的总和并不矛盾，本质是一样的，只不过表达的形式有所不同而已。

（二）"智慧人格"——求生存和求发展的人性观的人格诉求

在人性与人格的关系上，求生存和求发展的人性观是一种"主智"的人格观，这种人性观在人格的特征上表现出的是智慧人格。智慧是一种以知识与经验习得为基础，在人的理性与非理性、理性中的认知理性与价值理性中生成，并在人生的经历中形成的综合的素质系统。智慧人格是人在这一素质系统形成过程中所表现出的人格特征。它在现实上表现为选择什么样的生活方式和怎样选择生活方式。智慧人格是人类的起始人格，也是人类不同社会形态所共同具有的基本人格，只不过是由于社会形态不同和人智慧的高低而使人对生活选择的方式和内容有所区别，从而在人格特征上显示出不同的特点而已。原始社会人类的智慧比较低下，这时人的人格特征主要表现为愚昧人格，人类对自己的生活方式虽然可以自由选择，但这种自由选择的余地是非常有限的。到了农业和工业社会，人类的智慧有了长足的发展，人类的人格特征主要表现为"文明规范的人格"。这种人格对人的生活方式也可以进行自由选择，不过这种自由选择是在一定的规范下进行的，这种选择也会受到这种或那种规范的限制。到了知识信息社会，人类的智慧得到空前的发展，人类的人格特征主要表现为"超文明规范的人格"。这时人们可以根据自己的意志来选择自己的生活方式，即自由的生活方式。

我们说不同社会具有不同的人格特征，是因为"个人怎样表现自己的生命，他们自己就是怎样"①。直言之，人的人格特征是由社会的生活方式所决定的，不同社会的生活方式，决定了不同社会具有不同的人格特征。原始社会人的人格特征是愚昧人格，是因为原始社会人的生活方式是一种愚昧的生活方式；农业社会和工业社会的人格特征是文明规范的人格，因为农业社会和工业社会人的生活方式是一种文明规范的生活方式；而知识信息社会的人格特征是超文明规范的人格，因为知识信息社会是一种超文明规范的生活方式。也就是说，在知识信息社会里，人们的生活也是文明的，也是规范的，但这种生活方式虽然是由文明所带来的，由规范所限制的，但并不是由规范所强制的，而是人们在高度自觉状态下的一种自由的生活方式。②

有人可能会说，如果人类的人格是智慧人格，动物也有智慧，那人类的人格与动物就没有区别了。我们认为这种看法是没有道理的，因为动物的智慧与人所具有的智慧是不同的。动物和人的智慧虽然都有习得的成分，但动物是没有理性的，更谈不上有认知理性和价值理性。它们的活动是一种本能的活动，而人的活动是一种有目的的实践活动。人的智慧就是在这种实践活动中发展起来的。所以动物所有的智慧是本能的智慧，而人所具有的智慧是有人的理性和非理性介入的实践的智慧。动物虽然有智慧，它不可能具有智慧的人格，充其量只能称为智慧

---

① 《马克思恩格斯选集》第1卷，人民出版社2012年版，第147页。
② 关于不同社会的生活方式具有不同的人格特征，同一社会也会存在着不同的生活方式及不同人格特征的人，以及同一人在不同生活方式下表现出不同的人格特征的观点，详见孙绵涛：《论人类生活方式的本质及其复归——关于知识信息社会生活方式的探讨》，载《浙江社会科学》2003年第6期。

动物。

我们之所以认为求生存和求发展的人性观所指向的人格观是智慧人格，是因为解决人的生存和发展问题主要靠人的智慧，人生存和发展的最高目的是人的智慧的充分发展。人的生存和发展活动不仅依靠智慧，而且人的生存和发展活动本身就能促进人的智慧的发展。我们知道，人的生存和发展所面临的问题主要有四个：第一个是人与自然的关系问题，第二个是人与社会的关系问题，第三个是人与人自身的关系问题，第四个是人与自然、社会之间的关系问题。解决第一个问题主要依靠科学技术，当人类的科学技术还不发达的时候，还要求助于宗教；解决第二和第三个问题主要是要建立道德伦理、法律规范；解决第四个问题主要靠科技伦理、人文道德规范和法律规范。说到底，上述问题都是靠人的智慧去解决的，离开了人的智慧，既无所谓科技，也无所谓宗教、人文道德、科技伦理规范和法律规范，当然也就无所谓人的生存和发展问题了，所以人的生存和发展主要依靠的是人的智慧，而不是其他什么，这一点是很清楚的。我们以往认为，解决人的生存和发展问题或主要靠发展科技，或主要靠宗教、道德和法律等规范。我们认为这只是看到了解决人的生存和发展问题的表层现象，没有抓住解决人生存和发展问题靠的是智慧这一实质。既然解决人的生存和发展问题主要靠人的智慧，那么人生存和发展的最高目的就是使人的智慧得到充分发展。人的生存和发展要依靠发展科学技术、宗教、道德伦理和法律规范，但是发展科学技术，建立宗教、道德伦理和法律规范只是人生存和发展的手段，而不是人生存和发展的目的。我们不能把人类赖以生存和发展的手段当作人类生存和发展的目的，因为手段是为目的服务的，而且手段运用不当，有时还不利于人的生存和发展。如当今经常被人们诟病的科学技术手段的发达而导致人文精神的失落不利于人的生存和发展就可以说明这一问题。而且宗教的手段，甚至道德和法律的手段在现实生活中不利于人的生存和发展的情况也屡见不鲜。这些手段的负面影响的克服不能靠别的，还得靠人类的智慧。人类的智慧发展得越充分，就越能有效地解决人类自身生存发展中遇到的问题，就越有利于人类与自然和社会的和谐发展。人类就是在为了使自身的智慧得到充分发展的最高目的中，去发展自己的智慧的。有人说，人类生存和发展的最高目的不是智慧，而是人的自由发展。因为马克思讲过，人类实践活动（人类自身的生存和发展活动）的最终目的是实现共产主义，即人的自由的发展。我们认为，我们所认为的人类自身生存和发展的最高目的是人类智慧的充分发展与马克思讲的最高目的是实现共产主义和人的自由的发展并不矛盾。因为实现共产主义和人的自由发展依靠的不是别的，而是人的智慧，人的充分而自由的发展也就是人的智慧的充分发展，当人的智慧充分发展的时候，也就是共产主义和人的自由发展实现的时候。

既然求生存和求发展的人性观的人格诉求是智慧人格，那如何看待人们经常强调的道德人格呢？从根本上来说，求生存和求发展的人性观所主张的智慧人格与人们经常强调的道德人格并不是矛盾的，它们是一致的。在某种程度上来说，智慧人格的提出，使我们能够在更深的层次上去理解道德人格。这两种人格观根本上的一致性，表现在道德人格也是一种智慧人格，道德也是一种智慧。因为，由上面对人格的分析我们可以看出，规范人格是智慧人格的一种表现形式，规范人格也是一种智慧人格。规范及其制定是人类智慧的一种表现形式，它是与农业社会和工业社会文明规范的生活方式相适应的一种人格，即这种人格是在上述两种社会的道德、法律和宗教等规范的规约下所形成的人格。人的智慧这时就表现在人能够制定规范并要求人的生活必须遵从这些规范，人们在一定的规范下生活，社会才会有秩序，社会和人才能得到发展。这种人格的显著特点在于它的"规范性"，具有这种人格特征的人一般是在固有社会生活方式中生活而对生活方式的选择缺乏自主性。而道德人格是规范人格中的一种，它与其他规范人格不同，只不过是注重道德规范而已。显然，道德人格也是一种智慧人格，这种智慧表现在要用道德规范来规范人的生活，认为人只有在道德规范下生活才是理想的生活。由上分析可见，智慧人格和道德人格是一致的。然而，在现实生活中，人们将道德人格和智慧人格误认为是两个不同的人格，把这两种在本质上一致的人格割裂开来，对立起来，认为强调道德人格就绝对地排斥智慧人格，强调智慧人格就绝对地排斥道德人格。实际上，当我们强调道德人格的时候，实际上也强调了智慧人格，只不过这时的智慧人格是道德智慧人格而已；当我们强调智慧人格的时候，实际上也强调了道德人格，只不过这时的道德人格已包含在智慧人格中而已。

在对待智慧人格和道德人格的关系问题上,还有一种观点是把与工业和农业社会相适应的道德人格看作是与各种社会相适应的永恒的人格,把道德这种人类智慧中的一种智慧看作是人类智慧的全部,把追求这种道德智慧和形成这种智慧看作是人之所以为人的根本,从而把道德人格绝对化。长期以来,中国的儒学持的就是这种人学观点。中国的儒学把道德人格看作是人的唯一人格,把是否具有道德规范作为人之所以为人的根本条件。其实这种思想,是对人的道德人格与智慧人格关系的一种误解,是对人的智慧的一种忽视。我们认为重视人的道德本身并没有错,问题是不能因为重视道德而把道德当作人格的唯一,就是在道德人格中还要对这种道德进行分析,看这种道德是一种什么样的道德。很清楚,具备"恶德"的就不一定是人。尼采就曾经对基督教的道德观进行过批判,他认为基督教的道德观把"内疚"和"罪"作为"善"的先决条件,结果人被弄得软弱、消极和颓唐①;鲁迅在《狂人日记》中就描述过"吃人"的道德,具备这种道德的人显然就不是人,只有有"美的德行"的人才是真正的人。而且,在重视道德的问题上,更不能因为重视道德而忽视了智慧对道德的作用。道德既然是智慧的一种,显然智慧对道德的形成是有作用的,而道德对智慧的发展也是有作用的。中国儒家的人学思想只看到了道德对人的智慧的作用,把道德和智慧的相互作用关系简单化,看不到智慧对道德的作用。我们说这种智慧对道德的作用可以从三个方面来理解:第一是人类的大智慧对道德这种小智慧形成的作用;第二是道德这种智慧对道德这种智慧的作用,也就是人本身所具有的道德智慧对形成新的道德智慧的作用;第三是人类智慧中的其他智慧形式诸如知识、能力等对道德智慧的作用。这三种智慧对道德智慧的作用方式都是不可忽视的。上面说到,并不是所有具有德行的人就是人,只有具有美的德行的人才是人。然而美的德行正是建立在人的其他智慧形式的基础上的。苏格拉底认为"知识即道德"。② 柏拉图的哲学也很重视人的理智即人获得知识和理论的能力在人的道德形成中的重要作用。马克思主义哲学认为,人的德性固然是人区别于动物的重要属性,但这种德性不是

---

① [英]戴维·罗宾逊著,程炼译,王文华校:《尼采与后现代主义》,北京大学出版社2005年版,第62—65页。
② 北京大学哲学系编:《古希腊罗马哲学》,商务印书馆1982年版,第160页。

天生的，是后天学来的。在马克思看来，人的本质既然是满足人自身需要的劳动（即我们所说的人的求生存和求发展的活动）及在劳动中所结成的社会关系中体现出来的，有了劳动及在劳动中形成的社会关系，才有了这种关系中以及调节这种关系所产生的所谓人的道德规范，即德性。而人的劳动是从学习制造工具开始的，也就是说，人的道德规范即德性是人运用自己的智慧通过学习而获得的。由上分析我们可以说，人的"德性"是在人的"智性"基础上形成的，无"智"便无"德"。

由上分析，我们认为，从中国传统的儒家人学思想的本质和发展的眼光看，这种人学思想是有局限性的。从本质上来看，由于这种思想一直把道德和道德人格视为人的唯一，这种认识不仅是对人性的一种遮蔽，还易于阻碍人的智慧发展，因而从本质上来看这种人学思想是不可取的；从发展来看，虽然人类社会从原始社会进入农业社会和工业社会以后，道德、宗教、法律等规范更加系统化，人们对这些规范依赖性的增强还会使道德人格进一步强化，但随着当今信息社会的到来，这种认识将会逐步消解而使超文明规范人格出现的问题得以凸显。因为与农业和工业社会相适应的法律、宗教、道德等规范已在这种新社会所出现的知识信息的丰富性、交往的快捷性、灵活性和多变性的特点面前显得有些无能为力。这种新社会所显示出的这些特点正在改变着人们的思维方式，正在突破以往社会对人的生活方式的种种限制，公民个人对自身生活的选择性增强，自主性得到提高。这样，与农业、工业社会"规范性"生活方式相适应的"德性"及"道德人格"已不太适应知识信息社会以"自由选择"为特征的生活方式的需要，一种适应这种新的生活方式需要的人性与人格即超文明规范人格的出现将不可避免。① 随着这种信息社会的到来以及与这种社会相适应的新人格的出现，中国儒家的人学思想中强调道德人格和道德规范的思想将会逐渐失去它的影响和作用，智慧人格和强调智慧作用的人学思想将会发挥越来越重要的作用。

从现实来看，中国儒家的人学强调道德和道德人格的思想还是有积极意义

---

① 笔者曾在拙文《论人类生活方式的本质及其复归——关于知识信息社会生活方式的探讨》（载《浙江社会科学》2003 年第 6 期）中，论证了随着知识信息社会的到来，超文明的生活方式及与之相适应的自由人格到来的必然性问题。

的。在当今社会，中国儒家的人学思想强调道德人格和道德建设具有现实意义，它有助于我们重振人文精神，使人自身、人与自然和社会得到和谐发展。特别是当今中国还处于工业和农业社会，其主导性的人格还是道德人格，当代中国所面临的道德建设问题还比较多。因此，中国儒家的人学思想强调道德人格和强调道德建设在当前还是十分必要的。我们不能因为智慧人格的基础性地位而否定当前培养人的道德和形成道德人格的必要性和紧迫性。

二、人的求生存、求发展本性的人性理论内容分析

从研究内容来说，这一人性观基本上包括人性起源观、人性结构观、人性价值观、人性属性观和人性发展观在内的整体人性观。

（一）求生存、求发展的人性的起源观和结构观分析

在人性的起源问题上，我们认为，人性不是由先天的什么东西决定的，也不是完全由后天的因素决定的，它是在先天遗传的基础上经后天的实践所形成的。求生存、求发展的人性观与先天的因素有关，因为人的生存需要是人的生物性的第一需要，而人在生存需要基础上的发展的需要，又是与人的满足这种需要的实践活动有关的。而且我们还要看到，经过长期的遗传积淀，人的发展需要，也已经和生存需要一样，成为人的一种与生俱来的需要。在后天的实践中，这种需要还会不断地得到满足和提高。

就人性的结构来说，生存和发展是这种人性观的两个基本要素，其结构是一个二元递进的相互作用的关系。人先有生存的需要，再有发展的需要；生存需要是发展需要的前提，发展需要对生存需要又产生一定的影响。有人说，对于有些人来说，既有生存的需要，也有发展的需要，但对有些人来说，只有生存的需要，而不一定有发展的需要，如一个连饭都吃不上的人恐怕只有生存的需要而不会有发展的需要，所以生存的需要是所有人的共同本性，而发展的需要并不是所有人的共同本性，而只是一部分人所具有的本性。确实，在现实生活中，有人连温饱的生存问题都难以解决，他们的主要需要是生存问题而不是发展问题。然而，我们认为，生存需要与发展需要是人的两个最为基本的需要，这两个基本的需要并不都是同时需要满足的。人有时以解决生存的需要为主，有时以解决发展

的需要为主。当人以解决某种需要为主的时候,并不是说人就没有另一种需要了,只不过这时人的另一种需要不占主导地位而已。

(二)求生存、求发展的人性的价值观分析

从人性的价值来看,我们认为,人性从根本上来说是价值无涉的。人性所表现出的善与恶,不是人性本身的善恶,也不是由人性所体现的人格的善恶,而是由满足人性需要的条件、过程及结果所表现出不同的价值取向,以及在此基础上所实现的人格所体现出的善恶。比如,人有物质需要,人是物质人,这本身并没有善恶等价值问题。但是如果不择手段地满足这种物质需要,这种满足物质需要本身和满足了这种需要的人的人格就体现出了恶的价值倾向。因此我们不能把人性本身的价值无涉,以及由人性所指向的那个人格的价值无涉与人性在实现过程中的价值取向,以及由这种价值取向所决定的那个人格的价值有涉混为一谈。[①]在我们所主张的人性观中,人的生存和发展本身并无善恶和好坏之分。人如果一味地只是为了自身的生存和发展而不顾他人的生存和发展,这在过程和人格上则会形成一种恶的或坏的价值倾向;人如果在求得自身的生存和发展时又能考虑到他人的生存和发展,并能创造条件使自己和他人都能得到发展,这在过程和人格上则就是一种善的或好的价值倾向。有人以为,人求生存和求发展是为了自身的生存和发展,因而人的本性应是自私的,自私的本性就是恶的。我们认为这种看法是站不住脚的。首先,求生存和求发展本身并不是一种完全自私的排他性的活动。人是一种有意识、有理性的动物,他不会像其他生物一样,在求自身的生存过程中完全不顾及同类的需要。人可以顾及他人的需要而与之协调,从而求得共同的生存和发展。我们平常所说的"双赢"指的就是这种情况。而且还应看到,在人的生存和发展过程中,每个人的生存与发展总是以他人的生存与发展为前提,因而人求得自身的生存和发展,不仅只是为自己,而且有可能是一种利他的活动。其次,即使把求生存、求发展当作一种自私的活动,也不能认为这种自私就是恶的。道理很简单,历史的第一个前提是人要满足自身生存发展的需要,也

[①] 李文虎对西方的弗洛伊德、阿尔波特、华生、斯金纳、班杜拉、米契尔、马斯洛和罗杰斯的人性理论与人格理论之间的区别与联系进行过研究。参见李文虎:《西方人格理论的人性观》,载《心理学探新》1999年第4期。

不知人满足这种需要的"恶"从何来！还有，人如果在满足自身生存发展的同时，又能做到满足他人生存与发展的需用，这时人满足自身生存与发展的需要，不仅不能看作是恶的，相反要当作是善的。

（三）求生存、求发展的人性的属性观和发展观分析

就人性的属性观来说，这种人性观既体现了人的动物属性，又体现了人的社会属性，还体现了人的精神属性。从生存与发展这二者的关系来说，求生存更多体现的是人的动物性，而求发展更多体现的是人的社会性和精神性。人的动物性指的是人在满足本能需要的活动和在这一活动中所结成的社会关系所体现出的属性；人的社会性指的是人在满足社会需要的活动以及在这一活动中所结成的社会关系所体现出的属性；人的精神性指的是人在满足人的精神性需要的活动以及在这一活动中所结成的社会关系所体现出的属性。我们在上面所分析过的人在满足性爱需要过程中所结成的情爱关系，人在满足社会交往过程中所结成的道德伦理关系和法律关系，以及人在满足精神需要过程中所结成的学术交往关系，就分别体现了人的动物性、社会性和精神性。人所具有的这"三性"是相互联系和相互影响的，只是为了分析的方便才对人的本性做了这样的划分。有人说，人的社会性应与人的自然性相对，所以，人的第一个属性是自然性而不是动物性。我们认为，人的动物性有自然性的一面，但它也有社会性的一面，如果把人的第一个属性定位为自然性，就把人的自然性绝对化了。另外，也是最为重要的，人的动物性虽然与自然性有联系，但把人的第一个属性定位为自然性有些笼统。因为自然性既有生物的自然性，也有非生物的自然性，人所具有的自然性只是生物中的动物所具有的动物性，所以将人所具有的动物性直接定位于动物性要比笼统地说自然性要好。

从人性发展观来看，人的本性从生存到发展的趋向，本身就体现了人性的发展趋向。这种生存到发展的趋向体现的是人由满足低层次的需要到满足高层次的需要这一过程。生存解决的是人的低层次的需要，发展解决的是人的高层次的需要。人的需要的满足是一个由满足低层次的需要到满足高层次需要的发展过程。另外，由人的求生存和求发展所体现的人的性质来看，这种人性观所体现的人的动物性、社会性和精神性的发展性也是非常明显的。一般说来，一个人刚出生，占主导地位的是动物性，随着个体的成长，人的社会性和精神性也就不断地凸显出来。所以人的求生存和求发展的人性刚好体现了人的动物性向社会性和精神性发展的过程。

第二节 求生存、求发展的人性观与教育管理

一、求生存、求发展的人性观与教育管理观

（一）求生存、求发展的人性观与主体教育管理观

求生存、求发展的人性观，是我们所主张的主体教育管理观所应有的人性观。我们所提出的主体教育管理观，是在教育活动和教育管理活动中促进人（包括教育者和受教育者、管理者和被管理者）主体性发展的管理观。这里的主体性发展是指人按自己的意志所选择的发展，即人的自由发展。人性是人发展的内趋力或根本性的动力。人的主体性发展或自由发展，需要一种体现人的主体性或自由性的人性。只有这样一种人性，才有可能使人的主体性得到发展。马克思认为，人的本性是自由的，这种自由的本性体现在人的自由的、有意识的活动之中。他说："一个种的整体特性、种的类特性就在于生命活动的性质，而自由的有意识的活动恰恰就是人的类特性。"[①] 我们认为马克思这里讲的人的自由的、有意识的活动就是人的求生存、求发展的活动。因为人的这种求生存、求发展的活动是有意识的，人知道自己为什么和怎样求生存和求发展；这种求生存和求发展的活动也是一种自由的活动，因为人总是按自己的意志来满足自己求生存、求发展的需要。由此我们可以认为求生存、求发展就是人自由本性的具体体现，这种本性是完全有助于人的主体性发展或人的自由发展的。需要特别指出的是，我们这里所说的人求生存和求发展的自由本性并不是一种随心所欲的或盲目的自由。依

[①] 马克思著，中共中央马恩列斯著作编译局译：《1844年经济学哲学手稿》，人民出版社2000年版，第57页。

据我们所主张的"主智"的人性观，我们认为人只有运用自己的智慧认识了事物发展的必然性，才能更好地按自己的意志行事而获得自由，因为："自由以必然为前提。"① "自由就在于根据对自然界的必然性的认识来支配我们自己和外部自然。"② 显然，我们这里所说的自由是求生存、求发展而促使人主体性发展的自由。在理性与非理性的关系上，是一种基于人的"智慧"基础之上的理性与非理性相对统一的自由，而不是一种非理性的主宰一切的，如叔本华所主张的非理性的"意志"的自由和尼采的具有强烈控制需求的"权力意志"的自由。③ 认识论即理论理性自由观和本体论即实践理性自由观的关系，也是一种基于人"智慧"基础之上的认识论即理论理性的自由观与本体论即实践理性的自由观相对统一的自由观。④

（二）求生存、求发展的人性观与当代西方主要教育管理观

这种人性观是一种与当代西方科学主义、人文主义和自然连贯主义教育管理观所体现的人性观不同的人性观。⑤ 在对人性的问题上，这三种教育管理观虽然没有明确表达各自的主张，但由于它们都研究了管理中人的问题，我们可以通过它们对人及相关问题的看法来分析出它们对人性问题所持有的观点。总的来说，虽然它们都是从管理的角度来谈人的问题，但它们并不是从实践主体的角度去看待人，而只是从抽象的意义上来谈论人，因而它们所主张的人性观就容易割裂人与组织、人的理性与非理性、认知理性与价值理性之间的辩证统一关系。科学主义的教育管理观以"实证主义哲学"为基础，关注组织结构而忽视组织中的人，对人只强调人的理性因素而忽视人的非理性因素，在人的理性因素中注重人的认知理性而忽视人的价值理性。人文主义的教育管理观以"主观主义"哲学为基

---

① ［德］黑格尔，贺麟译：《小逻辑》，商务印书馆1980年版，第323页。
② ［德］恩格斯：《反杜林论》，载《马克思恩格斯选集》第3卷，人民出版社2012年版，第492页。
③ Nietzsche, *The Will to Power*, Book 4, section 1067, trans, Anthony M. Ludovici, ed. Oscar Levy, London: T. N. foulis, 1910, p 431.
④ 对认识论即理论理性自由观和本体论即实践理性自由观的论述参见俞吾金著：《实践诠释学》，云南人民出版社2002年版，第301—305页。
⑤ 对西方科学主义、人文主义和自然连贯主义教育管理观及其所主张的人性理论的探讨，参见孙绵涛、康翠萍：《关于西方科学主义与人文主义教育管理观的探讨》，载《教育理论与实践》2003年第11期。

础，关注组织中的人的因素，注重人的价值理性而忽视人的认知理性。自然连贯主义的教育管理观虽然想克服科学主义的教育管理观在人的理性因素中只强调认知理性而忽视价值理性之不足，强调价值理性在人的认识活动中的作用，但它认为以实证主义哲学为基础对知识的说明和证实是对科学的最好理解。从这一角度来说，自然连贯主义教育管理观的人性观，是一种注重人的认知理性的人性观。我们所主张的人性观，是一种以人的"智慧"为基础的，强调人和组织、人的理性与非理性、人的理性因素中认知理性和价值理性辩证统一的人性观。因为求生存、求发展是一种人的具体的实践活动，在这种实践中，人运用自己的"智慧"创立了组织并在组织中活动，而使得人与组织相对独立而又结为一体，人的理性和非理性、人的认知理性和价值理性相互对立而又能达到相对统一。

二、求生存、求发展的人性观与教育管理的目标与措施

求生存和求发展的人性观，要求我们的教育管理要满足人[①]的生存和发展的需要。在生存需要中，主要要满足人的吃、住和情爱等方面的需要；在发展需要上，主要要满足人的学习、教学、科研和管理工作等方面的需要。以下从教育管理的目标和措施两个方面，分别对如何满足人的求生存和求发展的需要进行分析。

（一）求生存、求发展的人性观与教育管理的目标

根据我们对人格与社会发展形态关系的分析，以及对人的智慧人格和道德人格的关系的认识，我们认为，应把满足人的生存与发展需要的教育管理目标分为长期或理想的目标和近期或现实的目标两个方面。在长期或理想的目标上，要通过满足人的生存和发展的需要，促进人的智慧的发展和智慧人格的形成；在教育管理的近期或现实目标上，要促进人的道德智慧和道德人格的形成和发展。在满足人的生存和发展需要的教育管理目标上，不能把长期或理想目标与近期或现实目标割裂开来。为实现满足人的生存和发展需要的长远或理想目标，应该把着眼点放在满足人的生存和发展需要的近期或现实目标上；为实现满足人的生存和

---

① 这里的人主要指的是施教者、受教者、管理者和被管理者。

发展需要的近期或现实的目标，应该把眼光放在满足人的生存和发展需要的长期或理想目标上。换言之，当为实现长期或理想目标时，要有一种务实的精神，要着力发展现实人的道德智慧和道德人格，以为人的其他智慧和智慧人格的形成奠定基础；当为实现近期或现实目标时，要克服短视行为，要把眼光放在培养人的智慧和智慧人格上，以使人的道德智慧和道德人格得到更好的发展。在现实的教育管理中，只注重人的道德的培养和道德人格的形成而忽视人的智慧的培养和智慧人格的形成，或只注重人的智慧的培养和智慧人格的形成而忽视道德的培养和道德人格的形成都是不可取的。因为这两种教育目标忽视了智慧与道德以及智慧人格和道德人格之间的内在联系。在教育管理中，只有认识了智慧与道德以及智慧人格和道德人格之间的内在联系，才有可能处理好教育管理的长期目标或理想目标与近期目标或现实目标之间的关系。只有处理好了这两种教育目标之间的关系，才能使我们的教育管理目标符合人的求生存和求发展的本性而取得好的管理效果。

（二）求生存、求发展的人性观与教育管理措施

第一，在观念上要树立有利于人的生存和发展的主体教育管理观。有利于人的生存和发展就是有利于人的主体性发展。人的主体性发展也是人的自由发展即人的智慧的充分发展，而且人具有了主体性，才能充分发展自己的智慧。为此，首先要破除教育管理是束缚人自由发展的旧观念，树立教育管理是为人的自由发展服务的新观念。正如我们前面所分析的，从本质上来说，管理（指管理的组织与规范）与人的自由发展并不是对立的，管理是有利于人自由发展的，管理出现不利于人自由发展的状况，那只是管理活动异化的产物。我们可以通过所提倡的以人为本的观念，采取参与管理、民主管理等措施，消除这种异化，使管理为人的自由发展服务，从而使人的智慧得到充分发展。其次要破除教育管理仅仅是有助于人的道德及道德人格形成和发展的传统观点，树立教育管理不仅仅有助于人的道德及道德人格的形成与发展，更为重要的是要有助于人的智慧和智慧人格形成和发展的新观念。对于"德性"和"道德人格"，要重视人的智慧在其形成和发展中的作用，因为只有人的智慧充分发展了，人的主体性才能得到发展，即人才能获得真正的自由。

第二，创造有利于人的生存和发展，即有利于人的智慧发展的教育体制和教育机制。要注意在体制和机制的制度上创新来保障人的生存和发展即智慧发展。要建立有利于人的生存和发展即智慧发展的规范，并建立保障这些规范的有效实施的制度。如要建立学校教育与社会教育相联系的终身教育的制度，建立公平、公正的教育政策和教育法律体系，使人有终身学习的机会，保障人有平等的自由发展的权利，从而能使人的生存和发展即智慧发展得到有效的政策和法律保护。

第三，在具体的教育管理活动中，对于管理者和施教者来说，要学会关心人、爱护人和尊重人。注意了解人有哪些生存的需要和发展的需要，怎样去满足这些需要。对于被管理者和受教育者来说，要处理好人的理性与非理性、理性中认知理性与价值理性以及认识论的理论理性自由与本体论的实践理性自由之间的关系。比如，在人与自然、社会，以及人与他人的关系上，要充分认识人与自然、社会和他人和谐发展的重要意义，要做到人自身的生存和发展与自然、社会发展的和谐统一，避免发生只顾自己的生存和发展而不顾他人生存和发展的现象。

......思考题......

1. 试从研究方法论的角度对求生存、求发展的人的本性进行分析。
2. 试从人性起源论、人性结构论、人性价值论、人性属性论和人性发展论的角度，对求生存、求发展的人的本性进行分析。
3. 什么是智慧人格和道德人格？二者之间是什么关系？
4. 求生存和求发展的人性观所指向的人格观为什么是智慧人格而不是道德人格？
5. 求生存、求发展的人性观与主体教育管理观是什么关系？为什么？
6. 求生存、求发展的人性观与西方科学主义和人文主义教育观是什么关系？为什么？
7. 求生存、求发展的人性观需要什么样的教育管理目标与措施？为什么？
8. 联系实际谈谈你对根据求生存、求发展的人的本性实施教育管理的看法。

参考文献

一、中文

（一）著作类

1.《马克思恩格斯选集》第1—4卷，人民出版社2012年版。

2.《马克思恩格斯全集》第19卷，人民出版社1963年版。

3.《马克思恩格斯全集》第26卷，人民出版社1974年版。

4.《列宁全集》第55卷，人民出版社2017年版。

5. 马克思著，中共中央马恩列斯著作编译局译:《资本论》第1卷，人民出版社2018年版。

6. 马克思著，中共中央马恩列斯著作编译局译:《资本论》第3卷，人民出版社2018年版。

7. 马克思著，中共中央马恩列斯著作编译局译:《1844年经济学哲学手稿》，人民出版社2000年。

8.［苏］列宁著，中共中央马恩列斯著作编译局译:《哲学笔记》，人民出版社1998年版。

9.［德］黑格尔，贺麟译:《小逻辑》，商务印书馆1980年版。

10.［德］黑格尔，杨一之译:《逻辑学》（上卷），商务印书馆1977年版。

11.《中国大百科全书·哲学》，中国大百科全书出版社1987年版。

12. 北京大学哲学系编:《古希腊罗马哲学》，商务印书馆1982年版。

13.［美］梯利著，伍德增补，葛力译:《西方哲学史》（增补修订版），商务印书馆1999年版。

14. 叶秀山著:《哲学要义》，世界图书出版公司2006年版，第3页。

15. 杨祖陶、邓晓芒编译:《康德三大批判精粹》，人民出版社2001年版。

16. 张庆熊著:《熊十力的新唯识论与胡塞尔的现象学》，上海人民出版社

1996年版。

17. 高文武著:《认识活动论》,人民出版社1991年版。

18. 王永昌著:《实践活动论》,中国人民大学出版社1992年版。

19. 俞吾金著:《实践诠释学》,云南人民出版社2001年版。

20. 尹星凡、胡耀忠、谢石林著:《知识之谜——休谟以来的西方知识论评析》,江西人民出版社1998年版。

21. [英]戴维·罗宾逊著,程炼译,王文华校:《尼采与后现代主义》,北京大学出版社2005年版。

22. 高平叔编:《蔡元培哲学论著》,湖北教育出版社1985年版。

23. 袁贵仁主编:《对人的哲学理解》,河南人民出版社1996年版。

24. 傅佩荣著:《哲学与人生》,东方出版社2005年版。

25. 姜国柱、朱葵菊著:《论人·人性》,海洋出版社1988年版。

26. 姜国柱、朱葵菊著:《中国人性论史》,河南人民出版社1997年版。

27. 杨波著:《中国人的人格结构》,新华出版社1999年版。

28. [英]莱斯利·史蒂文森著,袁荣生、张藁生译:《人性七论》,商务印书馆1996年版。

29. 徐复观著:《中国人性论史·先秦篇》,上海三联书店2002年版。

30. 唐子畏、宋晓著:《人性与人际关系》,湖南大学出版社1997年版.

31. 章海山著:《善的发现——人性和道德》,辽宁人民出版社2000年版。

32. 黎鸣著:《问人性》,团结出版社1998年版。

33. [孟]蔡拉·爱尔·兹拉著,李方正译,陆永玲校:《东西方社会科学中的范式演变》,湖北教育出版社1996年版。

34. [法]皮埃尔·布迪厄、[美]华康德著,李猛、李康译,邓正来校:《实践与反思:反思社会学导论》,中央编译出版社1998年版。

35. [德]马克斯·韦伯著,韩水法、莫茜译:《社会科学方法论》,中央编译出版社1999年版。

36. [美]小詹姆斯·H.唐纳利等著,李柱流等译:《管理学基础——职能、行为、模型》,中国人民大学出版社1990年版。

37. 王振中、韩延明主编：《普通管理学》，广西人民出版社1991年版。

38. 何钟秀著：《现代管理学》，浙江教育出版社1989年版。

39. 周三多等编著：《管理学——原理与方法》，复旦大学出版社1995年版。

40. 陈子良编著：《管理通论》，华东师范大学出版社1989年版。

41. 韩延明主编：《管理学新论》，新华出版社1996年版。

42. 赵文明、黄成儒编著：《百年管理思想精要》，中华工商联合出版社2003年版。

43. 郭咸纲著：《西方管理学说史》，中国经济出版社2003年版。

44. 戴木才著：《管理的伦理法则》，江西人民出版社2001年版。

45. 崔绪治、徐厚德著：《现代管理哲学》，安徽人民出版社1991年版。

46. 肖明等著：《管理哲学纲要》，红旗出版社1987年版。

47. 刘云柏著：《管理哲学导论》，南开大学出版社1988年版。

48. 黎红雷著：《儒家管理哲学》（第2版），广东高等教育出版社1997年版。

49. 唯高编著：《恶性管理》，中国华侨出版社1999年版。

50. [苏]阿法纳西耶夫主编，中国人民大学外国经济管理研究所译：《社会主义生产管理理论与实践问题》，北京出版社1981年版。

51. 黄达强、刘怡昌主编：《行政学》，中国人民大学出版社1989年版。

52. 唐代望编著：《现代行政管理学教程》，湖南科学技术出版社1985年版。

53. 夏书章著：《行政学新论》，中国政法大学出版社1986年版。

54. 傅大友、朱昌宁、毕鸣编著：《行政管理学导论》，云南教育出版社1987年版。

55. 张金鉴著：《行政学典范》，三民书局1986年版。

56. 张润书著：《行政学》，三民书局1988年版。

57. 李进才著：《当代中国行政管理》，湖北教育出版社1992年版。

58. 谢燮正、何效贤著：《决策能力的培养》，广东人民出版社1988年版。

59. 孙绵涛等著：《行为科学新论》，华南理工大学出版社1992年版。

60. 孙彤主编：《组织行为学教程》，高等教育出版社1990年版。

61. [美]沙因著，余凯成等译：《组织心理学》，经济管理出版社1987年版。

62.［奥］弗洛伊德著，杨韶刚等译:《弗洛伊德心理哲学》，九州出版社 2003 年版。

63. 陈侠著:《课程论》，人民教育出版社 1989 年版。

64.［美］华勒斯坦等著，刘健芝等编译:《学科·知识·权力》，生活·读书·新知三联书店 1999 年版。

65. 洪宝书著:《教育本质与规律》，成都科技大学出版社 1992 年版。

66. 陈桂生著:《教育原理》，华东师范大学出版社 1993 年版。

67. 吴康宁著:《教育社会学》，人民教育出版社 1998 年版。

68. 高洪源、刘淑兰主编:《庙算之道：教育管理的理论与方法》，中国铁道出版社 1997 年版。

69. 褚宏启著:《教育现代化的路径》，教育科学出版社 2000 年版。

70. 班华主编:《现代德育论》，安徽人民出版社 1996 年版。

71. 鲁洁、王逢贤主编:《德育新论》，江苏教育出版社 1994 年版。

72. 司琦著:《中国国民教育发展史》，三民书局 1984 年版。

73. 舒新城编:《中国近代教育史资料》（上册），人民教育出版社 1961 年版。

74. 李才栋、谭佛佑等主编:《中国教育管理制度史》，江西教育出版社 1996 年版。

75. 孙培青主编:《中国教育管理史》，人民教育出版社 1996 年版。

76. 熊贤君著:《中国教育管理史》，华中师范大学出版社 1989 年版。

77. 陈孝彬主编:《外国教育管理史》，人民教育出版社 1996 年版。

78. 曾天山主编:《外国教育管理发展史略》，教育科学出版社 1995 年版。

79. 王炳照主编:《中外教育管理史》，湖南师范大学出版社 2000 年版。

80. 于述胜、于建福著:《中国传统教育哲学》，江苏教育出版社 1996 年版。

81. 孙绵涛等著:《教育管理哲学——现代教育管理观引论》，武汉工业大学出版社 1997 年版。

82. 孙绵涛主编:《教育管理原理》，广东高等教育出版社 1999 年版。

83.［美］罗伯特·欧文斯著，孙绵涛等译:《教育组织行为学》，华中师范大学出版社 1987 年版。

84. 黄兆龙著:《现代教育管理哲学》,广西教育出版社 1992 年版。

85. 黄崴著:《教育管理学:概念与原理》,广东高等教育出版社 2002 年版。

86. 陈孝彬主编:《教育管理学》,北京师范大学出版社 1990 年版。

87. 吴志宏、冯大鸣、周嘉方主编:《新编教育管理学》,华东师范大学出版社 2000 年版。

88. 安文铸著:《现代教育管理学引论》,北京师范大学出版社 1995 年版。

89. 杨颖秀著:《教育管理学》,东北师范大学出版社 2002 年版。

90. 杨逦虹著:《现代教育管理原理》,中国人事出版社 2001 年版。

91. 黄志成、程晋宽著:《教育管理论》,上海教育出版社 2001 年版。

92. 张新平著:《教育管理学导论》,上海教育出版社 2006 年版。

93. 吴志宏主编:《教育管理学》,人民教育出版社 2006 年版。

94. 中央教育行政学院编:《高等教育原理》,北京师范大学出版社 1987 年版。

95. 李方著:《现代教育管理技术》,华南理工大学出版社 1995 年版。

96. 张新平著:《教育组织范式论》,江苏教育出版社 2001 年版。

97. 罗廷光著:《教育行政》(上、下卷),商务印书馆 1942 年版、1944 年版。

98. [日] 久下荣志郎著,李兆田等译:《现代教育行政学》,教育科学出版社 1981 年版。

99. [美] 霍依、米斯格著,方德隆等译:《教育行政学:理论、研究与实际》,复文图书出版社 1983 年版。

100. 林文达著:《教育行政学》,三民书局 1984 年版。

101. 孙绵涛著:《教育行政学》,华中师范大学出版社 1998 年版。

102. 孙绵涛主编:《地方教育行政系列研究》,武汉工业大学出版社 1992 年版。

103. 黄昆辉著:《教育行政学》,东华书局 1988 年版。

104. 谢文全著:《教育行政学》,高等教育文化事业有限公司 2005 年版。

105. 谢文全著:《教育行政》,文景出版社 1985 年版。

106. 张济正等主编:《教育行政学通论》,华东师范大学出版社 1992 年版。

107. 萧宗六、贺乐凡主编:《中国教育行政学》,人民教育出版社 1996 年版。

108. 吴志宏著:《教育行政学》,人民教育出版社 2001 年版。

109. 台湾师范大学教育研究所:《教育行政》,伟文图书出版社有限公司 1986 年版。

110. 杜佐周著:《教育与学校行政原理》,商务印书馆 1929 年版。

111. 沈培新等编著:《普通教育行政学》,安徽教育出版社 1989 年版。

112. 刘问岫主编:《普通教育行政学概论》,中国和平出版社 1987 年版。

113. 萧宗六著:《学校管理学》,人民教育出版社 2001 年版。

114. 张济正主编:《学校管理学导论》,华东师范大学出版社 1990 年版。

115. 黄兆龙编著:《现代学校管理学新论》,中国经济出版社 1994 年版。

116. 董祥智、萧斌衡主编:《学校管理学》,湖北人民出版社 1998 年版。

117. 中央教育行政学院等编:《学校管理心理学》,教育科学出版社 1986 年版。

118. 刘树明主编:《高等学校目标管理》,北京师范大学出版社 1988 年版。

119. 李旷等编:《教师的工作积极性》,山东教育出版社 1996 年版。

120. 孙灿成主编:《学校管理学概论》,人民教育出版社 1993 年版。

121. 阎德明主编:《现代学校管理学》,人民教育出版社 1999 年版。

122. 杨颖秀著:《学校管理学》,人民教育出版社 2004 年版。

123. [苏]赞可夫著,杜殿坤译:《和教师的谈话》,教育科学出版社 1980 年版。

124. [加]露丝·海荷主编,赵曙明主译:《东西方大学与文化》,湖北教育出版社 1996 年版。

125. 黄昌明、王景孟主编:《教育督导概论》,山东教育出版社 1990 年版。

126. 洪煜亮主编:《教育督导及教育督导评估》,北京师范大学出版社 1993 年版。

127. 向宏业主编:《现代教育督导学》,湖南教育出版社 1995 年版。

128. 翟天山主编:《教育评价学》,武汉工业大学出版社 1992 年版。

129. 王铁著:《中国教育方针的研究》(上册),教育科学出版社 1982 年版。

130. 袁振国主编:《教育政策学》,江苏教育出版社 1996 年版。

131. 孙绵涛主编:《教育政策学》,武汉工业大学出版社 1997 年版。

132. 孙绵涛著:《教育政策论:具有中国特色的社会主义教育政策研究》,华中师范大学出版社 2002 年版。

133. 劳凯声著:《教育法论》,江苏教育出版社1993年版。

134. 张维平主编:《教育法学基础》(修订版),辽宁大学出版社2004年版。

135. 李晓燕主编:《教育法学》,高等教育出版社2001年版。

136. 褚宏启编著:《学校法律问题分析》,法律出版社1998年版。

137. 杨颖秀主编:《教育法学》,中央广播电视大学出版社2004年版。

138. 刘冬梅著:《教育法律问题研究》,中国档案出版社2004年版。

139. 王长乐著:《教育机制论》,吉林人民出版社2001年版。

140. 秦椿林主编:《体育管理学》,北京体育大学出版社1995年版。

(二)论文类

1. 孙绵涛:《激励的两种基本理论》,载《教育研究与实验》1986年第4期。

2. 孙绵涛:《学生能力结构之我见》,载《湖北教育学院学报》1984年第3期。

3. 孙绵涛:《主体教育管理观初论》,载《教育研究与实验》1993年第1期。

4. 孙绵涛:《试论教育管理观》,载《教育研究与实验》1997年第2期。

5. 孙绵涛:《关于教育管理本质的探讨》,载《华中师范大学学报(人文社会科学版)》1998年第5期。

6. 孙绵涛:《关于教育观的思考》,载《教育理论与实践》1999年第1期。

7. 孙绵涛、申文:《关于教育管理实践观的探讨》,载《教育研究与实验》1999年第2期。

8. 孙绵涛:《论教育管理学的学科体系》,载《高等教育研究》1999年第1期。

9. 孙绵涛:《关于国家教育政策体制的探讨》,载《教育研究》2001年第3期。

10. 孙绵涛:《关于教育政策分析若干理论问题的探讨》,载《教育研究与实验》2002年第2期。

11. 孙绵涛、邓纯考:《错位与复归:当代中国教育政策价值分析》,载《教育理论与实践》2002年第10期。

12. 孙绵涛:《西方范式方法论的反思与重构》,载《华中师范大学学报(人文社会科学版)》2003年第6期。

13. 孙绵涛:《论人类生活方式的本质及其复归——关于知识信息社会生活方式的探讨》,载《浙江社会科学》2003年第6期。

14. 孙绵涛:《学科论》,载《教育研究》2004年第6期。

15. 孙绵涛:《教育体制理论的新诠释》,载《教育研究》2004年第12期。

16. 孙绵涛:《提高教育管理研究的理论品味,创建教育管理论理论新体系》,载《教育管理研究》2005年第1期。

17. 孙绵涛:《关于教育管理人性观的探讨》,载《教育研究与实验》2005年第4期。

18. 孙绵涛:《我的教育管理理论观(上):我为什么要研究教育管理理论》,载《教育管理研究》2006年第1期。

19. 孙绵涛:《我的教育管理理论观(中):我是怎样研究教育管理理论的》,载《教育管理研究》2006年第2期。

20. 孙绵涛:《我的教育管理理论观(下):我的教育管理理论的基本形态及主要内容——教育管理理论的基本形态及教育管理学科论和教育管理活动论》,载《教育管理研究》2006年第3期。

21. 孙绵涛:《我的教育管理理论观(下):我的教育管理理论的基本形态及主要内容——教育体制论和教育机制论》,载《教育管理研究》2006年第4期。

22. 孙绵涛、康翠萍:《论教育管理学的研究对象》,载《华东师范大学学报(教育科学版)》1997年第3期。

23. 孙绵涛、康翠萍:《关于教育管理本质研究的若干方法论思考》,载《浙江师范大学学报(哲学社会科学版)》2002年第4期。

24. 孙绵涛、康翠萍:《关于西方科学主义与人文主义教育管理观的探讨》,载《教育理论与实践》2003年第11期。

25. 孙绵涛、康翠萍:《再论教育管理学的研究对象》,载《教育研究》2004年增刊。

26. 孙绵涛、康翠萍:《关于教育管理现象、本质和规律问题的再探讨》,载《南阳师范学院学报(哲学社会科学版)》2005年第1期。

27. 孙绵涛:《大学文化的本质》,载《现代大学制度与大学文化》,辽宁人民出版社2005年版。

28. 孙绵涛:《教育管理人论论纲》,载《主体教育论》,人民教育出版社2005

年版。

29. 孙绵涛:《论人的本质的"相对自由"》,载《沈阳师范大学学报(哲学社会版)》2017年第12期。

30. 孙绵涛、李莎:《人本质的相对自由:主体教育管理观的人学基础》,载《教育研究》2018年第7期。

31. [美]布鲁巴克著,丁证霖、赵中建译,瞿葆奎校:《西方课程的历史发展》(上、下),载瞿葆奎主编,陆亚松、李一平选编:《教育学文集·课程与教材》,人民教育出版社1998年版。

32. 祁型雨:《论科学的人性观与学校管理方法的选择和运用》,载《教学与管理》1999年第3期。

33. 康翠萍:《关于教育管理本质的再探讨》,载《教育理论与实践》2000年第2期。

34. 张复荃:《教育行政学在我国的历史回顾》,载《教育丛刊》1983年第3期。

35. 张建新:《社会机制的涵义及其特征》,载《人文杂志》1991年第6期。

36. 张新平:《外国教育管理学理论发展50年》,载《华东师范大学学报(教育科学版)》2003年第4期。

37. 张仁:《人性、需求及互动适应型激励研究》,华中科技大学博士学位论文,2003年。

38. 陈桂生:《"四分法":教育理论成分解析的新尝试》,载《教育研究与实验》1995年第2期。

39. 陈桂生:《"元教育学"问对》,载《华东师范大学学报(教育科学版)》1995年第2期。

40. 陈昆玉、陈昆琼:《经济学与管理学中人性假设的分析与比较》,载《同济大学学报(社会科学版)》2002年第5期。

41. 陈伯璋:《质性研究方法的理论基础》,教育学研究生"质性研究方法"研讨会论文,2001年。

42. 陈芜:《"机制"的由来及其演化》,载《瞭望》1988年第50期。

43. 黄崴:《20世纪西方教育管理理论及其模式的发展》,载《华东师范大学学报（教育科学版）》2001年第1期。

44. 李朝晖、陈芳:《人性假设与高等教育管理理论创新》,载《山西财经大学学报（高等教育版）》2004年第1期。

45. 李慧:《科学的人性观与教师管理》,载《高等函授学报（哲学社会科学版）》1997年第3期。

46. 李文虎:《西方人格理论的人性观》,载《心理学探新》1999年第4期。

47. 贺乐凡:《对我国教育管理研究的若干思考》,载《教育研究》2001年第2期。

48. 郭方:《论我国现代教育行政的运行机制》,华中师范大学硕士研究生学位论文,1985年。

49. [美]威罗尔、弗斯著,王刚译,孙绵涛校:《教育管理学简史》,载《教育管理研究》2005年第1、2、3期。

50. [日]欢喜隆司著,钟言译:《学科的历史与本质》,载《外国教育资料》1990年第4期。

51. [美]沙姆韦、梅瑟－达维多著,黄德兴译,武志雄校:《学科规训制度导论》,载香港岭南学院翻译系文化社会研究译丛编委会编译:《学科·知识·权力》,1996年。

52. 胡德海:《论教育现象》,载《教育研究与实验》1991年第1期。

53. [俄]娜·叶·鲍列夫斯卡娅:《教育改革的体制理论：中国的经验与启示——读孙绵涛教授的"中国教育体制论"》,载俄罗斯科学院主办的学术刊物《教育学》2005年第7期,又载中国的《教育研究》2006年第4期。

54. 钱广华:《开放的康德哲学——重读"物自体"》,载《中国社会科学》2004年第5期。

55. 唐莹编译:《教育行政研究对其知识基础的百年探索》,载《高等师范教育研究》1992年第5期。

56. 葛新斌:《试论人性假设问题的教育管理学意义》,载《清华大学教育研究》1997年第2期。

57. 葛新斌:《试析西方管理理论中"人性假设"的基本形态及其关系》,载

《华南师范大学学报（社会科学版）》1999年第2期。

58. 路甬祥:《科学的历史与未来》,载《光明日报》1998年3月31日第5版。

59. 熊川武:《"元教育学"说》,载《华东师范大学学报（教育科学版）》1996年第4期。

60. [美]霍斯金著,李金凤译,刘健芝校:《教育与学科规训制度的缘起:意想不到的逆转》,载香港岭南学院翻译系文化社会研究译丛编委会编译:《学科·知识·权力》,1996年。

61. 蒋鸣和:《当前教育经费投入若干问题的讨论》,载《教育研究信息》1994年第11期。

62. 孟卫青:《20世纪西方教育管理"理论运动"的回顾与反思》,载《教育导刊》2002年第2期。

63. 蔡怡:《西方教育管理理论运动述评》,载《江苏高教》2003年第4期。

64. 何钟秀:《管理方式、思想的演变和现代科学管理的原理与原则》,载总参谋部政治部宣传部编:《现代领导科学与艺术》,军事译文出版社1985年版。

65. 刘本固:《论教育行政的基本原则》,载《现代中小学教育》1986年第1期。

66. 许晓平:《浅论国家管理教育的职能》,载《教育研究》1986年第5期。

67. 周立:《教育行政管理原则初探》,载《教育研究》1986年第6期。

68. 赵康年:《教育行政管理原则浅述》,载《安徽教育学院学报》1987年第1期。

（三）政策法规类

1.《中华人民共和国教育法律集》,外文出版社1999年版。

2.《中共中央关于教育体制改革的决定》,1985年。

3.《中国教育改革和发展纲要》,1993年。

4.《中共中央国务院关于深化教育改革全面推进素质教育的决定》,1999年。

5.《国家中长期教育改革和发展规划纲要（2010—2020年）》,2010年。

6.《关于深化教育体制机制改革的意见》,2017年。

二、外文

（一）著作类

1. Agelasto, Michael & Adamson, Bob, *Higher Education in Post-Mao China,* Hong Kong: Hong Kong University Press, 1998.

2. Bolman, L. G. and Deal, T. E., *Reframing Organization: Artistry, Choice, and Leadership,* San Francisco, CA: Jossery-Base, 1997.

3. Brooke, David Bray & Lindblom Charles E., *A Strategy of Decision: Policy Evaluation as a Social Process,* The Free Press, 1970.

4. Busdin, Joel L., *School Leadership,* London: Sage Publication, 1989.

5. Bush, Tony, *Theories of Educational Management,* New York: Routledge, 1986.

6. Caldwell, Brian J. and Spinks, Jim M., *The Self-Managing School,* The Falmer Press, 1988.

7. Cheng, Yin Cheong, *School Effectiveness & School-based Management,* London: The Falmer Press, 1996.

8. Cheng, Yin Cheong, *The Pursuit of School Effectiveness（Research Management and Policy）,* Hong Kong: Educational Studies Series, 1996.

9. Dimaggio, P. J., *Interest and Agency in Institutional Theory,* In L. G. Zucker（Ed.）, *Institutional Pattern and Organizations: Culture and Environments,* MA: Ballinger, 1998.

10. Dimmock, Clive A. J., *School-Based Management and School Effectiveness,* London: Routledge, 1993.

11. Donmoyer, Robert & Imber, Michael & James Joseph Scheurich, *The Knowledge Base in Educational Administration: Multiple Perspective,* New York: State University of New York Press, Albany, 1995.

12. Evers, Colin W. & Lakomski, Gabriele, *Knowing Educational Administration: Contemporary Methodological Controversies in Educational Administration Research,* Pergamon Press, 1991.

13. Evers, Colin W. & Lakomski, Gabriele, *Exploring Educational Administration:*

Coherentist Applications and Critical Debates, Elsevier Science Ltd, 1996.

14. Evers, Colin W. & Lakomski, Gabriele, *Doing Educational Administration: A Theory of Administration Practice,* Elsevier Science Ltd, 2000.

15. Evers, Colin W. & Chapman. Judith D., *Educational Administration: An Australian Perspective,* St. Leonards: Allen & Unwin Pty Ltd, 1995.

16. Goodson, I., *School Subjects and Curriculum Change: Studies in Curriculum History,* Washington, DC.: The Falmer Press, 1993.

17. Greenfield Thomas & Ribbins, Peter, *Greenfield on Educational Administration: Towards a Human Science,* London: Routledge, 1993.

18. Guba, E. G., *The Alternative Paradigm Dialog,* New Delhi: Sage Publications, 1990.

19. Hall, R. H., *Organizations: Structures, Processes and Outcomes,* Englewood Cliffs, NJ: Prentice Hall, 1991.

20. Hayhoe, Ruth & Pan, Julia, *Knowledge Across Culture: A Contribution to Dialogue Among Civilizations,* Hong Kong: Comparative Education Research Center, 2001.

21. Hilpin, A. W., *Administrative Theory in Education,* Chicago: Midwest Administration Center, University of Chicago, 1958.

22. Hodgkinson, Christopher, *Towards a Philosophy of Administration,* Oxford: Basil Blackwell, 1978.

23. Hodgkinson, Christopher, *Educational Leadership: The Moral Art,* New York: State University of New York Press, Albany, 1991.

24. Hodgkinson, C., *Educational Leadership: The Moral and Art,* Albany, NY: Suny Press, 1991.

25. Hoy, W. K. and Miskel, C. G., *Educational Administration: Theory, Research and Practice,* New York: Mcgraw Hill, 2001.

26. Hough, J. K., *Educational Policy: An International Survey,* London and Sydney: Groom Helm, 1984.

27. Husen and Maurice Kogan, *Educational Research and Policy: "How Do They Relate"*, New York: Pergamon Press, 1984.

28. Kimbrough, Ralph B., Nunnery, Michael, *Educational Administration: An Introduction,* New York: Macmillam Publishing Co., INC, 1984.

29. Kogan, Maurice, *Educational Policy-making: A Study of Interest Groups and Parliament,* London George Allen & Unwinlted Ruskin House, Museum Street, 1975.

30. Lawler, J., *Adapting a Phenomenological Philosophy to Research & Writing,* In J. Higgs (Ed.), *Writing Qualitative Research,* Sydney: Hampden Press, 1998.

31. Leventhal, R., *The Emergence of Philosophical Discourse in the German State,* 1770-1810, Isis 77, 1986.

32. Macmillan, Robert B., *Questioning Leadership: the Greenfield Legacy,* Ontario: the Althouse Press, 2003.

33. Marshall, Catherine Rossman, Gretchen B., *Designing Qualitative Research,* 2nd ed., London: International Educational and Professional Publisher, 1994.

34. Miler, L. F., *Organizations: A Quantum View,* New Jersey: Prentice-Hall, Inc., 1984.

35. Nagel, S. S., *Policy Analysis Methods,* New York: Nova Science Publisher, Inc., 1999.

36. Nietzsche. *The Will to Power,* Book 4, Section 1067, trans, Anthony M. Ludovici, ed. Oscar Levy, London: T. N. foulis, 1910.

37. Owens, R. G., *Organizational Behavior in Education,* Boston-London-Toronto-Sydney-Tokyo-Singapore: Allyn and Bacon, 1998.

38. Patton, Michael Quinn, *Qualitative Evaluation and Research Methods,* 2nd ed., Sage Publications, Inc., 1990.

39. Paul Hat Ling, *New Direction in Educational Leadership,* London and Philadelphia: The Falmer Press, 1984.

40. Pearsall, J., *The New Oxford Dictionary of English,* Oxford: Clarendon Press, 1998.

41. Rossman, Gretchen B. & Rallis, Sharon F., *Learning in the Field: An Introduction to Qualitative Research,* London: International Educational and Professional Publisher, 1998.

42. Schecrence, Jaap, *Effective Schooling: Research, Theory and Practice,* New York: Cassell, 1996.

43. Scott, W. R., *Organizations, Rational, Natural, and Open Systems,* 4th ed., NJ: Prentice Hall, 1998.

44. Searle, J. R., *The Construction of Social Reality,* New York: The Free Press, 1995.

45. Searle, J. R., Mind, *Language and Society,* New York: Basic Books, 1988.

46. Sergiovanm, Thomas, *The Principalship, A Reflective Practice Perspective,* London: Allyn and Bacon, 1995.

47. Simon, H., *Administrative Behavior: A Study of Decision-making Process in Administrative Organization,* 2nd ed., New York: Free Press, 1957.

48. Spring, Joel, *Education and the Rise of the Global Economy,* Mahwah: Lawrence Erlbaum Associate, Inc., Publishers, 1998.

49. Sun, Miantao, *The Concept Tizhi in Chinese Education,* Liaoning People's Publishing House, 2004.

50. Taylor, F. W., *The Principles of Scientific Management,* New York and London: Harper & Brothers Publishers, 1915.

51. Wong Kam-Cheung & Cheng Kai-Ming, *Educational Leadership and Change: An International Perspective,* Hong Kong University Press, 1995.

52. Weber, M., *The Theory of Social and Economic Organization,* New York: Glence, Free Press, 1947.

53. Willower, D. J. & Forsyth, P. B., *A Brief History of Scholarship on Educational Administration,* In J. Murphy & K. S. Louis (Eds.), 1999, *Handbook of Research in Educational Administration, A Project of the American Educational Research Association* (Second Edition), Jossery-Bass Publishers, San Francisco, 1999.

54. Young, M. F. D., *Knowledge and Control: New Directions for the Education*, London: Collier-Macmillan, 1971.

（二）论文类

1. Culbertson, J., Theory in Educational Administration: Echoes from Critical Thinkers, *Educational Research* 12, 10, 1983.

2. Culberston, J. A., A Century's Quest for a Knowledge Base, In N. J. Boyan (Ed.), *Handbook of Research on Educational Administration,* 1988.

3. Dimaggio, P. J., and Powell, W. W., The Iron Cage Revisited: Institutional Isomorphism and Collective Rationality, In W. W. Powell and P. J. Dimaggio (Eds.), *The New Institutionalism in Organizational Analysis,* Chicago: University of Chicago Press, 1991.

4. Evers, C. W. & Lakomski, G., Theory in Educational Administration: Naturalistic Direction, *Journal of Educational Administration*, 39-6, 2001.

5. Evers. C. W., From Foundation to Coherence in Educational Research, In J. P. Keeves and G. Lakomski (Eds.), *Issues in Educational Research,* New York: Pergamon, 1999.

6. Greenfield. T. B., Organization as Social Inventions: Rethinking Assumptions about Change, *Journal of Applied Behavioral Science*, 1973, No.5.

7. Greenfield. T. B., The Decline and Fall of Science in Educational Administration, In T. Greenfield & P. Ribbins, *Greenfield on Educational Administration: Towards Human Science,* London and New York: Routledge, 1993.

8. Gronn, P. C., Subjectivity and the Creation of Organization, In Evers, C. W. and Chapman, J. D. (Eds.), *Educational Administration: An Australian Perspective,* Australia: Allen and Unwin, 1995.

9. Haller, E. J. and Knapp. T. R., Problems and Methodology in Educational Administration, *Educational Administration Quarterly*, 21, 3, 1985.

10. Haire, M., Modern Organization Theory, New York: Wiley, 1959, In March, J. G. (Ed.), *Handbook of Organization,* Chicago: Rand McNally, 1965.

11. Hilpin, A. W., Administrative Theory: The Fumbled Torch, In A. M. Kroll (Ed.), *Issues in American Education,* New York: Oxford, 1970.

12. Manson, R., From Idea to Ideology: School Administration Texts, 1982-1914, In T. E Glass (Ed.), *An Analysis of Texts of School Administration,* 1982-1985, Danville. II: Interstare, 1986.

13. Meyer, J. W. and Rowan, B., Institutionalized Organizations, Formal Structure as Myth and Ceremony, *American Journal of Sociology,* 1997, No. 83.

14. Miantao, Sun, The Motivation of Teacher's Enthusiasm, *A Paper Prepared for the Annual Meeting of the American Educational Research Association,* Washington, D. C., April 1, 20-24, 1987.

15. Miantao, Sun, Administration and Management of Teaching Personnel in Japan, *Research Papers for the Foreign Teachers,* No. 4, Hiroshima, Japan, 1985.

16. Miantao, Sun, The Concept of Tizhi in Chinese Education:A Justification from the Perspective of Institutional Theory, *Research Studies in Education,* 2003.

17. Miantao, Sun, Education Tizhi Reform: Before and After 1978, *Proceedings of Conference on Comparative Studies of Asia Education 2004,* Liaoning People's Publishing House, 2006.

18. Miantao, Sun, Intergenerational Education Policy in China, *Intergenerational Programmes: Public Policy and Research Implications—An International Perspective,* UNESCO, 2000.

19. Ogawa, R. T., Institutional Theory and Examing Leadershipin School, *Institutional Journal of Educational Management,* 1992, No. 6 (3).

20. Rowan, B. and Miskel, C. G., Institutional Theory and the Study of Educational Organizations, In J. Murphy and K. S. Louis (Eds.), *Handbook of Research on Educational Administration: A Project of the American Educational Research Association,* San Francisco: Jossey-Bass Publishers, 1999.

第一版后记

在本书导论和六论中,我把想要讲的主要问题大体上都已说完了。在后记里,我想就如下几个问题再做一些说明。

(一)

首先,我想对教育管理学有一种理论追求的理由做一点补充。我对教育管理学的这种追求除了在导论中讲的学科建设、教育改革和教育管理改革等这些事业和工作上的需要以外,还与我个人的学科背景和对实现学者精神家园的认识有关。

从学科背景来说,了解我的同志可能知道我的学科背景,我是华中师范大学王道俊老师和郭文安老师的学生,两位老师主要是研究教育基本理论的。受他们的影响,我对教育基本理论的研究一直有着浓厚的兴趣。1983年,我考取了王老师和郭老师的教育学原理专业的硕士研究生。当时王老师是教育系主任,为了教育系专业和学科的发展,他将教育学原理专业分为教育基本理论、教学论、德育论和教育管理几个方向来培养研究生。我被分到教育管理方向,当时我并不乐意。王老师说华中师大要开办教育管理本科专业,同时还要招收这个专业的硕士研究生,要培养这方面的教师,而且当时还有一个"诱饵",就是送我到国外去学习教育管理。我被选送到日本留学,师从日本广岛大学教育学部著名的教育财政学家名和弘严先生与著名教育行政学家上原贞雄先生。组织的需要和出国留学的"诱饵"使我踏上了研究教育管理的不归之路。然而可以说,我是由教育基本原理的学科背景转到教育管理方向上的,或者准确地说,我是在教育基本原理的背景下来研究教育管理的。所以,尽管我是研究教育管理的,但这二十多年来,我对教育基本理论的情结一直没有变,一直在思考教育学和教育管理学的基本理论问题。另外值得一提的是,当我当上了教授和博士生导师以后,又到香港大学教育学院攻读哲学博士学位。尽管我读这个学位是几经周折，但我还是读下来了，而且收获比较大。这种收获不仅是亲身经历了英国传统大学培养研究生的制度，在英文上有了一些提高，而且更为重要的是有幸师从了世界著名教育哲学家、自然连贯主义（natural coherenism）创始人埃弗斯（Colin Evers）教授和世界著名华人学者程介明教授，读了一些英文版教育理论特别是教育哲学方面的书，在研究方法上受到了比较严格的训练，并用分析哲学、社会现实建构哲学和教育政策分析理论等理论完成了我的博士论文 The Concept of Tizhi in Chinese Education（《中国教育体制论》）。在香港大学攻博期间，我还完成了其他三篇哲学方面的论文：第一篇是《论人类生活方式的本质及其复归——关于知识信息社会生活方式的探讨》，载《浙江社会科学》2003 年第 6 期，后来被中国人民大学复印报刊资料《哲学新思路》转载，被国内哲学理论网站作为重要篇目介绍；第二篇是《西方范式方法论的反思与重构》，载《华中师范大学学报（人文社会科学版）》2003 年第 6 期，后被《自然哲学》作为重要篇目收录；第三篇是《学科论》，载《教育研究》2004 年第 4 期。这些研究使我的教育理论修养，特别是教育哲学的修养又有了一些提高。这些年我所写的一些东西，除了教育政策法规、教育行政与教育效能等方面的内容以外，大多数是有关教育管理基本理论方面的一些东西。有人说我写的东西有一点理论或哲学的味道，如果真是这样的话，这应得益于华师教育学原理这个学术群体对我的熏陶，特别是王老师和郭老师，以及埃弗斯教授对我的培养（我在教育政策与行政方面的一些成果得益于名和弘严与上原贞雄两位先生以及程介明教授对我的培育）。有位朋友问我："你写的文章有点儿理论性是不是主要得益于你在哈佛大学的留学经历？"其实，作为福布莱特学者，我在哈佛大学教育研究院主要是做美国私立教育政策方面的研究，选修了著名的教育政策和教育规划学者诺莫金（Normogen）教授开的一些课程。哈佛一年的访学经历从学术上来讲主要对我教育政策和教育规划方面学养的提高有比较大的帮助，我对教育基本理论的情结主要还是来自华中师大这个学术群体。最近教育管理学界的一位前辈批评我说："孙绵涛，你最近这些年写的文章怎么越写越玄了！"这种批评或许是对的。因为与刚开始接触教育管理学时所写的东西相比，最近这些年对教育管理的理论思考确实要多一些，写的东西也的确"玄"了一些。这种现象恐怕也与我的教育基本理论的学科情结有关。可以说，正是因为有这样的学科背景，我才对教育管理基本理论问题的研究产生了一种天然的兴趣；而当我对某些教育管理基本理论问题产生强烈的兴趣的时候，才有可能去研究这些基本理论的问题。

关于学者对追求精神家园的认识问题，我们知道，不同的学者有不同的理解。有的认为找到了自己感兴趣的研究领域就找到了自己的精神家园，而我的认识则与此略有不同。我认为谁找到了实现自由的方式，谁就找到了自己的精神家园。学者找到精神家园的方式主要是创立理论而不是去实践自己的理论。

大家知道，自由是西方哲学的传统，马克思对这种传统进行了改造和发展，从唯物史观的角度论证了人的本质是自由的，人生活的最高目的是追求自由。而在现实生活中，人真正能自由的生活是不太容易的。所以人要实现人的本质，就要为自由而奋斗。人一生就是用奋斗的枷锁去追求自由；没有奋斗就不会有自由，而已获得的自由又是人获得更大自由的枷锁。人的一生就是一个不断挣脱枷锁而获得自由的过程。学者的一生就是为自由而不断挣脱枷锁以获得自由的过程。自由有多种分类，比较简单而又最容易理解的分类是人的思想自由和行动自由。在这两种自由中，思想的自由一般比较容易实现，而行动的自由则比较困难。学者主要的生活方式是思想，所以学者的生活方式——思想——就是一种能实现自己自由的生活方式。我有时讲我要为思想而活着，是因为思想能使我为自由而活着，这里的思想指的是思想活动和思想成果。如果说思想是学者的精神家园的话，学者的精神家园主要指的是学者的思想活动和思想成果，理论则是学者的思想活动和思想成果的主要表现形式。学者一般是在自己的思想活动和思想活动的成果——理论——中来获得自由的。换句话来说，学者一般是在自己的理论建树中来实现自己的自由即来寻求自己的精神家园的。我体会到，一个学者一旦在创立一种理论的时候，他就是在追求自由而实践自己自由的生活方式；一旦这种理论创立出来了，他就找到了自己的精神家园。当然我所说的这种理论不是一般的理论，这种理论应是原创性的具有普遍适用性的理论。因为只有这种理论，研究者才能真正进入一种超凡脱俗的精神境界，才能真正体悟到精神家园的愉悦和欢乐。由于不同的领域有不同的原创性的具有普遍性的理论，因此不同领域的学者，寻求和实现自身精神家园的方式是不尽相同的。然而，在所有的理论中，最具原创性和最具普遍意义的理论应是人类自由的理论，因为人类的任何研究最终都是为自身能得到自由发展而服务的。可以说不同领域的学者都在从不同的方面和不同的程度上为如何实现人类的自由发展的理论而进行探索。从这个意义上说，他们都在寻求自身的精神家园。当学者们从不同的方面和在不同的程度上发现这些理论的时候，也就是他们找到自身精神家园的时候。

有人说，学者的精神家园不仅是创立理论，还要去实践这种理论。其理论依据是，自由只有基于理论理性的自由（这种自由是指学者认识了事物发展的规律）和实践理性的自由（这种自由是指按自己所认识的规律办事）相统一才是完美的。对于这种观点，我们的看法是：第一，如果以理论理性的自由和实践理性的自由相统一作为衡量是否自由的标准，学者实现自己精神家园的方式主要是创立理论而不是去实践自己的理论也能做到这两种自由的统一。这是因为学者认识到了一种规律，这种规律指学者创立某种理论是实现学者精神家园的方式，而学者又在实践这种规律即学者在为创立某种理论而努力。很清楚，这时学者已经将理论理性的自由和实践理性的自由结合起来了。第二，主张学者的精神家园不仅是创立理论，还要去实践自己的理论。虽然从理论上来说也能做到理论理性的自由和实践理性自由的统一，这种自由的统一是指学者不仅发现了理论即认识到事物或现象的规律，还以理论运用于实际的方式去按这种规律办事。然而学者将理论运用于实践的实际状况并不是我们想象的那么乐观。这里，不妨谈谈我个人的一些经验与感受。

一般来说，学者将创立的理论付之于实践有两种方式：一是学者自己将自己的理论运用于实践，二是由别人将学者的理论运用于实践。前者有两种方式：一种是学者有一定的行政职位，也就是说有一定的行政权力，有可能将自己创立的理论运用于实际；另一种是学者虽然没有行政权力，但有学术影响力，教育行政官员、校长或老师愿意运用学者的理论来指导学校的教育改革。前一种方式会出现两种情况：第一种情况是学者获得高位的、有决定影响的行政权力，这时学者将自己所创立的理论运用于实际的可能性就比较大，影响力也比较大。反之则可能性较小，影响力也较小。然而学者的个性决定了他们不太容易取得行政权力，特别是高位的、有决定影响的行政权力。纵观历史，真正的学者取得高位的、有决定影响的行政权力的不多。古希腊的柏拉图和中国古代的孔子都想谋取比较高位的权力未果而退之聚众讲学，传播自己的理论就是人们熟知的例子。第二种情况是即使学者取得高位的、有决定影响的行政权力后，也不太可能一以贯之地运用自己的理论。这主要是学者一旦为官以后，一般都没有多少时间来做学问了，他们一般靠听取汇报、做出判断来行使行政权力。而且学者一旦为官后不太容易保持学者的本性。后一种方式也不是十分容易的事情。特别是在中国学校升学压力比较大的情况下，学校校长和教师一般都不愿意冒这种风险去搞教育改革实验。另外，在中国为数不多的学校教育改革实验中，真正用中国学者原创的理论在学校进行改革实验的也比较少，而比较多的还是运用国外的理论或将国外的理论稍加改造或发展以后运用于中国学校的改革与实验。

  后者也有两种方式：第一种方式是由当权者有目的地选择一些学者的理论，并将这些理论转化为政策来运用于实践。这种情况有，但也是极少的。第二种方式是当权者在做一些政策决策时，往往要请一些学者去做一些咨询，起草一些政策草案，这时学者有时会以自己创立的理论为依据来发表一些看法。然而在这种情况中，学者的理论真正被采纳的也不多。由此看来，由别人来将学者的理论运用于实践也并不乐观。之所以出现这种情况，从当权者与学者的关系来分析，是因为当权者一般是以自己的价值判断来对学者的建议进行取舍，而学者由于天性则一般不会迎合当权者的价值选择；当权者的价值判断一般是以"有用"和"功利"为尺度，而学者的价值判断一般是以"追求真理"为尺度。这两种不同的价值尺度是比较难融合的。如果当权者是学者出身而且学者的本性保持得较好的话，他们的价值判断和学者的价值判断一般比较一致。如果当权者虽然不是学者出身，但对学者比较尊重，他们的价值判断和学者的价值判断一般也比较容易接近。从理论与实际的关系来分析，理论虽然来源于实际，但理论一旦形成，它具有自己逻辑的普遍性，它与实际的事物并不是一一对应的关系。当理论运用于实际时，有一个实际诉求理论和理论如何适应实际的过程。而这一过程要受许多因素的影响，并不是一蹴而就的。

  通过以上分析，我们可以说，虽然学者创立理论并将理论运用于实践是一种理想的学者精神家园的实现方式，但这种方式对于相当多的学者来说，是不可能实现的。他们只能在理论理性中获取自由，从而寻求自己的精神家园。我本人在华中师范大学当过 13 年的教育系主任和教育科学学院院长，现在受聘在沈阳师范大学教育经济与管理研究所当所长，其间也运用过自己的理论从事过教育和教育管理改革，也有一些小小的成绩。但由于只是一个农村"生产队长"级别的大学干部，影响甚微。1999 年 1 月，国家教育行政学院以学术带头人的身份调我到该院工作，应该说这为发挥我所创立的理论对全国教育干部培训的作用提供了一个很好的平台。然而由于种种原因，最终我做出了离开该院的决定。直到现在，国家教育行政学院有些领导和我的一些朋友还在为此而感到遗憾、惋惜。我虽然也是教育部政策法规方面的咨询专家和有关地方政府的决策顾问，这些年有机会运用自己所创立的教育体制和主体教育管理观等理论为各级政府和大中小学做过一些咨询工作，自己的理论也得到一些认可，也取得一些成绩，但我感到要求咨询者完全按照学者的理论来行事几乎是不太可能的，学者用这种方式来实现自己实践理性的自由是比较艰难的。这就是我为什么把寻求精神家园主要定位于研究并创立某种理论而并未提及将某种理论运用于实践的原因之所在。我有时讲"学科是我的归宿，思想是我的生活，研究室是我的家"，这几句话是对我有这种认识后所形成的心态和生活方式的一种描述。也就是说我再也不像年轻的时候为诸多的追求而忙碌奔波了，现在可以一心一意用我的思想去耕耘我钟爱的教育管理学科了，每当我待在研究室看书、写作的时候，就感到一种别样的温馨和安谧。

  从以上我个人的感受可以看出，学者实现自由的方式确实主要是创立理论而不是去实践这种理论。有人问，你在前面说思想容易自由而行动难以自由，创立理论也要有行动，为什么这种行动能实现自由而实践理论这种行动就不太容易实现自由呢？要回答这一问题，有必要对这两种行动做一点学理上的分析。我们说创造理论的行动与实践理论的行动是有区别的，前者主要是求真的行动，后者主要是求善、求美的行动。两种行动虽然都离不开人，但求真的行动涉及的主要是通过事而达理，求善、求美的行动涉及的主要是通过事理而达人。认识事理比较容易按学者的意志行事，而涉及人就比较复杂而不太容易按学者本人的意志行事了。这也就是说，两种行动虽然都要与人打交道，但这两种行动交往的范围和涉及的利益关系是不一样的。前者单一，后者复杂，前者追求的目标和所涉及的利益比较容易一致，而后者却不太容易达成一致。具体来说，前者主要涉及研究者与合作者之间的关系，他们的目标和利益是基本一致的，他们都希望能创造出理论来。然而后者涉及学者与当权者的关系，以及理论运用到实际中去以后的利益群体的关系，与这些方方面面的利益主体打交道，并且要谋求一致的意见，这恐怕是学者所难以左右的。概而言之，学者创立理论行动的自由度要大些，而实践自己理论行动的自由度要小些。我想，这就是对学者实现自由的方式或寻求精神家园主要是创立理论，而不是去实践理论的理由的最为简单的解释了。

可能还有人问，马克思说过我们的任务是不仅要认识世界，而且还要改造世界，你说学者实现自己的精神家园的方式主要是创立理论而不是去实践理论，这是不是有悖于马克思的这个说法呢？我们说这两种看法并无矛盾。因为，第一，从过程上来说，学者创立理论的过程实质上就是一个认识世界和改造世界的过程。学者创立理论既要作用于研究对象，又要作用于自己。也就是说学者创立理论是既在认识和改造对象，也在认识和改造自己的过程中形成的，我们不能片面地把创立理论只看作是一个认识世界的过程。从我研究教育管理学六论范畴的理论的过程来看，它既是认识研究对象（包括研究者自身），也是改造研究对象（包括研究者自身）的结果。第二，从目的上来说，如果说创立理论只是为了解释世界，只有将理论运用于实践才算是改造世界的话，学者虽然将自己的理论运用于实践存在着困难，但也并不排除由学者或由别人将其理论运用于实践从而发挥改造世界作用的可能。而且从理论的发展历史来看，只要是真正的理论，它终究是要被运用于实践而对改造世界发挥作用的。正因为如此，对我所创立的六论的理论，虽然我会尽力地去运用这些理论于实践之中，但作为一个学者，我也不可能将它们全部运用于实践，然而我相信，这些理论终究是会被运用于实践之中并取得好的效果的。特别是将这些理论以教材的形式在人民教育出版社出版后，更增强了我对这六论的理论运用于实践的信心，因为这种形式大大地增加了人们认识和运用这些理论的机会。

可以说，正是因为我认为学者追求精神家园的方式是创立理论，所以我对教育管理的理论追求就有了一种巨大的动力并由此体验了无穷的乐趣。它使我虽然身居闹市，却又能躲进小楼；虽然忙碌烦躁，却还能静心沉思，以宛若与世隔绝般的心境去追问我那些形而上的教育管理的理论问题。可以说，我所提出的这六论的理论，正是我在追求实现自己精神家园的过程中创立的。

（二）

其次，我觉得有必要交代一下教育管理学科论、教育管理活动论、教育体制论、教育机制论、教育管理观念论和教育管理人论的研究过程问题。有人问我，你研究教育管理六个范畴理论的实际过程，是不是像你学理上分析的，先研究学科论，再研究活动论、体制论、机制论、观念论和人论呢？确实，本书中对这六论的关系从学理上说得比较多，实际产生的过程交代得比较少。其实这六个范畴的研究过程并不是像学理上分析的那个顺序，而是从研究体制理论、机制理论和观念理论开始的。因为我国改革开放后所进行的各项改革，包括教育改革，都非常强调体制是关键，机制要转换，观念要先行，而当时我觉得理论界和实践工作者对"体制""机制""观念"这几个概念的认识并不是十分清晰，这就迫使我从理论上去思考这些问题。这段时间我发表的比较多而且比较集中的文章，都是有关这方面问题的，当然以后对这些领域的问题又会有进一步的思考。而恰好我在思考教育管理学的研究对象时，又发现教育管理现象是由教育管理活动、体制、机制、观念四个范畴组成的，这就进一步强化了我对这四个范畴的理论认识。当我对教育管理学的研究对象和学科体系等问题进行思考时发现，仅仅从教育管理学的个别问题去研究教育管理学是不够的，还必须从整个教育管理学学科的角度来对教育管理学进行研究，这就是我对教育管理学科论研究的萌芽。在我国理论界，人的问题的研究一直是一个经久不衰的课题，我在教育管理观研究中提出主体教育管理观后，教育管理中人的问题也一直是我脑中挥之不去的一个理论问题。当我把人的问题与我所研究的学科问题活动、体制、机制和观念问题联系起来时，我突然发现我可以在原来几论的基础上加一个教育管理人论，这样会使得我所提出的教育管理理论体系更加完整，更有理论深度。可以说，当我想到这些时，我的六论的教育管理理论体系就由开始的不自觉到自觉，由不清晰到清晰，由不系统到系统起来。

我原先想把这六论的内容写成一个教育管理论的系列丛书。在没有写成一本书之前，我也尝试着写了一些专论性的东西。1993—1997年，我发表了一些教育管理观方面的论文；1997年，我的《教育管理哲学——现代教育管理观引论》出版，这本书写的就是教育管理观念论的内容；1993—1999年，我发表了一些教育体制方面的论文；2003年，我用英文完成了博士论文《中国教育体制论》，这篇论文经过修改于2004年由辽宁人民出版社出版。这本书写的就是教育体制论的内容。这本书中关于教育体制的内容与以前发表的文章关于教育体制内容的最大不同，就在于运用机构理论和机构现实的建构理论从理论上论证了教育体制是教育机构与教育规范的结合体。现在作为六论概论的《教育管理学》即将完稿了，如有时间，我还要继续完成《教育管理学科论》《教育管理活动论》《教育机制论》《教育管理人论》等几部专论。因为《教育管理学》中有关这几论的内容还只是概论性质的，有些内容还值得深入的探讨。当然，如有时间，我也希望对科学哲学的下位哲学——学科哲学进行探讨，对社会现象中的社会活动、社会体制、社会机制和社会观念进行探讨，完成带有更普遍意义的《学科论》《活动论》《体制论》《机制论》《观念论》《人论》等专论。

(三)

再次，我想谈谈这本书写作过程中的一些问题。接受撰写这本教材的任务以后，开始我想把原来我主编的全国高等教育自学考试教育管理专业本科和教育专业本科使用的教材《教育管理原理》加以改编来完成这本教材的编写任务。有这种考虑主要是当时认为，这本书与同类教材相比有一些特点。正如前面说的，它在理论范畴上不是以管理理论的范畴来划分的，而主要是以教育管理工作的范畴来划分的，但在以教育管理工作范畴划分时又做了一些变动，比如将教育行政改为宏观教育管理，将学校管理改为微观教育管理，因此这种范畴似乎又避免了直接从教育管理工作中抽象出更高的范畴之嫌；从理论逻辑上来说，它既不是一元结构，也不是二元结构，而是一种综合结构。而且，这本教材在这么多年的使用过程中反响比较好。但同时我又考虑到，如果只在这本教材的基础上改编来编写教育管理学，虽然这本教材在体系上有些变动，但总的来说，这种教材的理论体系还没有跳出要么从教育管理工作的角度，要么从管理理论的角度来建构教育管理学理论体系的传统做法，没有建构出教育管理学自己独有的理论体系。而且，这本教材在全国已使用多年，人们对这本教材的体系已经比较熟悉了，再以这种教材的面貌出现，人们觉得有些似曾相识之感。特别是当我踏进教育管理这个领域后，发现教育管理学没有多少理论，产生了一种一定要提高中国教育管理学的理论水平，一定要让中国的教育管理学在我们这一代学人的手上改变它没有多少理论的学科形象的责任感和义务感以后，努力提高教育管理研究的理论品位，创建教育管理的理论新体系，就成了我研究教育管理的明确方向和奋斗目标。如果只在原地踏步，与我们这一代人所要承担的崇高使命是不相符的。考虑再三，我决定放弃这种打算，编写一本新的教育管理学教材。而正好多年来，我在对本科生和研究生的教育管理学的教学中，对教育管理学的理论范畴和理论逻辑有一些新的思考，有一些思考也已见之于文字，这就为撰写一部新的教育管理学奠定了一定的基础。然而当我做出这种选择后，特别是在撰写过程中，总是有些犹豫。我想，如果完全不按传统的那些做法去建构教育管理学的体系，那么我所建构的六论的有较高理论层次的教育管理学的新体系，人们对它会有多大的认同度，对于比较长时间使用以教育管理工作体系为特征的教育管理学的教材和以管理理论范畴为特征的教育管理学教材的教师和学生来说，他们是不是不适应或在教与学中会产生一定的困难。然而，我们这个时代对创新的要求，以及管理专业和法律专业不设本科专业的教育改革坚定了我把这个全新理论范畴和理论逻辑的教育管理学写下去的信心。特别是当作者对它的学术价值和学科专业价值进行认真严肃的思考，觉得这本书有着重要的学术价值和教育管理专业学科价值后，更加坚定了我把这本书写出来的决心。另外，这本书的内容在多年的讲授过程中受到了学生和其他学员的欢迎，他们急切地想早一点看到这本书。这一切使我看到了这本书的使用前景，加快了我写作的进度。可以说，这本书就是在我们这一代学人的神圣使命感的召唤下，在认清了它的重要学术与学科价值的前提下，在这个时代的创新精神和改革精神，以及广大学员的不断鼓舞下完成的。

撰写这本书，如果从1983年我想为改变我国的教育管理学没有多少理论的面貌而撰写一本有较高理论层次的教育管理学算起，至今已有23个年头了；如果从20世纪90年代初在有关杂志上发表有关教育体制和教育管理观念的论文开始，至今也有15个年头了；如果从2002年将这本书列入国家"十五"教材计划来算，至今已有四个年头；而真正把这本书的内容当作一本书来写，还是2004年8月以后的事情，现在算来，也已经过去两个年头了。其实，这本书的内容在20世纪90年代中期已基本成型，有些理论观点和理论范畴已经被认可。那时就有不少听众经常催促我将讲授的内容整理成书尽快出版。这本书之所以迟迟没有动笔，书稿到现在才交付出版，主要有如下几个方面的原因。

一是我总觉得自己所思考和探讨的东西不太成熟，有些地方还需进一步推敲，如果过早问世，恐要为时人所哂笑。人说十年磨一剑，我看，真正的宝剑磨十年是不行的，它恐怕要主人磨它一辈子。说来好笑，我是一个不信奉绝对真理的人，但当自己去寻求真理的时候，总想把自己所发现的那些东西搞得天衣无缝。正是这种理想主义，使我将自己思考的东西一拖再拖而不愿公之于众。

二是这么多年来，我一直做着业务和行政双肩挑的工作，每天总是在忙忙碌碌中度过的，没有过一天清闲的日子。而所谓的业务就是填写那些无穷无尽的课题、结题、奖项等申请表，应付那些没完没了的检查和评估，写一些为完成每年科研指标的应景之作，或是去参加那些无味的会议，而根本没有时间看你想看的书，写你想写的文章。而当你有一点时间做你想做的事的时候，突然一个紧急事情，使你不得不丢掉手中的活去应付这一任务。在我的记忆里面，我好像没有一整天的时间是用来写这本书的。这么多年来，这本书稿的写作就是这么在写写停停、停停写写的过程中过来的。

三是我打字非常慢。我年过五旬才开始学用拼音打字。由于我上小学时，汉语拼音没有学好，为了学习拼音打字，我买来了小学拼音课本来学习，但我总分不清声母"l"和"n"、韵母"in"和"ing"、"en"和"eng"，即使用智能拼音也难以驾驭。后来又改学五笔字型，但五笔字型中一些字的识别码也很难记住。有时候一个字要花好几分钟才能打出来，这不仅浪费了时间，而且还搞坏了情绪；而经常的情况是打字的速度跟不上思维的速度，既影响了思维，又把人弄得非常痛苦。可以说，这本书就是在这种敲敲停停、停停敲敲的煎熬中完成的。

四是由思考到讲授再到成文也需要一个较长的过程。叶秀山先生在把自己在北京大学的讲稿整理成《哲学要义》时就说过，写比讲更难，因为"写"把"说"的偶然性去掉了。也就是说，写的时候要把讲时即兴发挥的内容重新加以思考。① 本书的成稿过程正好说明了这一点。这本书稿几乎都是我过去认真思考过并讲过多次的内容，有的甚至已经形成了文字发表过。我原先以为，当我真正动笔把这些所想所讲的东西形成书稿的时候，可能会花不了多长时间就能一气呵成的。然而这本书的写作过程却并不是像我想象的那样。当我按以前的思路写的时候，发现有些观点和逻辑存在着这样或那样的问题，又不得不回过头来对这些观点和逻辑进行重新审视。而在写的过程当中，一些新的观点和思路不断地涌现出来，又使你不得不去考虑这些新观点和思路的合理性，以及它们与以前的观点和思路之间的关系。当然这里面也遇到了不少把著作写成教材时的困难。现在成文的东西，有的内容与过去所想所讲的内容相比，已经是面目全非了。总的来看，观点更全面、更深刻了些，逻辑上更加严密了些。本书由讲到写的历程使我想起康德《纯粹理性批判》的成书过程，康德在着手撰写这本书的时候，由于其内容已思考多年，并在他的哲学讲座中讲过多遍，所以原打算三个月内即可完成。可是出乎他意料之外，在写作过程中他不得不重新思考人在认识中的主体能动性问题，以至于他花了八九年的时间才完成了以对这个问题的回答为核心的这部划时代的哲学巨著。② 想到哲学大师康德这一成书的过程，回过头来看看我自己的这本书的写作经历，感受是非常深刻的。我想，大概一个思想理论体系的形成过程，就是这样一个由思到讲，再到成文过程中的从发现到否定，再到肯定这样一个不断整合和完善的过程吧。

这里还要顺便说说书名问题。本书既然是试图用哲学的方法对教育管理现象进行研究，从而对教育管理学的理论范畴和理论逻辑进行了新的探索，书名应叫《教育管理哲学》或《教育管理学新论》为好。本书之所以叫《教育管理学》，原因有三：第一，我申报"十五"国家级规划教材时用的书名就是《教育管理学》。

---

① 叶秀山著：《哲学要义》，世界图书出版公司2006年版，前言第2页。
② 杨祖陶、邓晓芒编译：《康德三大批判精粹》，人民出版社2001年版，第13页。

第二，我以前在给研究生讲授这本书的内容时，已用过"教育管理哲学"这一名称。虽然这本书对教育管理学的哲学探讨没有运用本体论、知识论和价值论这些传统的范畴，但从这本书的思维方式、理论范畴和理论逻辑及其分析论证来看，把它称为《教育管理哲学》大概也说得过去，因为哲学的分支学科对哲学问题的探讨并不一定都要用这些范畴。杜威的《民主与教育》这部哲学著作就是典型的例子。[①] 当然，也有不少教育方面的哲学著作是用上述那些范畴来讨论教育问题的。与这类教育方面的哲学著作相比，我的这本书可算作另类教育管理哲学吧。本书最终没有用《教育管理哲学》这个名称，一是我还想从本体论、知识论和价值论的角度，对教育管理进行探讨，形成一本比较正统的教育管理哲学。二是不少教育方面的哲学著作本身也并不是用"某某哲学"来称谓的。柏拉图的《理想国》和卢梭的《爱弥儿》也没有用哲学这个名称，但谁也不能否认它们是最经典的教育哲学著作。我说这些，绝没有攀高附雅之意，只是想用这些大家熟知的例子来说明书名重要但书的内容更重要这个道理。我想，如果读者诸君真的能从这本书中读出一点儿哲学的味道，纵然这本书不叫《教育管理哲学》也没什么关系。因为我已斗胆把我研究教育管理的这本书称为"学"了，而所谓"学"者，不管是什么"学"，也不管这门学问是否用了"学"这个字，既然还称得上是一门学问的话，我以为还是应该多少有些哲学底蕴的。第三，即使本书可忝列教育管理学之门，我也觉得似乎不用"新论"之类的说法为好，因为教育管理学到底是一个什么样的理论范畴和理论逻辑难有定论。以往国内外出版的教育管理学著作，应该说都对教育管理学的理论范畴和理论逻辑进行了一些新的探讨，我的探讨只不过是这些探讨中的又一种尝试。如果每一个作者都把自己探讨的结果称为"新论"的话，教育管理学将不知有多少新论了。"新论"多了，也就无所谓"新论"了。况且实际上，每一种新的探讨都是在丰富和完善教育管理学自身的理论体系。基于上述原因，这本书还是以《教育管理学》冠名。

[①] 这里把杜威的著作写成《民主与教育》，因为其英文名为"Democracy and Education"。中国大陆学者一般将此书翻译成《民主主义与教育》，而台湾地区的学者一般翻译成《民主与教育》。我认为后者将"democracy"译成"民主"较符合英文的原意。因为"democracy"这个英文单词虽然有"民主""民主主义"等多种意思，但"民主"是其最基本的意思。

（四）

最后，我还想从心底说一些感谢的话。在本书付梓之际，我要衷心感谢人民教育出版社，感谢教育部高等教育司将这本书列为普通高等教育"十五"国家级规划教材。能将自己多年的研究成果以教材的形式推出，是一件令人十分高兴的事情。因为将研究成果写成著作，在当今市场经济条件下，纵然是有一定学术价值，也不一定能够顺利出版；即使出版后，也可能得不到多少人的青睐。而作为教材，虽然由于作者的水平有限而会冒误人子弟之嫌，但与出版著作时所遇到的麻烦和所遭到的冷遇相比，这毕竟是每一位从事学术研究的学人为之追求并感到欣慰的。

对人民教育出版社能将这本书纳入出版计划要致以最诚挚的谢意。说来大家可能不相信，过去我虽有一些拙作问世，但并没有刻意追求由哪一家出版社出版，因为在我看来，自己研究的成果能够见之于铅字已经是很不错的了。近些年来，不少高校依据出版社而论学者出版物的高下，并与晋升职称和评奖等挂钩。我对这些做法不以为然。然而，人民教育出版社是我国久负盛名的国家级出版社，自己的书能在这类出版社出版，确实让我备感荣幸。这里要特别感谢该社有关负责人和编审人员吕达、魏运华、刘立德，尤其是本书的责任编辑邹海燕女士。邹女士，20世纪80年代中期大学毕业后就一直在人民教育出版社工作，是我国教育方面的资深编辑了。这本书按计划早该在一两年前就交稿了。没有她的耐心、宽容和理解，没有她在这本书上所付出的辛勤劳动和所做的卓越工作，这本书恐怕到现在也很难面世。

这里还要特别感谢听过我的教育管理学课或讲座的所有学生或听众。我从1983年就开始从事教育管理学的教学和研究工作，他们和我一样，是这本教材成长和发展的耕耘者和见证人。他们对我讲授内容的热烈反响和充分肯定，给我在教育管理学理论探索的崎岖小道上攀登增添了新的勇气和力量。特别要感谢我的研究生，我从1986年开始带研究生就尝试讲这些范畴中的一些理论问题，近二十年来，每讲完教育管理学课，我给研究生布置的这门课的考题就是从我讲的内容中提出听懂了的、没有听懂的和不同意老师观点的共三个方面的十个问题，要求对每个问题要做一个500—1 000字的说明。学生听懂并同意我的观点给我以鼓舞，没有听懂及不同意则促使我进一步思考。研究生们提出的一些问题，有助于我的理论观点不断加深和完善。还有，我这些年所指导的教育管理专业的硕士和博士研究生的学位论文，很大一部分是我思考和探讨的教育管理理论和教育政策内容的运用、发挥和拓展。在教育管理理论方面，如在教育管理学科论方面，有研究生写了教育管理学科论方面的学位论文；在教育管理体制论方面，有好几篇学位论文都是运用我的体制理论去研究基础教育体制、高等教育体制、职业教育体制、私立教育体制、学前教育体制、师范教育体制和学校内部管理体制等教育体制方面问题的；在教育管理观念论方面，有的硕士研究生写了关于教育管理本质的再探讨、关于教育管理价值的探讨、关于教育管理实践观的探讨、关于教育管理质量观的探讨，有的撰写了或正在撰写西方科学主义、人文主义和自然连贯主义教育管理观方面的学位论文，有的博士研究生完成了或正在完成教育管理审美价值论、教育管理的知识论基础和教育管理的伦理学基础等；在教育管理人论方面，有的撰写了关于教育管理人性观方面的论文等；在教育政策方面，我指导的博士和硕士论文，有不少是运用我所提出的教育政策分析理论，探讨了教育政策的内容、教育政策过程（教育政策决策、执行、评价）、教育政策价值和教育政策环境，以及我国教育改革中的教育质量政策、教育体制政策、教育经费政策和教师政策等重大的教育政策问题。指导这些学位论文的过程，促使我更加深入系统地思考研究这些方面的理论及实际问题，进一步加深和丰富了我对教育管理六论范畴理论的认识。在本书交稿前，我的研究生侯黎鹏、楚旋、朱晓黎等对这本书稿的文字进行了校对，并对书稿正文和参考文献的编辑花费了不少劳动。研究所的程雷也做了不少资料的准备工作。在这里也要对他们致以特别的感谢。

还要感谢沈阳师范大学的领导，承蒙他们的抬爱，聘我为特聘教授并为我专门成立了教育经济与管理研究所，为我提供了人生跋涉的又一个驿站。东北沈阳的气候，对我这个走过很多地方但还是习惯于中国南方生活的汉子来说，虽然还有点不太适应，但这里冬天屋里暖和，夏天比较凉快，为我这几年利用寒暑假写作这部书稿提供了难得的舒适的环境，免去了在武汉时所遇到的冬天寒冷无比、夏天酷热难当的痛苦。

本书的部分内容我曾写过文章发表过，也在有关的书中做过探讨。在这本书中，我也使用了这些文献的内容。不过，为保持书稿的一致性，我对这些文献的内容做了适当的修改。在本书出版之际，我要对发表这些文章的学术杂志和出版这些书稿的出版社，以及对这些文章和书稿的撰写和出版做出过贡献的同人致以衷心的感谢。西南交通大学原物理系主任张庆福教授不吝赐教，对本书学科论部分中的相对论理论的表述进行了校正，免去了我这个门外汉的不少尴尬，在此也一并致以最诚挚的谢意。

说到最后，我还要特别提到康翠萍女士。这么多年来，她一直陪伴左右，用她特有的聪明、能干和贤惠辅佐我的工作并照顾我的生活。可以说，没有她，这本书也是很难完成的。这里特别值得一提的是，本书中的有些观点是我们共同劳动的结晶。对这些成果，我们曾经撰文发表，从中分享了收获成功的喜悦，也品尝到了探索未知的艰辛。在书稿成型的最后阶段，她抱病把里里外外打理得井井有条，使我能全身心地投入书稿的撰写工作。所有这一切都是令我心存感激并为之动容的。

孙绵涛

2006 年 4 月 30 日于沈阳寓所古林斋